기억한다는 착각

기억한다는
착각

나는 왜 어떤 것은 기억하고

어떤 것은 잊어버릴까

차란 란가나스
김승욱 옮김

김영사

기억한다는 착각

1판 1쇄 발행 2025. 3. 19.
1판 3쇄 발행 2025. 4. 28.

지은이 차란 란가나스
옮긴이 김승욱

발행인 박강휘
편집 박보람 디자인 유향주 마케팅 이유리 홍보 이한솔
발행처 김영사

등록 1979년 5월 17일 (제406-2003-036호)
주소 경기도 파주시 문발로 197(문발동) 우편번호 10881
전화 마케팅부 031)955-3100, 편집부 031)955-3200 | 팩스 031)955-3111

ISBN 979-11-7332-082-8 03180

홈페이지 www.gimmyoung.com   블로그 blog.naver.com/gybook
인스타그램 instagram.com/gimmyoung   이메일 bestbook@gimmyoung.com

좋은 독자가 좋은 책을 만듭니다.
김영사는 독자 여러분의 의견에 항상 귀 기울이고 있습니다.

가족들에게

차례

3부 함의

들어가는 말 기억하는 자아와의 만남

내가 부엌에 들어온 이유는 기억 못해도 1980년대에 나온 노래 가사는 엄청 잘 기억한다. _ 익명의 인터넷 밈

지금 이 순간 자신이 어떤 사람인지 잠시 생각해보자.

가장 가까운 사람, 직업, 지리적인 위치, 현재의 상황에 대해 생각해보라. 자신의 인생 경험 중에서 가장 지울 수 없는 일, 지금의 자신을 만들어준 일은 무엇이라고 생각하는가? 가장 깊이 간직한 신념은 무엇인가? 크든 작든, 좋든 나쁘든, 어떤 선택이 자신을 지금의 이 자리, 이 순간으로 이끌었는가?

이런 선택에 일상적으로 영향을 미치는 것, 때로는 완전한 결정권을 행사하는 것이 바로 기억이다. 노벨상을 수상한 심리학자 대니얼 카너먼의 말을 조금 바꿔서 인용하자면, 삶을 담당하

는 것은 '경험하는 자아'지만 결정을 내리는 것은 '기억하는 자아'다.[1] 점심으로 뭘 먹을지 또는 붐비는 슈퍼마켓에서 어떤 상표의 세제를 선택할지처럼 사소하고 일상적인 결정을 내릴 때도 있지만, 직업이나 거주지부터 자신이 따르고자 하는 대의, 심지어는 자녀양육 방법이나 어울리고 싶은 사람들을 선택하는데 이르기까지 인생을 바꾸는 결정을 내릴 때, 기억하는 자아의 선택이 막후에서 추진력을 제공하기도 한다. 더 나아가 기억은 이런 결정에 대한 우리의 기분과 느낌도 좌우한다. 카너먼을 비롯한 여러 학자는 많은 연구를 통해 우리가 스스로 내린 결정의 결과에서 얻는 행복감과 만족감이 경험에서 오는 것이 아니라 기억에서 오는 것임을 증명했다.

간단히 말해서 기억하는 자아는 우리가 내리는 거의 모든 결정에 영향을 미침으로써 항상 그리고 심오하게 현재와 미래의 형태를 만들어간다. 이것이 반드시 나쁜 일은 아니지만, 우리는 기억하는 자아와 그 자아가 미치는 광범위한 영향력의 메커니즘을 이해할 필요가 있다.

그러나 우리의 생각, 행동, 감정, 결정에 속속들이 배어 있는 기억의 영향력은 보통 눈에 잘 띄지 않는다. 기억의 영향력이 제대로 작동하지 못할 때만 예외적으로 눈에 띈다. 내가 이런 사실을 아는 것은, 나와 처음 만난 낯선 사람이 내 직업이 기억 연구라는 말을 듣고 가장 흔하게 하는 질문이 "나는 왜 이렇게 잘 잊

기억한다는 착각

어버릴까요?"이기 때문이다. 나도 나 자신에게 이 질문을 자주 던진다. 나는 매일 사람들의 이름과 얼굴, 그들과 나눈 대화를 잊어버린다. 심지어 그 순간에 내가 해야 하는 일이 무엇인지조차 잊는다. 사람들은 모두 그렇게 기억이 나지 않는 순간 때문에 머리를 쥐어짜는데, 나이를 먹을수록 이런 건망증이 더할 나위 없는 공포의 대상이 될 수도 있다.

심각한 기억상실은 틀림없이 심각한 일이다. 그러나 일상적인 건망증에 대한 전형적인 불평과 걱정은 대부분 깊이 뿌리내린 오해에서 기인한다. 일반적인 인식과 반대로, 기억 연구가 주는 가장 중요한 메시지는 우리가 더 많은 것을 기억할 수 있다거나 기억해야 한다는 것이 아니다. 문제는 기억력이 아니다. 애당초 기억의 기능에 대한 우리의 잘못된 기대가 문제다.

원래 우리는 과거의 모든 일을 기억할 수 없다. 기억의 메커니즘은 우리가 과거에 만난 어떤 남자의 이름을 기억하는 데 도움이 되도록 만들어지지 않았다. 기억 연구의 역사에서 매우 중요한 인물 중 한 명인 영국의 심리학자 프레더릭 바틀릿 경의 말을 인용하자면, "곧이곧대로 기억하는 것은 놀라울 정도로 중요하지 않다".[2]

그러니 "왜 자꾸 잊어버리는가?"를 묻지 말고 "왜 기억하는가?"를 물어야 한다.

이 질문의 답을 향한 나의 첫걸음은 1993년 가을 어느 바람부는 오후에 시작되었다. 당시 나는 노스웨스턴대학교에서 임상심리학 박사학위 과정을 밟는 스물두 살의 대학원생으로서, 기억에 대한 첫 번째 연구 설계를 막 마친 참이었다. 하지만 원래는 기억을 다룰 작정이 아니었다. 임상우울증을 연구하면서, 슬픈 기분이 주의력에 미치는 영향에 관한 어떤 이론을 시험하려고 연구 계획을 짰다. 그날 나는 밴드 휘스커 뒤(이 이름은 스웨덴어로 '기억하는가?'라는 뜻이다)의 노래를 헤드폰으로 크게 들으면서 크리샙 연구소로 들어가, 내 첫 연구대상의 뇌파검사(즉 EEG)를 준비했다. 그런데 실험에 참가한 대학생의 머리카락이 굵은 곱슬머리라서 두피에 전극을 붙이기가 쉽지 않았다. 그녀의 뇌에서 나오는 전기활동 그래프를 컴퓨터 화면으로 30분 동안 홀린 듯이 바라본 뒤, 나는 전극을 제거하고 주변을 정리했다. 내가 최선을 다했음에도 그 학생은 되직한 풀처럼 생긴 전도체가 머리카락에 덕지덕지 묻은 채로 연구실을 나갔다.

내 연구의 기본 개념은 정서적으로 건강한 연구대상이 슬픈 감정을 느끼게 만든 뒤 그 기분 때문에 중립적인 단어(바나나, 문 등)보다 부정적인 단어(트라우마, 불행 등)에 더 주의를 기울이게 되는지 살펴보자는 것이었다. 우리는 실험에 자원한 사람들에게 슬픈 감정을 일으키기 위해 속도를 늦춘 클래식 음악을 들려주었다. 그 음악 중 영화 〈알렉산드르 네프스키〉에 나온 세르게이 프로코피예프의 〈몽골의 멍에에 묶인 러시아〉[3]는 슬픈 감정을

기억한다는 착각

유도하는 데 특히 효과가 좋아서 임상우울증에 관한 연구에 지금까지도 자주 쓰이고 있다. 음악을 틀어놓은 상태에서 우리는 실험 자원자들에게 과거의 슬픈 일이나 그 시기를 회상해보라고 말했다. 음악 덕분에 슬픈 일을 기억하기가 쉬워지고, 그 기억으로 인해 사람들이 슬퍼질 것이라는 우리의 기대는 옳았다. 이 방법은 언제나 효과가 있었다.

실험의 다른 부분은 실패였다. 그러나 우리가 사람들의 과거 기억을 이용해서 그들의 기분과 현재를 바라보는 시각을 바꿀 수 있었다는 사실은 남았다. 사람들은 과거의 고통스러운 일을 생각하면서 슬퍼질 뿐만 아니라, 슬픈 기분 때문에 다른 슬픈 일들 또한 더 쉽게 기억해내는 것 같았다. 그 순간부터 나는 우리가 '기억'이라고 부르는 행위를 일으키는 뇌 구조가 현재의 생각과 기분에 어떻게 심오한 영향을 미칠 수 있는지, 그리고 그로써 미래로 나아가는 우리의 발걸음에도 어떻게 영향을 미칠 수 있는지에 홀린 듯이 빠져들었다.

실험실에서 슬픈 클래식 음악을 들려주는 것만으로도 기억을 자극할 수 있지만, 현실에서는 전혀 뜻밖의 순간에 정말 생뚱맞은 말 한 마디, 누군가의 얼굴, 특정한 냄새나 맛 때문에 기억이 슬그머니 우리를 덮칠 때가 많다. 내 경우에는 노래 〈미국에서 태어나Born in the U.S.A.〉의 코드 두 개만 들어도 중학교 시절 사람들이 온갖 인종차별적인 말을 내게 일상적으로 던져대던 기억이 홍수처럼 밀려온다.

우리가 현재 경험하는 소리, 냄새, 광경이 우리를 즐거웠던 시간으로 데려갈 수도 있다. 인디 록밴드 파이어호스fIREHOSE의 노래를 들으면 나는 항상 아내 니콜과의 첫 데이트 때로 되돌아간다. 잭프루트 냄새를 맡으면 인도 마드라스에서 할아버지와 함께 해변을 걷던 일이 생각나고, 버클리의 작은 주점 스타리 플라우의 외벽을 장식한 밝은색 벽화를 보면 대학 시절 학교 록밴드 플러그인드러그(그렇다, 유감스러운 이름이다)에서 활동하며 기억에 남을 공연을 하던 때로 돌아간 기분이 들 것이다.

기억 속의 이런 경험들과 그것들이 불러내는 감정은 각각 내가 임상심리학자로서 그리고 신경과학자로서 수행한 많은 연구를 지탱하는 핵심적인 원칙 중 하나와 닿아 있다. 기억은 단순한 과거의 기록보관소가 아니라 그보다 훨씬, 훨씬 더 대단한 존재다. 우리는 기억이라는 프리즘을 통해 우리 자신과 타인과 세상을 본다. 기억은 우리가 하는 말, 생각, 행동의 기초가 되는 결합조직이다. 나의 직업 선택도 이민 1세대로서 언제나 '남들과 다르다'는 느낌을 받으며 살아온 경험에 영향을 받았음이 분명하다. 그 경험이 어찌나 강렬한지, 때로는 내가 인간이 어떻게, 왜 이러저러한 행동을 하는지 알아내려고 인간의 뇌를 탐색하는 외계인인 것 같은 기분이 들 정도다.

인간의 뇌가 과거를 포착하는 그 이상하고 놀라운 방식을 제대로 이해하려면 기억이 왜, 어떻게 우리 삶의 형태를 만들어가는지에 대해 더 심오한 질문을 던질 필요가 있다. 기억에 기여하는 다양한 메커니즘은 생존을 위한 과제에 맞춰 진화해왔다. 우리 조상들은 미래를 준비하는 데 도움이 될 만한 정보의 우선순위를 정리할 필요가 있었다. 어떤 열매에 독이 있는지, 자신을 도와주거나 배신할 가능성이 가장 높은 사람이 누구인지, 저녁에 산들바람이 부는 곳이나 맑은 식수가 있는 곳이 어디인지, 어느 강에 악어가 들끓는지 기억해야 했다. 이런 기억의 도움으로 그들은 다음 끼니때까지 살아남을 수 있었다.

이런 시각에서 보면, 우리가 대개 기억의 결점으로 인식하는 것이 사실은 기억의 특징이기도 하다는 점이 분명히 드러난다. 우리가 특정 정보를 잊어버리는 것은, 필요할 때 필요한 정보를 신속히 활용할 수 있도록 중요도에 따라 우선순위를 매길 필요가 있기 때문이다. 우리 뇌가 항상 변화하는 세상을 헤쳐나갈 수 있게 설계된 탓에 기억은 변형되기 쉽고 때로는 부정확하다. 한때는 먹을 것을 채집하기에 최고의 장소였던 곳이 지금은 황무지로 변했을 수도 있다. 한때는 신뢰하던 사람이 사실은 우리를 위협하는 존재임을 알게 될 수도 있다. 따라서 사진처럼 정확하고 고정적인 기억보다는, 맥락에 맞춰 유연하게 변하는 기억이 우리에게 더 필요하다.[4]

그러므로 이 책은 '모든 것을 기억하는 법'을 말하지 않는다.

그보다는 기억하는 자아가 우리의 인간관계, 결정, 정체감뿐만 아니라 주변의 사회적 환경에도 어떻게 영향을 미치는지 이해할 수 있도록 기억 과정을 깊숙이 들여다볼 것이다. 기억하는 자아의 영향력이 미치는 범위가 얼마나 넓은지 깨닫고 나면, 자신이 간직하고 싶은 것을 기억하는 데 초점을 맞출 수 있고 과거를 이용해서 미래를 헤쳐나갈 수도 있다.

이 책의 1부에서 나는 기억의 근본적인 메커니즘, 망각의 뒤에 자리 잡은 원칙, 중요한 것을 기억하는 법을 여러분에게 소개할 것이다. 하지만 그것은 여행의 시작에 불과하다. 2부에서 우리는 과거를 해석하는 방식과 현재를 인식하는 방식을 결정하는 기억의 숨은 힘 속으로 점점 더 깊이 파고들어갈 것이다. 마지막으로 3부에서는 잘 변형되는 기억의 성질 덕분에 우리가 변화하는 세상에 적응할 수 있게 되는 과정을 살펴보고, 우리의 기억과 타인의 기억이 서로 얽히는 방식에 깃든 더 커다란 함의를 생각해볼 것이다.

그 과정에서 여러분은 기억의 특이성으로 인해 살면서 극적인 영향을 받은 사람들을 만나게 될 것이다. 개중에는 너무 많은 것을 기억하는 사람도 있고, 새로운 것을 기억하지 못하는 사람도 있다. 과거의 기억으로 인해 고통받는 사람도 있고, 타인의 기억 오류로 인해 크게 고생한 사람도 있다. 그들의 이야기와 나처럼 평범한 사람들의 이야기는 우리 삶을 인도하는 기억의 (가

꿈) 보이지 않는 손을 잘 보여준다.

기억은 과거의 우리만을 의미하지 않는다. 개인으로서 그리고 사회로서 지금의 우리 모습과 미래의 잠재력과도 관련되어 있다. 우리가 기억하는 이유에 관한 이야기는 곧 인류의 이야기다. 그 이야기는 과거를 현재로, 현재를 미래로 매끄럽게 이어주는 신경 연결에서부터 시작된다.

1부

기억의
기본원리

1장 내 정신은
어디에 있는가?

우리가 어떤 것은 기억하고 어떤 것은 잊어버리는 이유

내 기억력이 몹시 나쁜 건 어쩌면 내가 항상 적어도
두 가지 일을 한꺼번에 하기 때문인지도 모른다. 절반만,
반의반만 하다가 그만둔 일을 잊기가 더 쉽다. _앤디 워홀

살아가는 동안 우리는 유기체가 저장할 수 있는 한도를 훌쩍
뛰어넘는 정보에 노출된다. 한 추정치에 따르면, 평균적인 미국
인은 하루에 34기가바이트의 정보(또는 11.8시간 동안)에 노출된
다.[1] 우리가 물리적인 세상을 살아가면서 겪는 헤아릴 수 없이
많은 경험은 말할 것도 없고 스마트폰, 인터넷, 책, 라디오, 텔레
비전, 이메일, 소셜미디어를 통해 거의 끊이지 않고 흘러들어오
는 이미지, 단어, 소리를 모두 기억하지 못하는 건 놀랄 일이 아
니다. 오히려 우리가 무엇이라도 기억한다는 사실이 놀랍다. 망
각은 인간적이다. 하지만 망각은 또한 인간적인 경험 중에서 몹

기억의 기본원리

시 당혹스럽고 갑갑한 일면이기도 하다.

그러니 자연스레 이런 의문이 생긴다. "우리가 어떤 일은 기억하고 어떤 일은 잊어버리는 이유는 무엇인가?"

얼마 전 니콜과 나는 우리가 만난 지 30년이 된 것을 축하했다. 그리고 기념으로 오랫동안 먼지만 뒤집어쓰고 있던 옛날 가족 비디오테이프를 꺼내 디지털화했다. 나는 우리 딸 마이라의 생일파티 영상에 특히 푹 빠졌다. 그렇게 마이라가 점점 자라는 모습을 영상으로 보면서 나는 기억이 홍수처럼 밀려올 것이라고 예상했으나, 그보다는 거의 모든 영상이 처음 보는 것처럼 느껴진다는 사실을 알게 되었다. 내가 찍은 영상인데도, 각각의 생일파티가 일일이 자세하게 기억나지 않았다. 딱 한 번만 빼고.

마이라가 어렸을 때 우리는 대개 새크라멘토 동물원, 인근 과학박물관, 운동 스튜디오, 실내 클라이밍 시설 같은 곳에서 생일파티를 해줬다. 아이들이 지나치게 말썽을 피우지 않고 즐거운 시간을 보낼 수 있는 이런 곳에서 예약된 2시간 동안 프로그램을 제공하고, 먹을 것과 달콤한 음료수도 떨어지지 않게 준비해주었다. 나는 아이들과 함께 축제를 즐기는 편이었지만, 그보다는 니콜과 내가 이 귀한 시간을 나중에 다시 돌이켜볼 수 있도록 기록하는 데 집중했다.

마이라가 여덟 살이 되던 해에 나는 조금 다른 파티를 해보기로 했다. 어렸을 때 나와 내 형제 라비는 집에서 생일파티를 했다. 우리도 아주 재미있었고, 부모님이 돈을 많이 쓸 필요도 없었다. 그래서 그해에 나는 스스로 해보자는 펑크록 정신에 따라 집에서 파티를 열 계획을 짰다. 자녀의 생일파티를 열어본 사람이라면 다 아이들이 다른 데 정신을 팔 틈을 주지 않는 것이 무엇보다 중요하다는 점을 잘 알 것이다. 마이라는 항상 미술에 관심이 많았기 때문에 나는 진흙 반죽을 미리 고양이 모양으로 만들어서 제공해주는 공방을 인근에서 찾아냈다. 아이들이 거기에 유약을 바르면 공방 측이 그것을 불에 구워주었다. 그 공예체험을 한 다음, 우리 집 뒷마당에서 스폰지밥 네모바지 피냐타(파티 때 아이들이 눈을 가리고 막대기로 쳐서 넘어뜨리는 통. 안에 장난감과 사탕이 들어 있다—옮긴이)를 가지고 놀 수 있도록 준비해두었으니 그걸로 됐다고 나는 생각했다.

틀려도 한참 틀린 생각이었다. 공예체험을 시작한 지 약 15분 만에 모든 고양이의 채색이 끝났다. 케이크 시간까지 아직 몇 시간이나 남은 상태에서 아이들은 점차 몸을 들썩거렸고 나는 당황했다. 그래서 아이들을 데리고 우리 집 뒷마당으로 왔다. 아이들은 줄을 서서 차례대로 피냐타를 후려쳤지만, 피냐타가 터지질 않았다. 결국 내가 문제를 해결하기로 하고 차고에서 골프클럽을 가져와 피냐타 통을 후려쳐서 구멍을 냈다. 사탕이 사방으로 날아가고, 아이들이 종이로 만든 스폰지밥 모형에 달려드는 모습은 〈워킹데드〉(미국의 좀비 드라마 시리즈—옮긴이)의 한 장면 같았다. 한 아이가 잔디밭에 떨어진 초코바를 잡으려고 올림픽 체조선수처럼 몸을 날리는 모습이 보였다.

그런데도 아직 케이크를 내오기에는 너무 일렀다. 그래서 나는 차고에서 찾아낸 낡은 밧줄로 아이들에게 줄다리기를 시키자는 똑똑한 생각을 해냈다. 전날 비가 내렸기 때문에 아이들은 진흙이 섞인 잔디밭에서 계속 미끄러졌다. 그때 내가 뒷마당을 둘러보던 기억이 난다. 어떤 아이들은 단것을 먹고 기운이 넘쳐서 서로를 잡으러 뛰어다녔고, 한두 명은 밧줄에 살갗이 쓸려 아프다고 투덜거렸으며, 두 명은 스폰지밥 시체를 골프클럽으로 번갈아가며 죽도록 때리고 있었다. 여덟 살짜리 아이의 생일파티가 도자기에 색을 칠하는 공예체험에서 《파리대왕》으로 이렇게 순식간에 변해버리다니. 내게 가장 좋은 기억이 아닌데도, 고통스러울 정도로 자세히 기억나는 건 바로 그날이다.

우리 경험이 모두 똑같이 중요하지는 않다. 전혀 중요하지 않은 것도 있고, 영원히 고이 간직하고 싶은 순간도 있다. 불행히도 가치를 따질 수 없을 만큼 귀한 순간들조차 때로는 손가락 사이로 스르르 빠져나가 사라져버린다. 마이라의 생일파티를 해주던 시절에는 그 모든 파티를 꼭 생생히 기억할 거라고 맹세라도 할 수 있었는데, 왜 그해의 생일파티만 도드라지게 기억나고 다른 파티를 담은 영상들은 먼 옛날 방영된 텔레비전 프로그램의 재방송처럼 보이는 걸까?

당시에는 결코 잊을 수 없을 것 같던 경험이 어떻게 해서 나중에는 기껏해야 희미한 조각으로만 남는 걸까?

비록 우리는 자신이 기억하고자 하면 무엇이든 기억할 수 있다고 믿는 경향이 있지만, 사실은 기억을 잊어버리게 설계되어 있다. 이것이 기억 연구에서 얻어야 하는 매우 중요한 교훈 중 하나다. 이번 장에서 계속 살펴보겠지만, 기억의 과정과 망각의 이유를 마음에 새기기만 한다면 정말 중요한 순간들을 영원한 기억으로 만들어낼 수 있다.

올바른 연결

현재 우리가 알고 있는 기억의 과학적 연구를 개척한 선구자는 19세기 말 독일의 심리학자 헤르만 에빙하우스다.[2] 신중하고 체계적인 연구자 에빙하우스는 기억을 이해하려면 먼저 기억을 객관적으로 정량화할 수 있어야 한다는 결론을 내렸다. 그는 자녀의 생일파티 같은 사건에 대해 주관적인 질문을 던지기보다 학습과 망각을 정량화하는 새로운 접근방법을 개발했다. 연구에 대학생들을 자발적인 참여자로 데려다 쓸 수 있는 현대 심리학자들과 달리 가엾은 에빙하우스는 혼자 연구를 진행했다. 고딕 공포소설 속 미친 과학자처럼 정신이 멍해질 것 같은 실험을 자

기억의 기본원리

신에게 직접 시행한 것이다. 그는 아무 의미 없는 세 글자 단어, 즉 트라이그램을 수천 개나 외웠다. 각각 자음 두 개 사이에 모음이 하나 있는 형태였다. 자신이 잊어버리지 않고 완전히 외울 수 있는 트라이그램(DAX, REN, VAB 등)의 개수를 헤아리는 방식으로 기억력을 측정할 수 있을 것이라는 아이디어를 증명하기 위한 실험이었다.

여기서 잠시 에빙하우스가 연구에 기울인 그 엄청난 노고에 감사해야겠다. 그는 1885년에 발표한 논문 〈기억에 관하여, 실험심리학을 위한 논문〉에서, 한 번에 45분씩 진행된 실험에서 트라이그램을 고작 64개밖에 외우지 못했다고 썼다. "45분이 끝나갈 무렵이면 탈진, 두통 등 여러 증상이 자주 느껴진"[3] 것이 원인이었다. 궁극적으로 그의 초인적인 노력은 결실을 맺어서, 그는 학습과 망각에 관한 가장 근본적인 사실을 몇 가지 밝혀냈다. 그의 매우 중요한 성과 중 하나는 '망각 그래프', 즉 사람들이 정보를 잊어버리는 속도를 사상 처음으로 기록한 그래프다. 에빙하우스는 트라이그램 한 세트를 외우고 나서 고작 20분만 지나도 외운 것의 거의 절반을 잊어버렸다. 하루 뒤에는 처음 외웠던 것의 약 3분의 2가 기억에서 사라졌다. 에빙하우스의 연구 결과에 약간의 한계가 있긴 하지만,[4] 그가 밝혀낸 기본적인 사실은 변하지 않는다. 우리가 지금 경험하는 일 중 많은 부분이 하루도 안 돼서 잊힐 것이라는 사실 말이다. 이유가 뭘까?

이 질문에 대답하기 위해, 애당초 기억이 어떻게 형성되는지를 먼저 분석해보자. 조밀하게 주름이 잡힌 회색 조직 덩어리로 뇌의 바깥쪽에 위치한 신피질의 모든 영역은 엄청난 수의 뉴런으로 구성되어 있다. 어떤 추정치에 따르면 뉴런이 무려 860억 개나 된다.[5] 지구상에 살고 있는 인구의 10배가 넘는 숫자다. 뉴런은 뇌의 가장 기본적인 작업단위다. 이 특수 세포들은 우리가 세상으로부터 받아들이는 감각정보에 관한 메시지를 뇌의 여러 영역으로 나르는 역할을 한다. 우리가 느끼고 보고 듣고 만지고 맛보는 것, 모든 호흡, 모든 움직임이 가능한 것은 뉴런들 사이의 통신 덕분이다. 사랑에 빠지는 느낌, 화난 기분, 살짝 배가 고픈 느낌은 모두 뉴런들이 서로 대화를 나눈 결과로 생겨난다. 뉴런은 또한 심장박동처럼 우리가 미처 인지하지도 못하는 중요한 기능을 뒤에서 맡아 처리하는 역할도 한다. 잠들었을 때 황당한 꿈으로 우리 머리를 채우는 것도 뉴런의 일이다.

신경과학자들은 수많은 뉴런이 어떻게 공동작업을 하는지 정확히 밝혀내려고 계속 연구 중이지만, 지금까지 밝혀낸 지식만으로도 뇌 기능을 다스리는 기본원칙 중 일부를 포착해서 컴퓨터 모델을 만들 수 있다. 기본적으로 뉴런은 민주주의 체제처럼 움직인다. 선거 때 한 사람이 딱 한 표만 행사할 수 있는 것처럼, 각각의 뉴런은 모든 종류의 신경 계산에서 작은 역할 하나를 할 뿐이다. 민주주의 체제에서 사람들은 각각 자신의 주장

기억의 기본원리

을 관철하기 위해 정치적 동맹을 맺는다. 뉴런도 뇌 속에서 작업을 해내기 위해 비슷한 동맹을 맺는다. 캐나다의 신경과학자 도널드 헤브는 뉴런이 학습에 기여하는 과정에 대해 영향력 있는 연구 성과를 거뒀는데, 뉴런들 사이의 이런 동맹을 '세포연합cell assemblies'이라고 불렀다.

정치학과 마찬가지로 신경과학에서도 가장 중요한 것은 올바른 상대와의 연결이다.

이 과정을 이해하기 위해, 신생아가 사람들의 말에 노출되었을 때 어떤 일이 벌어지는지 살펴보자. 언어를 학습하기도 전에 아기는 소리의 차이를 감지할 수 있지만, 그 소리를 문법적으로 분석해서 언어학적인 의미를 부여하는 방법을 모른다. 다행히 태어나는 순간부터 우리 뇌는 들리는 소리를 이해하려고 애쓰면서 끊임없이 이어지는 음파를 음절로 분리하려고 시도한다. 아기가 궁극적으로 무엇을 인식하게 될지를 좌우하는 것은 말소리를 처리하는 뇌 영역에서 벌어지는 선거 결과다. 아기가 어떤 말소리를 들을 때 방 안에서 소음이 함께 들릴 수도 있다. 그러면 아기가 들은 단어가 배스bath인지 아니면 패스path인지 불분명해진다. 그때 뇌의 언어 센터 어딘가에서 대규모 뉴런연합이 그 단어가 배스라는 쪽에 표를 던진다. 패스라는 쪽에 표를 던진 뉴런연합은 그보다 규모가 작다. 이 두 후보 말고 다른 후보에 투표한 소수 집단들도 있다. 이 표결 결과는 0.5초도 안 되는 짧은 시간 안에 집계되어, 아기는 그 말소리를 배스로 듣게 된다.

여기서 학습이 등장한다. 선거가 끝난 뒤 승리한 연합이 기반을 강화하려고 움직이기 때문이다. 승리한 소리를 미약하게나마 지지한 뉴런들은 같은 울타리 안에 받아들일 수 있을지 몰라도, 지지하지 않은 뉴런들은 숙청할 필요가 있다. 이렇게 해서 '배스'를 지지한 뉴런들 사이의 연결이 강화되고, 다른 소리에 표를 던진 뉴런들의 연결은 약화된다. 하지만 다음번에는 누군가가 큰 소리로 '패스'라는 단어를 말하는 소리가 아기의 귀에 들릴지 모른다. 그때에는 패스를 지지한 뉴런들 사이의 연결이 강화되고, 다른 소리에 표를 던진 뉴런들의 연결은 약화될 것이다. 선거 뒤에 일어나는 이런 개편을 통해 정당들이 점점 더 양극화된다. 뉴런들이 자신이 지지하는 연합과 훨씬 더 강력하게 유대를 맺는 반면, 미지근한 상대와는 더욱 멀어지게 된다는 뜻이다. 이런 과정을 거쳐 선거의 효율성이 점점 높아지므로, 투표 초기에 벌써 선거 결과가 분명히 드러나게 된다.

어린이의 뇌는 특히 끊임없이 변화하면서 주변 환경을 인식하는 최적의 구성을 찾으려 한다. 생후 몇 년 동안 아기는 음절 구분법을 극적인 속도로 학습하기 때문에, 뉴런들 사이의 연결이 끊임없이 재편되며 소리를 말로 이해하게 된다. 그러나 소리를 구분하는 뉴런연합이 굳어지면, 아기가 학습하는 언어에 존재하지 않는 소리의 차이에 점점 둔감해진다. 마치 뉴런들이 핵심적인 이슈 몇 가지만을 근거로 소수의 후보 중 하나를 선택하는 것 같다.

새로운 경험에 대응해서 신피질의 뉴런 연결을 바꿀 수 있는 아기의 능력을 '신경가소성'이라고 부른다. 아기가 어른이 되면서 신경가소성이 줄어드는 현상은 잘 알려져 있으나, 마치 사람이 나이를 먹을수록 가소성을 발휘하는 능력이 슬그머니 사라지는 것처럼, 암울한 메시지를 전달하는 신문기사와 텔레비전 프로그램 때문에 이 현상이 과학적으로 조금 왜곡되어 알려졌다.[6] 기업들은 이런 정보를 이용해서, 불가피한 가소성 감소를 막아준다는 제품들을 판매했다. 열두 살이 지나면, 친숙한 소리를 중심으로 형성된 신경 동맹이 더 단단해져서 새로운 음절을 옛날처럼 빠르게 학습하기 어려워지는 것은 사실이다. 그래서 어렸을 때 중국어나 힌디어에 노출된 사람보다 40대에 이런 언어를 배우기 시작한 사람이 더 어려움을 겪는다. 다행히 어른의 뇌에도 아직 가소성이 많이 남아 있기 때문에 가소성을 높여주는 보조제가 따로 필요하지 않다. 우리가 점점 경험을 쌓으며 살아가는 동안 지각력, 움직임, 사고력을 향상시키기 위해 뉴런은 항상 새로운 상대와 연결을 꾀한다. 게다가 단순한 지각(보고 듣고 만지고 맛보고 냄새 맡는 것)을 넘어 고등 기능(예를 들어 판단, 평가, 문제해결)으로 넘어가면 뇌가 놀라울 정도로 가소성을 발휘하기 때문에 신경계의 선거가 몹시 치열해진다.

우리가 델리에서 일주일을 보내며 힌디어를 배웠다고 가정하자. 식당에서 물을 달라고 말하고 싶은데, 불과 한 시간 전에 외운 그 단어가 생각이 나지 않는다. 안타깝지만 우리가 힌디어에 더 유창해지지 않는 한 많은 힌디어 단어가 우리 귀에 똑같이 들릴 것이다. 우리가 원하는 힌디어 단어(파니)가 저장된 세포연합의 연결이 아직 강하지 않고, 비슷한 소리들 사이에서 갈등하며 충성심이 여러 곳으로 분산된 뉴런이 많기 때문이다.

새크라멘토 동물원에서 계획대로 잘 진행된 우리 딸의 생일 파티처럼 복잡한 경험을 기억해내려고 애쓸 때도 우리는 비슷한 어려움에 직면한다. 자신이 원하는 기억에 도달하기 위해 해당 뉴런연합으로 이어진 길을 찾아야 하는데, 우리가 찾는 기억이 저장된 뉴런연합과 지금 당장은 필요하지 않은 다른 기억이 저장된 뉴런연합이 치열한 경쟁을 벌일 때가 많다. 경쟁이 그렇게까지 심하지 않을 때도 있긴 하지만, 비슷한 기억이 저장된 연합이 많다면 맹렬한 전투가 벌어질 수 있다. 게다가 승자가 또렷하게 갈리지 않을 수도 있다. 이렇게 여러 기억 사이에 벌어지는 경쟁을 기억 연구에서는 '간섭현상'이라고 부른다. 우리가 일상생활을 하면서 많은 것을 잊어버리게 만드는 범인이 바로 이 간섭현상이다.[7] 간섭현상에서 벗어나는 열쇠는 경쟁을 물리칠 수 있는 기억을 형성하는 것이다. 우리가 이런 능력을 갖고 있어서 다행이다.

기억의 기본원리

주의력과 의도

일상생활의 한 장면을 상상해보자. 어떤 사람이 퇴근해서 돌아와 자기 집 문의 잠금장치에 열쇠를 넣어 문을 열면서 휴대폰으로 이메일을 확인한다. 집 안으로 발을 들여놓으니 얼마 전 입양한 구조견이 펄쩍 달려들어서 난리를 피운다. 훈련 상태는 형편없는데 혈기만 넘치는 녀석의 침으로 주인의 몸이 축축해진다. 그때 딸의 방에서 음악소리가 커다랗게 쿵쿵 들려온다. 무서울 정도로 귀에 쏙쏙 들어오는 1980년대의 신시사이저 팝 음악의 알맹이가 뇌 속으로 파고들어 온다. 지친 발걸음으로 부엌에 들어간 그는 고약한 냄새를 맡고, 어젯밤 쓰레기 내놓는 것을 잊어버렸음을 깨닫는다. 그때 갑자기 발목이 쑤시듯 아파와서, 몇 주 전 접질린 발목에 얼음찜질을 해야겠다는 생각이 든다.

자, 이제 뒤를 돌아보지 말고 이 사람이 열쇠를 어디 두었는지 기억을 떠올려보라. 열쇠 구멍에 그대로 꽂아두었다는 기억이 난다면 훌륭하다. 하지만 그 사실이 잘 기억나지 않는다 해도, 이 사람만 그런 것은 아니다. 수많은 것이 십중팔구 그의 주의력을 산만하게 만들었을 것이다. 정보의 융단폭격 앞에서, 특정 사건에 대한 우리의 기억은 어지러워진다.[8] 게다가 열쇠를 어디에 두었는지 기억을 떠올리는 과정에서 우리는 전에 열쇠를 두었던 모든 장소와 그때그때의 다양한 상황에 대한 기억을 모조리 훑어본다. 그것이 어젯밤의 기억이든 지난주의 기억이든 작년의 기억이든 상관없다. 엄청난 간섭현상이 일어나는 셈이다. 우리가 자주 쓰는 물건(열쇠, 휴대폰, 안경, 지갑, 심지어 자동차까지)을 어디에 두었는지 그토록 숱하게 잊어버리는 이유가 바로 이것이다. 뉴런연합 사이의 치열한 경쟁을 생각하면, 애당초 우리가 어떻게 이런 물건들에 대한 기억을 떠올릴 수 있는지 의아하다.

기억이 구겨진 종이가 어지럽게 널려 있는 책상과 비슷하다고 생각해보자. 그 종이들 중에 우리가 온라인뱅킹 패스워드를 적어놓은 것이 섞여 있다면, 그 종이를 찾아내는 데 엄청난 수고와 행운이 필요할 것이다. 이건 기억하기 시합과 비슷하다. 만약 그럭저럭 비슷한 경험(예를 들어 에빙하우스가 외우려고 애썼던 무의미한 트라이그램)이 여러 개 있다면, 필요할 때 딱 맞는 기억을 찾아내기가 기하급수적으로 어려워진다. 하지만 쨍한 분홍색 포스트잇에 패스워드를 적어놓았다면, 책상 위에 흩어진 모든 종이 중에서 도드라져 보일 테니 아주 쉽게 찾을 수 있을 것이다. 기억도 같은 방식으로 작동한다. 가장 도드라지는 경험이 다른 것에 비해 상대적으로 눈에 띄기 때문에 가장 기억하기 쉽다.

그러면 어지러운 머릿속에서 도드라지게 눈에 띄는 기억을 만드는 방법은 무엇일까? '주의력'과 '의도'가 답이다. 주의력은 우리가 보고 듣고 생각하는 것에 뇌가 우선순위를 매기는 방식이다. 어떤 순간에든 우리는 주위에서 벌어지는 다양한 일에 주의를 기울일 수 있다. 그렇게 주변의 일에 주의를 빼앗길 때가 너무나 많다. 앞에서 묘사한 일상의 한 장면에 등장한 사람은 문을 연 뒤 맞닥뜨린 상황에 주의를 빼앗기기 전에 잠시나마 열쇠에 주의를 집중했는지도 모른다. 가장 중요하게 기억해야 하는 것(즉, 파트너를 데리러 공항으로 서둘러 가야 하기 때문에 한 시간 뒤 그 열쇠가 필요해질 것이라는 사실)에 주의를 기울인다 해도, 머릿속으로 쏟아져 들어오는 더 또렷한 요소들(혈기 넘치는 개, 부엌에서 나는 쓰레기 악취, 딸의 방에서 흘러나오는 1980년대 밴드의 음악소리)의 간섭을 모두 이겨낼 또렷한 기억을 만드는 데 그것이 반드시 도움이 되지는 않는다.

이때 등장하는 것이 의도다. 나중에 정확히 떠올릴 수 있는 기억을 만들려면, 의도를 지침으로 삼아 주의력을 또렷한 대상에 고정해야 한다. 열쇠처럼 자주 잃어버리는 물건을 어딘가에 놓을 때 그 시간과 장소 특유의 요소, 예를 들어 조리대 상판의 색깔이나 열쇠 옆의 뜯지 않은 우편물 더미 같은 것에 잠시 초점을 맞추는 것이다. 이렇게 의도를 조금 마음에 새기면, 일상적인 행동을 한쪽으로 밀어내고 온갖 소란스러운 간섭에 맞서 이길 가능성이 있는 또렷한 기억을 형성해 우리 뇌의 선천적인 성향에 대항할 수 있다.

중앙 집행부

대개 우리는 일상생활을 하면서 중요한 일에 초점을 맞추는 작업을 상당히 잘 해낸다. 이에 대해서는 이마 바로 뒤편에 자리 잡은 전전두엽피질에 감사해야 한다. 전전두엽피질은 이 책에서 앞으로 자주 등장할 것이다. 우리가 매일 어떤 일을 기억해내거나 기억해내지 못할 때, 전전두엽피질이 주역을 담당하는 경우가 많기 때문이다. 이 피질의 수많은 기능 중 하나는 의도를 지닌 학습을 돕는 것이다.

전전두엽피질은 인간의 뇌에서 약 3분의 1을 차지하지만, 신경과학의 역사에서 많은 오해의 대상이었다. 1960년대에 신경외과 의사들은 조현병, 우울증, 간질, 모든 형태의 반사회적 행동을 치료하기 위해 전전두엽피질을 제거하는 수술을 일상적으로 시행했다. 전두엽 절제술로 알려진 이 무지막지한 수술은 보통 국소마취 하에서 얼음송곳과 비슷한 수술도구를 환자의 안구 뒤로 찔러넣어 이리저리 휘저어서 전전두엽피질의 많은 부분을 손상시키는 방식으로 이루어졌다. 수술을 마치는 데에는 대략 10분이 걸렸다. 수술에 성공하지 못해서 심각한 합병증이 발생하는 경우가 많았고, 심지어 환자가 죽음에 이르는 경우도 있었지만, 이 절제술이 성공하면 정상적으로 걷고 말할 수 있었으며 기억도 잃어버리지 않는 것 같았다. 다만 더 조용하고 유순해져

기억의 기본원리

서 '치료'된 것처럼 보였다. 사실 전두엽 절제술은 기저의 정신 질환을 치료했다기보다는 환자를 냉담하고 유순하고 의욕 없는 좀비 같은 상태로 만들었다.

같은 시기에 헌신적인 신경과학자 몇 명이 전전두엽피질(전두 엽이라고 불리는 큰 부위의 일부)을 연구하다가 이 부위의 중요성을 점점 파악하게 되었다. 전전두엽피질이 손상되면 사고력과 학습 능력에 결함이 생긴다는 사실을 알 수 있었는데,[9] 이 피질의 기 능은 아직 수수께끼였다. 1960~1980년대의 논문들은 이 부위 의 정체가 수수께끼 같다는 점을 강조하기 위해 '인간의 전두엽 기능이라는 수수께끼', '전두엽 문제', '전두엽, 뇌의 전인미답 구 역' 같은 제목을 내세웠다.

전전두엽피질은 인간의 기억과 관련해서 아직 공을 제대로 인정받지 못하고 있다. 기억을 다룬 책이나 기사를 읽은 적이 있 다면 십중팔구 '해마'라는 말을 접했을 것이다. 뇌의 한가운데에 자리한 이 해마 모양 부위는 우리가 어떤 일을 기억할지 아니면 잊어버릴지를 결정하는 '열쇠'로 간주된다. 이 부위가 기억에서 필수적인 역할을 하는 것은 사실이다. 이에 대해서는 다음 장에 서 설명하겠다. 그러나 해마가 대부분의 신경과학자에게 최고의 스타라 해도, 내 마음속 특별한 자리에는 전전두엽피질이 있다. 내가 기억 연구에 진입한 계기가 바로 전전두엽피질이었고, 기 억에 남길 것과 기억에서 사라질 것을 결정하는 데 핵심적인 역할을 하는 것도 전전두엽피질이다.

옛날 교과서들은 전전두엽피질과 해마가 서로 다른 종류의 기억 시스템이라고 가르쳤다. 전전두엽피질은 컴퓨터의 RAM처럼 온라인 상태에서 정보를 일시적으로 저장하는 '작업기억working memory' 시스템이고, 해마는 하드드라이브처럼 기억을 그럭저럭 영구적으로 저장할 수 있게 해주는 '장기기억long-term memory' 시스템이라는 것이다.[10] 일부 신경과학자들은 작업기억 시스템을 일종의 분류소로 여겼다. 우리가 받아들인 정보가 버려지거나 해마로 보내져서 장기기억이 될 때까지 일시적으로 거쳐가는 곳이라는 뜻이다. 곧 알게 되겠지만, 이런 시각은 지나치게 단순해서 인지의 모든 측면에 걸쳐 있는 전전두엽피질의 광범위한 영향력을 제대로 포착하지 못했다.

1990년대 중반 무렵, 학자들은 뇌 촬영기법을 이용해서 전전두엽피질을 비롯한 뇌의 여러 영역이 작업기억에 어떻게 기여하는지 밝혀내기 시작했다. 이런 촬영기법 중 하나인 양전자 방출 단층촬영, 즉 PET는 방사능 감지기가 설치된 스캐너에 누운 사람들에게 방사성 추적물질이 함유된 물을 주사해서 뇌의 어떤 부위에 혈류가 많이 흐르는지 찾아낸다. 초창기 연구에서는 열심히 작동하고 있어서 포도당이 많이 필요한 부위의 혈류가 늘어난다는 사실이 밝혀졌다. 학자들은 이 정보를 이용해, 사람들이 지각, 언어, 기억 등의 능력이 필요한 작업을 수행할 때 뇌

　　　　　　　　　　　　　　　　　　　기억의 기본원리

를 스캔해서 뇌 지도를 만들 수 있었다.

검사비가 비싼 데다가 사람 몸에 방사성 추적물질을 주사하는 것이 대체로 좋은 일은 아니기 때문에, PET는 곧 기능성 자기공명영상, 즉 fMRI로 대체되었다. 이 기술을 이용해서 학자들은 혈류가 만들어내는 자기장 변화를 측정할 수 있었다(철을 함유한 분자인 헤모글로빈이 산소를 운반하지 않을 때는 자기장에 민감해지는 성질을 지닌 덕분이다).

전형적인 fMRI 연구는 다음과 같이 진행된다. 먼저 실험 참가자가 강도 1.5 또는 3테슬라(지구 자기장 강도의 3만~6만 배)의 자기장이 형성된 튜브 안의 평평한 검사대에 눕는다. 참가자의 머리를 헬멧처럼 감싼 코일은 뇌를 스캔하는 데 사용된다. 이 코일에 달린 거울은 참가자가 눈을 뜨면 볼 수 있는 각도로 조정되어 있다. 그 거울에 화면이 비치고, 참가자에게는 실험 중에 단추를 눌러 반응을 보일 수 있는 상자가 지급된다. fMRI가 데이터를 수집하는 동안 스캐너에서 계속 크게 삑삑거리는 소리가 나기 때문에 참가자는 귀마개를 하고 있다. 굉장히 불쾌한 경험일 것 같지만, 내 경우에는 그렇지 않았다. 오히려 그 안에서 쉽게 잠들 것 같았다.

fMRI로 작업기억을 연구하기 위해 학자들이 사용하는 방법 중 하나는 실험 자원자가 스캐너 안에 누워 있는 동안 연달아 계속 흘러가는 숫자를 보여주는 것이다.[11] 자원자는 마지막 숫자를 기억해두었다가, 새로운 숫자가 나타날 때마다 바로 직전에 기억해둔 숫자와 일치하는지 판단해야 한다. 자원자가 가장 마지막에 나타난 숫자만 기억해두었다가, 다음 숫자를 기대하며 기억에서 지워버리는 과정이 반복되기 때문에 이 실험에는 작업기억이 필요하다. 이 실험의 변형으로 자원자에게 마지막 숫자 두 개를 기억하게 하는 방식도 있다. 기억해야 하는 숫자가 많아질수록, 전전두엽피질의 활동이 더 확실히 드러났다. 전전두엽피질이 일시적으로 정보를 저장하는 데 모종의 역할을 한다는 좋은 증거인 것 같았다.

나는 노스웨스턴대학교에서 대학원에 다니던 시절 이 연구에 홀린 듯이 빠져들었다. 그러나 내가 에번스턴 병원에서 신경심리학 훈련을 받으며 본 것과는 일치하지 않는 것 같았다. 병원에 들어온 환자들 중에는 이미 그들을 진찰한 작은 병원의 의사가 뇌 손상을 의심해서 보낸 사람이 많았다. 그곳에서 내가 맡은 일은 일련의 인지검사를 실시한 뒤 그 결과를 진단과 치료 부서에 알려주는 것이었다. 언어능력에 문제가 생긴 환자(실어증), 의도적인 행동에 문제가 생긴 환자(운동신경 장애), 사물이나 안면을 인식하는 데 문제가 있는 환자(실인증) 외에 기억에 문제가 생긴 환자(기억상실증)도 있었다. 알츠하이머병 초기 환자, 간질 환자, 또는 순간적으로 뇌에 산소가 공급되지 않은 환자에게 나타나는 문제다. 이런 징후들을 알아내기는 쉬웠다. 그러나 전전두

엽피질이 손상된 환자들도 있었다.[12]

그런 환자 중에는 뇌졸중을 일으킨 검사, 공사장에서 나무 기둥에 머리를 다친 노동자, 뇌종양 수술을 받은 버스운전사처럼 외상이 확실히 드러난 사람들도 있었지만, 다발성경화증 같은 병을 앓는 환자도 있었다. 다발성경화증은 면역체계가 미쳐 날 뛰면서 전전두엽피질을 비롯한 뇌의 여러 영역에서 신경 연결을 공격하는 병이다. 원인이 무엇이든 전전두엽피질에 문제가 있는 환자들은 공통적으로 기억에 문제가 생겼다고 호소했다. 하지만 내가 검사해보면, 기억에 결함이 전혀 없는 것 같았다. 다른 문제가 있음이 분명했다. 이 환자들은 여러 숫자를 힘들이지 않고 외워두었다가 내게 다시 불러주었다. 화면에서 내가 여러 블록을 연달아 건드리는 모습을 지켜보다가 환자들이 똑같은 순서로 똑같은 블록을 건드려야 하는 게임인 사이먼도 잘 해냈다. 다시 말해서, 이 환자들이 작업기억에 정보를 보관할 수 있었다는 뜻이다. 하지만 산만한 환경에서 정신을 집중해야 하는 검사는 어려워했다. 예를 들어, 화면 왼편에서 번쩍거리는 글자들을 무시하고 화면 중앙의 숫자들을 기억해둬야 하는 검사가 있었다. 환자들은 대체로 글자에 정신을 빼앗겨 숫자를 놓치곤 했다.

전두엽에 문제가 생긴 환자들은 또한 장기기억 검사에서도 들쑥날쑥한 결과를 냈다. 우리가 환자들에게 '계피'나 '육두구'

같은 단어를 모아놓은 긴 목록을 외우라고 한 뒤 추가적인 힌트 없이 그 단어들을 떠올려보라고 하면, 그들은 단어를 몇 개밖에 기억하지 못했다. 하지만 특정한 단어를 우리가 말하면서 그 단어가 목록에 있었느냐고 물어보면, 그들은 단어가 목록에 있었는지 여부를 쉽사리 인지했다. 그 단어들에 대한 기억을 형성하기는 했으나, 몹시 구체적인 힌트가 없으면 그 기억을 찾아내지 못하는 상황이었다는 뜻이다.[13] 그들이 기억을 찾아내는 데 그토록 어려움을 겪은 이유 중 하나는, 그 어떤 기억 전략도 사용하지 않고 그때그때 주의를 사로잡는 것에 정신을 집중했다는 점이다. 건강한 사람들은 보통 이들과 대조적으로 기억을 떠올리는 검사와 인지검사에 모두 도움이 될 전략(예를 들어, 화면에 나타나는 단어들 중 향신료 이름이 많다는 점에 주목하는 식)을 사용한다.

많은 환자에게 검사를 실시한 끝에 나는 전전두엽피질에 문제가 생긴 사람들이 산만하지 않은 환경에서 명확한 지시를 받았을 때는 아무 문제 없이 기능을 발휘하지만, 중요하지 않은 요소들이 주의를 끌려고 경쟁하는 환경에서 자연스럽게 기억 전략을 사용하거나 어떤 임무를 끝까지 마치는 데에는 어려움을 겪는다는 사실을 알게 되었다. 따라서 전전두엽피질이 기억을 '만들'지는 않지만, 이 부위가 손상되면 현실 속에서 기억력에 영향을 받는다는 확신을 얻었다.

1999년 임상훈련을 마친 뒤 나는 펜실베이니아의과대학에서 마크 데스포지토 박사 팀의 연구원이 되었다. 마크는 작업기억 연구에 fMRI를 이용하는 기법을 더 새롭고 훌륭하게 다듬기 위해 한계에 도전하고 있었다. 그러나 대부분의 인지신경과학자와 달리 마크는 연구실과 임상을 오갔으며, 임상에서는 행동신경학 전문의였다. 그는 전전두엽피질을 대하는 많은 신경과학자들의 태도와 그 부위가 손상된 환자에게서 자신이 목격하는 문제들 사이에 간극이 있음을 예리하게 인식하고 있었다.

마크의 환자 중에 짐이라는 트럭기사는 뇌졸중으로 전두엽이 심하게 손상된 뒤 일은 고사하고 혼자 생활하기도 불가능해졌다. 짐의 아내는 그의 기억에 문제가 생겼다고 말했다. 영화를 보고 나서 장면을 통째로 잊어버리는 바람에 같은 영화를 앉은 자리에서 두세 번씩 보게 된다는 것이었다. 아프기 전에는 무척 꼼꼼한 사람이었는데 지금은 양치질이나 면도를 자주 잊어버린다고도 했다. 그러나 기억 문제의 저변에 다른 문제가 있는 것 같았다. 그가 양치질이나 면도 같은 행동을 하는 법을 잊어버린 것은 아니었다. 이를 닦는 능력은 여전히 건재했다. 하지만 혼자 내버려두면, 그런 행동을 해야겠다는 의욕을 전혀 보이지 않았다. 다른 일에 정신이 팔려서 그쪽으로 주의가 옮겨갈 때도 있었다. 짐은 내가 에번스턴 병원에서 검사한 환자들, 즉 단어를 외울 때 전략을 전혀 사용하지 않은 환자들과 다르지 않았다.

마크의 연구실에서 일하던 많은 연구원이 작업기억에 대한

fMRI 연구를 시행했는데, 뇌의 뒤편에 특정한 종류의 정보를 저장하는 곳처럼 보이는 세포연합이 있다는 주장을 뒷받침하는 일관된 결과를 얻었다. 어떤 사람의 얼굴을 머릿속에 기억해두라는 지시를 받으면 특정한 영역이 활성화되고, 어떤 집의 모습을 머릿속에 기억해두라는 지시를 받으면 다른 영역이 활성화되었다. 전전두엽피질의 활동은 사람이 기억하는 대상에 특별히 민감하지 않았다. 그 사람이 작업기억 임무를 수행해야 하는지 여부에 대해서도 마찬가지였다.[14] 그러나 임무를 계속 수행하기 위해서, 특정한 정보에 정신을 집중하기 위해서, 산만한 환경에 저항하기 위해서, 기억 전략을 자발적으로 사용하기 위해서 의도를 활용할 필요가 있을 때는 전전두엽피질의 활동이 몹시 활발해졌다.[15]

전전두엽피질에 대해 우리가 수행한 연구들은 과학논문에 나오는 이야기와 우리가 임상에서 보는 현상 사이의 틈을 메워주었다. 뇌가 특화된 기억 시스템들로 구성되어 있으며, 각각의 시스템이 각각 다른 임무를 담당한다는 교과서적인 시각은 큰 그림을 놓치고 있었다. 전전두엽피질은 특정한 종류의 기억에만 특화되어 있지 않다. fMRI 연구와 환자들을 관찰한 결과는 다른 가설을 뒷받침한다. 전전두엽피질이 뇌의 '중앙 집행부'라는 가설이다.[16]

이 가설을 이해하는 최선의 방법은 뇌를 대기업으로 생각하는 것이다. 대기업에는 전문적인 부서가 많이 있다. 엔지니어링, 회계, 마케팅, 영업 등등. 최고경영자, 즉 CEO의 임무는 전문가가 되는 것이 아니라, 이 모든 부서의 활동을 조정해서 전 직원이 공통의 목표를 향해 나아가도록 회사를 이끄는 것이다. 비슷한 맥락에서, 인간의 뇌에 존재하는 여러 영역은 상대적으로 특화된 기능을 갖고 있다. 전전두엽피질의 임무는 공통의 목적을 위해 이 네트워크 전체의 활동을 조정하는 중앙 집행부 역할을 하는 것이다.

전두엽 절제술을 받거나 뇌졸중으로 전두엽이 손상된 뒤에도 뇌의 특화된 네트워크는 남아 있다. 그러나 각각의 영역이 공통의 목적을 위해 협력하지는 못한다. 전전두엽피질이 손상된 사람이라도 전혀 산만하지 않은 환경에서 기억과 관련된 구체적인 임무를 명확하게 지시하면 완전히 정상적인 모습을 보여줄 수 있다. 그러나 전전두엽피질이 없으면, 의도를 가지고 스스로 학습하는 것이 불가능하고, 이미 기억하고 있는 것을 현실 속에서 효과적으로 이용해 일을 해내기도 어렵다. 우유를 사러 슈퍼마켓에 갔다가 화려하게 진열된 감자칩에 정신이 팔릴 수도 있고, 병원에 예약이 돼 있다는 사실은 알면서도 그 사실을 잊지 않기 위해 휴대폰에 알림을 설정하는 등 전략을 사용할 생각은 하지 못할 수도 있다.

전전두엽피질 먹이고 보살피기

　내가 전전두엽피질에 매혹된 데에는 그 부위가 손상된 환자들의 기억 문제가 일상생활에서 우리를 괴롭히는 기억 문제와 직접적으로 연결되어 있다는 점이 부분적으로 영향을 미쳤다. 물리적 손상이 없는 상태에서도 많은 요인이 전전두엽피질의 기능에 영향을 미칠 수 있다.[17] 그리고 이것이 심각한 기억 문제를 야기할 수 있다.

　예를 들어, 내가 에번스턴 병원 신경심리 클리닉에서 검사한 환자 중에는 알츠하이머병이 의심돼서 우리 병원으로 온 사람이 많았다. 그러나 자세한 검사 결과 그들의 병명은 우울증으로 밝혀졌다. 어르신들의 경우에는 우울증이 알츠하이머병의 초기 증세와 아주 흡사한 형태를 띨 수 있다. 내가 검사한 환자 중에 은퇴한 지 얼마 되지 않은 교사가 바로 그런 사례였다. 그는 항상 자신이 예리한 사람이라는 점에 자부심을 느꼈지만, 이제는 정신을 잘 집중하지 못하고 무엇이든 자꾸 잊어버렸다. MRI 검사에서는 뇌 손상이 전혀 드러나지 않았어도, 그의 인지능력은 전전두엽피질이 손상된 사람과 크게 차이 나지 않았다. 이런 인지력 문제가 얼마 전 그가 이혼을 겪고 수십 년 만에 처음으로 혼자 살게 되었다는 사실과 관련 있을지도 모른다는 생각을 환자 본인도 그를 진료한 의사도 미처 떠올리지 못했다.

전전두엽피질은 뇌에서 매우 늦게 성숙하는 부위 중 하나로, 청소년기 내내 뇌의 다른 영역들과의 연결 상태를 계속 섬세하게 다듬는다. 따라서 어린이들은 비록 학습 속도가 빠르지만 쉽게 주의가 산만해져서 정신을 잘 집중하지 못한다. ADHD(주의력결핍과다행동장애)를 지닌 아이들의 경우에는 이것이 훨씬 더 심각한 문제가 된다. 이런 아이들이 학교에서 공부를 잘 하지 못하는 것은 이해력이 떨어져서가 아니라 수업에 집중하지 못하기 때문이다. 그들은 효과적인 학습 습관을 들이지도 못하고 시험에서 좋은 성적을 거두기 위해 전략을 사용하지도 못한다. ADHD가 전전두엽피질의 이례적인 활동과 관련되어 있음을 암시하는 증거가 상당히 많다.[18]

전전두엽피질은 노화가 진행되면서 매우 빨리 쇠퇴하는 영역 중 하나이기도 하다.[19] 그래서 건망증이 더 심해진 것 같은 느낌이 든다. 다행히 대부분의 경우 노인들이 겪는 문제는 기억을 형성하는 능력에 있는 것이 아니다. 주의를 집중하는 능력이 변화를 겪으면서 어떤 사건을 기억하는 방식에도 변화가 생기는 것이 문제다. 예를 들어, 친척의 결혼식에서 만난 누군가의 이름이 기억나지 않는 경험을 한 적이 있을 것이다. 그러나 그 사람과 관련된 다른 모든 것, 즉 그에게 주근깨가 있었다는 것이나 그날 밝은 노란색 나비넥타이를 맸다는 것, 또는 최근 다녀온 내슈빌 여행에 대해 쉬지 않고 떠들어댔다는 건 기억난다.

중요한 정보는 사라지고 이렇게 무의미한 사실만 기억나는 경향은 사람이 나이를 먹을수록 더 강해진다.[20] 나이를 먹으면, 주변의 산만한 것들을 무시하고 주의를 집중해야 하는 상황에서 뭔가를 기억에 새기는 능력이 떨어진다는 사실이 이미 수많은 연구에서 밝혀졌다. 그러나 주의를 산만하게 만드는 정보를 기억하는 능력은 젊은 사람들에게 뒤지지 않는다. 때로는 오히려 젊은 사람들보다 나을 수도 있다. 나이를 먹어도 학습은 가능하지만, 자신이 머리에 새기고 싶은 상세한 정보에 주의를 집중하기가 더욱 어려워지기 때문에 결국 별로 중요하지 않은 것이 머리에 새겨져버리는 경우가 많다.

나이와 상관없이, 전전두엽피질이 아주 엉망이 되어버린 것 같은 느낌을 주는 요인은 언제나 존재한다. 현대 세계에서는 십중팔구 멀티태스킹이 가장 흔한 범인일 것이다.[21] 문자메시지와 전화가 대화, 활동, 회의를 일상적으로 방해해서,[22] 우리는 다양한 목표에 주의를 분산시키려다 문제를 더 복잡하게 만들 때가 많다. 신경과학자들도 멀티태스킹에서 자유롭지 않다. 요즘은 거의 모든 학회에서 청중석에 앉은 과학자들이 무릎에 노트북컴퓨터를 열어놓고, 강연에 귀를 기울이면서 동시에 이메일에 답장을 쓰는 모습을 발견할 수 있다. 나도 예외가 아니다. 심지어 자신의 멀티태스킹 능력을 자랑스러워하는 사람도 많지만, 두 가지 일을 한꺼번에 하는 데에는 거의 항상 대가가 따른다.[23]

기억의 기본원리

전전두엽피질은 우리가 목표를 달성하기 위해 해야 하는 일에 주의를 집중할 수 있게 돕는다. 그러나 우리가 여러 개의 목표를 빠르게 오가며 주의를 분산시킨다면, 전전두엽피질의 이 놀라운 능력이 길을 잃어버린다. 샌프란시스코 캘리포니아대학에서 인지신경과학을 가르치는 멜리나 언캐퍼의 연구팀은 '미디어 멀티태스킹'(문자메시지와 이메일처럼 서로 다른 미디어 정보 사이를 오가는 것)이 기억력을 해친다는 사실을 보여주었다. 게다가 미디어 멀티태스킹을 심하게 하는 사람의 전전두엽피질에서는 특정 부위들이 평균적으로 약해진다. 전두엽의 기능 장애가 멀티태스킹의 원인인지 결과인지를 밝히려면 더 많은 연구가 필요하지만, 어느 쪽이든 의미는 같다. 내 친구이자 가끔 밴드 활동을 함께 하는 멤버이며 전전두엽피질에 관한 세계 최고의 전문가 중한 명인 MIT의 얼 밀러 교수가 즐겨 하는 말이 있다. "세상에 멀티태스킹이라는 건 없어. 그냥 여러 가지 일을 형편없이 오가게 될 뿐이야."[24]

여러 가지 건강 문제가 전전두엽의 기능에 영향을 미칠 수도 있다. 예를 들어, 고혈압과 당뇨병은 뇌의 백질이 손상되는 원인이 될 수 있다.[25] 백질은 뇌에서 여러 영역이 서로 소통할 수 있게 해주는 섬유 통로다. 노화와 관련된 백질 손상이 전전두엽피질을 뇌의 다른 부위로부터 고립시키는 듯하다는 점을 나는 동료들과 함께 알아냈다. CEO가 휴대폰도 인터넷도 없이 어떤 방에 혼자 감금되었다고 생각해보라. 감염도 뇌에 나타나는 염증 과정을 통해 비슷한 영향을 미칠 수 있다. 예를 들어, 코로나19 유행 초기 이 바이러스에 감염된 사람들은 주의력과 기억력 같은 기능의 상실을 겪었으며, 전전두엽피질의 몇몇 부위에서 뇌의 구조가 바뀌는 현상도 더불어 나타났다.[26] 코로나19를 장기간 앓은 사람들은 물론 만성피로증후군 같은 다른 감염 관련 장애를 지닌 사람들도 호소하는 브레인포그(머리에 안개가 낀 것처럼 멍한 느낌이 지속되는 상태—옮긴이)가 어쩌면 전전두엽 기능의 변화 때문인지 모른다.

우리가 자신의 정신건강과 신체적 건강을 방치한 탓에 전전두엽피질이 일시적으로 모든 기능을 잃어버릴 수도 있다.[27] 예를 들어, 수면부족은 전전두엽피질과 기억력을 황폐화시킬 수 있다. 알코올도 전전두엽피질에 해로운 영향을 미치는데, 술을 마구 마셔댄 뒤 그 영향이 며칠이나 지속될 수도 있음을 보여주는 연구도 있다. 뒤에서 살펴보겠지만, 스트레스도 전전두엽의 기능을 공격할 수 있다. 스트레스가 많은 일주일을 보낸 뒤 밤새워 술을 마시면서 인터넷에서 암울한 뉴스만 강박적으로 찾아본다면, 주말 내내 브레인포그와 싸우게 되는 것도 놀랄 일이 아니다.

다행히 전전두엽피질의 기능을 향상시키기 위해 우리가 할 수 있는 일이 몇 가지 있다.[28] 하지만 여러분이 생각하는 방법과는 다를지도 모른다. 뇌는 몸의 일부이기 때문에, 우리가 몸을 위해 하는 일이라면 무엇이든 뇌에도 좋다. 나아가 기억력에도 좋다. 잠, 운동, 건강한 식사 등 신체와 정신에 좋은 모든 것이 전전두엽피질에도 좋다. 달리기 같은 유산소운동은 뇌의 가소성을 증진시키는 화학물질의 분비를 증가시키고, 뇌에 에너지와 산소를 전달하는 혈관계통을 건강하게 하며, 뇌혈관 질환과 당뇨병의 위험 및 염증을 줄여준다. 또한 운동은 수면을 돕고 스트레스를 줄여주기 때문에, 전전두엽의 자원을 빼앗아갈 수 있는 가장 중요한 요인 두 가지를 완화해준다. 이런 요소들이 한꺼번에 합쳐지면, 나이를 먹어도 기억력이 보존될 수 있다. 2만 9천 명이 넘는 참가자들을 대상으로 기억력을 추적한 매우 인상적인 연구에서, 위에서 설명한 요인들을 일부 일상으로 받아들인 사람들이 10년에 걸쳐 기억력을 더 많이 보존한 것으로 나타났다.[29]

마음에 남는 기억

기억의 본질이 선택적이기 때문에, 우리 인생(우리가 만나는 사람들, 하는 일, 다녀가는 장소)은 우리가 경험한 일 중 극히 작은 일부만이 포착된 기억으로 쪼그라들 수밖에 없다. 그러나 더 많은 것을 기억하려고 선택적인 기억의 본질과 싸우려 들기보다는,

인간이 원래 잊어버리도록 설계되었다는 점을 받아들이고 의도를 가지고 주의를 집중해 중요한 것만 기억하는 방법도 있다.

우리는 대부분 방금 만난 사람의 이름을 기억해내려고 애쓸 때의 기분을 안다. 이름과 얼굴의 관계에는 결코 내재적인 의미가 없으므로, 우리가 때로 그 이름을 기억해내는 데 성공한다는 사실이 놀라울 따름이다. 상대방이 말해주는 이름을 따라서 한 번 더 말해보는 전략이 조금 도움이 되기는 하지만 충분하지는 않다. 얼굴과 이름 사이의 관계를 강조해주지 못하기 때문이다. 기억에 성공하려면 의도를 가지고 올바른 정보에 주의를 집중해야 한다. 그래야 다음에 그 얼굴을 다시 봤을 때 이름을 기억해내는 데 생명줄 같은 역할을 할 단서를 얻을 수 있다.

예를 들어, 우리가 어떤 파티에서 처음 만났다고 치자. 당신은 그리스 신화를 잘 아는 사람이라서 내 이름을 카론과 연결시킨다. 카론은 저승에서 죽은 이들의 영혼을 스틱스강 너머로 보내주는 나루지기다. 당신이 내 외모에서 그리스나 신화 또는 죽은 사람을 연상시키는 특징을 찾아낸다면 언제든 내 얼굴을 다시 봤을 때 이름을 생각해낼 준비가 된 것이다. 이런 전략의 요점은 우리가 간직하고 싶어 하는 기억을 제대로 찾아낼 수 있게 의도적으로 의미 있는 관계를 만드는 것이다.

이런 이야기를 하다 보니 우리 딸의 생일파티 영상이 다시 생각난다. 비디오카메라가 점점 작아져서 휴대가 용이해지면서,

우리는 마이라의 삶에서 이정표가 되는 순간들을 기억하는 데에도 비디오카메라를 이용했다. 그러나 카메라로 찍은 그 순간들에는 안타깝게도 대가가 따랐다. 딸의 생일파티 때 나는 대부분 영상을 찍는 데 몰두했다. 따라서 그 중요한 순간들에 대한 기억이 흐릿하다. 만약 내가 카메라를 내려놓고 뇌가 잘하는 일을 할 수 있게 해주었다면 달랐을 것이다.

그렇다고 반드시 신기술이 문제인 것은 아니다.[30] 카메라 렌즈를 통해 우리가 그 순간의 경험을 걸러낸다는 점이 문제다. 사진이나 동영상을 찍을 때, 우리는 시각적 정보에 대한 기억을 향상시켜 줄 측면들에 초점을 맞추는 경향이 있다. 따라서 소리, 냄새, 생각, 감정 등 그 순간에 푹 잠길 수 있게 해주는 요소들이 희생된다. 아무 생각 없이 영상을 찍다 보면, 또렷한 기억을 형성하는 데 필요한 단서들과 멀어질 수 있다.

그래도 사진이나 동영상을 찍는 일이 항상 기억에 해로운 영향을 끼치는 것만은 아니라서 다행이다. 가장 좋은 방법은 경험하는 자아와 기억하는 자아의 균형을 맞추는 것이다. 일부러 의도를 갖고 접근한다면, 카메라는 나중에 떠올릴 수 있는 기억의 틀을 잡거나 심지어 정리하는 데에도 도움이 될 수 있다. 여행할 때 나는 끊임없이 연출된 인물사진이나 풍경사진을 찍으며 시간을 보내는 것을 좋아하지 않는다. 내가 그 순간을 경험하는 데 방해가 되기 때문이다. 그래서 나는 웃는 사람, 놀란 사람, 몰두한 사람의 솔직한 사진을 즐겨 찍는다. 뜻하지 않게 웃음을 주는 표지판이나 번지르르한 조각상처럼 이례적으로 눈에 띄는 대상들도 좋다. 이렇게 선별된 소수의 또렷한 '순간들'을 영상으로 기억함으로써, 나는 자유를 얻어 여행을 직접 경험하고 주위에서 벌어지는 일에 주의를 기울일 수 있다. 이렇게 또렷한 순간을 담은 사진들을 나중에 보면, 내가 떠올리고 싶은 그때로 되돌아간 기분이 든다. 반면 여행에서 별로 즐겁지 않은 부분들, 즉 사람이 북적거리는 곳, 줄서기, 교통체증 등은 그냥 흐릿하게 남는다.

인생은 짧다. 기억이 본질적으로 덧없는 것이라서 우리 인생이 훨씬 더 짧아 보이는 것일 수도 있다. 우리는 기억 덕분에 과거를 잊지 않을 수 있다고 생각하는 경향이 있지만, 사실 인간의 뇌는 경험의 저장고 이상의 역할을 하도록 설계되었다(얼마나 많은 역할을 할 수 있는지는 뒤에서 살펴보겠다). 망각은 기억의 실패가 아니라, 우리가 세상을 헤쳐나가며 이해할 수 있게 뇌가 정보를 중요도에 따라 정리하는 과정이 낳는 결과다. 우리가 의지가 깃든 선택으로 망각을 관리하는 데 더 적극적인 역할을 한다면, 미래로 가져갈 풍요로운 기억을 직접 선별해서 정리할 수 있다.

기억의 기본원리

2장　시간과 공간의 여행자

기억이 과거의 장소와 시간으로 우리를 어떻게 데려가는가

이제 보니 시간여행은 이미 존재해…
우리 머리의 능력 속에 있어. _ 플레이밍 립스

망각이라는 좌절의 이면에는 오래전에 사라진 줄 알았던 기억이 갑자기 퍼뜩 떠오르며 우리를 특정한 시간과 장소로 데려다줄 때의 기분 좋은 놀라움이 있다. 이것은 뇌의 변덕이 아니다. 우리는 흔히 기억을 이미 일어난 일의 기록으로 생각하지만, 인간의 뇌는 그 '일'을 어디서, 언제, 어떻게와 연결시키는 놀라운 능력을 지니고 있다. 그래서 기억하는 행위에 말로 표현하기가 거의 불가능한, 지나간 것에 대한 덧없는 감각이 자주 동반되는 것이다. 또한 적절한 시간, 적절한 장소에서 이미 사라졌던 기억이 우리를 찾아오는 것처럼 보이는 것도 그 능력 덕분이다.

나도 지금까지 살면서 이런 일을 자주 겪었다.

우리 부모님이 나를 데리고 미국으로 오셨을 때 나는 아직 한 살도 되지 않은 아기였다. 내가 거의 평생 동안 산 곳은 캘리포니아 북부지만, 내 친척들은 거의 모두 인도에 산다. 내가 어렸을 때 우리 가족은 대략 4년에 한 번씩 인도에 가서 조부모, 고모, 이모, 삼촌, 사촌 등을 만났다. 유년기와 청소년기에 이렇게 인도를 다녀오며 나는 독특한 경험을 많이 했으나, 캘리포니아로 돌아오면 그런 기억들이 항상 희미해지곤 했다. 우리 집과 조부모님의 집 사이 수천 킬로미터나 되는 거리가 그 기억들과 나를 떼어놓는 것 같았다. 비록 내가 가장 먼저 배운 단어들은 부모님의 모국어인 타밀어였지만, 지금 내가 말할 수 있는 타밀어는 몇 구절에 지나지 않는다(할머니가 무척 유감스러워하시는 부분이다). 때로는 인도에서 쌓은 기억이 모두 영원히 내 손이 닿을 수 없는 어딘가의 숨은 공간에 갇혀 있는 것처럼 보인다. 하지만 인도로 돌아가면, 바로 거기에 그 기억들이 있다.

머리가 어질어질해지는 17시간의 비행을 마치고 첸나이 국제공항의 입국심사를 통과하면 다른 세상이 앞에 펼쳐진다. 에어컨이 돌아가는 공항 건물에서 밖으로 나오는 순간, 내 감각기관은 맹습을 받는다. 공기는 후텁지근하고, 여름 더위는 사우나 같다. 온몸의 땀구멍에서 흐르는 땀도 내 체온을 전혀 식혀주지 못한다. 나는 총천연색으로 빛나는 도시 풍경을 받아들인다. 북적

거리는 시장에서 여자들은 생생한 색깔의 사리를 입고 돌아다니고, 도로에는 다양한 색으로 칠해진 트럭들이 달린다. 콧구멍으로 밀려드는 냄새가 끊임없이 바뀌기 때문에 때로는 속이 메스껍기도 하고(개방된 하수구를 지날 때), 도취한 기분이 들기도 한다(열대 꽃들의 달콤한 향기, 바닷가의 공기, 노점상들이 땅콩을 구우려고 피운 장작불에서 나는 짙은 연기). 다음 날 아침 태양이 슬금슬금 지평선 위로 떠오르면, 아직 시차에 적응하지 못한 나는 온 동네에 시끄럽게 울려퍼지는 열대 새들의 노랫소리에 깨어난다. 첸나이에서 주위 사방의 소리, 색깔, 냄새의 불협화음에 이렇게 둘러싸일 때, 나는 과거 이곳에 왔을 때의 기억들을 다시 붙잡을 수 있다.

이렇게 특정한 시간과 장소에 대한 감각을 맥락이라고 부른다. 우리가 일상적으로 경험하는 기억에 아주 중요한 개념이다. 우리가 매일 수많은 망각을 경험하는 것은 기억이 사라지기 때문이 아니라, 그 기억으로 이어진 길을 우리가 다시 찾아내지 못하기 때문이다. 그러나 맥락이 맞아떨어지면, 오래전에 사라진 줄 알았던 기억이 갑자기 전면으로 다시 부상할 수 있다.

캘리포니아의 집으로 돌아오면 손이 닿지 않아 잠들어버린 것처럼 보이는 기억(이제는 외국어가 되어버린 타밀어 단어와 구절도 포함)이 올바른 맥락 속에서 다시 떠오르는 이유는 무엇일까? 그 답은 우리 뇌가 사건에 관한 기억을 정리하는 방식에서 찾을 수 있다.

정신적인 시간여행

20세기의 상당한 기간 동안 기억 연구를 지배한 것은 행동주의였다. 기억을 '자극'(소리, 냄새, 시각적 단서)과 실험자가 관찰한 '반응'(우리가 이런 자극에 반응해서 보이는 행동) 사이의 단순한 연상으로 정리할 수 있다는 전제에 집중한 학파가 바로 행동주의다.[1] 행동주의의 전성기에 학습에 관한 연구는 대부분 동물을 대상으로 실시되었다. 쥐가 미로에서 길을 찾는 실험이든, 비둘기가 부리로 대상을 쪼고 보상을 받는 법을 학습하는 실험이든, 트라이그램이 나열된 지루한 목록을 사람이 기억하려고 애쓰는 실험이든 기본 개념은 똑같았다. 학습은 연상을 형성하는 단순한 과정이라는 것. 사람이 과거의 사건을 이해해서 의식적으로 회상하는 과정을 알아내려는 시도는 모두 비과학적이고 무의미한 일로 여겨졌다. 행동주의자들에게 기억을 이해한다는 말은 곧 다양한 조건에서 연상이 학습되고 망각되는 속도를 정량화할 올바른 방정식을 발견해낸다는 뜻이었다. 이 시기에 나온 논문은 치과에 다녀온 경험담만큼이나 재미없다(내가 다니는 치과의 의사 선생님은 실력이 아주 좋은 분이다. 그분을 놀리려는 의도는 없다).

이런 황폐한 배경 속에서, 에스토니아 태생으로 토론토대학에서 심리학을 가르치던 엔델 툴빙 교수가 등장했다. 툴빙은 실험에서 일어나는 일뿐만 아니라 사람들의 머릿속에서 벌어지는

기억의 기본원리

일에 대해서도 추측하기를 좋아했다. 1972년 그는 행동주의 이론에서 벗어난 획기적인 글을 써서, 기억을 단순한 연상의 저장고로 보는 대신 인간이 서로 아주 다른 두 종류의 기억을 지니고 있다는 견해를 제시했다. 그리고 우리로 하여금 과거의 사건을 다시 불러올 수 있을 뿐만 아니라 심지어 다시 경험할 수도 있게 해주는 기억을 묘사하기 위해 '일화기억'이라는 말을 만들어냈다. 툴빙은 일화기억을 의미기억과 구분할 수 있다고 말했다.[2] 의미기억은 정보를 학습한 시기나 장소와 상관없이, 세상에 대한 지식이나 사실을 떠올릴 수 있는 능력을 말한다. 툴빙의 통찰에서 가장 핵심은 어떤 사건을 기억하기 위해서는(일화기억) 특정한 시간과 장소로 정신적으로 되돌아갈 필요가 있지만, 지식을 얻기 위해서는(의미기억) 우리가 과거에 학습했던 것을 다양한 범위의 맥락에서 사용할 수 있어야 한다는 것이다.

기억이 우중충한 자극-반응 연상 덩어리 이상의 존재라는 주장을 통해 툴빙은 행동주의의 매혹적인 단순성에서 완전히 벗어났다. 나중에는 일화기억을 일종의 '정신적 시간여행'이라고 부르기까지 했다. 기억으로 인해 우리가 마치 과거로 되돌아간 것 같은 의식 상태에 놓인다는 뜻이다.[3] 툴빙의 표현처럼, 인간 의식의 핵심적인 특징은 우리가 "우주를 다스리는 물리법칙과 상관없이, 과거에 일어난 일뿐만 아니라 일어날 수도 있었던 일 사이 또한 자유로이 방랑하며 정신적인 시간여행을 할 수 있다"

는 점이다. 처음 이 글을 읽었을 때, 나는 툴빙이 선을 넘어버렸다고 생각했다. 시간여행과 의식에 대해 이야기하는 것이 별로 과학적으로 보이지 않았기 때문이다. 그러나 조금만 생각해보면 툴빙이 뭔가 중요한 이야기를 하고 있음을 깨닫게 된다.

내가 여러분에게 파리에 대해 아는 것을 말해달라고 부탁한다 치자. 여러분은 먼저 파리는 프랑스의 도시이며 에펠탑이 있는 곳이고 미술관과 멋진 식당으로 유명하다고 말할지 모른다. 그리고 십중팔구 이것이 사실이라고 100퍼센트 확신할 것이다. 비록 이런 정보를 처음에 언제 어디서 얻었는지는 기억나지 않는다 해도. 이제는 내가 여러분에게 파리에 가본 적이 있느냐고 물었다고 가정해보자. 여러분이 파리에 가본 적이 있다면, 내 질문에 대답하는 과정에서 여러 정보를 꺼내다가 특정한 경험을 떠올리게 될지도 모른다. 호텔에서 지하철역까지 걸어가던 중에 군밤장수의 임시 화덕에서 밤이 익어가는 냄새를 맡은 경험. 싸늘한 가을날 해가 지기 직전에 에펠탑 꼭대기까지 올라가는 엘리베이터를 타려고 줄을 서 있던 경험. 햇빛이 점점 희미해지고 에펠탑의 불빛이 반짝 켜질 때 도시 풍경을 내려다보던 경험. 강렬한 기억인지 희미한 기억인지는 중요하지 않다. 여러분은 파리에 대한 사실들을 자신 있게 꺼낼 수 있고(의미기억), 파리 여행을 생생히 다시 경험할 수 있다(일화기억). 이 두 경험은 완전히 다르다.

처음에 툴빙의 주장은 심리학계를 분열시켰다. 그러나 그 뒤 50년의 세월 동안 과학자들은 과거 어떤 일을 겪을 때의 상태로 정신을 재설정할 능력이 우리에게 있다는 툴빙의 주장을 뒷받침하는 과학적인 증거를 많이 축적했다. 일화기억은 단순한 회상을 훨씬 넘어서서, 지금의 우리를 있게 한 과거의 그 짧은 순간과 우리를 연결시켜준다.

인간 1, 로봇 0

일화기억과 의미기억의 특징은 인간이 빠르고 똑똑하게 새로운 정보를 학습할 수 있게 해주는 열쇠가 된다. 이 점을 보여주는 증거의 원천 중 하나는 얄궂게도 기계가 잘 해내지 못하는 학습에 대한 연구들이다. 알렉사나 시리 같은 스마트비서부터 자율주행차에 이르기까지 인공지능의 가장 세련된 적용 사례들은 대부분 '신경망', 즉 뇌에서 학습이 발생하는 과정을 이론적으로 흉내 내는 컴퓨터 프로그램을 바탕으로 한다.[4] 신경망이 어떤 사실을 학습하기 위해 훈련을 받을 때마다 신경망 안의 모의 뉴런들이 새로이 연결된다. 신경망이 학습하는 사실이 늘어날수록 모의 뉴런들의 연결 상태도 계속 바뀌어서, 이 세포연합들은 이제 학습한 특정 사실에 대해 투표하지 않고 지식의 카테고리 하나를 온전히 대표하게 된다. 따라서 신경망에 예를 들면 다음과 같은 것을 가르칠 수 있다.

"독수리는 새다. 독수리는 깃털, 날개, 부리가 있으며 하늘을 난다."

"까마귀는 새다. 까마귀는 깃털, 날개, 부리가 있으며 하늘을 난다."

"매는 새다. 매는 깃털, 날개, 부리가 있으며 하늘을 난다."

궁극적으로 컴퓨터 모델은 새로운 새에 대해 학습하는 능력이 향상된다. 이미 갖고 있는 지식을 지렛대로 삼기 때문이다. 갈매기가 새라는 사실을 신경망이 학습하면, 컴퓨터 모델 안의 세포연합이 빈칸을 채워 갈매기 또한 하늘을 날 수 있음을 알아낸다. 하지만 신경망에 조금 다른 것을 가르치면 어떻게 될까?

"펭귄은 새다. 펭귄은 깃털, 날개, 부리가 있으며 물속을 헤엄친다."

이러면 기계에 문제가 생길 것이다. 펭귄은 새의 특징에 모두 일치하지만, 딱 하나가 맞지 않는다. 모든 새가 하늘을 난다는 규칙에서 벗어나 있기 때문에, 이 예외를 학습한 컴퓨터는 새의 특징에 관해 이미 학습한 것을 잊어버린다. 이 문제를 '파괴적 망각catastrophic interference'이라고 부른다. 머신러닝에서 이것은 이름만큼 심각한 상황이다. 해법은 기계의 학습 속도를 견디기 힘들 만큼 늦추는 것이다. 그러면 기계가 예외를 학습하기 위해 즉시 규칙을 놓아버리는 현상이 벌어지지 않는다. 신경망이 엄청난 양의 훈련을 거친 뒤에야 비로소 어떤 과제를 해낼 수 있다는 뜻이다. 따라서 기계는 복잡한 현실 세계에 재빨리 적응하는 데 어려움을 겪는다. 오늘날 가장 발전된 인공지능 제품조차 엄청난 양의 데이터로 학습을 거친 뒤에야 흥미로운 일을 해낼 수 있다.

방금 설명한 신경망 모델과 비슷하게, 인간도 과거 경험에서 일반적인 지식을 추출해내는 솜씨가 뛰어나다. 따라서 우리는 미래의 상황에 대한 가정과 추측을 할 수 있다("저건 새처럼 보이니까 아마 하늘을 날 수 있을 거야"). 그러나 기계와 달리 우리는 학습 과정 중에 변형과 마주쳤다고 해서 기능을 상실하지는 않는다. 우리에게는 일화기억이 있기 때문이다. 일화기억은 우리가 경험하는 모든 것의 공통 요소를 포착하는 것이 아니다. 각각의 사건을 서로 다르게 저장하고 색인을 붙여서, 예외를 학습하더라도 혼란에 빠지지 않게 해준다.[5]

일화기억과 의미기억으로 무장한 우리는 규칙(대부분의 새는 하늘을 난다)과 예외(펭귄은 헤엄치는 새다)를 모두 빠르게 학습할 수 있다. 그 덕분에 현실 세계에서 매일 오가는 출퇴근길의 최적 루트처럼 자주 의존하는 정보를 획득하는 일뿐만 아니라, 동시에 평소 가던 길이 공사로 인해 폐쇄되었음을 떠올리고 다른 길을 선택할 때처럼 이례적인 상황에 유연하게 적용하는 것도 가능해진다.

신경의 해부학적 구조에 대한 정보, 신경과학의 뇌 활동 연구, 인간에게 뇌 손상이 미치는 영향, 컴퓨터 모델을 모두 합쳐서 연구한 끝에 과학자들은 대체로 다음과 같은 결론에 이르렀다. 뇌가 학습방식이 다른 복수의 시스템으로 파괴적 망각이라는 문제를 해결한다는 것. 내가 1장에서 설명한 거대한 회색 뇌 조직 덩어리인 신피질은 전통적인 신경망처럼 작동하며 우리가 정보를 획득할 수 있게 해준다. 새에 관한 지식이든, 첸나이의 전형적인 6월 날씨에 관한 정보든 상관없다. 뇌 한가운데에 안전하게 수납되어 있으며 내가 앞 장에서 잠깐 언급한 해마는 사건에 대한 새로운 기록을 신속히 만들어내는 뇌의 놀라운 능력을 담당한다. 그 덕분에 우리는 기존의 지식과는 맞지 않는 독특한 경험, 예를 들어 첸나이의 여름 날씨가 온화하고 건조하다는 경험 같은 것을 빠르게 학습할 수 있다.

기억 암호

해마는 신경과학을 통틀어 가장 맹렬하게 연구된 뇌 영역이라고 할 수 있다. 많은 신경과학자에게 해마는 기억과 동의어다. 여기에는 선구적인 신경심리학자 브렌다 밀너의 연구가 부분적으로 영향을 미쳤다. 밀너는 1957년에 발표한 논문에서 환자

H.M.(그의 신상을 보호하기 위해 학술 문헌에서 이렇게 표기했다)을 세상에 소개했다.[6] 이제는 그의 이름이 헨리 몰레슨이며, 10년 넘게 간질발작에 시달리며 몸이 쇠약해져서 일을 지속하지 못하고 정상적인 생활도 하지 못한 젊은 남성이었다는 사실이 알려져 있다.

20대 후반에 H.M.은 간질을 치료하기 위해, 해마의 좌우에서 약 5센티미터 크기의 조직을 제거하는 과격하고 실험적인 수술에 동의했다. 측두엽에서 해마 주위의 신피질 조직도 함께 제거될 예정이었다. 신경외과 의사 윌리엄 스코빌이 집도한 수술로 H.M.의 간질발작은 완화되었으나, 대신 건망증이 아주 심해졌다.[7] 기억장애가 어찌나 심한지, 누군가가 그와 대화하다가 1분도 채 안 되는 짧은 시간 동안 자리를 비웠다 돌아와도 그는 방금 그 사람과 대화를 나눴다는 사실을 전혀 기억하지 못했다. 해마가 새로운 기억의 형성과 관련되어 있음을 분명하게 밝힌 밀너의 논문은 당시 과학자들에게 엄청난 영향을 미쳐서, 인간의 뇌 속에 있는 이 작은 영역이 어떻게, 왜 과거를 생생히 되살려내는지 알아내고 싶다는 의욕을 불러일으켰다. 밀너가 기억 연구에 워낙 커다란 충격을 던진 탓에, 러시아의 전설적인 신경심리학자 알렉산드르 루리야는 밀너가 H.M.을 다룬 논문을 발표하고 몇 년 뒤 보낸 편지에 다음과 같이 썼다. "기억은 뇌 속의 잠자는 미녀였는데, 이제 그녀가 깨어났습니다."[8]

밀너의 획기적인 논문이 나온 이후, 신경과학계는 해마가 기억에 중요한지 여부가 아니라 어떻게 중요한 역할을 하는지에 초점을 맞추게 되었다. 그 뒤에 나온 연구들은 H.M.을 비롯해서 심한 기억상실을 지닌 사람들(헤르페스뇌염, 코르사코프증후군 등 원인은 다양했다)이 최근의 사건을 기억하거나 새로운 사실을 학습하는 데 똑같이 심각한 문제를 겪는 것 같다는 점을 밝혀냈다. 이로 인해 어떤 학자들은 해마가 틀림없이 만능 기억장치이며,[9] 적어도 해마에 관한 한은 일화기억과 의미기억을 구분한 툴빙의 연구가 적용되지 않는다는 결론을 내렸다.

그러나 그것은 섣부른 결론이었다. 브렌다 밀너의 원래 논문은 H.M.의 뇌에서 손상된 부분이 해마 이외의 영역임을 분명히 했다. MRI 스캔이 가능해지자, 밀너의 묘사는 사실에 미치지 못했음이 금방 분명해졌다. 스코빌은 H.M.의 측두엽을 3분의 1 정도 절제했으며, 그 과정에서 백질의 상당 부분을 찢어놓았다. 그 부분이 손상되지 않았다면 뇌의 많은 영역이 서로 통신을 주고받을 수 있었을 것이다. 그래서 우리는 그 수술의 영향을 받은 다른 영역들과 비교했을 때 해마가 구체적으로 기억의 어떤 기능을 지탱하는지 알 수 없게 되었다. 이 의문의 답을 알아내려면 특별히 해마에만 국한된 손상을 입은 사람의 기억을 연구할 필요가 있었다.

1997년에 내 친구이자 동료이며 런던 유니버시티 칼리지에

기억의 기본원리

서 신경심리학을 가르치는 파라네 바가-카뎀 박사가 바로 그런 연구를 한 결과,[10] 의미기억과 일화기억을 구분한 엔델 툴빙이 옳았음을 밝혀냈다. 파라네는 '발달성 기억상실증developmental amnesia'을 지닌 10대 청소년과 갓 성인이 된 청년을 줄곧 연구하고 있었다. 발달성 기억상실증은 아주 젊은 나이에 기억 문제로 고생하는 사람들을 지칭하기 위해 파라네가 고안한 용어다. 이런 증상이 생각보다 더 흔하다는 사실이 비극적이다. 원인은 조산, 당뇨성 저혈당증, 익사할 뻔했던 경험, 출산 시 탯줄이 태아의 목에 감기는 바람에 뇌에 산소가 부족해진 경우 등 다양하다. 이 모든 사례에서 해마는 뇌 영역 중 가장 먼저 영향을 받는 부위였다. 파라네는 1997년에 발표한 획기적인 연구에서, 어렸을 때 해마만 국소적으로 손상된 세 명의 사례를 묘사했다. H.M.에 관한 연구를 바탕으로, 이 아이들이 제대로 발달하지 못해서 세상을 살아가는 데 필요한 지식을 배우지 못했으리라고 짐작하는 사람이 있을지 모른다. 실제로 이들이 사건을 기억하는 데에는 상당한 문제가 있었지만, 그래도 학교에서 새로운 의미기억을 획득하는 것은 가능했다. 하지만 해마가 온전한 사람에 비해 속도가 좀 느렸을 수는 있다.

같은 해에 파라네는 엔델 툴빙을 포함한 과학자 여러 명을 런던으로 초대해 자신이 논문에서 다룬 세 명 중 한 아이와 만나게 했다. 열한살 때 발달성 기억상실증 진단을 받은 10대 청소년

존이었다. 기억에 문제가 있는데도 존은 인상적인 역사 지식을 갖고 있어서 "제1차 세계대전 때 대영제국은 지구의 육지 중 약 3분의 1을 차지하고 있었다" 같은 사실을 쉽게 기억해내 말할 수 있었다. 대화를 마친 뒤 과학자들은 존을 데리고 점심을 먹으러 나갔으나, 엔델 툴빙은 뒤에 남아 존이 돌아왔을 때 불쑥 내놓을 기억 테스트를 만들었다. 이 테스트 결과 존은 점심식사 때 있었던 일, 식당으로 이동한 경로, 그 길에서 본 것에 대한 기억이 거의 없었다. 툴빙은 존의 의미기억과 일화기억 사이의 차이가 너무 커서 "지금껏 알려진 어떤 환자와도 닮지 않았다"고 말했다.

존 같은 환자들을 대상으로 한 연구에서 분명하게 드러난 사실은, 일화기억이 해마에 의존한다는 것이다. 그때 이후로 fMRI 연구들이 빈틈을 메워, 손상되지 않은 뇌에서 해마가 어떻게 작동하는지 엿볼 수 있게 해주었다. 이 분야에서 의미심장한 발전이 이룩된 것은, 사람이 파리 여행 같은 구체적인 기억을 회상하고 있을 때 그 사람의 뇌를 들여다볼 수 있게 해준 새로운 fMRI 기술 덕분이었다. 이 기술을 이용해서 우리는 뇌의 영역들이 어떻게 활성화되는지를 관찰하는 수준을 넘어서서, 각각의 사건이 발하는 신호를 읽어 무엇이 각각의 기억을 독특하게 만드는지 이해할 수 있었다.

그 과정을 설명하면 다음과 같다. 누군가가 기억 실험을 하는

　　　　　　　　　　　　기억의 기본원리

중에 만들어진 해마 관련 fMRI 데이터를 보면, 어떤 순간에든 다른 것보다 조금 어둡게 보이는 픽셀과 밝게 보이는 픽셀이 나타난다. 순간마다 패턴이 조금씩 달라지기 때문에, 특정 픽셀이 금방 밝아졌다가 금방 어두워질 수도 있다. 과거 우리는 이 순간적인 변화를 MRI 스캔 자체의 문제로 생겨난 '잡음'이라고 생각했지만,[11] 지금은 이런 변화 중 일부에 의미가 있음이 분명히 밝혀졌다. 2009년에 나는 친구 켄 노먼과 점심식사를 한 적이 있다. 현재 프린스턴대학 심리학과장인 그는 그날 기억 연구에서 뇌 활동에 나타나는 그런 변화 패턴을 더 면밀하게 들여다보라고 나를 설득했다. 그래서 나는 이런 생각을 하기 시작했다. 우리가 특정 사건에 대한 기억을 불러낼 때마다 그 사건에 상응하는 독특한 뇌 활동 패턴이 나타난다면? 픽셀이 밝아지고 어두워지는 패턴이 각각 QR 코드와 같다면? 각각의 패턴이 특정 기억을 가리키는 화살표 역할을 한다면? 그렇다면 MRI 스캐닝을 이용해서 '기억암호'를 읽어내, 뇌의 여러 영역에 기억이 어떻게 정리되는지 밝힐 수 있을 터였다.[12]

예를 들어, 내가 MRI 스캐너에 누워 최근 공원으로 가족소풍을 갔을 때 내 형제 라비가 개와 함께 놀던 모습을 떠올린 뒤, 몇 년 전 샌프란시스코의 더러운 인도에서 라비가 개를 산책시키던 모습을 연달아 떠올린다면, 이 두 가지 경험에 대해 각각 비슷한 기억암호를 발견하게 될지도 모른다. 연구에서 우리는 기억의 대상인 사건 속에서 누가(라비)와 무엇(그의 개 지기Ziggy)에 관한 일반적인 사실이 저장되는 곳으로 보이는 신피질 일부 영역에서 정확히 예상했던 결과를 얻었다.[13] 그러나 해마에서 이 두 사건에 해당하는 기억암호는 완전히 다른 모양이었다. 반면 같은 사건에 관한 서로 다른 정보, 예를 들어 가족소풍 때 라비를 본 기억과 내 아내 니콜을 본 기억을 떠올릴 때에는 해마에 나타난 기억암호가 비슷했다.

이런 연구 결과 덕분에 해마가 정신적인 시간여행에 어떤 도움이 되는지 수수께끼를 조금 풀 수 있었다. 특정 사건의 특정 부분(라비의 얼굴, 소풍 때 먹은 샌드위치의 맛, 라비의 개가 짖던 소리)을 기억할 수 있게 해주는 세포연합들은 뇌에서 보통 서로 신호를 주고받지 않는 별개의 영역에 있다. 이 세포연합들의 유일한 공통점은 같은 시기에 활성화된다는 것뿐이다. 그러나 해마는 이 영역 중 많은 곳과 연결되어 있으며, 어느 순간 활성화되는 여러 세포연합과 연결을 유지하는 임무를 띠고 있다. 나중에 내가 가족소풍 장소였던 공원을 다시 찾는다면, 내 해마는 관련된 모든 세포연합을 깨워서 내가 그때 라비를 본 기억을 생생히 떠올릴 수 있게 해줄 것이다. 해마는 일어난 일이 아니라, 그 일이 일어난 시기와 장소를 기준으로 여러 사건에 대한 기억을 '색인'으로 정리할 수 있게 해준다.[14]

해마가 이런 식으로 기억을 형성하는 과정에서 생기는 흥미

기억의 기본원리

로운 부수이익이 하나 있다. 해마가 맥락에 따라 기억을 정리하기 때문에,[15] 한 사건의 어떤 정보를 떠올리면 같은 시기나 장소에서 발생한 다른 사건들을 더 쉽게 기억에서 불러내 더 풍성한 그림을 완성할 수 있게 된다. 소풍 때 수박을 잘랐던 기억을 떠올리면 그 뒤에 연달아 일어난 여러 사건, 즉 몇 분 뒤 프리스비와 배구공을 가지고 놀았던 기억이 함께 떠오르는 식이다. 해마 덕분에 우리는 시간 속에서 앞뒤로 오갈 수 있다. 흔들거리는 타임머신 같은 건 필요 없다.

지금 여기

일화기억이 그처럼 엄청난 힘을 행사할 수 있는 것은 단순히 과거에 접속하는 것만이 목적이 아니기 때문이다. 현실에 대한 우리의 근본적인 인식에는 현재의 시간과 공간 속에서 방향을 파악할 수 있는 능력이 일부 작용하는데, 이를 위해 가까운 과거를 떠올려야 할 때가 많다.

한밤중에 낯선 잠자리에서 깨어나 '여기가 어디지?'라고 생각했던 경험을 떠올려보라. 해마는 이 질문에 답하기 위해, 알맞은 기억암호를 불러내려고 움직이기 시작한다. 그러다 몇 시간 전 호텔에 체크인한 기억이 떠오르면 혼란이 빠르게 사라진다. 가까운 과거의 기억을 떠올리는 것이 지금 여기에 단단히 발을 디디는 데 도움이 되는 것이다. 한 유명한 이론에 따르면,[16] 일화기억은 진화 과정 중에 우리가 세상에서 어디에 위치하는지 학습하는 기본적인 능력에서 발전해 나왔다. 이 능력이 알고 보니 생존에 필수적이었음을 나는 젊은 대학원생 피터 쿡과의 뜻하지 않은 공동연구로 알게 되었다.

내가 피터를 처음 만난 곳은 어느 기억학회였다. 인간이 단어를 학습하는 과정에 대한 연구를 여러 학생이 발표한 뒤, 피터가 연단으로 나와 캘리포니아 바다사자를 대상으로 학습에 관한 실험을 하면서 찍은 일련의 짧은 영상을 보여주었다. 그의 이 연구가 내 상상력을 사로잡았다. 그때까지 나는 바다사자의 기억력을 연구하는 것이 가능하다는 생각조차 해본 적이 없었다. 그의 발표가 끝난 직후 나는 그에게 다가가 내가 누구인지 말하고, 샌타크루즈 캘리포니아대학교에 있는 그의 실험실로 나와 내 가족을 초대해달라고 요청했다. 당시 다섯 살이던 마이라는 바다사자를 가까이에서 구경할 수 있게 되었을 뿐만 아니라, 데이터 수집을 돕기까지 했다. 우리가 거기 있는 동안 피터가 바다사자를 대상으로 기억력 테스트를 실시했는데, 마이라가 바다사자 우리의 문을 여는 레버를 잡아당기고 바다사자들에게 소리로 신호를 주는 버튼을 누르는 역할을 했다.

나는 피터가 도모산domoic acid이 해마에 미치는 영향을 연구하고 있음을 알게 되었다. 적조라고 불리는 해로운 조류가 증가할 때 생성되는 해양 생물 독소인 도모산은 먹이사슬을 타고 올라간다. 조개와 홍합 등이 해조류를 먹고, 게와 물고기가 이 조개류를 먹고, 바다사자가 게와 물고기를 대량으로 잡아먹으면서 고농도의 도모산에 노출되는 식이다. 인간이 이 독소를 먹으면 '기억상실성 패독'에 중독될 수 있다. 증상은 구토, 메스꺼움, 혼란, 기억상실인데 도모산에 노출된 바다사자에게도 같은 증상이 나타나는 것 같았다. 피터는 이 바다사자들을 MRI로 스캔할 수 있는 특별한 기회를 얻어, 도모산에 중독된 동물의 해마가 심각하게 손상된다는 사실을 발견했다.

피터의 연구실에 다녀온 뒤 나는 그와 공동연구를 하기로 했다. 나중에 나의 모든 연구를 통틀어 가장 흥미로운 뇌 영상 프로젝트 중 하나가 된 연구다. 나는 바다사자에게 적용할 새로운 기억력 테스트를 개발하는 피터를 도왔다.[17] 그중의 한 테스트에서 바다사자는 피터가 특정한 장소에 숨겨둔 물고기의 위치를 기억해내야 했다. 또 다른 테스트에서는 바다사자가 자신이 최근에 한 일을 잊지 않고 있어야만 여러 양동이에 들어 있는 물고기를 효율적으로 가져갈 수 있었다. 도모산에 중독된 바다사자는 이 일련의 테스트에서 처참한 성적을 냈다. 우리는 녀석들의 해마가 얼마나 손상됐는지 보기만 해도 성적을 미리 예측할 수 있었다. 이 연구 덕분에 이 가엾은 동물들이 왜 바닷가로 떠내려오는지 알 수 있었다. 해마가 제대로 기능하지 못해서 방향감각을 잃은 탓이었다. 평소 먹이를 구하던 곳이 어딘지 기억하지 못하고 길을 잃은 바다사자들은 영양실조 상태가 되어 결국 해변으로 떠밀려온다.

피터의 연구 결과를 보고 나는 우리가 스스로 깨닫지 못하는 사이에 일화기억에 의지해서 방향을 잡을 때가 많다는 생각이 들었다. 호텔에 체크인한 것을 떠올렸다고? 만약 자다가 깨어났는데, 오늘이 며칠인지 여기는 어디인지 알 수 있는 맥락이 전혀 없다고 상상해보자. 그러면 시간과 공간 속에서 우리를 붙잡아 줄 것이 하나도 없기 때문에 우리는 방향감각을 잃는다. 알츠하이머병을 앓는 수많은 사람이 바로 이런 비극적인 현실을 겪고 있다. 해마는 뇌에서 알츠하이머병이 가장 먼저 파괴하는 부위 중 하나다. 이 병의 초기 단계에서 환자가 길을 자주 잃고 시간의 흐름도 알아차리지 못하는 것은 십중팔구 이 때문일 것이다. 알츠하이머병에 걸린 어머니를 돌보는 친구는 어머니가 시간과 장소에 대한 감각을 잃어버렸을 때 얼굴에 나타나는 두려움을 보는 것이 얼마나 고통스러운지 내게 말해주었다. 그 어머니에게는 마치 망망대해에서 물 위를 걷는 것처럼 두렵기 짝이 없는 순간일 것이다.

타임머신

해마 덕분에 우리가 정신적으로 과거의 특정 장소와 시간으로 돌아갈 수 있다 해도, 시계가 가리키는 정확한 시간이나 당시 우리의 위치를 뇌가 직접 인식할 길은 전혀 없다는 점을 분명히 해두고 싶다. 우리 기억에 시간을 나타내는 스탬프가 찍히는 것도 아니고, 어떤 일이 일어난 정확한 장소를 알려주는 GPS 좌표가 있는 것도 아니다.[18] 그보다는 해마가 주변 환경의 변화를 포착해서 시간의 흐름을 추적하는 것 같다. 우리는 하루 동안 여기저기를 돌아다닌다. 작고 폐쇄된 방에서부터 탁 트인 야외에 이르기까지 다양한 그 장소들에는 각각 독특한 광경, 소리, 냄새가 있어서 그 '장소'에 대한 감각을 우리에게 알려준다. 주변 환경 또한 끊임없이 변화한다.[19] 낮이 밤이 되고, 포만감이 허기로 변하고, 의기양양하던 기세는 피로로 변한다.

이런 외적인 요소에 동기, 생각, 감정 등 내면 세계의 요소들이 합쳐져서 우리의 경험을 에워싸는 독특한 맥락을 형성한다. 특정한 일화기억에 접속했을 때, 우리는 그 당시의 정신적 상태도 조금 떠올릴 수 있다. 그래서 마치 그때 그 장소로 돌아간 듯한 느낌을 받는 것이다. 한편 시간이 흐르면서 맥락이 변화하면 뇌 활동 패턴에도 변화가 생기는데, 우리는 그것을 시간의 흐름으로 받아들인다. 시간적으로 바투 붙어 있는 두 사건(예를 들어

커피를 끓인 일과 아침식사)에는 시간적으로 멀리 떨어져 있는 사건 (예를 들어 아침식사와 저녁식사 준비)에 비해 맥락상 더 많은 공통점이 있을 것이다.

맥락은 일화기억에서 워낙 필수적인 요소라 기억에 강력한 영향을 미칠 수 있다. 내가 인도에서 조부모님 집 특유의 광경과 소리에 에워싸여 있을 때처럼 특정한 장소에 있다 보면 다른 때에는 쉽게 떠올릴 수 없는 기억들이 생각날 수 있다. 독특한 냄새와 맛도 아주 커다란 단서다. 픽사의 영화 〈라따뚜이〉의 끝부분에서 심술궂은 음식 비평가가 소박한 프랑스식 스튜 한 숟가락에 어머니가 비슷한 음식을 만들어주시던 어린 시절로 되돌아가는 장면이 이 사실을 아주 효과적으로 보여준다.

음악 또한 일화기억의 강력한 단서가 된다. 그래서 열일곱 살 때 이후로 처음 듣는 노래 하나 때문에 첫 키스를 한 고등학교 댄스파티 때로 되돌아가는 것이 가능해진다. 데이비스 캘리포니아대학교의 동료 페트르 자나타는 사람들이 시기별로 어떤 노래를 들었는지 정리해본 결과, 정신적인 시간여행을 이끌어내는 데 노래가 이례적으로 효과적임을 알게 되었다.[20] 음악이 알츠하이머병 환자에게서도 과거 사건의 회상을 이끌어낼 수 있음을 발견한 다른 학자들도 있다.[21] 나는 남인도에서 영화제작자로 일하던 할아버지가 치매에 무릎을 꿇었을 때 이 연구 결과를 직접 경험했다. 말년에 할아버지는 기억력이 점점 퇴화해서 때로

기억의 기본원리

는 내 얼굴도 잘 알아보지 못했으나 영화를 위해 자신이 작곡한 노래들은 여전히 부를 수 있었다. 그리고 그 노래들 덕분에 다른 방법으로는 끄집어낼 수 없었던 그 시절의 기억을 떠올렸다.

감정도 맥락에 기여한다.[22] 현재의 감정이 과거에 대한 회상에 영향을 미친다는 뜻이다. 화가 났을 때에는 짜증스러운 기억이 더 쉽게 떠오르고 그렇지 않은 기억은 잘 떠오르지 않는다. 예를 들어, 일이 잘 풀릴 때에는 연애 상대에 대해 긍정적인 기억을 쉽사리 떠올릴 수 있겠지만, 개를 산책시키거나 설거지할 당번이 누구인지 애인과 다툴 때에는 그런 기억을 떠올리기가 그리 쉽지 않을 것이다.

일화기억에서 맥락이 핵심적인 역할을 한다는 점은, 망각의 이유와 대규모 간섭 앞에서 망각을 극복할 수 있는 방법을 알아내는 데 약간의 빛을 던져준다. 1장에서 언급했듯이, 기억 때문에 가장 흔히 곤란해지는 경우는 자주 반복되는 일에서 발생한다. 열쇠를 어디에 두었는지, 아침에 약을 챙겨먹었는지 잘 기억나지 않는 경우가 그렇다. 지갑을 찾지 못해 애를 먹는 경우를 생각해보자. 지갑을 커피탁자에 두었나, 직장의 책상 위에 두었나, 아니면 재킷 주머니에 넣었나? 지갑은 이 모든 장소를 거쳐갔지만, 그건 중요하지 않다. 지금 기억해야 하는 것은 내가 가장 마지막에 지갑을 둔 장소다. 만약 해마가 과거 사건을 사진처럼 저장하는 역할만 한다면, 이 기억을 떠올리는 것은 거의 불가능하다. 엄청난 양의 '지갑' 기억들을 일일이 뒤져봐야 하기 때문이다. 하지만 해마는 우리가 관심을 갖고 있는 일에 대한 정보(예를 들어 지갑과 커피탁자에 대한 정보)를 받아들여 맥락에 관한 정보와 하나로 묶는 중요한 술수를 쓴다. 기억 속 그 순간에 배경에서 진행되던 모든 일, 이를테면 텔레비전에서 방영되던 프로그램, 내가 지갑을 내려놓자마자 한 모금 마신 커피의 향기와 맛, 더워서 에어컨을 켰다는 사실 등과 하나로 묶는다는 뜻이다. 우리가 반복적으로 경험하는 일은 헤아릴 수 없이 많지만, 맥락 덕분에 각각의 경험이 독특해진다. 그래서 우리가 항상 잘 잃어버리는 물건을 찾을 때 맥락을 생명줄처럼 이용할 수 있다.

출근시간에 늦었는데 지갑을 어디에 뒀는지 몰라서 정신없이 찾고 있다고 상상해보자. 이렇게 바쁠 때는 의미기억을 바탕으로 한 전략을 먼저 시도해봐도 좋다. 자신이 평소 지갑을 두는 장소에 대한 지식을 바탕으로 수색을 시작하는 것이다. 하지만 일화기억을 이용해서 자신의 행동을 하나하나 되짚어볼 수도 있다. 지갑을 갖고 있었다고 기억하는 가장 마지막 순간에 자신이 어디에서 뭘 하고 있었는지 생생한 기억을 떠올려보라. 만약 지갑을 내려놓은 그 순간을 향해 정신적으로 시간여행을 할 수 있다면, 그 순간 언저리의 다른 정보를 끄집어내는 데 해마가 도움이 될 수 있다. 맥락에 가까이 다가갈수록 지갑을 찾기가 쉬워질 것이다.

특정한 장소, 상황, 기분만으로 비슷한 맥락 속에서 발생한 다른 사건의 기억에 접속하기가 쉬워지는 것처럼,[23] 맥락이 어긋나면 원하는 기억을 찾기가 어려워질 수 있다. 어떤 파티에 가서 포도주를 두어 잔 마신 뒤, 낯선 사람과 열띤 대화를 나눴다고 가정해보자. 다음 날 우리는 슈퍼마켓에서 그 대화 상대와 우연히 마주쳐도 그 사람이 누군지, 어떻게 서로 알게 된 건지 잘 기억하지 못할 수 있다. 해마가 그 사람의 얼굴을 단순히 기억 속에 저장하지 않고 그 집에 놓여 있던 20세기 중반의 모던 양식 가구들, 포도주를 두 잔째 마신 뒤 조금 알딸딸해졌던 것, 방 안에 흐르던 댄스음악과 손님들의 이야기 소리 등 맥락과 연결시키기 때문이다. 맥락을 알려주는 이런 단서가 없다면, 화장실 앞에 줄을 서 있다가 누군가와 대화를 나눈 기억 같은 건 쉽게 떠올릴 수 없을 것이다.

시간을 더 멀리 거슬러 올라갈수록, 뇌가 과거의 맥락을 꺼내오기가 어려워진다. 어떤 경우에는 아예 맥락이 떠오르지 않을 것이다. 두 살 이전의 기억이 있다고 주장하는 사람들이 있기는 하지만, 과학적인 연구 결과에 따르면 성인에게는 두 살 이전의 믿을 만한 일화기억이 없다.[24] 영아기 기억상실이라고 불리는 이 현상은 학자들에게 수수께끼로 남아 있다. 아주 어린 아이들은 학습 속도가 빠르고 일화기억을 형성할 수 있는 것처럼 보이기 때문이다. 그런데도 어떤 이유에서인지, 우리는 성인이 되면서 유아기의 기억에 접근할 수 없게 된다. 데이비스 캘리포니아 대학교의 동료 시모나 게티가 실시한 연구[25]를 바탕으로 한 가지 가능성을 짚어본다면, 생애의 첫 몇 년 동안은 해마가 아직 발달 중이라서 아주 어린 아이들에게 공간과 시간에 대한 구체적인 맥락과 경험을 연결시킬 능력이 없을 것이라는 점이다. 나는 또한 신피질 전체의 뉴런 연결이 아동 발달 과정 중 첫 몇 해 동안 대대적인 재조정을 거치기 때문에 영아기 기억상실이 발생하는 것 같다고 짐작하고 있다.[26] 어른이 시간을 거슬러 유아기까지 시간여행을 하는 것은 거의 불가능할 것이다. 아기 시절의 정신 상태로 우리를 되돌리려면 뇌가 몇 년에 걸쳐 만들어진 신경회로를 되돌려야 하기 때문이다.

내가 뭘 찾고 있었더라?

어떤 방에 들어갔는데 애당초 왜 들어왔는지 도무지 기억이 안 나는 경험을 한 적이 있을 것이다. 이건 기억에 문제가 생긴 탓이 아니다. 기억을 연구하는 사람들이 '사건의 경계선event boundary'이라고 부르는 현상의 정상적인 결과다. 집에 있을 때 사람들은 그곳이 어디인지 인지하고 있다. 그러다 집 밖으로 나오면 장소에 대한 감각이 급격히 변한다. 움직인 거리가 아주 짧

기억의 기본원리

은 경우라도 마찬가지다. 우리는 주변 환경에 대한 인식에 변화가 생겼을 때 맥락에 대한 감각을 자연스럽게 업데이트한다.[27] 그렇게 업데이트가 이루어지는 지점이 한 사건과 다른 사건 사이의 경계선이 된다.

사건의 경계선에서 일어나는 맥락 변화는 일화기억과 의미심장하게 관련되어 있다.[28] 벽이 집 안의 공간을 여러 개의 방으로 나누는 물리적 경계선인 것처럼, 사건의 경계선은 우리가 과거 경험한 일들을 시간 순서에 따라 관리하기 쉬운 묶음으로 정리한다. 그래서 사건의 한복판에서 발생한 정보보다 사건의 경계선에서 발생한 정보가 더 많이 기억에 남는다. 최근 여러 연구소에서 실시한 연구는, 해마가 사건의 경계선 직후까지 기다렸다가 기억을 저장하기 때문인 것 같다고 암시한다.[29] 우리가 사건을 온전히 이해한 뒤에야 비로소 기억이 암호화된다는 뜻이다.

사건의 경계선에서 맥락에 대한 우리의 감각이 갑자기 변한다는 점을 감안할 때, 그보다 아주 조금 전에 발생한 일을 떠올리기가 때로 어려울 수 있다. 나는 적어도 일주일에 한 번 정도는 부엌에 들어갔다가 머리를 긁적이며 "내가 뭘 찾고 있었더라?" 하고 어리둥절해하는 경험을 한다. 갑갑해진 나는 필연적으로 냉장고에 있던 정크푸드를 꺼내 마구 먹어치운 뒤 내 책상으로 돌아간다. 그런데 책상에 앉자마자 내가 두고 온 안경을 가지러 부엌에 갔었다는 사실을 깨닫는다. 이렇게 사건의 경계선 때문에 내가 공연히 먹어치운 칼로리가 아주 많다.

사건의 경계선은 항상 발생하며, 반드시 장소가 변해야만 발생하는 것은 아니다. 현재의 맥락에 대한 감각을 바꿀 수 있는 것이라면 무엇이든, 즉 대화 중 화제의 전환이라든가 당면한 목표의 변화라든가 놀라운 일의 발생 같은 것이 모두 사건의 경계선을 생성시킬 수 있다. 한창 어떤 이야기를 하던 중에 누가 끼어들어서 신발 끈이 풀렸다고 지적하는 바람에 하려던 말을 까맣게 잊어버린 경험이 있다면, 이미 사건의 경계선을 경험했다고 할 수 있다. 이럴 때는 "우리가 무슨 얘기를 하고 있었죠?"라고 물어볼 수밖에 없어서 갑갑한데, 중년을 넘어선 사람들의 경우에는 심지어 걱정스럽기까지 하다.[30] 하지만 걱정할 필요 없다. 우리 뇌가 맥락을 이용해서 일화기억을 정리하는 방식의 정상적인 부산물이기 때문이다.

사건의 경계선은 이렇게 까닭 모를 망각을 야기할 뿐만 아니라 시간의 흐름에 대한 감각에도 영향을 미칠 수 있다. 2020년 전 세계에서 수많은 사람이 코로나바이러스 1차 유행으로 몇 달 동안 봉쇄를 감내했다. 매일 같은 장소에 머무르며 밖으로 나가지 못하고, 등교나 출퇴근처럼 평소 같았으면 일상의 일부였을 평범한 활동을 빼앗긴 채 단조로운 생활을 하면서 시간과 공간에 대한 감각을 잃어버린 듯한 기분을 느낀 사람이 많았다. 당시 사람들이 느낀 시간 왜곡 현상을 이해하기 위해, 나는 내 '인

기억의 기본원리

간 기억'(온라인) 수업을 듣는 학생 120명에게 시간의 흐름을 어떻게 경험하고 있는지 설문조사를 했다. 한 학기 거의 전체를 방 안에 갇혀서 컴퓨터 화면만 바라보거나, 텔레비전 드라마를 정주행하거나, 온라인 강의를 들으며 보낸 학생들 중 압도적인 다수(95퍼센트)는 하루가 느리게 흘러가는 느낌을 받았다고 말했다. 그러나 그 시절에는 다른 것과 또렷이 구분되는 기억이 별로 없었으므로, 대부분의 학생(80퍼센트)은 한 주가 너무 빨리 흘러가는 느낌도 받았다고 했다.

삶에 의미 있는 구조를 부여해줄 사건의 경계선이 별로 없는 상황에서 그 학생들은 마치 시간과 공간 속에 정처 없이 애매하게 둥둥 떠서 살아가는 것 같은 기분이었던 것이다(전 세계에 그런 사람이 수도 없이 많았다).

정신적인 시간여행을 최대한 활용하기

우리가 가장 귀하게 간직한 많은 기억에 배어 있는 기쁨과 슬픔의 달콤쌉쌀한 혼합물인 향수鄉愁는 일화기억이 일상생활에 영향을 끼치는 수단 중 가장 강력한 축에 속한다. 평균적으로 사람들은 부정적인 경험보다 긍정적인 경험을 더 쉽게 떠올린다.[31] 이런 긍정편향은 사람이 나이를 먹을수록 증가하는데, 어쩌면 그래서 나이 든 사람들이 향수에 잘 잠기는 것인지도 모른다.

수많은 연구에 따르면, 행복한 경험을 다시 생생하게 떠올릴 때 기분과 자신감이 향상된다. 따라서 미래에 대해서도 더 낙관하게 된다. 내가 앞에서 언급한 〈라따뚜이〉의 한 장면 즉 기억이 떠오르는 순간에 관객들이 마음속 깊이 공감하는 것은, 그 심술 궂은 음식 비평가의 모습에서 관객들 자신이 보이기 때문이다. 이 장면을 보며 우리는 맥락에 관한 간단한 단서 하나만으로도 행복한 시절로 다시 돌아간 듯한 기분을 느낄 수 있음을 되새긴다. 어쩌면 그런 단서가 심지어 우리의 시각을 바꿔, 자신을 다른 시선으로 바라보게 될 수도 있다.

과거를 돌아볼 때 우리는 특정한 시기, 즉 열 살부터 서른 살 사이에 초점을 맞추는 경향이 있다. 이 시기의 기억이 이렇게 우세한 것을 '회고 절정reminiscence bump'이라고 부른다.[32] 이 현상은 사람들에게 살면서 겪은 일을 회상해보라고 요구할 때 분명히 드러날 뿐만 아니라, 사람들이 좋아하는 영화나 책, 음악에 대해 줄줄 이야기할 때에도 간접적으로 모습을 드러낸다. 사람이 하나의 인간으로 형성되는 그 시절에 들은 노래나 그때 본 영화에는 그 사람이 그리는 이상적인 모습과 그 사람 자신을 연결시켜 의미를 부여하는 요소가 있다.

향수는 이렇게 우리를 행복하게 만들어줄 수 있지만, 정반대의 효과를 낼 수도 있다. 우리가 떠올린 기억의 내용과 그 기억

기억의 기본원리

을 우리가 이해하는 방식이 결과를 좌우한다. '향수nostalgia'라는 말은 17세기 말 스위스의 어느 의사가 고향과 멀리 떨어진 곳에서 생활하는 용병들에게 나타난 특정한 종류의 불안장애를 지칭하기 위해 만든 용어다.[33] 그들의 경우에는, 익숙한 장소에서 좋은 시간을 보낸 기억이 오히려 현재의 불행을 강조하는 효과를 냈다. 그 뒤에 다른 학자들은, 일상생활에서 외로움을 느끼는 사람들이 향수에 잠기면 훨씬 더 큰 고립감과 고독을 느낀다는 사실을 알아냈다.[34] 다시 말해서, 현실이 '좋았던 옛날'과 다르다는 점을 일깨워서 현재의 삶에 유대감을 느끼지 못하게 되는 것이 향수의 대가라는 뜻이다.

계속 부정적인 기억으로 되돌아가 시간을 낭비하는 반추反芻,rumination는 향수의 못된 쌍둥이며, 일화기억을 사용하지 않아야 하는 최고의 사례다. 먼 과거의 사소해 보이는 일들을 상세히 떠올릴 수 있기 때문에 '대단히 뛰어난 자전적 기억'을 갖고 있다고 밝혀진 사람들은 반추를 지나치게 많이 하는 경향이 있다.[35] 어떤 사람은 이렇게 말했다. "나는 이런저런 일에 대해 곰곰이 생각하는 시간이 평균에 비해 더 긴 것 같다. 이별이나 가족과의 사별 같은 고통스러운 일을 나는 잊어버리지 못한다."[36]

정신적인 시간여행을 이롭게 이용하려면, 인간의 뇌가 애당초 왜 이런 능력을 발전시켰는지 생각해보는 것이 도움이 된다. 과거의 맥락으로 여행할 때, 우리는 현재에 대한 시각을 새롭게 설정해줄 경험에 접속할 수 있다. 부정적인 사건을 떠올리면 과거에 배운 교훈을 되새길 수 있으므로[37] 현재에 더 나은 결정을 내릴 수 있게 된다. 긍정적인 사건을 떠올리면 이타성과 측은지심이 늘어나서 더 나은 사람이 되는 데 도움이 된다. 한 연구에서, 자신이 누군가를 도운 기억을 생생히 떠올린 사람들은 타인의 곤경에 더 공감하며 어려운 사람을 기꺼이 도우려는 의지를 더 많이 내비쳤다.[38] 과거 측은지심, 지혜, 끈기, 용기를 발휘했던 순간을 떠올림으로써 우리는 과거와의 유대를 이용해 지금 자신이 할 수 있는 일과 도달할 수 있는 사람됨에 대한 시야를 넓힐 수 있다.

기억의 기본원리

3장 정리, 재사용, 재활용

덜 기억함으로써 더 기억하게 되는 이유

> 우리는 거의 즉각적으로 반응하는 전문가들의 능력을
> 대개 직관이라고 말한다. 때로는 판단력이라고 하고,
> 심지어 창의력이라는 말을 쓰기도 한다. _ 허버트 사이먼

앞에서 보았듯이, 우리가 살아가면서 접하는 정보가 너무나 많기 때문에, 경험을 모두 기억할 수는 없다. 다행히 그렇게 기억할 필요도 없다. 이미 알고 있는 것들을 이용해서 경험을 정리할 수 있다. 헤아릴 수 없이 많은 정보를 묶어, 관리할 수 있는 덩어리로 분류하는 것이다. 경험이 늘어날수록 친숙한 패턴을 신속히 찾아낼 수 있는 전문적인 솜씨가 생겨나, 과거를 기억하고 현재를 이해하고 미래를 예측하는 데 도움이 된다.

엘리트 운동선수를 생각하면, 올림픽에 미국 국가대표로 출전한 체조선수 시몬 바일스, 자메이카의 단거리 육상선수 우사인

볼트, 아르헨티나의 축구선수 리오넬 메시가 떠오른다. 이 명단에 노스캐롤라이나 파예트빌 출신의 전직 화공학자가 끼여 있다면 생뚱맞게 보일 테지만, '기억 스포츠'의 세계에서 스콧 해그우드는 전설적인 존재다. 미국기억선수권대회를 네 번이나 제패한 그는 국제기억협회가 그랜드마스터로 인정한 최초의 미국인 기억 선수다.

엘리트 프로 운동선수들은 거의 초인간적인 신체 능력을 타고난 것처럼 보이지만, 스콧 해그우드에게는 날 때부터 갖고 있는 예외적인 능력이 없었다. 스스로 내놓은 설명에 따르면, 그는 그만그만한 점수를 받는 평균적인 학생이었으며, 시험이 다가오면 불안감에 머리가 마비되었다. 서른여섯 살 때 그는 갑상선암 진단을 받고, 목숨을 구하려면 방사선치료가 필요하지만 그로 인해 기억력이 엉망이 될 것이라는 설명을 들었다. 기억력이 쇠퇴하면 자신의 근본적인 일부도 함께 사라질까 봐 걱정이 된 스콧은 이 치료의 부작용에 맞서 싸우기 위해 기억 연구로 눈을 돌렸다.[1]

영국의 기억 트레이너 토니 뷰잰의 책[2]을 우연히 접한 뒤 스콧은 트럼프카드 한 벌을 가지고 기억 훈련을 시작했다. 그 결과가 말문이 막힐 만큼 놀라워서, 그는 새로 섞은 카드를 10분 만에 모두 외울 수 있을지를 두고 형제와 한 내기에서 승리를 거뒀다. 1년 뒤 암의 기세가 수그러들자 그는 미국기억선수권대회

기억의 기본원리

에 출전하기로 했다. 전국에서 온 만만치 않은 기억 선수들에 맞서 그가 겨룬 종목은 많은 사람의 이름과 얼굴, 몇 페이지나 되는 미발표 시, 카드 시퀀스, 임의로 고른 단어와 숫자의 긴 목록을 고작 5분이나 15분 만에 암기하는 것이었다. 여기서 스콧은 그해의 미국선수권자가 되었을 뿐만 아니라, 그 뒤로도 3년 동안 연속해서 그 자리를 지켰다.

기억력 경기는 1990년 초부터 인기를 얻기 시작해 기하급수적으로 성장했다. 나중에는 전 세계 방방곡곡에서 국가 단위 경연대회가 수시로 열릴 정도였다. 지금은 새로운 세대의 기억력 마스터들이 이 스포츠의 인기를 21세기까지 이어오고 있다. 몽골 출신 스웨덴인으로 세 차례나 세계기록을 작성했으며, 세계기억선수권대회 우승팀의 일원으로 경기에 참가한 최초의·여성 앤자 빈터소울은 소셜미디어에도 정통하다.[3] 자홍색 염색 머리로 유명한 앤자에게 가장 큰 명성을 가져다준 것은 아마 2017년에 엄청나게 널리 퍼진 영상일 것이다.[4] 이 영상에서 그녀는 이케아의 가구 카탈로그 전체(328페이지에 약 5천 종의 상품이 실려 있다)를 1주일도 안 되는 기간 동안 외워버린다.

스콧 해그우드와 앤자 빈터소울처럼 초超암기력을 지닌 사람들 중 누구도 자연스러운 기억력 테스트에서는 평균적인 사람보다 점수가 높지 않고, 심지어 정신 능력을 일부러 강화했다는 주장도 하지 않는다는 점을 감안하면, 그들이 보여주는 묘기는 더욱더 인상적이다. 그냥 평범한 사람인 이 선수들이 어떻게 그토록 놀라운 암기 능력을 보여주는 걸까? 또한 그들의 사례를 통해 우리 모두의 기억에 대해 무엇을 알아낼 수 있을까?

수천 년 전까지 거슬러 올라가는 구전전승에서 단서를 하나 찾아낼 수 있다. 방랑시인과 웅변가들은 《라마야나》와 《마하바라다》부터 《일리아스》와 《오디세이아》에 이르기까지 고전적인 서사시들을 구조와 리듬의 반복되는 패턴을 이용해서 암기했다. 원주민들도 식물과 동물, 지리와 점성술, 가계와 신화에 대해 수많은 세대를 거치며 축적된 지식을 노래, 이야기, 춤, 의식을 통해 보존하고 후세에 물려주었다.

10만 개가 넘는 숫자가 이어지는 원주율 값을 외우는 오늘날의 기억 선수든, 길고 긴 영웅의 이야기로 청중을 즐겁게 해주던 고대의 웅변가든, 심지어 ABC 노래를 배우는 유치원생들에게도 가장 효과적인 기억술(기억 전략)은 인간의 뇌가 복잡한 세상에 대처하기 위해 발전시킨 근본적인 방식을 이용하는 것이다.

그 방식은 먼저 덩어리짓기chunking라는 과정으로 시작된다.

덩어리지게 하라

1956년 인지심리학이라는 신생 분야의 창시자 중 한 명인 조지 밀러가 다소 독특한 논문을 한 편 썼다.[5] 어쩌면 당시의 사회적 관습을 보여주려는 듯, 그 논문은 오늘날 학술지 편집자와 까다로운 검토자들이 우리에게 강요하는 건조하고, 영혼 없고, 산문적인 글과는 완전히 동떨어진 어릿광대 같고 냉소적인 문단으로 시작되었다.

> 내 문제는 정수整数에 박해받고 있다는 점이다. 이 숫자는 7년 전부터 나를 따라다니며, 가장 사적인 데이터를 침범하고 가장 공적인 학술지의 지면에서 나를 공격했다… 유명한 상원의원의 말을 인용하자면, 그 배후에 모종의 설계가 있다. 그것의 출현을 다스리는 패턴이 있다는 뜻이다. 그 숫자가 정말로 이례적인 것이든지, 아니면 내가 박해의 망상에 시달리는 것이든지, 둘 중 하나다.

도입부가 이렇게 괴상한데도 밀러의 논문은 고전이 되었다. 이 논문이 기억에 관해 확립한 근본적인 주장 하나가 그 뒤로 세월을 거치며 몇 번이나 정당성을 인정받았기 때문이다. 어느 순간에든 인간의 뇌가 머릿속에 보관할 수 있는 정보의 양에는 한계가 있다는 주장이다.[6]

밀러는 우리가 머릿속에 보관할 수 있는 품목이 일곱 개밖에 안 된다는 자신의 결론에 시선을 끌기 위해 "정수에 박해받고 있다"는 재미있는 은유를 사용했다. 그보다 나중에 나온 추정치에 따르면, 밀러의 결론은 너무 낙관적이었다. 우리가 머릿속에 동시에 보관할 수 있는 정보는 고작 서너 개에 불과하다는 것이다. 웹사이트가 임시 패스워드로 아무렇게나 조합한 글자와 숫자(예를 들어 JP672K4LZ)를 뱉어낼 때 어딘가에 적어두지 않으면 곧바로 잊어버리기 일쑤인 이유도 이 기억력의 한계로 설명할 수 있다. 전문적인 기억 선수들도 다른 사람과 마찬가지로 이런 한계를 갖고 있지만, 거대한 빈틈을 이용해 이 문제를 에둘러 피해간다. 정보 한 조각이 무엇으로 구성되는가가 확고하게 정의되지 않았다는 빈틈이다. 덩어리짓기라는 과정은 방대한 양의 데이터를 압축해서 쉽게 접근할 수 있는 양의 정보로 만들 수 있게 해준다.[7]

비록 우리 자신은 의식하지 못할지라도, 매일 학습하고 기억하는 과정에서 이미 덩어리짓기를 이용하고 있다. 예를 들어, 미국 시민이라면 숫자 아홉 개로 만들어진 자신의 사회보장번호를 기억하고 있을 가능성이 높다. 사람들이 이 번호를 비교적 쉽게 기억하는 것은, 숫자들이 기억하기 쉽게 세 덩어리로 나눠져 있기 때문이다. 쉽게 예측할 수 있는 3-2-4 패턴이다. 미국 사람들은 또한 숫자 열 개로 구성된 전화번호(3-3-4 패턴)도 비슷한 방식으로 암기한다. 이렇게 숫자들을 여러 그룹으로 나누면, 뇌가 다뤄야 하는 정보 양이 3분의 2나 줄어든다. 머리글자로 이루어진 말(예를 들어, 북아메리카의 커다란 호수들 이름을 모은 HOMES), 첫 글자만 따서 연결하면 특정한 어구가 되는 구절(수학식에서 연산 순서를 표시하는 Please Excuse My Dear Aunt Sally[이 구절 각 단어의 첫 글자를 딴 PEMDAS는 괄호parentheses, 거듭제곱 수exponents, 곱셈multiplication, 나눗셈division, 덧셈addition, 뺄셈substraction 순으로 계산해야 한다는 뜻이다—옮긴이])도 비슷한 원칙에 따라서, 기억하기 어려운 정보를 쉽게 이해할 수 있는 간단한 개념으로 묶어준다. 웹사이트가 무작위로 생성해주는 무의미한 글자와 숫자 조합조차 JP6-72K-4LZ로 그룹을 나누면 훨씬 관리하기 쉬운 패스워드가 된다.

덩어리짓기에 관한 가장 강력한 연구 중 일부는 1970년대에 허버트 사이먼에 의해 시행되었다. 카네기멜런대학에서 심리학을 가르치던 그는 인공지능이라는 신생 분야의 선구자이기도 했다. 사이먼은 많은 분야에 기여했는데, 1978년에는 경제학 연구로 노벨상을 수상했다. 그러나 내가 보기에 그의 연구 중 가장 흥미로운 것은 체스 연구다. 사이먼은 1950년대에 인간의 문제해결 방식을 흉내 내는 컴퓨터 알고리즘 개발에 처음으로 흥미를 느끼고,[8] 체스를 궁극의 도전과제로 이용했다.

풋내기의 눈으로 본 체스는 너무 복잡해서 기가 질릴 수 있다. 양측은 폰 여덟 개, 비숍 두 개, 나이트 두 개, 루크 두 개, 퀸 한 개, 킹 한 개를 가지고 시합을 시작해서, 64개의 정사각형이 밝은색과 검은색으로 번갈아 칠해진 체스판을 돌아다닌다. 초보자는 체스판을 보면서 자신의 말이 모두 어디 있는지 일일이 위치를 알아두는 것만으로도 힘에 부칠 것이다. 반면 그랜드마스터(최고 엘리트 체스 선수에게만 부여되는 호칭이다)는 체스판에 말들이 어떻게 배치되어 있는지 재빨리 파악할 수 있다. 익숙한 패턴과 시퀀스를 알아보고 반응하기 때문이다. 따라서 초보자는 말을 한 번 움직일 때마다 애를 먹지만, 그랜드마스터는 복잡한 체스판에서 단번에 말을 이동시키고 앞으로 둘 수까지 전부 예측할 수 있다.

사이먼은 체스 전문가들을 연구한 결과, 그들이 체스판에 놓인 말들을 고작 몇 초만 보고도 그 위치를 고스란히 재현할 수 있다는 것을 알게 되었다.[9] 그러나 체스의 룰을 따르지 않고 아무 데나 놓은 말들의 위치를 기억해보라고 하면, 그들의 기억력은 아마추어 수준으로 푹 꺼져버렸다. 이런 연구 결과는 체스 그랜드마스터의 기억력이 유난히 뛰어난 것은 아님을 시사한다. 그들은 기억력보다는, 전형적인 체스 게임을 하면서 경험하게 되는 수많은 상황 속에서 직접 축적한 패턴과 시퀀스 지식에 의존한다. 기억 선수들과 마찬가지로, 체스 그랜드마스터도 능력, 훈련, 경험의 조합, 즉 전문가의 노하우를 이용해서 빛의 속도로 덩어리짓기를 하는 것이다.[10]

2004년 내 연구가 다양한 영역으로 가지를 뻗고 있을 때, 나

기억의 기본원리

는 전문가의 노하우가 학습과 기억 방식을 어떻게 변화시키는 지에 관심을 갖게 되었다. 전부는 아닐지라도 대부분의 사람은 저마다 모종의 전문적인 노하우를 갖고 있다. 새를 사랑하는 사람은 다양한 종의 새를 신속히 구분하는 능력이 있을 것이고, 자동차에 열광하는 사람은 클래식 카의 생산연도, 제작사, 모델명을 금방 알아낼 것이다. 2004년 당시 대부분의 신경과학자는 뇌의 감각 영역에서 일어나는 변화를 통해 전문적인 노하우가 생겨난다고 믿었다.[11] 이 시각에 따르면, 열심히 새를 관찰하는 사람이 수십 종류의 참새를 구분할 수 있는 것은 잘 모르는 사람은 거의 알아볼 수 없는 날개 패턴의 미묘한 변화를 인식하기 때문이다.

그러나 기억을 연구하는 사람으로서 나의 직관은 다른 곳을 가리켰다. 어떤 사건의 독특한 측면에 초점을 맞추는 데 전전두엽피질이 도움이 된다는 것을 알기 때문에 나는 우리가 전전두엽피질을 이용하는 방식을 전문적인 노하우가 바꿔놓는 것이 아닌가 짐작했다. 이 생각은 계속 잠복해 있다가, 대학원의 내 제자 마이크 코언이 심리학을 전공하는 뛰어난 학부생 크리스 무어를 소개해주었을 때 다시 표면으로 떠올랐다. 크리스와 마이크는 밤늦게까지 함께 작업하며, 일련의 3차원 형태를 생성하는 컴퓨터 프로그램을 개발했다. 이 3차원 형태들은 언뜻 외계인의 우주선과 비슷해 보였으나, 근본적인 구조와 논리를 따르고 있었다. 여러 종류의 새와 자동차에 저마다 다른 특징이 있는 가 하면, 대체로 변하지 않는 요소 또한 있는 것과 비슷하다.

크리스와 마이크는 학생들 중 자원자를 모집해서 열흘 동안 그들을 이 우주선 형태의 '전문가'로 만들었다. 이 형태들의 공통점을 찾아내는 법과 차이점을 구분하는 법을 익히게 했다는 뜻이다. 이렇게 훈련을 거친 뒤 우리는 자원자들을 MRI 스캐너에 눕혀 훈련이 뇌에 어떤 영향을 미쳤는지 살펴보았다. 그동안 학습한 형태 중 하나를 잠깐 보여주고, 그것이 화면에서 사라진 뒤에도 머릿속으로 계속 기억하고 있으라고 요청하면서 우리는 그들의 뇌 활동을 기록했다. 10초 뒤에는 또 다른 형태를 보여주고, 그것이 앞서 보여준 것과 똑같은지 물었다. 훈련을 거치지 않은 사람이라면 이 테스트가 엄청나게 어려웠겠지만, 우리 자원자들은 거의 완벽한 성적을 기록했다. 허브 사이먼이 연구한 체스 마스터들처럼 우리 전문가들도 자신이 기억하고자 하는 대상에 관해 가장 유용한 정보를 추출하는 특정한 방법을 개발해서 기억력의 한계를 우회할 수 있었다. 그러나 우리가 형태의 위아래를 뒤집어서 보여주면, 우리 전문가들은 그동안 익힌 솜씨를 적용할 수 없어서 각각의 형태를 구분하는 데 몹시 애를 먹었다.

내 예상대로 MRI 스캔에서는 자원자들이 기억 속에 그 형태들을 보존해두려고 전문가의 기술을 이용할 때 전전두엽피질의 활동이 극적으로 증가하는 것으로 나타났다.[12] 여기서 알 수 있는 것은, 전문적인 노하우가 단순히 패턴의 구분만은 아니라는 점이다. 우리가 패턴을 어떻게 찾아내는지도 중요하다. 예를 들어, 새 전문가는 노래참새와 집참새의 차이를 그냥 '보기'만 하는 것이 아니다. 자신의 전문적인 노하우를 이용해서, 이 새들의 가장 독특한 특징에 집중한다. 대상이 무엇이든 전문적인 노하우를 쌓으면, 우리는 그 지식을 이용해서 새로운 정보 중 가장 중요한 부분에 초점을 맞출 수 있다.

전문적인 노하우를 말하다 보니, 이 이야기의 후일담 하나를 언급하지 않을 수 없다. 크리스는 내 연구실에서 일하는 동안 많은 수업에서 성적이 좋지 않았다. 기억력에 대해 이야기할 때마다 크리스는 그만그만한 성적의 학부생이라기보다 베테랑 연구자처럼 보였기 때문에 나는 그런 사정을 알지 못했다. 졸업하고 몇 년 뒤 크리스는 프린스턴에서 신경과학을 공부하면서, 인간 뇌의 학습 방법을 흉내 내는 신경망 모델을 연구했다. 그런데 학위논문을 위한 연구에 정신을 집중하지 않고, 컴퓨터 전문 지식을 이용해서 야구의 복잡성을 들여다보는 데 많은 시간을 썼다.[13] 그는 야구 통계에서 패턴을 찾아내 위대한 선수와 이기는 팀을 식별해내려고 했다. 결국 어찌어찌 박사학위를 마친 크리스는 월스트리트에서 잠시 일하다가 메이저리그의 시카고 컵스를 위해 자신의 전문 지식을 사용하기 시작했다. 현재 그는 시카고 컵스의 연구개발 담당 부사장이며, 예측 분석에 대한 연구로 '머니볼 맨'이라는 별명을 얻었다.[14] 선수들의 성적을 추적하고 평가하는 복잡한 컴퓨터 모델을 만들어, 시카고 컵스가 71년이나 된 '염소의 저주'를 깨고 2016년 월드시리즈에서 우승하는 데 도움이 된 덕분이었다.

청사진

덩어리짓기는 평범한 사람, 체스 전문가, 기억 선수를 막론하고 누구나 정보를 압축해 자신이 다룰 수 있는 크기로 만드는 데 도움이 된다. 그러나 이것은 전체 이야기의 작은 일부일 뿐이다. 덩어리짓기만으로는 사람들이 간섭현상을 겪지 않고 방대한 양의 정보를 기억하게 되는 과정을 충분히 설명하지 못한다. 여기서 간섭현상이란 기억들 사이의 경쟁을 뜻하는데, 우리가 매일 경험하는 망각은 대부분 이 경쟁 탓이다.

인간의 뇌는 암기 기계가 아니라 생각하는 기계다. 우리는 자신이 살고 있는 세상을 이해할 수 있게 경험을 정리한다. 간섭현상에 당하지 않고 복잡한 세상에 대처하기 위해 우리는 뇌가 갖고 있는 가장 강력한 정보 정리 도구 중 하나인 도식schema을 이용할 수 있다.[15]

도식은 일종의 정신적인 틀로, 우리 정신이 최소한의 노력으로 많은 양의 정보를 처리하고, 정리하고, 해석할 수 있게 해준다. 인간의 뇌가 도식을 이용해 새로운 기억을 생성하는 방식은 건축가가 청사진을 이용해 주택을 설계하는 방식과 다르지 않다. 건축가의 청사진은 건물의 구조(벽, 문, 계단, 창문 등)에 관한 가장 기본적인 정보가 담긴 지도 역할을 하며, 이 모든 요소가 어떻게 연결되어 있는지 보여준다. 청사진은 본질적으로 구체적이지 않기 때문에 몇 번이고 재사용될 수 있다.

제2차 세계대전이 끝난 뒤인 1950년대 초 싼 주택에 대한 수요가 증가하자 이를 충족시키기 위해 미국 전역에서 시행된 근교 택지개발에서 이 점이 큰 효과를 발휘했다. 이런 계획도시를 차로 달려보면, 많은 집이 똑같은 청사진을 바탕으로 지어졌음을 알 수 있다. 색깔, 창틀, 지붕 등은 서로 크게 다를지라도 평면도와 기본구조는 똑같다. 이 시기의 건축가들이 똑같은 청사진으로 특정 지역의 모든 주택을 짓는 편이 (시간과 노동력은 물론 심지어 자재 면에서도) 훨씬 더 효율적이고 경제적임을 깨달았기 때문이다.

청사진을 재사용해서 새로운 건물을 효율적으로 지을 수 있는 것처럼, 우리는 도식을 몇 번이고 재사용해서 효율적으로 새로운 기억을 생성한다. 우리가 가구 카탈로그 전체를 외워야 하는 일은 거의 일어나지 않겠지만, 인근의 이케아 상점에 몇 번

다녀오고 나면 십중팔구 미로 같은 진열대의 배치도를 머릿속으로 그릴 수 있게 될 것이다.[16] 뇌가 이케아의 진열대 배치도를 사진처럼 기억한다면 용도가 제한될 테지만, 청사진처럼 기억하기 때문에 우리는 몇 번이고 재활용될 수 있는 머릿속 지도를 갖게 된다. 또한 이케아의 진열대는 지점마다 비슷하게 배치되어 있기 때문에, 우리는 다른 지점에 가더라도 머릿속으로 완전히 새로운 지도를 그릴 필요가 없다. 이미 생성된 이케아 도식을 재활용하면서 이 지점의 몇 가지 특징에만 주의를 기울여도 전시장과 창고를 돌아다니다가 스몰란드(이케아 상점의 어린이 놀이터—옮긴이)의 볼풀에서 놀고 있는 아이를 찾아 데려올 수 있다.

도식이라는 개념이 반드시 물리적인 공간에만 적용되는 것은 아니다. 사람은 모두 익숙한 상황에서 일어날 법한 사건들의 시퀀스를 짐작할 수 있는 정신적인 청사진을 갖고 있다.[17] 이 '사건 도식'이 제공하는 구조 덕분에 우리는 복잡한 사건의 기억을 신속하게 생성할 수 있다. 내가 동네 카페에서 자주 친구를 만나 커피를 마신다고 치자. 내가 친구를 만날 때마다 내 뇌는 시시각각 사진처럼 상세한 기억을 새로 생성할 수 있다. 줄을 서서 기다리는 기억, 직원에게 라테를 주문하는 기억, 바리스타가 데운 우유로 완벽한 장미꽃 모양을 그리는 모습을 지켜보는 기억. 그러나 매번 완전히 새로운 기억을 세세히 만들어내다 보면 중복되는 기억이 수백 개나 생길 수 있다. 그렇다면 카페에 갔을 때

기억의 기본원리

의 공통 요소를 하나의 청사진으로 통합하는 편이 훨씬 더 효율적이다. 그러면 그때그때 달라지는 부분을 의미 있게 기억하는 데 정신을 집중할 수 있다.

기억 선수, 체스 전문가, 새 관찰자, 자동차 광팬은 모두 이런저런 방식으로 도식을 이용해서 자신이 꼭 기억해야 하는 점들을 나중에 접근하기 쉬운 틀로 정리한다. 한 가지 예가 장소법method of loci이다. 고대 그리스의 시인 시모니데스가 발명했다고 알려진 이 기억술은 요즘 '기억의 궁전'이나 '마음의 궁전'이라는 이름으로 더 널리 알려졌다. 최근 BBC가 방영한 〈셜록 홈스〉 시리즈에서 홈스가 이 기법으로 많은 찬사를 받았다. 장소법은 친숙한 장소나 길의 모양을 머릿속으로 그린 뒤, 기억하고 싶은 정보를 거기에 가져다두는 것이다. 그 장소는 궁전일 수도 있고, 동네 시장일 수도 있고, 어렸을 때 쓰던 방일 수도 있다. 중요한 것은, 그 장소에 관해 형성된 도식이 정보를 정리하는 데 도움이 되기 때문에, 나중에 그 장소를 머릿속으로 한번 둘러보면서 정보에 쉽게 접근할 수 있다는 점이다.

고전적인 서사시와 마찬가지로 음악 또한 우리가 새로운 정보를 신속히 터득해서 암호화하는 데 정돈된 지식을 자주 이용한다는 것을 보여주는 훌륭한 사례다. 블루스와 록 장르의 많은 노래가 전형적이고 반복적인 12마디 형식을 따른다. 팝과 포크 음악은 독창-합창-독창이라는 간단한 구조를 따르는데, 이런 음악적 변화를 예측하기가 워낙 쉽기 때문에 이 구조의 노래를 처음 듣더라도 곡조의 특징이나 가사를 외우기가 어렵지 않다. 게다가 음악은 암기에 매우 유용하다. 음악 도식에 외우고 싶은 것을 쉽게 끼워넣을 수 있다는 뜻이다. 미국의 입법 절차에 관한 나의 모든 지식은 〈난 그저 법안일 뿐〉이라는 노래에서 나왔다. 〈스쿨하우스 록!〉(1973년부터 미국에서 방영된 교육용 애니메이션—옮긴이)에 나오는 이 노래를 나는 어렸을 때 토요일 아침마다 텔레비전에서 들었다. 전 세계에서 여러 문명이 만들어낸 많은 음악과 시가 수백 년 동안 살아남은 것은 음악적인 구조 속에서 문화적으로 중요한 정보를 쉽게 암기하고 전달할 수 있었기 때문이라고 해도 무리가 아닐 것이다.

암기를 위해 도식을 사용하는 가장 쉬운 방법은 아마 우리가 일상생활에서 새로운 사건을 기억하려 할 때 사용하는 방법일 것이다. 예를 들어, 카드의 순서를 암기하려고 할 때 각각의 카드를 따로 외우고 싶지는 않을 것이다. 그보다는 각각의 카드를 서로 연결시킨 이야기를 하나 만들어내는 방법이 있다(예를 들어, 킹이 잭을 이용해서 바람 빠진 타이어를 교체하고 차로 7킬로미터를 달려 에이스 주유소로 갔다…). 이 전략이 효과적이라는 사실은 인간의 의식적인 기억이 머리를 사용하는 효율적인 행위임을 보여준다. 기억 대상을 사진 찍듯 정확하게 기억하는 포토그래픽 메모리에는 생각이나 머리가 관련되지 않는 것과 대조적이다.

기억의 기본원리

원래 똑똑하다

신경과학 분야의 최신 연구들은 도식이 뇌에 어떻게 심어지는지에 관해 많은 정보를 밝혀냈다. 우리가 아무것도 하지 않을 때 활성화된다고 여겨지던 뇌 영역에서 신경망이 발견되면서 이런 성과가 나왔다는 점이 얄궂다.

대부분의 fMRI 실험은 참가자에게 스캐너 안에 누운 채 화면에 나타나는 영상이나 단어를 보고 각자 판단에 따라 버튼을 누르라고 요구한다. 초창기에는 이런 실험에서 나타난 결과를 보고 뇌가 여러 영역으로 구성되어 있으며 그 영역들이 각각 따로 움직여 자기만의 임무를 수행한다고 해석했다. 그러나 신피질의 구성에 관한 지식이 축적되면서 그런 생각이 틀렸음을 알게 되었다.

인간의 사회적 네트워크가 가족, 친구, 직장 내 인간관계 등 상호 관계망을 중심으로 조직되어 있듯이, 신피질에서도 기능과 해부학적 구조 면에서 서로 연결된 영역들이 네트워크를 구성하고 우리가 외부 세계에 반응할 때마다 서로 신호를 주고받는다.[18] fMRI 연구가 점점 발전하면서 같은 네트워크에 속하는 뇌 영역들은 동시에 활성화되는 경향이 있다는 사실이 점점 분명해졌다. 예를 들어, 내가 텅 빈 화면을 보고 있을 때 갑자기 개의 모습이 화면에 나타나면 시각 네트워크에 불이 들어오는 식이다. 개 짖는 소리가 들리면 청각 네트워크의 영역들이 환해진다. 이보다 더 주의를 기울여야 하는 임무를 수행할 때는 여러 네트워크가 더 활성화된다는 사실을 fMRI 연구로 알 수 있으나, 한 가지 예외가 있다.

2001년 워싱턴대학에서 선구적인 뇌 영상 연구를 하던 마커스 라이클은 신피질의 일부 영역이 뇌에서 가장 많은 에너지를 소비하는데도 사람들이 화면에 X가 나타났을 때 버튼을 누르는 식의 임의적인 임무에 주의를 집중할 때 오히려 '덜' 활성화된다는 사실을 알게 되었다. 라이클은 우리가 외부 세계와 거리를 둘 때마다 이 영역들의 네트워크가 자동적으로 활성화된다면서,[19] 이것을 '디폴트 모드 네트워크DMN'로 명명했다. 신피질 깊숙한 곳에 박혀 있으며 아직 알려진 것이 별로 없는 이 영역들에 라이클이 이름을 지어준 것은, 이들이 모종의 기능을 함께 수행하고 있다는 추측의 결과였다.

신경과학자들은 보통 A형 행동 성격(로젠먼과 프리드먼이 고안한 성격 분류로, A형은 경쟁적이고 공격적인 특성을 가진다—옮긴이)을 갖고 있어서, 임무에 진지하게 임한다. 그러니 사람들이 임무를 수행할 때 오히려 작동을 멈추는 네트워크에서 유용한 정보가 나올 리는 없을 것이라고 생각한다. 그래서 그들은 DMN을 흔히 '마음의 방랑' 또는 '임무에서 벗어나기'라는 맥락에서 살펴본다.[20] 빈둥거리거나 멍때리는 데 도움이 되는 것이 이 네트워크

기억의 기본원리

의 주요 기능이라고 생각하는 듯하다.

나는 이 모든 연구 결과를 어떻게 해석해야 할지 알 수 없었다. 뭔가가 빠진 것 같았다. 진화 과정에서 뇌의 상당 부분에 오로지 백일몽이라는 기능만이 배정되었다는 주장이 만족스럽지 않았다. 해마의 활동이 DMN의 상황과 밀접하게 관련되어 있다는 사실을 알고 난 뒤에는 더욱더 혼란스러웠다. DMN의 활동이 줄어들면 해마의 활동도 줄어든다.

나는 2011년에야 비로소 이런 연구 결과들을 이해할 수 있었다. 당시 나는 영국 요크에서 열린 기억학회에 참석 중이었는데, DMN에 크리스마스트리처럼 환하게 불이 들어오는 fMRI 연구가 점점 늘어나고 있다는 정보를 접했다.[21] 사람들이 상당히 단순한 임무(예를 들어, 내가 상대에게 '상어'라는 단어를 보여주고 가장 먼저 생각나는 동사를 말해보라고 하는 실험)를 수행할 때는 DMN이 활동을 멈추는 것처럼 보이지만, 자전적인 기억을 떠올리거나 가상현실 게임을 하거나 어떤 이야기와 영화를 이해하려고 애쓸 때처럼 복잡한 사고 과정을 수행할 때는 이 네트워크에 환하게 불이 들어온다고 했다. 나는 요크에서 돌아온 직후 당시 내 연구실에 박사후연구원으로 있던 모린 리치(지금은 보스턴 칼리지 교수)와 팀을 짜서 그동안 인간과 원숭이는 물론 심지어 쥐를 대상으로도 실시된 연구들을 작은 동산만큼 쌓아놓고 샅샅이 뒤지기 시작했다. 곧 패턴 하나가 뚜렷이 드러났다. 우리는 사람들이 세상을 이해할 때 사용하는 도식이 DMN의 세포연합에 저장되며, 이 세포연합이 사건을 조각조각 해부해서 우리로 하여금 나중에 새로운 방식으로 그 조각들을 이용해 새로운 기억을 형성할 수 있게 해준다는 주장을 내놓았다.[22] 해마는 이 조각들을 조합해서 구체적인 일화기억을 저장한다.

DMN에 대한 우리 가설을 시험해본다는 생각에 신이 났지만, 나는 어디서부터 시작해야 할지 알지 못했다. 인간의 기억에 대해 우리가 알던 신경과학 지식은 거의 모두 에빙하우스 모델을 따르는 연구에서 나온 것이었다. 실험자가 사람들에게 무작위로 선정된 단어와 얼굴을 외우라고 요구하는 이런 연구는 도식의 잠재력을 모두 이용할 수 있는 기회를 별로 제공하지 못했다. 그러나 다행히 변화가 가까이 다가와 있었다. 사람들이 영화를 보거나 이야기를 들을 때의 뇌 활동을 연구하는 데 fMRI를 이용한 학자들이 점차 새로운 결과를 내놓기 시작했다.[23] 이런 연구들은 우리가 기억의 소우주를 포착하는 데에만 몰두할 필요가 없다는 점을 증명했다. 그보다 더 커다란 포부를 품고, 현실 속에서 우리가 경험하는 사건들에 대한 기억을 연구하는 것이 가능하다는 뜻이었다. 나는 이런 연구에 고무되어 '최고의 친구들'로 팀을 꾸렸다.[24] 하버드의 샘 거슈먼, NYU의 루시아 멜로니, 프린스턴의 켄 노먼, 워싱턴대학교의 제프 잭스가 포함된 이 팀의 목적은 우리가 현실 속 사건들을 기억하는 데 DMN이 어떤 도

기억의 기본원리

움이 되는지에 관한 컴퓨터 모델을 구축해서 시험하는 것이었다. 놀랍게도 우리는 미국 해군연구실을 설득해 지원을 얻어냈고, 나는 기억의 메커니즘 연구에 맞게 우리 실험실의 체계를 바꾸기 시작했다.

우리는 사람들이 한 단어나 사진을 기억할 때의 뇌 활동을 연구하는 방식에서 더 복잡한 실험으로 옮겨갔다.[25] 실험 참가자들에게 40분짜리 영화나 단편소설 속에 묘사된 사건들을 회상해보라고 요구하는 실험이었다. 우리 팀은 몇 달에 걸쳐 영화를 만들고 단편소설을 썼다. 박사후연구원 알렉스 바넷은 심지어 애니메이션 영화를 두 편이나 만들기도 했다(한 편은 경찰이 나오는 범죄 이야기였고, 다른 한 편은 〈슈렉〉과 〈왕좌의 게임〉 중간쯤 되는 작품이었다). 이렇게 많은 노력을 기울인 끝에 마침내 사람들이 세상을 이해하고 기억을 형성하는 데 도식이 어떻게 기여하는지에 관한 여러 가설을 테스트해볼 준비가 되었다.

우리가 수행한 연구 중 가장 흥미로운 것을 하나 꼽는다면, 당시 내 실험실의 박사후연구원이었고 지금은 세인트루이스의 워싱턴대학교 교수인 잭 리그의 연구가 있다. 사람들의 거의 모든 경험에는 네 가지 기본적인 요소가 관여한다. 사람과 사물이 특정한 장소와 상황에서 상호작용한다는 뜻이다. 그래서 우리는 사람과 사물에 관한 도식이 장소와 상황에 대한 도식과는 분리되어 DMN에서 별도의 부위에 저장되어 있을 것이라고 예측했다. 잭은 이 예측이 옳은지 시험하기 위해 아마추어 영화감독이 되었다. 고프로 카메라로 박사후연구원 알렉스 바넷과 케이민 킴이 각각 슈퍼마켓이나 카페에 있을 때의 모습을 찍은 것이다. 한 영상은 알렉스가 인근 세이프웨이 슈퍼마켓의 통조림 진열대에서 물건을 고르는 모습을 담았고, 다른 영상은 케이민이 데이비스의 상징적인 카페 미슈카스에서 차를 마시며 책을 읽는 모습을 찍었다. 이 짧은 영상에는 사람들이 쉽게 이해할 수 있는 사건이 담겼으므로, 우리가 사건을 이해하고 기억할 때 도식을 재사용하는지 관찰하기에 완벽한 대상이었다. 만약 우리가 도식을 재사용한다면, 알렉스가 데이비스 식품생협에서 통조림을 사는 영상을 볼 때도 케이민이 너겟(인근의 고급 식품점 체인)에서 유기농 블루베리를 사는 영상을 볼 때도 DMN의 여러 영역에 같은 활동 패턴(즉, 같은 기억암호)이 나타날 것이다. 우리는 사람들을 MRI 스캐너에 눕히고, 그들이 잭의 영상 여덟 편을 모두 볼 때와 그 영상들에 대한 기억을 떠올릴 때의 뇌 활동을 기록했다.

실험을 마친 뒤,[26] 우리는 fMRI 데이터에서 서로 다른 사건에 도식이 어떻게 재사용되는지 보여줄 수 있는 패턴(기억암호)을 읽을 수 있는지 시험하기 시작했다. 그 결과 DMN이 각각의 영상을 이해하고 기억하는 데 필요한 원료를 제공하기는 하지만 구체적인 맥락이 담긴 일화기억을 저장하지는 않는다는 것을 알게 되었다. DMN은 각각의 영상에 대해 독특한 기억암호

기억의 기본원리

를 저장하지 않고, 영상을 모두 구성요소로 분해해서 같은 요소
들이 포함된 다른 영상을 이해하거나 기억할 때 반복적으로 재
사용되도록 했다. DMN의 한 부위에 나타나는 기억암호가 실험
대상이 슈퍼마켓이나 카페에서의 영상을 보고 있는지 아니면
기억하고 있는지를 알려준다면, DMN의 다른 부위에 나타나는
기억암호는 그 영상에 등장하는 사람이 알렉스인지 케이민인지
를 알려주었다. 한편 뇌의 모든 영역에서 전달된 정보를 하나로
모아 일화기억을 떠받치는 해마는 DMN과는 대조적으로 각각
의 영상에 대해 별도의 기억암호를 갖고 있었다. 또한 DMN과
달리 각 영상의 시작과 끝(즉, 사건의 경계선)만을 기억으로 저장
하는 듯했다.

  DMN의 여러 부위가 각각 별도의 작업을 수행한다는 것은,
경험의 여러 구성요소에 대해 별도의 도식이 존재한다는 것을
암시한다. 어떤 도식은 사건에 관련된 사람이 누구든 상관없이,
특정한 종류의 사건에 관한 맥락을 우리에게 알려준다. 계산대
에서 일하는 직원이 누구든, 슈퍼마켓에서 장을 본 사람은 물건
값을 치러야 한다는 사실을 아는 것이 그런 예다. 또 다른 종류
의 도식은 구체적인 사람과 사물에 대해 알려준다. 내가 언제 어
디서 알렉스와 케이민을 만나든, 그들이 각각 누구인지 알려주
는 도식이 내게 있다는 뜻이다. DMN 덕분에 나는 장을 볼 때마
다 슈퍼마켓 도식을 재사용할 수 있고, 알렉스를 만날 때마다 알

렉스 도식을 재사용할 수 있다. 또한 해마 덕분에 나는 슈퍼마켓에서 알렉스와 우연히 마주친 각각의 사건에 대해 각각의 기억을 형성할 수 있다.

우리 연구에서 드러난 그림은, 일화기억을 형성하는 것이 레고를 쌓는 것과 조금 비슷하다는 것이다. 우리는 레고로 재현한 중세 도시를 분해해서 레고 블록과 플라스틱 인형을 따로 분류할 수 있다. 마찬가지로 DMN도 어떤 사건을 해체해서, 누구와 무엇이 그 자리에 있었는지 알려주는 조각과 어디서 어떻게 사건이 펼쳐졌는지 알려주는 조각을 따로 처리할 수 있다. 레고를 쌓을 때 우리는 설명서를 참조해서 중세 풍경을 재현하는가 하면, 또 다른 설명서를 이용해 똑같은 블록들로 〈스타워즈〉의 한 장면을 재현할 수도 있다. 기억의 경우도 비슷하다. DMN이 다양한 사건에 재사용할 수 있는 조각들을 갖고 있다는 점에서 말이다. 해마는 이 조각들을 조합해서 특정한 사건을 기억해내는 방법에 대한 설명서를 갖고 있는 것 같다. 해마의 활동 그래프는 사건의 경계선에서 DMN과 신호를 주고받을 때 높이 치솟는다.[27] 그러니 레고 설명서를 슬쩍 보고 구조물의 일부를 만들고, 다시 설명서를 본 뒤 구조물의 다른 부분을 만들 수 있는 것처럼, 해마가 중요한 순간에 안내인이 되어 DMN이 딱 맞는 조각으로 원하는 기억을 재구축할 수 있게 해주는 건지도 모른다.

DMN에 대한 우리 연구는 앞으로 알츠하이머병 등 여러 신경

퇴행성 질병을 이해하는 데 중요한 의미를 지닐 수 있다. 알츠하이머병과 관련된 단백질 아밀로이드[28]가 증상이 나타나기 훨씬 전부터 노인 중 약 20퍼센트의 DMN에 축적된다는 사실은 이미 분명히 알려져 있다. 알츠하이머병의 유용한 치료법을 개발하려면 '임상적인 증상' 이전 단계의 위험군에게 약을 처방하는 수밖에 없을 것이다. 병이 진행되면 DMN에서 대량의 세포가 죽어버리는 현상을 되돌릴 길이 없기 때문이다. 현재 우리는 위험도가 높은 사람들이 돌이킬 수 없는 뇌 손상이 발생하기 전에 치료를 받을 수 있도록, 기억에 관한 fMRI 연구를 이용해 알츠하이머병 초기에 DMN의 기능이상을 감지할 수 있는지 탐색 중이다.

백 투 더 퓨 처

내가 디너파티에서 미래를 예언할 수 있다고 발표하면, 사람들은 십중팔구 회의적인 반응을 보일 것이다. 그러나 사실 이런 주장은 현실과 그리 동떨어진 것이 아니다. 친구가 10대 자녀의 고등학교 졸업식에 나를 초대한다고 가정해보자. 나는 그 학교의 졸업식에 참석한 적이 전혀 없는데도, 학생들에게 의욕을 불어넣는 연설이 있을 것이고 사각모를 쓰고 가운을 입은 학생들이 졸업장을 받을 것이고 식장에는 〈위풍당당 행진곡〉이 흘러나

올 것이라고 예측할 수 있다.

체스 그랜드마스터의 사례를 다시 생각해보자. 그는 수천 번의 경기에서 똑같은 패턴을 연구하고 플레이하며 헤아릴 수 없이 많은 시간을 보냈다. 그의 머릿속에는 체스 게임 도식을 모아놓은 도서관이 있는데, 각각의 도식은 그가 시합에서 목격해온 전형적인 움직임의 전체 시퀀스가 기록된 거푸집을 포함하고 있다. 이런 도식 덕분에 그랜드마스터는 과거 시합에서 말들이 움직인 순서를 기억하고, 현재 진행 중인 게임의 상황을 이해하고, 상대가 앞으로 둘 가능성이 높은 수를 예측할 수 있다. 이런 전문적인 지식을 이용하면, 복잡하게 보이던 말들의 배치 상황을 쉽게 이해해서 그것이 앞으로 여러 말을 쓸어버리고 체크메이트까지 이어질 수 있는 일련의 움직임 중 한 단계임을 알 수 있다.

프로 운동선수도 체스 그랜드마스터와 비슷한 방식으로 지식을 이용할 때가 많다. 농구, 미식축구, 축구 등 빠르게 움직여야 하는 팀 스포츠에서는 유난히 뛰어난 신체 능력만으로는 충분하지 않다. 정말로 특출한 선수가 되려면, 게임을 연구해서 필요할 때 신속히 사용할 수 있는 도식 창고를 구축해야 한다. NBA 역사상 위대한 농구선수 중 한 명이며 개인 통산 최고득점 기록을 갖고 있는 르브론 제임스는 과거 시합의 진행 상황을 놀라울 정도로 자세하고 정확하게 기억하는 능력으로도 유명하다. 제

기억의 기본원리

임스는 자신이 포토그래픽 메모리를 가졌다고 말한다. 그러나 NBA 감독(이자 과거의 농구 전설)인 제이슨 키드는 제임스의 진짜 강점은 '농구 IQ'라고 말한다. 체스 그랜드마스터처럼 르브론은 농구에 관한 자신의 지식을 이용해서, 복잡한 게임 진행 상황에 관한 정보를 신속히 압축한다. 그리고 눈앞에서 벌어지는 일과 머릿속에 풍부히 저장된 도식 데이터베이스를 실시간으로 대조해서 앞으로 펼쳐질 상황을 정확히 예측한다.

제이슨 키드의 설명에 따르면, 제임스는 "다음 상황을 예측하는 방식으로 경기한다. 농구 IQ가 높으면 다음에 벌어질 일을 누구보다 먼저 알아차릴 수 있다"[29] 제임스도 자신의 농구 IQ에 대해 비슷하게 설명한다. "그것 덕분에 나는 상황이 벌어지기 전에 먼저 예측하고, 선수들을 알맞은 위치에 배치하고, 같은 팀 선수들의 상태를 읽어 누가 지금 컨디션이 안 좋은지 알아차리고, 점수와 남은 시간과 상대 팀의 컨디션 좋은 선수를 파악하고, 그들이 좋아하는 것과 싫어하는 것을 알아차리고, 이 모든 것을 게임 상황에 맞게 조정할 수 있다."

제임스는 친구들과 비디오게임을 할 때도 비슷한 수준의 기억술을 이용한다. 그의 오랜 친구 브랜던 웜스는 이렇게 말한다. "전에 함께 게임했을 때 내가 사용한 게임 플랜을 알고, 거기에 맞춰 상대 팀을 고른다… 자신이 좋아하는 플레이는 아껴두는 게 좋다. 여러 상황에서 내가 어떤 플레이를 했는지 르브론이 기억하고 미리 대비하기 때문이다."[30] 제임스의 경쟁력 중 일부는 기억력을 최적의 방식으로 사용하는 데서 나온다.

우리는 도식 덕분에 사건을 꿰뚫어보고, 모든 것이 어떻게 연결되어 있는지 깊은 구조를 포착할 수 있다. 그러면서 수백, 수천 개의 경험에 관한 기억을 압축해 하나의 포맷으로 만들어, 아직 경험하지 못한 사건들에 대해 추론하고 예측할 수 있게 된다. 도식은 과거에 일어난 일에 대한 지식을 이용해 앞으로 일어날 일에 대해 선수를 칠 수 있게 해준다.

그러나 이런 창의적인 기억 시스템의 이득에는 대가가 따를 수 있다는 점을 다음 장에서 살펴보겠다. 우리가 모든 사건에 기존의 지식을 재사용하면서 도식에 지나치게 의존해 기억 속 빈틈을 현실 속 실제 경험과 어긋나는 방식으로 메우게 되면 어떤 일이 벌어질까?

기억의 기본원리

2부

보이지
않는
힘

4장   그냥 상상일 뿐

기억과 상상이 뗄 수 없게 연결되어 있는 이유

> 기억은 상상이다. 진짜가 아니다.
> 기억의 창작 욕구를 부끄러워하지 말라.
>
> _ 닉 케이브, 〈멀미용 봉지의 노래〉

 지금껏 기록된 기억 중 가장 방대한 것을 하나 꼽는다면, 솔로몬 셰레솁스키라는 소련 기자의 기억을 들 수 있다. 그는 자신의 기억이 특별하다는 사실을 오랫동안 모르고 살았다. 20대 후반 모스크바의 한 신문사에서 근무하던 중, 아침 회의 때 전혀 메모를 하지 않는 그의 습관에 부장이 관심을 갖게 되었다. 그는 부장에게 무엇도 메모할 필요가 없어서 메모를 한 적이 없다고 말하고는, 그날 회의에서 자신에게 내려진 지시와 관련 발언을 고스란히 다시 암송해 보였다. 부장은 감탄했지만, 그보다 셰레솁스키가 자신의 상황을 전혀 이상하게 생각하지 않는다는 점이 훨씬 더 흥미로웠다. "모든 사람의 머리가 이렇게 움직이는 것 아닌가요?" 부장은 이런 사람을 처음 보았기 때문에 기억력을 한번 테스트해보라고 셰레셉스키에게 말했다.

그렇게 해서 그는 당시 인근 대학의 심리학연구소에서 일하던 젊은 학자 알렉산드르 루리야를 만나게 됐다. 나중에 신경심리학의 창시자 중 한 명이 된 루리야는 가짜로 만들어낸 단어나 복잡한 수학공식은 물론 심지어 알지도 못하는 언어로 쓰여진 시와 산문까지 금방 암기해버리는 셰레셉스키의 놀라운 능력을 30년 동안 시험하고, 연구하고, 꼼꼼히 기록했다. 세월이 흐른 뒤에도 이 많은 정보를 여전히 정확하게 기억해내는 능력보다도 훨씬 더 놀라운 것은, 루리야가 특정한 기억력 시험을 실시한 날 무슨 옷을 입고 있었는지까지 셰레셉스키가 기억한다는 점이었다. 루리야는 이제는 고전이 된 1968년 논문《기억술사의 머리, 방대한 기억에 관한 작은 책》에서 이렇게 썼다. "그의 기억능력에 뚜렷한 한계가 없다는 점을 인정할 수밖에 없었다."[1]

루리야는 셰레셉스키의 놀라운 능력을 공감각이라는 아주 희귀한 현상과 연결시켰다. 모든 자극이 어떤 감각을 통해 전달되든 상관없이 다른 감각을 모두 일깨우는 것이 공감각이다. 셰레셉스키는 단어를 맛보고, 음악을 보고, 색깔의 냄새를 맡을 수 있었다. 심지어 단어를 말할 때의 소리조차 그의 지각知覺에 영향을 미쳤다. 그는 아이스크림 노점상에게 어떤 맛의 아이스크림이 있느냐고 물었을 때의 일을 설명했다. "과일 아이스크림"이라고 말하는 상인의 목소리를 들은 그는 무슨 이유에서인지 그녀의 입에서 검은 재가 쏟아져 나오는 모습을 보았다. 그래서 즉시 식욕이 사라졌다. 그가 머릿속에 창조한 세계와 실제로 살고 있는 세계 사이의 연결이 워낙 본능적이어서, 기차의 뒤를 쫓아 달리는 상상만 해도 심장박동이 빨라질 정도였다. 한 손은 난로 위에, 다른 손은 얼음 덩어리 위에 있는 상상을 해서 한 손의 온도는 올리고 다른 손의 온도는 내리는 것도 가능했다.

셰레셉스키의 독특한 감각 세계는 그의 상상력에까지 이어져, 그는 간섭현상에 저항력을 지닌 또렷한 기억을 형성할 수 있었다. 셰레셉스키에 대해 오랫동안 연구한 〈뉴요커〉 기자 리드 존슨[2]은 그가 상상으로 만들어낸 이야기에 일종의 메모를 붙여두었다가, 나중에 빵부스러기를 따라가듯이 그 메모들을 따라가 이야기의 주제가 된 정보를 찾아낼 수 있었다고 설명했다.

그의 기억력의 힘과 내구성은 여러 감각이 동원된 정교한 배경을 머릿속에 만들어두고, 자신이 상상한 이야기의 장면이나 장소를 거기에 끼워넣을 수 있는 능력과 하나로 묶여 있는 듯했다. 그의 상상과 이야기가 생생할수록 기억 속에 더 깊이 뿌리를 내렸다.

보이지 않는 힘

말년에 유료 관객을 상대로 자신의 놀라운 기억력을 보여주기 시작한 셰레셉스키는 스콧 해그우드나 앤자 빈터소울 같은 현대의 기억 선수에게도 친숙한 테크닉으로 자신의 능력을 더욱 증폭시켰다. 비록 어디서 학습했다기보다는 스스로 발견한 것 같았지만, 그가 사용한 기억장치는 장소법과 비슷했다. 일련의 단어나 숫자를 기억하려 할 때 친숙한 도식, 예를 들어 모스크바의 한 거리 같은 곳의 캐릭터로 그것들을 상상한 다음, 이 방대한 내면 풍경 속에서 '정신적인 산책'을 하는 방식이었다.

비록 그는 놀라운 기억력을 지닌 사례로 자주 회자되지만, 그가 보여준 기억 능력의 열쇠는 생생한 상상력이었다. 수십 년에 걸친 루리야의 연구는 기억과 상상력의 관계에 대한 근본적인 진실을 보여준다. 우리 모두의 기억력 한복판에 자리한 것이 바로 이 관계다. 이번 장에서 우리는 기억을 형성하는 독특한 방법으로 인해 때로 현실과 아주 멀어지지만, 그것이 무한한 가능성을 지닌 세상을 상상하게 해주는 연료가 되기도 한다는 점을 살펴볼 것이다.

일어날 수 있는 일

일화기억이 작동하는 모습을 보는 가장 간단한 방법은 사람이 살면서 겪은 일을 설명하는 동안 그의 뇌를 스캔하는 것이다. 예를 들어, MRI 스캐너에 누워 있는 내게 누가 '사진'이라는 단어를 보여주고 살면서 경험한 일을 그 단어를 이용해 되살려보라고 요구한다면, 나는 처음으로 록콘서트에 갔던 기억을 떠올릴지 모른다. 열네 살 때 나는 영국의 헤비메탈 밴드 데프 레파드가 내놓은 앨범 〈파이로마니아〉에 푹 빠져 있었다. 그 밴드가 '사진'이라는 제목의 노래를 연주하는 동안 스티브 클라크가 상징적인 악절을 연주하던 모습을 회상할 때 내 뇌 활동을 조사하면 해마가 활성화된 것이 보일 것이다. 내가 맥락이 있는 정보를 기억에서 끄집어내, 정신적으로 1985년으로 되돌아가 있을 테니 말이다. 또한 내가 콘서트에 관한 일반적인 정보를 끄집어내, 당시의 상황을 더욱 정교하게 되살리고 있을 것이기 때문에 DMN도 활성화된다.[3]

이제 조금 다른 시도를 해보자. MRI 스캐너 안에 누워 있는 사람에게 내가 '파스타'나 '스카이다이빙' 같은 단어를 보여주고, 실제로는 일어나지 않은 일 또는 일어날 가능성이 희박한 일을 이 단어를 이용해서 상상해보라고 요구했다고 가정하자. 그러면 그 사람은 모타운 레코드의 전설적인 음악인 마빈 게이와 함께 스파게티를 요리하는 상상이나 선구적인 물리학자 마리 퀴리와 함께 스카이다이빙을 하는 상상을 할지도 모른다. 2007년에 연구소 세 곳이 이런 종류의 실험을 하고 그 결과를 발표했다. 그런데 반전이 있었다. 사람들이 이런 상상을 할 때 발생하는 뇌 활동의 변화가 실제로 일어난 일을 회상할 때의 변화와 놀라울 정도로 흡사했다는 것이다.[4]

상상과 기억 사이의 이 기묘한 평행선이 과학계의 많은 사람에게는 놀라움이었고 언론에는 주목의 대상이었다. 〈사이언스〉는 이 연구를 그해의 10대 획기적인 연구 중 하나로 꼽을 정도였다.[5] 그러나 이런 연구 결과가 느닷없이 튀어나온 것은 아니었다. 영국의 심리학자 프레더릭 바틀릿 경은 거의 1세기 전 이런 결과를 예측한 바 있다. 그의 연구는 사람들이 정신적인 틀(즉, 도식)을 이용해서 자신을 에워싼 세상을 정리하고 이해한다는 주장의 기초가 되었다.

바틀릿은 1913년 케임브리지대학에서 학위논문의 일환으로 인간의 기억에 관한 연구를 시작했다.[6] 박사학위를 받은 뒤에는 기억에 초점을 맞추지 않고[7] 문화인류학에 집중하다가 이후 군대를 위한 응용심리학 연구에 주력했다. 그러나 다행히 바틀릿은 결국 기억이라는 주제로 돌아와 1932년에 그의 가장 중요한 저작인 《기억하기, 실험심리학과 사회심리학 연구》를 발표했다.[8]

바틀릿의 이 책은 1885년 헤르만 에빙하우스가 확립한 기억 연구 전통과의 극적인 결별을 뜻했다. 에빙하우스는 엄격히 통제된 환경에서 낯설고 무의미한 정보에 대한 기억을 정량화했다. 반면 바틀릿은 응용심리학과 인류학을 연구했던 경험을 바탕으로, 사람들이 일상생활 속에서 기억을 어떻게 이용하는지 관찰하고 묘사했다. 좀 더 간결하게 표현하자면, 바틀릿은 사람들의 기억이 얼마나 많은지 정량화하기보다는 기억의 과정을 이해하는 데 관심이 있었다고 할 수 있다.

그의 가장 유명한 실험에서 바틀릿은 케임브리지대학교에서 자원자를 모아 아메리카 원주민의 민담인 〈유령들의 전쟁〉을 처음으로 들려주었다. 이 영국인 학생들에게 완전히 낯선 문화적 맥락을 갖고 있다는 점에서 그가 특별히 선택한 이야기였다. 실험 자원자들은 민담을 다 듣고 나서 이야기의 요지를 떠올릴 수 있었지만, 특징적인 실수를 몇 가지 저질렀다. 단순히 이야기의 세부적인 부분을 미처 기억하지 못했기 때문이 아니라, 그 세부적인 부분을 학생들 자신의 문화적 기대와 규범에 맞게 적용시킨 탓에 벌어진 일이었다. 예를 들어 '카누'나 '패들'이라는 단어는 '보트'와 '노'로 바뀌고, '물개사냥'은 '고기잡이'로 바뀐 식이었다.

바틀릿은 이런 결과를 자세히 연구해서, 사람들이 과거의 일 중 일부 세세한 부분을 기억하기는 하지만 그들의 회상은 기껏해야 대략적인 수준이라고 주장했다. 그리고 이런 결론을 내렸다. "기억을 떠올리는 행위는 생기 없고 파편적이며 이미 고정되어 변할 수 없는 수많은 흔적을 다시 *끄집어내는* 것이 아니라,

보이지 않는 힘

상상력이 가미된 재구축이다." 우리는 과거에 일어났던 일을 단순히 재생하는 것이 아니라, 소량의 맥락과 되살려낸 정보를 출발점으로 삼아 어쩌면 존재할 수도 있었을 과거를 상상한다. 자신의 개인적 경험과 문화적 경험을 바탕으로 그때그때 이야기를 조합하고, 기억 속에서 되살려낸 세부사항으로 이야기에 살을 붙인다. 바틀릿의 이런 통찰은 뇌의 상상 기능과 기억 기능이 서로 완전히 별개의 존재가 아닌 이유를 이해하는 데 핵심적인 역할을 한다. 이 두 가지 기능은 모두 반드시 과거에 '일어났던' 일에 대한 지식뿐만 아니라 '일어날 수 있는' 일에 대한 지식도 바탕으로 삼는다.

재구축의 우화

기억에 재구축되는 면이 존재한다는 사실은, 사람들의 회상이 때로 자기만의 생명을 얻을 수도 있음을 의미한다. 전前 NBC 뉴스앵커 브라이언 윌리엄스의 사례를 생각해보자. 윌리엄스는 2015년 뉴욕 레인저스의 아이스하키 경기에서 연설하면서, 자신을 포함한 취재팀이 2003년 이라크에서 헬리콥터를 타고 가다가 로켓추진 수류탄의 위협 때문에 강제 착륙한 적이 있다고 말했다.[9] 그러나 그때 현장에 있었던 여러 참전군인이 즉시 그의 이야기가 거짓임을 폭로했다. 윌리엄스는 이라크에 있는 동안 적의 포화에 노출된 적이 한 번도 없다는 것이었다. 그래서 아주 뻔뻔한 거짓말처럼 보이는 이 이야기를 늘어놓은 뒤 그는 논란의 포화 한복판에 서게 되었다.

사실 윌리엄스의 취재팀은 군용 헬리콥터 세 대보다 한 시간 늦게 비행하고 있었는데, 그 헬리콥터 중 한 대가 로켓추진 수류탄에 맞는 바람에 세 대가 모두 사막에 비상착륙할 수밖에 없었다. 윌리엄스가 탄 헬리콥터는 나중에 그 세 대를 따라잡았으나, 모래폭풍이 일어 그들과 함께 사막에서 며칠 동안 발이 묶였다. 윌리엄스가 2015년에 한 이야기에 실제 상황과 겹치는 요소들이 있는 것은 사실이지만, 그 이야기는 그의 것이 아니라 비상착륙한 헬리콥터 안의 군인들 것이었다. 윌리엄스는 '안개처럼 흐릿한 기억' 탓을 하면서 사과했으나, 이미 쏟아진 물을 다시 담을 수는 없었다. 자신의 평판을 올리기 위해 거짓말을 했다는 의심이 널리 퍼지면서 언론인으로서 신뢰성이 손상된 것이다. 그는 6개월 무급 정직 처분을 받았으며, 결국은 〈NBC 나이틀리 뉴스〉에서 물러났다.

브라이언 윌리엄스가 의도적으로 이야기를 윤색했는지 여부는 알 수 없지만, 가능한 한 좋은 쪽으로 해석해본다면 그가 올바른 기억 조각들을 많이 떠올리기는 했으나 그것을 소재로 틀린 이야기를 재구축한 것으로 보인다. 그가 들려준 극적인 이야

보이지 않는 힘

기는 상상력을 동원한 재구축이 잘못된 사례다.

사람들의 기억이 윌리엄스의 사례처럼 사실에서 크게 벗어나는 경우는 많지 않다. 그러나 우리가 실제로는 일어나지 않은 일을 자신 있게 기억하는 것이 가능하다고 짐작할 수 있게 해주는 과학적 증거가 많다. 1995년 세인트루이스 워싱턴대학교의 헨리 로디거 3세와 캐슬린 맥더모트는 한 실험을 통해 이 현상을 증명했다. 지금은 거의 모든 심리학개론 수업에서 다뤄지는 이 실험[10]에서 그들은 자원자들에게 다음과 같은 단어들을 학습하게 했다.

두려움	미움
기질	비열하다
증오	분노
격노	미치다
행복하다	노여움
노하게 하다	차분하다
감정	싸움
격정	

이제 잠시 내가 하자는 대로 해주기 바란다. 위의 목록을 다시 보지 않고, 거기서 보았다고 기억나는 단어가 무엇인가? '두려

움'과 '노여움'을 읽은 기억이 나는가? '화'라는 단어는 어떤가? 만약 이 단어를 본 기억이 난다면 그것은 잘못된 기억이지만, 극소수만 이런 실수를 저지르지는 않을 것이다. 사실 로디거와 맥더모트의 연구에 참여한 사람들은 '두려움'과 '노여움'만큼이나 '화'라는 단어도 많이 기억했다.

과학자들은 사람이 '거짓 기억'에 얼마나 취약한지 설명할 때 이 연구 결과를 자주 이용한다. 여기에 내포된 잠재적인 의미는 엄청나다. 이런 연구 결과를 읽고 나면, 자신이 가장 소중히 간직해온 기억이 혹시 완전히 거짓은 아닌지 의심하며 자기회의라는 토끼굴에 빠지기 쉽다. 그러나 이런 방식은 옳지 않다.

과거 섹스 피스톨스와 퍼블릭 이미지 리미티드의 멤버였던 존 라이던은 이런 말을 했다. "나는 가짜 기억이 있다고 생각하지 않는다. 가짜 노래를 믿지 않는 것과 같다." 현실 세계에서 기억은 강자와 약자, 진실과 거짓 같은 단순한 흑백 이분법으로 쉽사리 전환되지 않는다. 건강한 뇌를 지닌 사람들이 정신적인 시간여행을 조금 맛보고 나서 "내가 틀림없이 기억한다니까"라고 말한다면, 그건 십중팔구 과거에서 뭔가를 실제로 가져와서 하는 말일 것이다. 그러나 기억의 요소들이 진실이라 해도, 이야기 전체는 거짓일 수 있다. 로디거와 맥더모트의 실험은 사람들에게 '화'를 생각하도록 부추길 목적을 노골적으로 드러냈다. 어쩌면 자원자들이 살면서 화가 났던 순간을 생각나게 할 목적까지

보이지 않는 힘

도 있었는지 모른다. 따라서 제시된 목록에 '화'라는 단어가 있었다고 자원자들이 기억하는 것은 어떤 의미에서 진짜 기억이었다. 다만 부정확하게 재구축되었을 뿐이다. 브라이언 윌리엄스도 이런 일을 겪었던 건지 모르겠다.

모든 사람이 이렇게 쉽게 거짓 기억을 만들어내는 것은 아니다. 기억상실증이 있는 사람은 대개 '화'라는 단어를 회상하게 만들려는 술수에 넘어가지 않는다. 재구축을 하면서 실수를 저지를 만큼 많은 정보를 기억해내지 못하기 때문이다.[11] 자폐증 같은 신경발달 장애를 지닌 사람도 거짓 기억에 강한 저항력을 갖고 있다고 암시하는 연구 결과도 있다.[12] 그들이 의미를 무시한 채 구체적이고 세세한 부분에 초점을 맞추는 방식으로 사건을 기억할 때가 있기 때문이다. 이런 연구들은 거짓 기억에 완전히 저항하려면 과거를 의미 있게 재구축하는 능력을 희생시켜야 할지도 모른다고 암시한다.

이 모든 연구는 기억에 관한 더 깊은 깨달음으로 이어진다. 우리가 어떤 기억을 가리켜 '진실'이라거나 '거짓'이라고 말하는 것은 근본적으로 기억의 작동 방식을 잘못 묘사하는 행위다. 나는 기억을 사진보다는 그림으로 생각할 때가 많다. 대부분의 그림에는 주제에 충실한 세부사항, 왜곡되거나 윤색된 세부사항, 완전한 사실이나 완전한 거짓이라기보다 화가의 시각이 반영된 해석과 추측이 어느 정도 섞여 있다. 기억도 마찬가지다.

앞으로 보게 되겠지만, 기억은 거짓도 아니고 진실도 아니다. 과거에 실제로 일어났던 일의 조각들과 현재 우리 주위에 있는 편견, 자극, 신호를 반영해서 그 순간에 재구축되는 것이다.

빈칸 채우기

우리는 기억이 실체를 갖고 있다고 생각할 때가 많다.[13] 마치 뇌 어딘가에 우리가 지금까지 겪은 모든 일의 완벽한 기록이 있다고 생각하는 것 같다. 2장에서 언급했듯이, 해마가 일종의 색인 기록을 갖고 있어서, 과거 어떤 사건 때 활성화되었던 다양한 세포연합을 찾을 수 있게 해주는 것처럼 보이기는 한다. 그 덕분에 우리는 그 사건을 겪을 때의 상태로 뇌를 다시 기동할 수 있다. 신경과학자는 기억의 이런 측면에 자주 초점을 맞춰, 어떤 사건을 겪는 동안 활성화되었던 뉴런들을 정확히 그대로 다시 활성화시키는 것이 바로 기억이라는 행위라고 본다. 그러나 프레더릭 바틀릿은 기억이 '상상력을 동원한 재구축' 행위라는 확신에 바탕해 근본적으로 다른 의견을 내놓았다. 그는 기억이 흔적을 남긴다는 주장을 노골적으로 피하면서, 기억은 재구축의 순간 태어난다고 주장했다. 다시 말해서, 같은 경험을 묘사하는 기억이 헤아릴 수 없이 다양하게 구축될 수 있으니, 어떤 사건에

보이지 않는 힘

대해 단 하나의 기억만 존재한다고 주장하는 것은 말이 되지 않는다는 것이다.

나는 해마 덕분에 우리 정신이 과거의 그 상태로 돌아가 그때의 사건에서 상세한 정보를 일부 끌어낼 수 있다고 분명히 믿는다. 그러나 일단 과거로 돌아간 뒤 우리가 그때의 일을 곧이곧대로 다시 경험하는 것은 아니라는 바틀릿의 주장에도 동의한다. 만약 과거를 곧이곧대로 경험하는 것이 기억이라면, 10분 분량의 전화통화를 회상할 때 그 대화 중에 있었던 일을 모조리 다시 끄집어내야 하기 때문에 역시 10분이 걸릴 것이다. 하지만 현실은 그렇지 않다. 과거의 경험에서 요점만 모아 짧게 압축하는 경우가 일반적이다. 따라서 해마가 그 대화 중 어떤 순간에 활성화되었던 세포연합 중 일부로 우리를 다시 데려다줄 수 있을지는 몰라도, 자신이 회상하고 있는 내용을 이해하기 위해서는 DMN 안의 도식을 이용해야 한다. 그러나 이런 재구축은 오류에 취약하다. 도식이 포착하는 것은 실제로 일어난 일이 아니라 전형적으로 일어나는 일이기 때문이다.

기억을 떠올릴 때 우리는 제한된 단서들로 이야기를 짜맞춰서 수수께끼를 해결하려고 애쓰는 탐정과 비슷하다. 탐정은 살인범의 동기에 대한 이해를 바탕으로 사건을 구축할 수 있다. 유용한 방법이지만 편견으로 이어질 우려도 있다. 비슷한 맥락에서 우리가 어떤 사건을 기억할 때도 동기가 그 일을 이해하는 데 도움이 될 수 있다. 동기는 행동에 의미를 주입하기 때문에, 정보의 가닥을 모아 기억할 만한 이야기로 엮어내는 것이 가능해진다. 그러나 동기에 대한 가정은 상상력에 불을 지필 수도 있다.[14] 그러면 우리는 실제 사건을 왜곡하는 방향으로 사건의 빈칸을 채우게 된다.

기억의 방향을 바꿔놓을 수 있는 또 다른 요인은 목표와 동기가 사건의 재구축에 영향을 미친다는 점이다. 나는 이런 질문을 자주 받는다. "두 사람이 한 사건을 함께 경험했는데 기억이 크게 달라지는 이유가 뭐죠?" 〈스타워즈〉에서 벤 케노비는 이런 말을 했다. "우리가 매달리는 진실 중 많은 것이 우리 자신의 시각에 크게 좌우된다." 사람들은 각자의 다양한 목표, 감정, 신념으로 인해 특정한 시각으로 사건을 바라보며 해석하게 된다. 그리고 그런 시각은 나중에 그 사건을 재구축하는 데에도 영향을 미칠 것이다.[15] 예를 들어, 두 사람이 똑같은 월드컵 경기를 함께 봤는데 그 둘의 기억은 상당히 다를 수 있다. 2017년에 실시된 한 연구에서, 독일 축구팀 두 곳의 라이벌 팬들이 똑같은 챔피언스리그 결승전을 시청했는데, 그 경기에 대한 그들의 기억이 워낙 자기 쪽으로 치우쳐 있어서 각각 자신의 팀이 공을 더 많이 점유했다고 회상했다.[16] 축구 팬은 그렇다 쳐도, 다행히 우리는 우물 안 개구리처럼 제한된 시야만으로 살지 않아도 된다. 과거의 사건을 재구축하는 동안 타인의 시각을 받아들이면 자신을 에워싼 인식의 한계를 뚫고 나아가 공통점을 찾아낼 수 있다. 시각을 바꾸는 것은 예전에 떠올리지 못했던 정보를 회상하는 데에도 도움이 된다.[17]

기억의 왜곡은 외적인 요인에 의해 일어날 수도 있다. 아주 살짝 옆구리를 찌르는 정도의 힘만 있어도 기억의 재구축에 영향을 미칠 수 있다. 1970년대 초 당시 워싱턴대학교 교수였던 엘리자베스 로프터스는 법정에서 증인이 사건을 회상하는 방식에 관심을 갖게 되었다. 검사나 변호사의 질문이 그들의 증언을 편향된 방향으로 이끌 수 있는지도 궁금했다. 이 의문의 답을 찾기 위해서 그녀는 자원자들에게 일곱 건의 자동차 충돌 장면을 담은 짧은 영상을 보여준 뒤 자동차의 속도를 추정해보라고 요청했다.[18] 자원자들은 실제 속도계 계기판을 보지 않은 상태에서 자신의 기억만을 토대로 추측할 수밖에 없었다.

그 결과 그들의 추측이 너무나 쉽게 한 방향으로 쏠린다는 점을 알게 되었다. 자원자 한 팀에게 자동차들이 서로 '접촉'했을 때 속도를 추정해보라고 했더니, 평균 추정치는 시속 약 49.6킬로미터였다. 또 다른 팀에게는 자동차들이 서로 '들이박았을' 때 속도를 추정해보라고 했다. 그들의 평균 추정치는 시속 약 65.6킬로미터였다. 로프터스가 질문을 할 때 사용한 동사를 하나 바꿨을 뿐인데, 속도 추정치가 약 33퍼센트 증가했다.

로프터스의 연구는 법정에서 목격자 증언이 오염될 수 있음을 강조해서 보여주지만, 여기서 파생되는 의미는 훨씬 더 크다. 아주 미묘한 힌트나 신호만으로도 과거 경험에 관해 사람들이 구축하는 이야기에 영향을 미칠 수 있다면, 기억에는 과거와 현재가 모두 반영된다고 할 수 있다. 회상하는 순간의 생각과 동기가 과거 기억에 영향을 미칠 수 있다는 뜻이다.

우리가 상상을 통해 과거를 다시 경험하며, 그 과정이 다른 요인의 영향에 취약하다는 증거 앞에서 우리는 어려운 질문과 마주하게 된다. 사실과 환상을 어떻게 구분할 수 있을까? 우리 뇌는 현실에 닻을 내린 상태로 동시에 아무런 경계선이 없는 상상의 풍경 속을 어떻게 돌아다니고 있을까?

이건 현실인가, 그저 환상인가?

몇 분 이상 명상을 지속하려고 시도해본 사람이라면 누구나 알 것이다. 우리 머릿속에서 '만약에…'라는 생각이 끊임없이 소용돌이치고 있음을. 우리는 미래에 일어날 수 있는 일의 시나리오를 상상하고, 과거의 사건들이 다르게 전개되었다면 어떤 현재가 펼쳐졌을지 궁금해한다.[19] 나의 옛 멘토이자 공동연구자이며 예일대학교 기억과 인지 실험실 소장 마샤 존슨은 이것이 엄청난 문제를 야기한다는 사실을 심리학 분야에서 처음으로 깨

보이지 않는 힘

달은 사람 중 하나였다. 상상으로 만들어낸 온갖 시나리오 때문에 우리는 결코 경험한 적이 없는 일을 기억하게 된다. 기억에는 상상인지 진짜인지 확인해주는 라벨이 없다. 그러니 우리가 기억과 상상을 헷갈리는지가 문제가 아니라, 매번 그 둘을 헷갈리지 않게 해주는 요인이 과연 무엇인지가 중요하다.

마샤 존슨은 사람들이 머릿속에서 생성해낸 정보(생각, 감정, 상상)와 바깥세상에서 받아들인 정보를 구분하는 과정을 학자로서 평생 동안 파고들었다. 그녀의 연구는 우리가 상상력을 동원한 재구축 과정에 약간의 비판적인 사고를 의식적으로 적용함으로써 기억이 부정확해지는 것을 일부 견제할 수 있음을 보여주었다. 그녀는 이 과정을 '현실 모니터링'이라고 불렀다.[20]

현실 모니터링에서 우리에게 도움이 되는 요인이 두 가지 있다. 하나는 현실과 상상 속 사건의 차이와 관련이 있다. 상상 속 사건은 우리가 실제로 경험한 사건에 비해 평균적으로 생각과 감정에 더 초점이 맞춰져 있으며, 덜 상세하고 생생하다.[21] 따라서 상상으로 만들어낸 기억 속 요소들보다 진짜 사건을 더 많이 믿게 된다.

현실 모니터링이 현실 속에서 어떻게 작용하는지 예를 하나 들어보자. 만약 내가 여러분에게 가장 최근 병원에 갔던 일을 생각해보라고 말하면, 여러분은 진찰실로 불려들어가기 전에 수많은 서류를 작성하며 짜증스러웠던 것, 검사 결과를 기다리며 느긴 불안감, 그동안 처방받은 약을 먹지 않았다고 고백하기 싫었던 기분을 떠올릴 가능성이 있다. 그런데 이런 감정과 생각은 병원에 가는 상상만 해도 생겨날 수 있다. 반면 실제 기억을 떠올리다 보면, 대기실에 흐르던 경쾌하지만 짜증스러운 음악, 까끌까끌한 진찰복으로 갈아입는 동안 진찰실에 퍼져 있던 소독약 냄새, 가슴에 차가운 청진기가 닿던 감촉을 다시 경험하게 된다. 어떤 사건을 떠올릴 때 생각나는 감각적인 세부사항이 많을수록 그 사건이 현실일 가능성이 높다. 평균적으로 상상은 실제 경험만큼 상세하지 않기 때문이다.

현실 모니터링에 도움이 되는 또 하나의 요인은 정신적 경험을 평가하는 우리의 방식과 관련이 있다. 상상 속 요소들(특히 도식이나 동기와 맞아떨어지는 요소들)로 구축된 유난히 생생한 기억이 우리를 엉뚱한 길로 이끌 수도 있지만, 기억의 정확성을 평가하기 위해 기꺼이 노력을 기울인다면 올바른 길로 계속 나아갈 수 있다. 잠시 여유를 갖고 이렇게 자문해보자. "나는 지금 과거 사건에서 실제로 보고 들은 것을 끄집어내는 중인가, 아니면 어떤 사건을 예상하거나 사건을 겪은 뒤 그 일에 대해 생각하면서 경험했을 법한 생각과 감정을 끄집어내는 중인가?" 과거의 특정한 장소와 시간으로 우리를 데려가는 듯한 세부적인 특징들의 품질뿐만 아니라 그 세부사항들이 대안 현실의 일부로 구축된 것일 수도 있다는 가능성 또한 고려해보면, 기억의 오류 가능성을

보이지 않는 힘

중화할 수 있다. 비판적인 사고가 모두 그렇듯이, 더 많은 증거가 나타날 때까지 회의적인 태도를 유지하는 것이 도움이 된다.

전전두엽피질에 영향을 미치는 것이라면 무엇이든, 의도를 갖고 기억을 떠올리는 능력에도 영향을 미친다.[22] 현실 모니터링도 마찬가지다. 마샤 존슨의 주장은 대학원 시절 내 논문 연구의 원동력이 되었다.[23] 기억의 정확성을 확인하기 위해 의도를 이용할 때 전전두엽피질이 핵심적인 역할을 한다는 것이 내 논문 주제였다. 몇 년 뒤 마샤 존슨과 나는 기억의 세부사항을 확인하는 작업에 인간의 전전두엽피질에서 진화론적으로 가장 발전된 영역들이 동원된다는 것을 보여주는 fMRI 연구를 함께 진행했다. 여러 다른 연구소에서도 우연히 비슷한 결과가 나왔다.[24] 나중에 내 친구이자 공동연구자인 케임브리지대학 교수 존 사이먼스는 그 영역에 회백질이 많은 사람이 현실 모니터링에 더 뛰어나다는 사실을 발견했다.[25]

이들과 정반대편에는 전전두엽피질이 광범위하게 손상된 사람이 있다. 그들은 일어난 적이 없는 사건을 자신 있게 떠올리곤 하는데, 이 현상을 '작화cofabulation'라고 부른다.[26] 신경학자 줄스 몬터규는 아일랜드 더블린 출신의 젊은 재봉사 매기의 사례를 설명했다.[27] 매기는 자신이 일주일 전 마돈나의 집을 방문해서 투어 공연 때 입을 옷에 대해 조언했다고 확신했다. 매기는 마돈나를 만난 적이 전혀 없지만, 그렇다고 정신병을 앓는 것도 거짓말을 하는 것도 아니었다. 뇌염으로 뇌가 부어올라서 머릿속에 떠오른 정보의 원천을 확인하는 능력이 달라진 것이 문제였다.

우리는 모두 사소한 작화를 저지른다. 피곤하거나 스트레스가 극심할 때, 멀티태스킹으로 주의력이 분산되었을 때 현실 모니터링이 창밖으로 달아나버린다. 사람이 나이를 먹을수록 전전두엽의 기능은 점점 떨어진다.[28] 그래서 상상과 경험을 구분하기가 더 힘들어진다. 이런 현상은 기억을 연구하는 학자들도 겪는다. 매일 아침 내 계정에는 이메일이 흘러넘친다. 그중에 내가 모종의 작업을 해야 하는 메시지가 눈에 띄면 나는 답장할 시간이 날 때 그 일을 처리하기로 머릿속에 메모를 해둔다. 그러나 받은편지함 속의 이메일을 모두 훑어보고 난 뒤 내가 이미 문제의 이메일에 답장을 했다고 작화를 저지르기 일쑤다. 그래서 일주일 뒤 상대방이 화를 내며 보낸 '긴급' 메시지에 깜짝 놀라고 만다.

생생한 상상력을 지닌 사람들에게 현실 모니터링은 힘든 일이 될 수 있다. 어떤 일을 무척 상세하게 시각적으로 상상할 수 있다면, 세상에서 벌어지는 일을 실제로 목격할 때와 비슷하게 뇌의 감각 영역들이 활성화될 수 있다.[29] 따라서 실제로 경험한 일과 생생하게 상상한 일을 구분하기가 몹시 힘들어진다.

놀라운 기억력이 유난히 생생한 상상력과 불가분의 관계

로 묶여 있던 솔로몬 셰레솁스키도 이 점에서 애를 먹었다. 그는 "내가 상상한 것과 현실에 존재하는 것 사이에 그리 큰 차이가 없다"고 말했다. 알렉산드르 루리야는 수십 년간 셰레솁스키를 연구한 끝에 다음과 같은 결론을 내렸다. "그에게 어느 쪽이 더 현실 같은지 말하기 힘들 것이다. 그가 살고 있는 상상 속 세상인지, 아니면 그가 잠시 다녀가는 손님에 불과한 현실 세계인지." 셰레솁스키가 상상으로 심장박동이나 체온을 조절할 뿐만 아니라 심지어 통증이나 질병까지 물리칠 수 있도록 해주었던 바로 그 마법 같은 사고방식이 그를 주변 세상으로부터 궁극적으로 소외시켰다. 한동안은 각지에서 기억술을 공연하며 어느 정도 성공을 거뒀지만, 그가 꿈꾸던 위대한 경지에는 이르지 못했다. 나중에 결혼해서 아들을 하나 얻은 그는 모스크바에서 택시운전사로 생계를 이었으나, 그의 현실은 그가 머리로 창조한 광대한 세계와는 비교도 되지 않았다. 1958년 알코올중독 합병증으로 사망했다고 전해진다.

창조의 불꽃

눈을 감고, 아름다운 열대의 백사장에 있다고 상상해보자. 야자수 그늘 아래 해먹에 누워 있는 모습을 상상할 수도 있을 것이다. 마이타이 칵테일을 마시며, 청록색 파도가 부드럽게 철썩거리는 모습을 지켜보고 있다고 생각해보자. 나와 비슷한 사람이라면, 이 열대의 환상에 완전히 사로잡혀서 순간적으로 주변 세상을 의식하지 못하게 될 가능성이 높다. 이번에는 기억상실증이 있는 사람이 똑같은 시나리오를 어떻게 상상할지 생각해보자.[30] "보이는 것이라고는 파란 하늘과 하얀 모래의 색깔뿐이다." 이 연구에 참여한 환자들은 옆에서 거듭 유도해봐도 조리 있고 상세한 장면을 쉽사리 상상해내지 못했다.

프레더릭 바틀릿은 기억이 상상력을 동원한 재구축이라고 믿었을 뿐만 아니라, 상상력이 기억의 산물이라고 주장하기도 했다. 시대를 훨씬 앞서나갔던 1928년 논문에서 바틀릿은 기본적으로 현실 모니터링과는 반대되는 작업에 의해 창조적인 작품이 구축된다는 추측을 내놓았다.[31] 즉, 기억 조각들을 끄집어낸 뒤, 매기가 마돈나 이야기를 작화할 때나 셰레셉스키가 머릿속에서 산책할 때처럼 그 조각들을 모아 상상력으로 응집력 있는 결과물을 만들어낸다는 뜻이다. 바틀릿의 논문은 대부분 관찰 결과에 대한 설명과 추측으로 이루어졌으나, 기억이 창작의 영감에 원료 역할을 한다는 주장을 뒷받침하는 더 확실한 데이터가 존재한다.

fMRI 연구 결과와 기억상실증이 있는 사람들을 대상으로 한 연구를 보면, 우리가 열대의 해변에서 해먹에 누워 칵테일을 마

보이지 않는 힘

시는 장면 같은 것을 생생하게 상상할 때 이용하는 정신적 과정이 과거를 회상할 때 동원하는 과정과 비슷한 것 같다. 우리는 과거의 몇 가지 사건에서 (해마를 경유해) 상세한 정보를 끄집어낸 뒤, (DMN을 경유해) 도식에서 가져온 정보에 의존해서 모든 조각을 꿰맞춰 이야기를 만들어낸다.

미덥지 못한 뇌 때문에 우리가 왜곡되고 부정확한 기억을 생성한다는 뜻이 아니다. 신경과학자 대니얼 샥터와 도나 애디스의 연구는 오히려 해마와 DMN이 과거 경험에서 재료를 추출해 재조합해서 새로운 창작물을 만들 수 있게 해줌으로써 기억과 영감 사이의 교차로에서 기능하는 것 같다는 의견을 제시했다.[32] 예를 들어, fMRI 연구들은 창의적인 생각을 이끌어내기 위해 실험실에서 부여한 임무에서 실험 대상이 보인 성과를 해마 및 DMN의 활동과 연결시켰다.[33] 이 부위들의 기능에 이상이 생기면 임무 수행 성과에도 영향이 미치는 듯하다.[34] 창의적인 생각 테스트에서 높은 점수를 기록한 사람이 이른바 거짓 기억에도 더 취약한 것은 상상력과 기억 재구축에 대한 바틀릿의 주장과 맞아떨어진다.[35] 모두 재구축과 창작 사이의 떼려야 뗄 수 없는 관계를 보여주는 듯하다.

이런 연구 결과에서 나는 작곡가 겸 음악인으로서 창작에 대해 새로운 시각을 얻었다. 가끔 나는 창작 과정에서 수렁에 빠진 것 같은 기분이 든다. 새로운 아이디어가 반짝 하고 머리에 떠오를 때까지 기다리며 표류하는 느낌이다. 그러나 미술이든 음악이든 문학이든 새로운 작품이 허공에서 그냥 튀어나오는 것은 아니다. 과거의 다양한 경험에서 가져온 요소들을 통합하는 과정에서 생겨나는 것이다. 《훔쳐라, 아티스트처럼》의 저자 오스틴 클레온은 이렇게 말했다. "예술가가 가만히 앉아 '새로운' 것을 창조해야 한다는 생각은 사람을 마비시키는 망상이다. 우리가 창조할 수 있는 것은 자신의 영향, 자신의 기억을 자신의 상상력으로 걸러 만든 콜라주뿐이다."[36]

일화기억의 등뼈인 도식도 이야기의 원료가 된다.《천의 얼굴을 가진 영웅》에서 저자 조지프 캠벨은 보편적인 이야기의 궤도를 따라가는 이야기, 즉 평범한 사람(거의 모두 고아나 버림받은 사람이다)이 부름을 받아 친숙한 환경을 떠나서 낯선 세계를 돌아다니며 놀라운 일을 해내다가 궁극적으로 커다란 문제를 해결한다는 보편적인 이야기 흐름이 모든 문화에 있다고 설명했다. 〈스타워즈〉와 〈스파이더맨〉부터 〈라이온킹〉과 〈반지의 제왕〉에 이르기까지, 20세기 후반에 나온 거의 모든 블록버스터 영화가 이 청사진을 따라간다. 이 영화들은 친숙한 구조 위에 변형된 내용을 충분히 얹어놓았기 때문에, 관객은 예측이 가능하고 편안한 이야기 흐름 속에서 새로운 것을 경험하는 짜릿함을 느낄 수 있다.

상상력과 기억 사이의 연결 관계는 생성형 인공지능 분야에도 나타난다. 기업들이 점점 더 복잡한 프로그램을 개발해서 특정 장르의 방대한 사례로 훈련시킨 인공지능은 훈련 재료의 정수를 포착한 새로운 결과물을 생성할 수 있다. 내가 즐겨 드는 사례 중에 '무자비한 도플갱어'라는 프로젝트가 있다. AI가 생성한 데스메탈 음악을 쉬지 않고 라이브스트리밍하는 프로젝트인데, 스칸디나비아 출신 블랙메탈 밴드 100팀 중 누군가가 녹음했을 법한 노래를 만들어낼 수 있다. 또 다른 프로그램인 '안정적인 확산'은 사용자가 예를 들어 '바나나 조각을 먹는 원숭이' 같은 말을 입력하면, AI를 이용해서 새로운 시각예술 작품을 만들어낸다. 논란의 대상인 챗봇 챗GPT처럼 AI를 기반으로 한 다른 제품들도 사용자가 입력한 간단한 내용을 바탕으로 시나 단편소설 한 편을 만들어낼 수 있다. 때로 굉장한 작품이 나오기도 하지만, 그것이 반드시 놀라운 일은 아니다. AI 예술은 새로운 것을 생성하는 행위가 아니라, 이미 존재하는 인간의 예술에서 여러 요소를 뽑아내 (인간의 지시와 감독을 바탕으로) 재조합하는 행위다.

예술가, 저자, 음악가가 기계의 발전을 걱정해야 할까? 그렇지 않다. 군이 따지자면, AI 예술은 인간의 예술작품을 만들어내는 문화적 환경의 그림자에 불과하다. 2장에서 설명했듯이, 현대 생성형 AI의 기반인 신경망은 우리가 경험한 것의 전체적인 구조를 학습하는 데 최적화된 인간 뇌의 신피질 네트워크에서 영감을 얻어 만들어졌다. 따라서 예술적인 창작 과정을 전혀 이해하지 못하는 컴퓨터 프로그램이 기존 장르의 범위에 들어맞는 인간 예술의 정수를 포착해내는 것이 이상하지 않다.

특정 장르의 수많은 작품에서 공통 요소를 찾아내는 컴퓨터 프로그램과 달리,[37] 혁신적인 예술가는 자신에게 영향을 미치는 폭넓은 요소들을 이용한다. 다양한 배경의 사람들을 주위에 두고 다양한 장르, 시대, 문화권의 창의적인 작품들을 폭넓게 접하는 경우가 많다. 혁신적인 예술가는 전통적인 관점에서 (진부한 인간과 생성형 AI가) 독특하다고 규정했을 움직임과 아이디어 사이에서 연결점을 찾아낸다. 이처럼 다양한 영향이 장르를 막론하고 창의적인 천재의 작품에 반영되는 것을 우리는 볼 수 있다. 파블로 피카소는 큐비즘 작품들을 그리기 전 아프리카 전통 조각과 가면에서 깊은 영향을 받았다.[38] 생각이 형성되는 시기에 서양 그림과 영화를 공부한 일본 영화감독 구로사와 아키라는 영화에서 빛과 그림자를 이용해 표현주의 화가의 붓놀림을 연상시키는 장면을 만들어냈다.[39] 랩 그룹 우탱 클랜의 멤버들은 뉴욕 스태튼섬에서 자랐지만, 그들의 획기적인 음악과 가사에는 만화영화와 SF소설에서 중국 무술영화와 '이슬람국가Nation of Islam'(흑인 이슬람교도로 구성된 미국의 과격파 흑인 단체—옮긴이)의 철학에 이르기까지 그들에게 영향을 미친 온갖 문화적 요소들이 섞여 있다.[40] 우리는 다양한 사람과 아이디어에 스스로를 노

보이지 않는 힘

출시켜 새로운 관계들을 찾아내서 과거 경험을 재조합해, 각각의 조각을 단순히 결합했을 때를 훨씬 뛰어넘는 새로운 예술작품을 만들어낼 수 있다.

위대한 예술작품은 현실의 완벽한 기록이 아니라 창작자의 특이한 개성이 드러난 현실의 재해석을 보여주기 때문에 독특한 동시에 보편적이다. 기억에 대해서도 같은 말을 할 수 있다. 이유도 비슷하다. 기억에는 우리가 경험한 것과 실제로 있었던 일에 대한 우리의 해석이 모두 반영된다는 점 말이다.

기억 연구는 계속 새로이 펼쳐지고 있는 미개척지다. 과거를 기억하기 위해 진화한 신경망이 미래를 상상하게 해주는 신경망과 어떻게 교차하는지에 대한 우리의 지식은 지난 1세기 동안 점점 늘어났다. 그래서 이제는 기억과 상상이 만나는 바로 그 공간에서 우리가 현실을 해석하고 최고의 보물을 창조한다는 것을 알고 있다.

5장　느낌 그 이상

기억에 대한 느낌과 기억이 서로 다른 이유

나는 최고점과 최저점이 중요하다고 생각한다.
그 밖의 것은 모두 그저… 중간일 뿐이다. _ 짐 모리슨

우리는 과거의 고점과 저점을 유난히 잘 기억하는 경향이 있
다. 실제로 무슨 일이 있었는지만 기억하는 것도 아니다. 극단적
인 경험에 대한 기억에는 날것 그대로의 본능적인 감정이 동반
될 때가 많다. 때로는 이 감정이 압도적이기도 하다. 감정적으로
의미 있는 사건들을 떠올릴 때 부글부글 일어나는 신체적 감각
과 감정 때문에 그런 기억에는 지금 당장 급박하게 벌어지는 일
같은 느낌이 덧씌워진다. 그래서 자신의 기억과 거기에 동반되
는 감정이 떼려야 뗄 수 없게 연결되어 있다는 느낌이 든다. 과
거부터 계속 짊어지고 있는 감정으로 인해 현재가 힘든 사람들

을 위한 병원에서 일하기 전에는 나도 그런 줄만 알았다.

1998년에 나는 임상심리학 박사 과정의 일환으로 시카고 웨스트사이드 재향군인관리국 병원에서 1년 동안 심리학 인턴으로 근무했다. 연구와 수업으로 대부분의 시간을 보내는 학교생활과 달리, 임상심리학 인턴이 되면 1년차 레지던트와 마찬가지로 온종일 진짜 환자를 보는 환경으로 옮겨가야 한다. 일리노이주의 고급스러운 근교도시 에번스턴에서 임상훈련을 받은 뒤 일하러 온 재향군인 병원은 완전히 다른 세상 같았다. 덕분에 나는 감정이 기억에 미치는 강력한 영향에 눈을 뜨게 되었다.

내 환자들은 대부분 베트남전의 참상을 경험한 50대 중반의 남성 참전군인으로, 시카고에서 폭력조직과 무도한 경찰이 날뛰는 동네에 살고 있었다. 그들의 얼굴에는 고통과 상실이 새겨져 있었지만, 그들이 항상 그 트라우마의 원인을 분명하게 말할 수 있는 것은 아니었다. 제1차 걸프전에 참전했던 비교적 젊은 여성 L.C.의 경우가 특히 그랬다.

나는 재향군인관리국 데이병원에서 위기에 처한 참전군인들을 위한 집중적인 외래 프로그램의 환자 접수를 맡고 있을 때 L.C.를 처음 만났다. L.C.의 푸른 눈은 강철 같았고, 얼굴에는 세파에 시달린 흔적이 있었으며, 각진 턱에는 고집스럽고 독립적인 성격이 드러나 있었다. 그녀의 감정 상태를 파악하기 위해 몇 가지 질문을 했는데, 단답형 대답이 돌아오는 것을 보고 나는 그녀가 남에게 도움을 청하기는커녕 자신이 약하다는 사실을 스스로 조금이라도 인정하는 것에 불편감을 느낀다는 인상을 받았다. 그런 그녀가 병원에 와서 나와 이야기를 하고 있다는 사실은 그녀에게 더 이상 방법이 없다는 뜻이었다. L.C.는 항상 신경이 곤두서 있으며 잠도 거의 못 잔다고 말했다. 어쩌다 잠이 들어도 끔찍한 악몽 때문에 깨어난다고 했다. 줄곧 칼날 위에 서 있는 기분으로 살아온 그녀가 이제는 자살을 생각하며 괴로워하고 있었다. 그녀는 실제 전투를 본 적은 없다면서도, 전쟁터에서 겪은 일에 대해 별로 말하려 하지 않았다. 따라서 자신의 경험을 털어놓을 수 있을 만큼 나를 믿게 만드는 것이 과제였다.

끈기 있게 시간을 들인 덕분에 나는 마침내 L.C.의 신뢰를 얻었다. 결국 그녀는 이라크에 파병되었을 때 전사한 아군의 시신을 담당하는 부대에서 근무했다고 털어놓았다. 시신을 미국의 가족들에게 돌려보낼 수 있게 준비하는 것이 그녀의 임무였다. 나와 상담하면서 L.C.는 공기 중에 떠돌던 죽음의 냄새, 사제폭발물IED 때문에 산산조각으로 찢어진 시신을 다룰 때의 끔찍함을 생생히 묘사했다. 파병 기간이 끝나 집으로 돌아온 뒤에도 그녀는 항상 불안에 떨었으며 전사한 군인들의 시체가 자꾸 생각나서 괴로웠다. 그러나 실제 전투를 본 적은 한 번도 없기 때문에 그녀 자신도 재향군인관리국도 외상후스트레스장애PTSD의 가능성을 떠올리지 못했다. 전쟁터에서 겪은 일이 극심한 트라우마가 되었음이 분명한데도 말이다. L.C.가 파병 기간 중에 매일 감당해야 했던 엄청난 감정들이 생생한 기억을 만들어내 그녀를 끊임없이 괴롭히고 있었다.

L.C.의 사례가 독특하다고 말할 수 있으면 좋겠지만, 내가 재향군인 병원에서 만난 환자 대부분이 모종의 PTSD에 시달리고 있었다. 과거가 잘 기억나지 않아서 갑갑해하는 사람이 많지만, PTSD에 시달리는 사람들에게는 지나치게 생생한 기억이 부담이 된다. 그때로 돌아간 듯한 환각과 악몽을 통해 트라우마를 반복적으로 다시 경험하기 때문이다. 전투 경험자 외에 아동학대, 성폭력, 자동차 사고, 자연재해를 겪은 사람들에게도 PTSD가 흔히 나타난다. 9·11 때 테러 공격을 받은 세계무역센터 현장에 있었던 많은 뉴욕 소방관과 코로나 유행 때 전 세계 응급실에서 가장 먼저 환자를 접한 사람들도 PTSD를 경험했다.

환자들이 트라우마로 점점 쇠약해지는 과정에서 알코올중독과 약물남용, 실업, 노숙이 증가하기 때문에 PTSD는 개인과 사회에 모두 영향을 미친다. L.C.는 극단적인 사례지만, 고통스러운 기억을 짊어지고 살면서 지속적으로 그 기억의 영향을 받는 사람이 많다. 그런 기억이 우리의 감정, 생각, 행동에 영향을 미칠 수 있기 때문이다.

감정이 기억에 미치는 영향이 항상 부정적인 것만은 아니다. 감정적인 흥분도 다른 영향을 미친다. 평생의 사랑을 만나거나 갓 태어난 자식을 처음 만났을 때를 생각해보라. 그러면 강렬한 감정이 일어나 가장 기억에 남는 경험 속으로 스며들 것이다. 감정은 우리가 과거를 기억하는 방식에 어떻게 색을 입히는가? 그 이유는 무엇인가? 그리고 이보다 더 중요한 의문, 과거의 감정적 경험이 지금의 우리에게 어떻게 영향을 미치는가? 앞으로 보게 되겠지만, 실제 일어난 일을 기억하는 뇌의 메커니즘은 우리가 기억을 떠올릴 때 감정이 솟게 하는 메커니즘과 다르다. 이 차이가 과거를 바라보는 우리의 시각 및 미래에 내릴 결정과 관련해서 중요한 의미를 갖는다.

가장 강렬한 순간

감정적으로 가장 강렬했던 경험(화가 머리끝까지 났을 때, 두려움으로 몸이 굳었을 때, 무서운 광경을 목격하고 충격받았을 때)이 왜 기억에서 지워지지 않는 것처럼 보이는 걸까? 기억이 생존의 열쇠를 쥐고 있기 때문이다. 이 답은 진화 과정에서 우리에게 기억하는 능력이 생겨난 가장 근본적인 이유다.

이미 배웠듯이, 뇌는 항상 중요도를 판단해 우선순위를 매긴 다음, 중요하지 않은 것은 잊어도 되는 것으로 분류한다. 따라서 강렬한 감정과 관련된 사건은 기억에 남을 만하다. 하지만 이것

보이지 않는 힘

은 전체 그림의 일부일 뿐이다. 우리가 내적인 요소와 상황적인 요소의 수많은 조합을 바탕으로 경험하는 의식적인 기분인 감정은 인간의 경험에서 핵심적인 위치를 차지하지만,[1] 그 자체로서 우리 생존에 반드시 중요한 요소는 아니다. 약간의 죄책감이나 당혹감을 느낀다고 해서 먹을 것이나 잠잘 곳이 생기지는 않기 때문이다. 감정적인 경험이 기억에 미치는 가장 중요한 영향은 신경과학자 조지프 르두가 '생존회로'라고 명명한 것과 관련이 있다.

감정뿐만 아니라 감정의 영향을 받은 행동과 선택까지도 뇌속에서 우리를 부추겨 위협을 피하게 하고, 먹을 것을 찾아내게 하고, 번식하게 하는 기본적인 생존회로에 의해 형성된다.[2] 이 회로가 폭주하면 우리는 의기양양함, 욕망, 갑작스러운 공포, 불안감, 혐오감 같은 강렬한 감정을 경험하는 경향이 있다. 우리가 이런 경험을 가장 생생하게 기억하는 것은 당연한 일이다. 생존회로를 강력하게 활성화하는 사건은 보통 우리가 장차 안전한 환경에서 번성하고 생육하기 위해 사용할 수 있는 귀중한 정보를 제공하기 때문에 기억해둘 가치가 있다. 동굴에 살던 조상들이 검치호랑이와의 조우가 특별히 기억에 남는 사건임을 깨닫지 못했다면, 인류라는 종은 살아남지 못했을지도 모른다.

뇌의 생존회로가 예를 들어 육식동물과의 맞대면이나 자식을 처음 품에 안았을 때의 기쁨 같은 감정에 의해 가동되면,[3] 뇌에는 신경조절물질이 홍수처럼 생겨난다. 신경조절물질은 뉴런의 기능에 영향을 미치는 화학물질이지만, 단순히 뉴런의 활동을 증가시키거나 감소시키기만 하는 것은 아니다. 그보다는 훨씬 복잡한 영향을 미쳐서, 뉴런이 정보를 처리하는 방식을 근본적으로 바꿔버린다. 어떤 신경조절물질은 타코에 뿌린 핫소스 같다.[4] 맛을 바꾸고 매운 강도를 높여서 우리가 똑바로 앉아 주의를 기울이게 만들기 때문이다. 신경조절물질은 또한 가소성을 높인다. 우리가 새로운 것을 배울 때 활성화되는 세포연합 안에서 뉴런들 사이의 연결에 장기적이고 의미 있는 변화가 일어나게 만든다는 뜻이다.[5]

노르아드레날린(노르에피네프린이라고도 불린다)은 많은 연구의 대상이 된 신경조절물질로, 학습과 기억에 영향을 미친다. '투쟁-도주 반응'이라는 말을 십중팔구 들어봤을 것이다. 위협을 느끼면 부신이 아드레날린을 분비해 우리를 행동하게 만든다. 그래서 심박수, 혈압, 호흡수가 높아진다. 그다음에는 뇌 전체에 노르아드레날린이 퍼진다. 아드레날린과 노르아드레날린은 투쟁-도주 반응의 화학적인 공동 주역이다. 사람이 번지점프를 하러 가거나 무작정 내 차 앞으로 끼어든 자동차 운전자와 고함을 질러대며 싸우기 시작할 때 경험할 수 있는 흥분과 생생함에 이 두 물질이 영향을 미친다.

심리학자 마라 매더는 감정적인 흥분이 주의력을 서서히 높

보이지 않는 힘

여[6] 어떤 면에서 두드러지거나 중요한 것을 더 잘 인식하게 만든다는 점을 증명했다. 따라서 감정적인 흥분은 가장 강력한 후보에게 지원을 몰아주는 깔때기 역할을 하면서, 우리가 무엇을 인식할지 결정하는 '뉴런 선거'의 결과에 영향을 미친다.

우리가 주의를 기울일 대상이 감정적 흥분의 제약을 받기 때문에, 기억의 양보다는 기억의 대상이 흥분으로 인해 바뀔 것이라고 예상할 수 있다.[7] 예를 들어, 총을 든 강도를 만난 사람은 아마 강도가 신은 신발보다는 자신에게 겨눠진 총구에 주의를 빼앗길 것이다. 사진에서 콘트라스트를 높이면 어떤 정보는 강조되고 또 어떤 정보는 배경으로 밀려나듯이, 노르아드레날린도 기억의 콘트라스트를 높여 의미 있는 세부사항을 강조해주는 역할을 한다.

노르아드레날린의 영향은 감정적으로 강렬한 사건이 끝난 뒤에도 계속 이어진다.[8] 노르아드레날린은 사건이 일어나는 동안 활발히 활동했던 세포연합 속에서 몇 시간에 걸쳐 연쇄적인 사건을 일으켜, 해당 뉴런들 사이의 연결을 더욱 공고히 하는 단백질을 제조할 유전자를 활성화시킨다. 따라서 시간이 흘러도 그 기억이 강하게 남는다. 동네 식품점 앞에서 무시무시한 자동차 사고를 목격했을 때 노르아드레날린이 분비되면서 뉴런들 사이의 연결에 변화가 일어나기 때문에, 그날 식품점에 갔던 기억이 아무 사건 없었던 다른 날 식품점에 갔던 기억보다 더 오래 남을 가능성이 크다. 우리가 평범한 일은 쉽사리 잊어버리면서 트라우마가 된 기억을 좀처럼 지우지 못하는 핵심적인 이유가 이것이다. 뇌는 우리를 흥분시키는 사건을 계속 손에서 놓지 못하게 설계되어 있다. 표면적으로는 그런 사건을 기억하는 것이 생존과 관련해서 가치가 있기 때문이다.

편도체의 두려움과 혐오

감정적 흥분은 어떤 사건을 기억에 남는 일로 만드는 역할만 하는 것이 아니다. 트라우마가 된 경험을 회상할 때 우리는 단순히 그때 기억을 떠올리는 데서 그치지 않고 그때의 감각을 생생하게 다시 경험한다. 마치 기억이 머리뿐만 아니라 몸에도 저장되어 있는 것 같다. 전투나 성폭력을 겪은 사람들이 트라우마가 된 그 사건을 신체적으로 다시 겪다 보면 전체적으로 쇠약해지면서, 그 사건을 회상할 때마다 사실상 다시 트라우마를 겪는 상황이 된다.

이처럼 감정적인 사건을 다시 떠올려 경험할 때 중심이 되는 것은 뇌의 핵심적인 부위 중 하나인 편도체다. 아몬드 모양의 이 부위(그래서 라틴어로 '아몬드'를 뜻하는 amygdala가 이름이 되었다)는 측두엽 바로 안쪽, 해마 바로 앞에 있다. 위협에 반응하는 뇌 속

회로의 중심 부위기도 하다. 편도체는 투쟁-도주 반응을 일으키는 여러 신경조절 시스템뿐만 아니라 말초 분비선과도 밀접하게 연락을 주고받는다. 가슴 아픈 자동차 사고나 숲에서 집라인을 타던 짜릿한 경험처럼 생존회로가 발동했던 시기를 다시 떠올릴 때 편도체와 해마는 한 팀이 되어 움직인다.[9] 해마는 그 순간의 맥락을 포착한 기억을 형성하고, 편도체는 생생한 감각을 생성해내는 생존회로와 그 기억을 연결시킨다. 나중에 해마가 그 사건이 일어난 그때로 정신적인 시간여행을 할 수 있게 우리를 돕는 동안, 편도체는 가장 강렬한 순간으로 우리를 데려간다. 그래서 우리는 마치 그 일을 생생하게 다시 경험하는 듯한 느낌을 받게 된다.

해마와 편도체가 이렇게 작업을 분담한다는 사실은, 기억하는 대상과 그 기억을 떠올릴 때의 기분 사이에 중요한 차이가 있음을 암시한다. 예를 들어, 우르바흐-비테증후군이라는 희귀병으로 편도체가 손상된 사람들은 비록 과거 사건을 기억할 수 있지만, 편도체가 정상인 사람들과 달리 엄마와 아이가 자동차에 타고 있는 평범한 사진을 볼 때나 교통사고 환자를 수술하는 무서운 사진을 볼 때나 반응이 전혀 달라지지 않는 것 같다.[10] 반대로 해마가 손상된 사람들은 전기충격을 받은 일을 전혀 기억하지 못하면서도 누가 그 일을 일깨워주면 무의식적으로 위협 반응을 보인다.[11] 건강한 뇌에서는 해마와 편도체가 함께 움직이기 때문에 우리는 실제 일어난 일을 회상할 수 있을 뿐만 아니라 그 당시의 느낌을 다시 경험할 수도 있다.

편도체와 해마가 어떻게 작동하는지 알게 되면서, 우리는 감정적으로 고통스러운 사건에 대한 기억을 어떻게 이해하고 처리할 수 있는지 통찰력을 얻었다. 감정적인 경험을 떠올릴 때 경험하는 생생한 충격 때문에 우리는 때로 그것이 근본적으로 당시 사건에 관한 기억의 일부라고 생각하게 되지만, 사실은 그렇지 않다. L.C.를 비롯한 여러 환자의 사례에서 회복은 곧 과거를 망각하는 것이 아니었다. 그보다는 과거의 그 사건이 불러내는 강렬한 감정을 관리하는 것이 관건이었다.

데이병원 팀은 L.C.의 과거에 대해 알아내고, 과거의 트라우마가 현재의 그녀에게 어떻게 영향을 미치는지 파악하는 데 여러 주를 보냈다. L.C.처럼 극단적인 트라우마를 견뎌온 사람들은 현재 자신의 생각과 감정을 차단해버리는 경향이 있다. PTSD의 전형적인 특징 중 하나인 해리dissociation다.[12] 치료의 일환으로 L.C.는 현재에 발을 디디기 위해 노력했다. 그래야 과거의 기억으로 끌려들어갔을 때 안전한 현재로 다시 방향을 잡을 수 있기 때문이다. L.C.는 데이병원에서 퇴원한 뒤, 다시 집단상담을 받으러 왔다. 시간이 흐르면서 악몽의 빈도가 줄어들었고, L.C.는 트라우마의 근원이 된 기억을 뭔가가 건드리더라도 자신이 매번 끔찍했던 그때 그 장소로 되돌아가지는 않는다는 것을 알게 되었다. 그 결과 자신의 삶을 다시 손에 쥔 느낌이 점차 강해졌다. 내가 그 병원에서 인턴 생활을 마칠 무렵, L.C.는 어떻게 봐도 '치료'된 상태는 아니었지만 그래도 전쟁의 트라우마를 경험하기 전의 평안한 상태를 가끔 다시 느낄 수 있었다.

압박 속에서

노르아드레날린은 감정과 관계된 유일한 신경조절물질이 아니다. 중추신경계와 말초신경계에서 신경조절물질을 관장하는 뇌의 시스템은 전체적으로 대단히 상호의존적이기 때문에, 특정한 감정이나 경험이 뇌에서 단 하나의 화학물질에만 연계되어 있는 경우는 없다. 이것은 현대 생활에서 점점 더 흔해지고 있는 스트레스에 대한 뇌의 반응에 특히 잘 맞는 말이다.[13]

일상생활에서 불안감은 스트레스 반응을 일으키는 큰 요소다. 우리는 나쁜 일이 일어날지도 모른다는 생각이 들 때 불안감을 느끼지만,[14] 그 일이 정말 일어날지 미리 예측할 수도 통제할 수도 없다. 스트레스를 받을 때, 그러니까 예를 들어 근무 중인 회사에서 직원을 대거 해고할 때 또는 사랑하는 사람을 간호하고 있는데 병세가 더 악화될 가능성이 있을 때, 여러 호르몬이 분비되어 면역반응에서 포도당 신진대사와 신경가소성에 이르기까지 온갖 것에 영향을 미친다. 해마, 전전두엽피질, 편도체에는 스트레스 호르몬 수용체가 있는데,[15] 우리가 정보와 과거 경험을 회상할 때 이 부위들이 수행하는 역할을 감안하면 스트레스가 기억에 영향을 미치는 것이 놀랄 일이 아니다. 그러나 스트레스가 기억에 미치는 영향은 간단하지 않다.[16] 서로 영향을 주고받는 많은 요인의 복잡한 작용에 따라, 스트레스가 기억력을 증진시킬 때가 있는가 하면 아주 짓밟아버릴 때도 있다.

스트레스가 기억에 어떻게 영향을 미치는지 연구하기 위해, 과학자들은 사람들에게 얼음물이 들어 있는 병에 손을 넣으라고 하거나, 즉흥적으로 대중연설을 하게 될 거라고 말하거나, 스카이다이빙을 위해 비행기에서 뛰어내리기 직전인 사람에게 소름 끼치는 사진을 보여주는(내가 개인적으로 가장 좋아하는 방식이다) 등 엉뚱한 실험을 했다.[17] 이 모든 실험의 결과는 스트레스 호르몬의 대폭 증가였다. 이런 연구에서 가장 광범위한 연구 대상이 된 호르몬은 코르티솔인데, 스트레스 상황에서 코르티솔의 양이 치솟으면 그 상황 직전이나 직후의 일을 기억하는 능력이 향상될 수 있다. 노르아드레날린처럼 스트레스 호르몬은 스트레스 상황에 대한 기억이 담긴 세포연합 내의 뉴런 연결을 강화시키는 연쇄적인 변화를 일으켜 가소성을 증진하는 듯하다.[18]

스트레스 상황 직전에 벌어진 일에 대한 기억력을 강화하는 메커니즘이 인간의 뇌에 존재하는 것이 이상하게 보일지도 모른다.[19] 그러나 진화의 관점에서 보면 말이 되는 일이다. 야생동물에게 크게 얻어맞기 직전에 아슬아슬하게 도망친 사람이라면, 그 경험뿐만 아니라 그 일로 이어진 정황까지 기억하는 것이 중요하다. 같은 실수를 반복하지 않기 위해서 말이다.

많은 신경과학 연구가 쥐를 대상으로 강한 스트레스의 기억력 향상 효과에 초점을 맞춘다.[20] 그러나 현실 세계에서 스트레스가 인간에게 미치는 영향은 더 복잡하다. 사람마다 스트레스 반응이 크게 다른 원인은 불안증이나 우울증 병력부터 과거의 트라우마, 피임약 사용 여부에 이르기까지 다양하다. 심지어 불면증도 원인이 된다. 뇌에서 작용하는 거의 모든 화학물질이 그렇듯이, 양이 많다고 해서 항상 좋은 것은 아니다.[21] 각각의 상황마다 가장 적합한 수준이 있다. 게다가 신경조절물질이 스트레스 상황에 대한 기억력을 향상시켜 줄 수 있다 해도, 그것이 반드시 정확한 기억을 의미하지는 않는다. 스트레스는 뇌 속 화학 균형을 건드려,[22] 전전두엽피질이 중재하는 실행 기능을 하향 조정하고 편도체의 민감성을 높인다. 이 모든 것이 의미하는 바는, 스트레스 상황에서 실행 기능이 필요해지면 형편없는 결과를 내게 된다는 것이다. 의도를 갖고 학습하기보다는 무엇이든 현저히 눈에 띄는 것에 주의력을(나아가서 기억력을) 빼앗길 가능성이 더 높아진다는 뜻이다. 따라서 스트레스 상황을 기억할 때 스트레스의 원인이 된 요인들과 자신의 감정이 기억 속에서 더 강조될 가능성이 높으므로, 그 사건의 다른 측면들에 대한 기억은 안개처럼 흐릿해질 수 있다. 또한 스트레스 상황에서는 필요한 정보를 찾아내기가 더 힘들어진다. 따라서 인터넷뱅킹 암호를 생각해내려 하거나 휴대폰이 어디 있는지 찾으려 할 때 일단 심호흡을 하는 등 잠시 자신만의 방법을 동원해서 마음을 가라앉히면 도움이 될 것이다.

전투에 나서는 군인, 가정에서 학대당하는 어린이, 자신이 어찌할 수도 예측할 수도 없는 환경이나 위협적인 상황에서 장시간 머물러야 하는 사람은 만성적인 스트레스의 신경독성에 특히 취약해서 해마의 크기가 작아지는 경우가 흔하다.[23] PTSD와 우울증에 시달리는 사람들이 전형적이다. 만성적인 스트레스가 해마에 미치는 영향 때문에 기억력에 변화가 생길 뿐만 아니라 심지어 PTSD 증상도 달라질 수 있다.[24] 건강한 뇌에서 해마가 맡은 역할을 잘 수행한다면, 이론적으로는 트라우마의 근원이 된 사건이 특정한 맥락과 연결된다. 그러나 실험을 위해 스트레스를 준 실험실 동물이든 PTSD가 있는 사람이든, 만성적인 스트레스가 해마에 영향을 미치면 트라우마와 관련된 기억이 지나치게 일반화되는 듯하다. 그 결과 트라우마 사건과의 관련성이 살짝 스치는 정도에 불과한 상황이나 감정조차 트라우마의 기억을 홍수처럼 불러낼 수 있다. 내가 재향군인 병원에서 상담했던 전투병 출신 참전군인들은 자동차 내연기관의 역화backfire

보이지 않는 힘

나 불꽃놀이처럼 무해한 소리가 강렬한 과거 환각을 촉발한다고 말했다. 이 군인들이 트라우마를 얻은 베트남전쟁으로부터 이미 수십 년이 흐른 뒤 수천 킬로미터나 떨어진 곳에서 들은 소리인데도 말이다.

극단적인 스트레스는 PTSD 외에 '해리성둔주dissociative fugue'라는 희귀한 장애를 일으킬 수 있다.[25] 이 장애는 할리우드 영화에서 흔히 '기억상실증'으로 묘사되지만, 둔주는 H.M. 같은 환자에게 나타나는 기억상실증과는 상당히 다르고 극단적으로 희귀한 상태다. 기억상실증을 앓거나 치매 초기인 경우 깜박깜박 기억을 잃어버리기는 해도, 보통은 자신의 이름과 과거를 알고 있으며 친구와 가족의 얼굴을 알아볼 수 있다. 반면 둔주 상태의 사람(예를 들어《본 아이덴티티》소설과 영화 시리즈의 등장인물 제이슨 본)은 문득 정신을 차리고 보면 자신이 누구인지 전혀 모르는 채 낯선 장소에 있는 혼란스러운 경험을 한다. 영화에서 묘사하는 것과 달리, 해리성둔주에서는 기억이 결코 완전히 회복되지 않는 경우도 있다.

유명한 추리소설가 애거사 크리스티가 11일 동안 사라졌던 사건 또한 둔주로 설명할 수 있을 듯하다.[26] 1926년 크리스티는 자고 있는 딸에게 입을 맞추고 자신의 차에 올라타 밤의 어둠 속으로 사라졌다고 한다. 나중에 자동차가 버려진 채로 발견되면서 충돌사고의 가능성이 제기됐다. 크리스티의 실종을 두고 언론에서는 최신 작품을 홍보하려는 작전이거나 아니면 그녀의 남편이 유력한 살인 용의자 같다는 추측을 내놓았다. 그러나 크리스티는 북쪽으로 320킬로미터나 떨어진 요크셔의 한 호텔에서 발견되었다. 그녀의 소설에 써도 될 것 같은 반전이었다. 그 호텔에서 크리스티는 남편의 비서 이름을 대고 그녀 행세를 하고 있었는데 자신이 누구인지 전혀 기억하지 못했다.

둔주는 흔히 '심인성 기억상실증'으로 묘사된다. 마치 뇌 기능과는 상관없는 증상이라고 암시하는 듯하지만, 스트레스가 뇌에 미치는 영향이 이 증상에 의미심장한 역할을 할 가능성이 크다. 이 장애를 다룬 소수의 과학적 연구에서, 대다수의 환자는 의미심장한 스트레스 요인, 건강 문제, 신경학적 사건을 경험한 뒤 둔주 증상을 일으킨 것으로 보인다.[27] 크리스티 실종 사건의 경우, 몇 달 전 어머니를 잃고 상실감에 정신을 차리지 못하던 와중에 남편이 비서와 바람을 피워 자신과 헤어질 작정임을 알게 된 것, 그리고 그녀가 차를 버리기 직전 어쩌면 뇌진탕을 겪었을지도 모른다는 가능성이 해리성둔주를 잠재적인 원인으로 지목하는 강력한 단서가 된다.

다행히 대부분의 사람들은 PTSD나 둔주를 일으킬 만한 극단적인 경험을 하지 않는다. 그래도 일상생활에서 스트레스가 초래하는 결과는 우리 눈으로도 볼 수 있다. 집에서 부부싸움을 하고 나온 뒤 일에 잘 집중하지 못하는 것이 한 예다. 따라서 만성적인 스트레스의 영향을 회피하고 관리하는 것이 중요하다고 할 수 있다.

사회적 동물인 우리는 타인과의 상호작용에서 받은 자극 때문에 신체적인 스트레스 반응을 쉽게 일으킬 수 있다. 사람에게 (윤리적으로) 심한 스트레스를 주는 가장 확실한 방법은 타인이 그를 평가하게 될 거라고 말하는 것이다.[28] 예측과 통제가 몹시 어려운 상황에서 사회적 위치가 불안정할 때에도 비슷하게 스트레스 반응이 급격히 증가할 수 있다.[29] 이런 환경에서 긴 시간을 보내면 간접적으로나(심혈관계와 신진대사에 미치는 영향을 통해서) 직접적으로(장기적인 스트레스 호르몬 노출을 통해서) 뇌 건강에 심각한 결과가 초래될 수 있다.[30] 감정적인 학대가 자행되는 연인관계나 해로운 직장 환경처럼, 예측할 수 없고 대인관계 스트레스가 많은 상황에 붙들려 있는 것이 건강과 기억력에 해로울 수 있다는 뜻이다.

섹스, 마약, 도파민

신경조절물질은 나쁠 때뿐만 아니라 좋을 때를 기억하는 데에도 도움이 된다. 버클리 캘리포니아대학교 2학년 때 한 친구가 기숙사에서 열리는 생일파티에 나를 초대했다. 내가 그의 방에 가서 침대에 앉아 있는데, 강렬한 푸른 눈의 아름다운 여자가 들어와 내 옆에 앉았다. 우리는 곧 대화에 열중하게 되었다. 그녀의 이름은 니콜이었다. 25년이 넘는 세월이 흐른 지금도 나는 미래에 아내가 된 그녀를 처음 만났을 때의 내 감정을 생생히 기억한다.

아마도 그날 밤 내 뇌 속에서 양이 훌쩍 치솟았을 신경조절물질 도파민은 만족감을 주는 경험을 오랫동안 기억하는 데 핵심적인 역할을 한다. 오븐에서 방금 꺼낸 초콜릿칩 쿠키, 친척의 결혼식에 참석해서 마신 맥주 한 모금, 대학 기숙사 방에서 예쁜 여학생과 키스한 일 등 강렬한 만족감을 주는 경험을 할 때마다, 특히 그런 일을 처음 경험할 때에는 도파민 뉴런이 폭발적으로 활성화된다. 그 결과 과학계에서는 보상에서 얻는 즐거움에 도파민이 관여한다고 오랫동안 생각해왔다. 대중매체에서도 도파민을 '기쁨의 화학물질'이라고 자주 언급했다. 그러나 데이터는 다른 이야기를 들려준다.

도파민의 기능은 보상을 추구하겠다는 의욕을 불어넣는 것이다.[31] 미시간대학에서 심리학과 신경과학을 가르치는 켄트 베리지는 도파민에 간섭하면 보상을 얻으려고 노력하는 능력이 줄어들지만 보상을 받았을 때 기쁨을 얻는 능력에는 아무런 영향도 미치지 않는다는 것을 보여주는 실험을 오랫동안 헤아릴 수 없이 많이 실시했다. 그러나 한 연구에서 베리지는 기존의 실험을 조금 바꿔, 우리에 갇힌 쥐가 금속 막대기를 건드리면 가벼운 전기충격을 받게 만들었다. 쥐에게 정신적으로나 신체적으로 심한 상처를 입힐 정도는 아니었지만, 투쟁-도주 반응을 일으킬 정도는 되었다. 이어 베리지는 뇌에서 도파민 회로를 활성화하는 편도체의 어느 부위를 레이저로 자극했다. 정상적인 상황이라면, 쥐는 금속 막대기를 한두 번 건드려본 뒤 전기충격을 주는 그 막대기를 피해야 한다는 것을 학습할 것이다. 그러나 도파민 회로가 활성화된 쥐는 계속 전기충격을 경험하면서도 오히려 그 막대기에 다가가 반복적으로 건드렸다. 뇌의 입장에서 봤을 때 뭔가를 '원하는' 것과 그것을 '좋아하는' 것은 같은 일이 아님을 증명한 실험이었다.[32]

다른 신경조절물질과 마찬가지로 도파민은 신경가소성을 증진하며, 보상을 얻는 법을 배우는 데 중요한 뇌의 여러 부위에 집중 분비되는 경향이 있다. 편도체(두려움을 통한 학습을 조정하는 바로 그곳)에서 도파민은 보상이 곧 있을 것이라는 신호에 대한 학습을 돕고,[33] 해마에서는 보상을 받을 가능성이 높은 맥락에 대한 학습을 돕는다. 그리고 마지막으로 측좌핵(한때 뇌의 '쾌락중추'로 여겨지던 곳)이라고 불리는 부위에서는 보상을 얻기 위해 우리가 해야 할 일에 대한 학습을 돕는다.[34] 도파민은 보상으로 이어지는 신호, 맥락, 행동과 관련된 기억을 형성할 수 있게 해주기 때문에,[35] 거기서 생긴 기대치가 보상을 얻었을 때의 경험에 영향을 미친다.

우리가 큰 보상을 얻을 때마다 뇌가 많은 것을 배울 것 같겠지만, 사실 우리 뇌의 회로는 기대치와 일치하지 않는 결과가 나왔을 때만 학습하도록 연결되어 있다.[36] 도파민 활동은 우리가 보상을 기대할 때 증가하며, 그 기대치가 보상에 대한 뇌의 반응을 결정한다. 정해진 액수의 임금을 받을 때처럼 기대한 것과 정확히 일치하는 보상을 얻는다면 도파민 수치에는 아마 변화가 없을 것이다. 모종의 이유로 임금을 삭감당했을 때처럼, 보상을 받기는 했으나 기대치에 미치지 못하는 경우에는 아마 도파민 수치가 떨어질 것이다. 깜짝 보너스처럼 기대한 것 이상의 보상을 받는다면 아마 도파민 수치가 증가할 것이다.

쥐를 대상으로 한 베리지의 실험처럼 동물 대상 연구에서는, 도파민 활동의 갑작스러운 감소가 의욕을 떨어뜨리는 반면 도파민 활동의 증가는 활력을 불어넣을 수 있는 것처럼 보인다(하지만 항상 즐거운 것은 아니다). 과거의 경험을 바탕으로 한 기대치에 따라 커피 한 잔이나 오븐에서 갓 구운 쿠키를 먹고 기분이 들뜰지, 아무 느낌도 없을지, 심하게 실망할지가 결정될 수 있다는 뜻이다. 도파민의 이런 기능 때문에 때로 우리는 오로지 상실감에서 벗어나기 위해 아무런 즐거움 없이 일만 열심히 하는 쾌락의 트레드밀에서 벗어나지 못하는 신세가 되기도 한다.

　　　　　　　　　　　　　　　　　　　보이지 않는 힘

충동을 행동으로

생존회로가 기억에 미치는 영향을 살펴본 연구에서 얻을 수 있는 핵심적인 교훈 중 하나는, 이 회로들이 과거를 바라보는 우리의 시각을 설명해줄 뿐만 아니라 미래를 위한 결정에도 전혀 예상치 못한 순간에 영향을 미칠 수 있다는 것이다. 우리는 자신이 무엇을 하고 싶은지에 대한 지식을 바탕으로 그 순간 자신의 의지를 발휘해 결정을 내린다고 생각하기 쉽다. 그러나 사실 우리가 내리는 결정에는 과거의 경험을 바탕으로 생존회로가 우리에게 시키고자 하는 일이 적어도 부분적으로나마 영향을 미친다. 예를 들어, 도파민과 보상-학습에 대한 연구는 우리가 반드시 즐겁지만은 않은 일이라는 것을 잘 알면서도 보상을 추구하려는 강한 의욕을 느낄 때가 많은 이유를 어느 정도 설명해준다. 다이어트를 하다가 몰래 음식을 먹거나, 금연을 하겠다는 새해 결심에도 불구하고 흡연 욕구에 굴복하는 것은 모두 도파민의 작용이다. 사람은 누구나 충동적이거나 위험한 결정을 내릴 때가 있지만, 그런 결정에 유난히 취약한 사람들이 있다. 여러 이례적인 정황 덕분에 나는 우리가 위험한 결정을 내렸을 때 어떤 일이 벌어지는지, 그리고 그런 결정을 내릴 가능성이 유난히 높은 사람들이 있는 이유는 무엇인지 연구하게 되었다.

2000년 가을 데이비스 캘리포니아대학 교수진에 합류했을 때, 나는 실험실 운영비를 마련하기 위해 어떻게든 연구비를 타내야 했다. 미국의 거의 모든 생의학 연구가 국립보건원NIH으로부터 자금 지원을 받아 이루어지는데, 이 연구비를 타기 위한 경쟁이 치열하다. 어느 해든 지원자 열 명 중 실제로 연구비를 타는 사람은 아마 한 명쯤 될 것이다. 따라서 NIH 연구비를 타려는 내 첫 시도가 실패한 것은 놀랄 일이 아니었다. 다급한 마음에 나는 연구비를 확보할 수 있는 다른 방법을 찾으려고 인터넷을 뒤진 결과 '병리적인 도박과 관련 장애에 관한 연구소'라는 비영리단체에서 모호하지만 상당한 돈이 되는 기회를 발견했다.

뜻밖의 기회였다. 나의 첫 대학원 제자 마이크 코언이 보상을 통한 학습에 관심을 갖고 있었다. 우리는 보상을 통한 학습을 이해하는 데 도박이 훌륭한 모델임을 깨달았다. 승률이 불리할 때에도 도박에서 얻는 짜릿함 때문에 그런 위험을 감수할 가치가 있다고 생각하는 사람이 많기 때문이다. 어떤 사람들은 두어 번 승리를 맛본 뒤 도박을 계속 하고 싶다는 생각을 이기지 못하고 결국 거액을 잃는다. 우리는 사람들이 간단한 도박성 임무를 수행하는 동안 뇌 활동을 살펴본 결과, 뇌의 보상-학습 회로가 미래를 위한 결정에 어떻게 영향을 미치는지 이해하는 데 이 방법이 좋다는 것을 깨달았다. 그래서 이것을 GAMBLOR이라는 암호명을 붙인 제안서로 작성해서 단번에 연구비를 확보하는 데 성공했다. GAMBLOR은 2년 동안 처음 제안했던 도박 관련 연구뿐만 아니라 일화기억에 관한 연구까지 포함해서 내 모든 연구의 자금원이 되어주었다.

실험실의 쥐가 얻는 전형적인 보상은 음식이나 물이지만, 사람은 생존 관련 가치가 별로 없는 추상적인 사건에서도 보상을 느낄 수 있다. 만약 사람들이 지극히 간단한 결정(왼쪽 버튼을 누를까, 오른쪽 버튼을 누를까)을 내린 뒤 최소한의 긍정적인 반응(정답, 승리하셨습니다!)을 얻을 때까지 계속 뇌 활동을 기록한다면, 측좌핵과 편도체를 포함해서 도파민이 분비되는 여러 부위의 활동이 증가하는 것을 볼 수 있을 것이다. 우리는 도박을 이용한 연구에서, 신경반응이 보상 그 자체와 관련된 것이 아니라 그 보상을 바탕으로 미래의 결정에 지침이 될 학습이 이루어진다는 신호임을 알게 되었다.[37]

과거 쥐와 원숭이를 대상으로 한 연구를 바탕으로 미리 예측했듯이, 보상-학습 회로의 반응이 반드시 보상 피드백에만 맞춰서 증가하는 것은 아니었다. 그보다는 보상이 기대치에서 얼마나 벗어났는지에 대한 반응일 때가 많았다. 사람들이 뜻하지 않게 내기에서 이기면 신경반응이 크게 나타났지만, 미리 예상했던 승리를 거뒀을 때는 소소한 신경반응이 나타날 뿐이었다. 내기 결과를 보고 큰 신경반응을 나타낸 사람은 다음 내기에서도 같은 것에 돈을 걸 가능성이 더 높아졌다.[38]

우리 연구에서 나타난 뜻밖의 결과 중 하나는 보상에 대한 사람들의 반응이 엄청나게 다양하다는 점이었다.[39] 우리 연구뿐만 아니라 다른 연구에서도 같은 결과가 계속 나왔다. 예를 들어, 사람들이 한 시간 동안 MRI 스캔을 받으면서 위험한 내기와 안전한 내기 중 하나를 반복적으로 선택하는 실험이 있었다. 안전한 쪽을 택한 사람은 작은 보상을 받을 가능성이 높은(1.25달러를 딸 확률 80퍼센트) 반면, 위험이 높은 결정을 내린 사람은 큰 보상을 받을 가능성이 낮았다(2.50달러를 딸 확률 40퍼센트). 지속적으로 위험한 결정을 내리는 사람이 있는가 하면, 안전한 플레이 경향을 보이는 사람도 있었다. 위험한 쪽을 선호하는 사람은 승리했을 때 그렇지 않은 사람에 비해 보상-학습 회로가 더 활성화되었다. 또한 위험을 싫어하는 사람과 달리, 이들은 위험한 결정을 내렸다가 실패했을 때에도 보상 회로의 활동이 불쑥 치솟았다. 그리고 다음 내기에서도 계속 위험한 결정을 내릴 가능성이 더 높았다. 마이크의 이런 연구 결과는 적어도 일부 사람들의 보상-학습 회로가 나쁜 결과를 얻은 뒤에도 계속 위험한 결정을 고집하게 유도한다는 것을 암시했다.

우리는 이 도박 연구로 받은 연구비를 다 소진했고, 마이크는 졸업했다. 그리고 나는 일화기억을 연구할 자금을 NIH에서 지원받았다. 나는 그로부터 오랜 세월이 흐른 뒤에야 보상과 학습이라는 주제에 다시 손을 댔지만, 그래도 그때 그 연구는 우리가 일상생활에서 내리는 결정을 바라보는 내 시각을 바꿔놓았

보이지 않는 힘

다. 도파민은 보상을 추구하는 쪽으로 활기를 불어넣지만, 동시에 무모한 결정을 내리게 만들 수도 있다. 보상을 추구하는 짜릿함을 맛볼 수 있는 상황에 있다는 것만으로도 사람들은 때로 충동을 행동으로 옮긴다. 그래서 다이어트를 하다 몰래 음식을 먹기도 하고, 대학 시절 룸메이트와 재회한 뒤 코가 비뚤어지게 술을 마시기도 하고, 열정에 휩쓸려 피임 도구 없이 성관계를 맺기도 하고, 교통체증으로 인한 짜증을 견디지 못해 무모한 운전을 하기도 한다. 그러다 나중에 냉정을 되찾았을 때, 언제 생존회로가 나서서 작동하기 시작했는지 그 맥락을 기억하기 어려운 경우가 있다. 이렇게 강렬한 욕망, 두려움, 분노에 압도당했을 때의 기분을 잘 기억하지 못해서 같은 실수를 계속 반복하게 되기도 한다. 그러나 나쁜 결정을 내리게 만든 그 기분을 의식적으로 기억할 수 있다면,[40] 그 기분을 이끌어낼 만한 상황에 다시 처하는 것을 피할 수 있을 것이다.

중독적인 행동에 취약한 사람들에게 이 충고가 특히 중요하다. 앞에서 지적했듯이, 그런 행동이 가져다주는 보상을 바탕으로 '학습'하는 성향이 강해서 나쁜 결과를 얻은 뒤에도 계속 고집스럽게 그런 행동을 추구하는 사람들이 있다. 뇌에서 위협을 담당하는 생존회로를 장악하는 PTSD 같은 불안장애의 위험이 유난히 큰 사람이 있는 것처럼, 보상에 관한 학습을 담당하는 생존회로를 탈취하는 약물의 효과에 취약한 사람도 있다.[41] 코카인, 메스암페타민, 헤로인, 마약성 진통제, 알코올은 모두 도파민 시스템을 활성화시키며, 때로 뇌의 보상-학습 회로를 자연스러운 경험으로 가능한 수준보다 훨씬 더 강렬하게 몰고 간다. 이런 효과가 일회성에 그치는 사람도 있지만,[42] 약물의 영향하에서 발생한 학습이 강력한 중독으로 이어지는 사람도 있다.

임상에서 일하면서 나는 약물 관련 장애를 지닌 사람들이 상당히 오랜 기간 약을 하지 않고 깨끗하게 지낼 수 있지만 환경요인이 회복을 방해할 때가 많다는 것을 알게 되었다. 내 환자 중 카리스마가 강하고 입담이 좋은 리치는 베트남에 두 번 파병되었는데, 알코올과 크랙 코카인(흡연 형태의 강력한 코카인―옮긴이) 중독으로 고생하고 있었다. 우리는 서로 다른 환경에서 자랐고 나이가 스무 살이나 차이 나는데도 1960년대와 1970년대의 솔 뮤직과 펑크뮤직을 좋아한다는 공통점 덕분에 만나자마자 유대감을 느꼈다. L.C.와 마찬가지로 리치는 전쟁터의 기억으로 괴로워하고 있었으나, 나는 그와 이야기를 나누면 나눌수록 그의 맑은 정신을 진짜로 위협하는 것은 과거의 기억이 아니라 뇌의 보상 시스템이 현재의 신호들로 인해 자극받는다는 점이라는 것을 더욱 분명히 알게 되었다. 즉, 그의 친구들이 모두 계속 마약을 하고, 집에서 함께 살고 있는 형제가 마약상이라는 점이 문제였다. 리치는 약 9개월 동안 술과 약을 끊는 데 성공했으나, 환경을 바꿀 수는 없었다. 마약을 할 때 만나던 친구를 계속 만나고 그때 살던 동네에서 계속 살다 보니 결국 마약에 대한 강렬한 욕구가 생겨나 그는 무릎을 꿇었다. 중독에서 회복 중인 사람들이 치료를 끝낸 뒤에도 오랫동안 맑은 정신을 유지하는 경우가 많기는 하지만, 리치처럼 중독의 사이클을 끊고 탈출하기가 어려운 사람들에게는 그것이 단순히 의지력의 문제가 아니라 환경이 자극하는 기억의 문제다.[43] 이처럼 잘못된 환경에 있으면 중독의 재발이라는 악순환 속으로 빨려들어갈 수 있다.

기억의 영향 관리하기

지상의 거의 모든 생물, 심지어 단세포생물조차 위협을 피하고 보상을 얻는 법을 배울 수 있다.[44] 그러나 모든 생물이 일화기억을 갖고 있는 것은 아니다. 인간은 두 기능을 모두 갖고 있기 때문에, 그 둘의 조합이 복잡한 세상을 헤쳐나가며 살아남는 데 도움이 된다. 과거를 되돌아볼 수 있는 능력에 보상과 위협을 학습할 수 있는 뇌의 메커니즘이 합쳐져, 생존에 가장 중요한 정보를 반드시 보존할 수 있게 해준다.

일화기억과 생존회로가 우리에게 별도로 존재하고 이 둘이 상호작용한다는 사실을 발견하면서 우리는 과거를 기억할 수 있는 경위와 과거를 이용해 현재 결정을 내리는 방식에 대해 많은 것을 알게 되었다. 기억의 생물인 우리는 과거의 고점과 저점에 끌린다. 과거의 트라우마를 떠올릴 때 동반되는 신체적 영향은 현재에 광범위한 충격을 줘서 공포, 수치심, 분노 등이 우리를 압도할 수 있다. 그리고 이런 감정은 때로 나중에 후회할 만한 성급한 결정으로 이어진다. 생존 시스템에 압도당했을 때에는 마치 지금 당장 그 일을 경험하는 듯한 느낌이 들기 때문에, 기억의 정서적 충격이 이성이나 논리에 끄떡하지 않는 것처럼 보일 수 있다. 이런 시스템이 야기하는 반응을 관리하는 법을 학습할 수 있다는 점이 다행스럽다.

L.C. 같은 사람들과 임상을 경험할 때 나의 지침이 된 것은 인지행동치료CBT의 원칙이었다. CBT의 첫 번째 구성요소는 감정적인 경험을 회상할 때 부정적인 방향으로 생각이 소용돌이치게 만드는 해석에 도전하는 것이다. 나중에 설명하겠지만, 기억이 본질적으로 갖고 있는 적응력이 과거의 틀을 새로 짜는 데 도움이 된다. 따라서 과거 일에 대한 감각을 그대로 보존하면서 감정적인 기억에 대한 반응을 점차 바꿔나갈 수 있다. CBT의 두 번째 구성요소도 첫 번째 요소만큼 중요한데, 생존회로가 일으키는 생리적 반응에 환자를 일부러 노출시키는 것이다. 그러면 그 반응이 점차 줄어들 수 있다. CBT가 효과를 내는 것은 기억에 대한 과학적인 연구가 CBT의 기본적인 원칙을 뒷받침하고 있기 때문이다.

누구든 이런 원칙에 의지해 기억의 영향을 관리할 수 있다. 과거의 포로로 살아갈 필요는 없다. 첫 단계는 인식이다. 상황을 인식하고 나면, 가장 강렬한 기억에 동반되는 감정과 해석에 손을 쓸 수 있다. 과거의 트라우마가 현재의 우리를 규정하게 두면 안 된다.

6장

주위엔 온통 친숙한 얼굴들

기억하지 못하는데도 학습하는 이유

지금 나는 기억상실증과 기시감을 동시에 겪고 있다.
전에는 이것을 잊어버렸던 것 같다. _ 스티븐 라이트

과거를 회상하는 것이 정신적인 시간여행이라는 엔델 툴빙의 제안은 인간의 기억에 관한 연구에서 나온 매우 의미심장하고 논란의 여지가 있는 주장 중 하나다. 이 주장에 대한 논란은 여전하지만, 우리가 일화기억 덕분에 과거 일을 다시 생생히 경험할 수 있다는 주장은 이제 많은 지지를 받고 있다. 그러나 과거는 다른 방식으로도 우리에게 영향을 미친다. 우리가 맡은 일을 하며 세상을 살아갈 때 보통 막후에서 작용하는 힘이 여기에 관여한다. 이 힘은 때로 친숙함으로 나타나 기억을 떠올릴 수 없을 때도 기억의 존재를 감지할 수 있게 해준다. 의식의 수면 아

보이지 않는 힘

래 숨어서 현재 우리가 하는 행동에 조용히 영향을 미치고 미래에 우리가 할 행동의 형태를 잡을 때도 있다. 앞으로 보게 되겠지만, 이 힘은 인간의 의식과 자유의지에 관한 심오하고 철학적인 의문을 우리에게 들이민다.

몇 년 전, 그러니까 토요일 오후에 DVD 대여점에서 진열대 사이를 구불구불 돌아다니던 경험이 스트리밍 플랫폼의 등장으로 과거지사가 되어버리기 전에, 나는 동네 비디오가게에서 코미디 영화 진열대를 훑어보고 있었다. 그러다 카운터에 앉아 있는 청년의 얼굴이 낯익다는 생각이 들었다. 내 직장과 집이 있는 캘리포니아주 데이비스는 작은 대학도시라서 내가 전에 그 청년을 본 적이 있을 법도 했다. 하지만 언제 어디서 봤는지 전혀 생각나지 않았다. 청년도 나와 같은 느낌을 받았는지, 내가 DVD 진열대를 훑어보는 동안 나와 몇 번이나 어색한 시선을 주고받았다. 그러다 갑자기 그의 표정이 바뀌었다. 번뜩 생각이 떠오른 것 같았다. 그가 말했다. "내가 들은 인간 기억력 강의 교수님이시네요!" 그제야 나도 번뜩 기억이 떠올라서, 강의실에서 몇 번이나 그를 보았음을 깨달았다. 그런데도 그 순간까지 나는 그에 대해 아무 기억도 떠올리지 못했다.

누군가의 얼굴을 보고 너무 낯익다 싶어서 관련된 기억을 허겁지겁 뒤져본 경험을 우리 대부분이 갖고 있다. 왜 이런 일이 일어날까? 그 사람에 대해 아무것도 기억하지 못하면서 어떻게 그 사람을 만난 적이 있다는 강렬한 느낌을 받을 수 있나? 이런 경험을 촉발하는 것은 단순히 얼굴만이 아니다. 분명히 처음 간 곳인데 전에 온 적이 있는 것 같은 느낌이 드는 경우도 많다. 심지어 지금 벌어지는 일을 전에 겪은 적이 있는 것 같은 느낌을 받을 때도 있다.

이런 어스름한 기억은 신피질의 신경가소성, 즉 뉴런이 새로운 것에 반응해 스스로 새로운 회로를 형성하는 능력에서 자연스레 생겨난다. 적은 노력으로 신속하게 무엇을 보거나 할 수 있게 해주는 메커니즘 덕분인데, 이런 경우 친숙함은 좋은 쪽으로든 나쁜 쪽으로든 행동에 영향을 미치는 강력한 힘의 표면에 불과하다.

또 기시감

프랑스의 어느 철학자가 19세기 말에 만들어낸 용어인 데자뷔déjà vu('기시감'을 뜻하는 프랑스어—옮긴이)는 '이미 본 것'이라는 뜻이다.[1] 그러나 일반적으로는 새로운 경험을 할 때 무작위적으로 발생하는 독특한 친숙함을 묘사하는 말로 쓰인다. 생전 처음 온 장소에서 전에도 지금과 똑같은 느낌이나 생각, 똑같은 일을 분명히 경험한 것 같은 감각을 느끼는 것을 말한다. 기시감은 이렇게 과거에 있었던 일인 것 같은 느낌으로 흔히 나타나는데, 때로는 앞으로 일어날 일에 대해 육감이 경고할 때처럼 예감의 형태로 인식되기도 한다.

기시감은 사람들 사이에서 거의 보편적인 경험이다.[2] 철학자, 과학자, 지식인, 예술가가 모두 수백 년 전부터 이해하고 설명하려고 노력해온 현상이기도 하다. 플라톤과 피타고라스는 전생의 잔여 기억이 그렇게 나타나는 것이라고 믿었다. 정신분석학의 창시자 지그문트 프로이트는 무의식적인 욕망이 그런 형태로 나타난다고 주장했다. 그의 피후견인이었던 카를 융은 기시감이 집단무의식의 산물이라는 이론을 내놓았다. SF작품에서 기시감은 시간여행, 다차원, 대체 시간대 등 다양한 초자연 현상과 연결된다. 1999년에 나온 SF영화 〈매트릭스〉에서는 시뮬레이션으로 만들어낸 현실 속에서 컴퓨터 코드가 변경되었을 때 발생하는 '결함'으로 묘사되었다. 이런 이론들이 모두 그럴 듯하기는 하지만, 과학은 다른 이야기를 들려준다.

브렌다 밀너가 맥길대학 대학원생일 때 그녀의 공동지도교수 중 한 명이었던 선구적인 신경외과의 와일더 펜필드는 1950년대에 기시감을 인위적으로 일으킬 수 있다는 것을 알아냈다. 그는 뇌수술로 간질을 치료할 때의 근본적인 과제, 즉 건강한 조직에는 전혀 피해를 입히지 않고 병든 뇌 조직만 제거하는 문제를 해결하기 위해 노력하고 있었다. 조직을 너무 조금 제거하면 간질이 전혀 완화되지 않아서 환자가 다시 수술대에 눕게 되었다. 그렇다고 조직을 너무 많이 제거하면 언어, 행동, 시각, 기억 등에 중대한 장애가 생길 위험이 있었다(H.M.의 사례).

펜필드는 이 문제를 해결하기 위해 독일에서 공부하는 동안 개발된, 전기로 뇌를 자극하는 방법을 사용했다.[3] 지금도 사용되는 방법이다. 먼저 국소마취를 한 뒤 개두술을 시행한다(즉, 두개골을 잘라서 연다). 그러고는 작은 전극으로 뇌의 여러 부위를 자극하면서 행동을 면밀히 관찰하고, 환자에게 무엇을 느끼는지 말해보라고 한다. 자극을 줬을 때 발작이 일어나는 부위를 찾아내면, 그곳이 바로 제거해야 하는 부위다. 펜필드가 여러 부위를 자극하는 동안 환자들은 손가락이 무감각해졌다든가, 빛이 번쩍인다든가, 강한 냄새가 난다는 등 흥미로운 반응을 보였다. 그런데 펜필드가 측두엽의 여러 부위를 자극했을 때, 일부 환자가 기시감을 느낀다고 말했다.[4] 한 환자는 "전에 이런 일을 겪은 적이 있는 것 같다"고 말했고, 다른 환자는 "친숙한 느낌이 아주 강렬하다"고 묘사했다. 또 다른 환자는 "친숙한 것 같다"고 간단히 말했다. 펜필드의 연구 결과는 구체적인 기억이 떠오르지 않을 때에도 뇌가 친숙한 느낌을 강렬하게 생성할 수 있음을 암시했다.

펜필드가 측두엽 자극으로 간질 환자에게 기시감을 일으킬 수 있음을 보고한 지 약 50년 뒤, 브라운대학에서 뇌과학을 연구하던 레베카 버웰은 쥐의 측두엽에서 주변후피질perirhinal

보이지 않는 힘

cortex이라는 부위를 자극하면 이런 효과를 흉내 낼 수 있음을 발견했다.[5] 인간 유아와 마찬가지로 쥐도 전에 이미 본 것보다 새로운 것을 탐구하는 데 더 관심을 보이는 경향이 있다. 버웰은 소형 광섬유 레이저를 이용해 특정 부위의 뉴런을 활성화시키는 광유전학이라는 놀라운 기법으로 연구한 결과, 쥐가 특정한 이미지를 친숙하게 느끼는지 여부를 조종할 수 있음을 알게 되었다. 버웰이 주변후피질을 고주파로 자극하자 쥐는 친숙하다 못해 지겨운 사진에 처음 보는 것처럼 흥미를 드러냈다. 그러나 저주파로 자극하면 한 번도 본 적이 없는 사진에 지겹다는 반응을 보였다.

이처럼 주변후피질을 자극해서 낯익거나 낯설다는 느낌을 인위적으로 강렬하게 만들어낼 수 있다는 사실은, 우리가 전에 본 적이 있는 사람을 만나거나 간 적이 있는 장소에 갔을 때 당연히 경험하는 친숙함을 바로 이 부위에서 관장한다는 것을 암시한다.

맥주 내기

영화에서 과학 연구에 돌파구가 발견되는 순간은 보통 뛰어난 과학자가 '유레카!' 순간을 경험하는 장면으로 표현된다. 우리는 이처럼 '전구'가 반짝 켜지는 순간을 신화화하는 경향이 있다. 아르키메데스가 욕조에 들어갔다가 부피 재는 법을 발견했다는 이야기나 아이작 뉴턴 경이 어머니의 집 정원에 있는 사과나무에서 사과가 떨어지는 것을 보고 중력의 법칙을 떠올렸다는 이야기를 생각해보라. 그러나 사실 이런 것은 과학의 방식이 아니다.

과학 발전은 다양한 공동체의 집단 연구로 이루어지는 경우가 가장 많다. 한 학자가 학술회의에서 누군가의 논문에 영향을 받은 다른 학자의 강연을 듣는다. 그런데 그 논문은 저자가 동료들과 함께 택시를 타고 공항으로 가면서 나눈 대화에서 영감을 얻은 것이다. 기억 속 친숙함에 관한 연구도 이런 경로를 따랐다. 어느 누군가의 끝내주는 발견이라기보다 다양한 종을 대상으로 완전히 다른 방법들을 사용해 연구한 수많은 사람의 성과가 하나로 모여 과학적 발전이 이루어지는 것이다.

오랫동안 학계를 지배한 것은, 기억의 강도가 '강함'에서 '약함'까지 다양하다는 주장이었다. 이 견해에 동조하는 사람들은 우리가 느끼는 친숙함은 해마에서 나온 기억이 희석된 형태라고 말하곤 했다.[6] 그 기억의 강도가 높아지면 우리는 과거를 다시 경험하는 듯한 느낌을 받을 것이다. 이 진영 사람들은 내가 비디오가게에서 학생을 만난 사건을 두고, 그 학생에 대한 기억이 '약하게' 나타났을 뿐이라고 치부해버릴 것이다. 그러나 이것으로는 내 경험을 제대로 설명하지 못한다. 나는 그 청년을 어디

보이지 않는 힘

서 본 것 같다고 확신하면서도, 그에 대해 아무런 기억도 떠올리지 못했다. 펜필드의 환자들처럼 나도 '강한' 기억이 있음을 느끼면서도 그 기억 자체는 손에 쥐지 못했다.

1990년대 후반에 고故 모티머 미슈킨, 존 애글턴, 맬컴 브라운 같은 신경과학자들이 기억을 여러 하위 요소로 나눌 수 있다고 제안했다.[7] 각각의 요소는 강할 수도 약할 수도 있다. 이 주장의 바탕이 된 것은, 해마가 손상된 동물은 물론 파라네 바가-카뎀이 연구한 발달성 기억상실증 환자들도 전에 본 적이 있는 물체와 새로운 물체를 구분해야 하는 '재인기억recognition memory' 테스트에서 좋은 성적을 보인다는 사실이다. 이 연구는 내 친구이자 데이비스 캘리포니아대학교의 오랜 동료 앤디 요넬리나스의 주의를 끌었다.

앤디는 캐나다 출신이지만, 긴 금발과 믿을 수 없을 만큼 달콤한 태도, 그리고 색바랜 티셔츠와 반바지와 샌들 차림 때문에 어렸을 때부터 말리부 해안에서 서핑을 즐긴 사람처럼 보인다. 학부 시절 엔델 툴빙과 함께 연구한 적이 있는 앤디는 우리가 일화기억 덕분에 과거의 맥락으로 우리를 데려다주는 생생한 기억에 접근할 수 있으므로 과거에 진짜로 있었던 일을 다시 경험한다는 확신을 갖게 된다고 추론했다. 반면 친숙함의 경우, 어떤 물건이나 사람을 과거에 본 적이 있다는 확신이 들 만큼 강하게 나타날 수도 있고 정보를 바탕으로 한 추측이나 육감처럼 약하게 나타날 수도 있으나,[8] 어느 쪽이든 우리에게 구체적인 것을 안겨주지는 못한다.

앤디가 일화기억과 친숙함을 분리하자고 주장했던 1999년 무렵, 나의 박사후 과정 멘토 마크 데스포지토가 버클리 캘리포니아대학교에서 뇌 영상 센터를 설립하는 일을 맡게 되었다. 그래서 나는 펜실베이니아대학교 신경학과에서 약 9개월을 보낸 뒤 다시 서해안으로 돌아왔다. 버클리에 정착하기 전 샌프란시스코에서 열린 신경과학 학술회의에 잠시 참석했다. 그곳의 포스터 발표poster session(학회에 참석한 연구자들이 자신의 연구 성과가 적힌 포스터를 붙여놓은 뒤 찾는 사람이 있을 경우 구두로 설명하는 것—옮긴이)에서 앤디를 처음 만났다. 컨벤션센터의 거대한 회의장을 상상해보라. 이동식 보드에 종이 포스터가 빽빽이 붙어 있는 모습이 고등학교 과학박람회와 다르지 않은데, 포스터마다 과학자가 붙어서서 자신의 최신 연구 성과를 신나게 설명하고 회의적인 표정의 동료들이 던지는 질문 공격을 받아내고 있다. 자신의 연구를 설명하는 앤디에게 내가 너무 직접적으로 회의적인 의견을 제기했는지도 모른다. 그때 나는 친숙함이 과연 약한 일화기억 이상의 존재인지 물었다.

내가 예상한 것은 반격이었으나, 앤디는 방어를 하기보다는 내 무장을 완전히 해제시키는 대답을 내놓았다. "회의적인 게 당연하죠!" 오후에 열띤 토론을 벌인 뒤, 우리는 한 팀이 되어 뇌

보이지 않는 힘

에서 친숙함을 관장하는 부위를 찾아낼 수 있을지 실험해보기로 했다.[9] 그리고 의욕을 북돋우기 위해 '맥주 내기'를 했다. 만약 앤디의 예상이 옳은 것으로 판명된다면 내가 그에게 맥주를 사고, 반대의 경우에는 앤디가 맥주를 사기로 한 것이다. (그 뒤로 지금까지 내가 맥주 내기에서 앤디에게 너무나 많이 졌기 때문에, 그 맥주 값을 상쇄하려면 한 세월이 걸릴 것 같다.)

그때 버클리의 실험실에는 아직 제대로 작동하는 MRI 스캐너가 없었다. 그러나 마크가 버클리와 데이비스의 중간쯤에 있는 마르티네스 재향군인 메디컬센터의 임상용 MRI 시설에 우리를 위한 공간을 마련해주었다. 마르티네스 스캐너는 일상적인 진단을 위한 장비로 최신 사양도 아니었다. 그래서 내가 맥가이버처럼 포드 핀토를 페라리로 바꿔놓는 재주를 부려야 했다.

우리는 밤에 병원이 문을 닫은 뒤 무료로 스캐너를 쓸 수 있었다. 여러 날에 걸쳐 앤디와 나는 밤마다 친구, 제자, 동료를 마르티네스로 불러내 뇌를 스캔하면서 레몬, 렌치, 아르마딜로 등 일련의 단어에 관한 질문을 던졌다("이것은 생물인가 무생물인가?" "이것을 신발상자에 넣을 수 있나?"). 실험 대상이 각각의 단어를 학습하는 데 또렷한 맥락을 만들어주기 위해서였다. 예를 들어, 실험 대상이 아르마딜로를 신발상자에 넣는 상상을 한다면, 그 생각으로 인해 또렷한 일화기억이 만들어질 것이다.

우리는 실험 대상에게 화장실에 잠시 다녀오라고 휴식 시간을 준 뒤, 아까 본 단어들과 그 맥락에 대한 깜짝 기억력 테스트를 실시했다. 각각의 단어를 학습할 때 무슨 생각을 했는지 상세히 말해보라고 한 것이다. 사람들이 단어를 보면서 나중에 맥락에 대해 떠올릴 때 도움이 될 기억을 형성할 때는 아니나 다를까 해마의 활동이 급격히 치솟았다. 그러나 맥락에 관한 정보를 떠올리지 못할 때는 이런 활동 증가가 관찰되지 않았다. 그 단어를 분명히 학습했다는 기억이 있어도 마찬가지였다. 어떤 대상을 전에 본 적이 있다는 확신이든 육감이든, 해마의 활동만으로 친숙한 느낌을 불러일으킬 수 있다는 증거는 나오지 않았다. 대신 주변후피질, 즉 펜필드의 환자들과 레베카 버월의 쥐들이 기시감을 경험한 것과 관련된 측두엽의 한 부위가 친숙함을 불러일으키는 기억과 관련이 있었다. 실험 대상이 MRI 스캐너 안에서 단어를 읽을 때 주변후피질의 활동이 왕성할수록, 그들이 깜짝 테스트에서 그 단어를 보고 느끼는 친숙함이 더 강했다. 또한 해마의 경우와 달리 주변후피질의 활동은 단어의 맥락을 회상하는 능력과는 관련되어 있지 않았다. 기억이 단순히 강하거나 약하기만 한 것이 아니라, 인간의 뇌에 해마가 지탱하는 일화기억과 주변후피질이 지탱하는 친숙함, 이렇게 두 종류의 기억이 있다는 증거를 찾아낸 것이다.

맥주 내기에서 지고도 그렇게 행복했던 적이 없다.

우리가 맥주를 걸고 한 이 연구는 2003년 말 학술지에 받아들

보이지 않는 힘

여겼다. 이 연구 결과가 관심을 끌기는 했으나, 아직 많은 학자가 납득하지 못했다. 나도 나름대로 미심쩍은 부분이 있었다. 혹시 내가 놓친 뭔가를 다른 연구실에서 찾아내지 않았을까? 우리 자신과 다른 학자들을 납득시키기 위해서는 우리 실험실의 연구 결과 외에 더 많은 증거를 볼 필요가 있었다.

이 시점에 보스턴대학교 기억 및 뇌 센터의 하워드 아이헨바움 소장이 등장했다. 하워드는 쥐를 대상으로 학습과 기억에 대해 연구하고 있었는데, 쥐의 해마 기능을 연구하면 인간 기억력의 신경생물학적 기전을 이해할 수 있는 단서가 발견될 것이라고 믿었다. 대부분의 신경과학자와 달리, 그는 쥐가 거의 인간처럼 의식적인 사고를 할 수 있는 지능을 갖고 있다고 보았다. 엔델 툴빙이 과거 일화기억을 인간만의 독특한 능력이라고 설명했기 때문에, 기존 체제에 도전하기를 즐기는 하워드는 쥐의 기억 능력이 많은 면에서 인간과 같다는 생각을 증명하는 데 학자 인생의 많은 부분을 쏟았다. 어찌나 헌신적이었는지, 그의 논문은 생각에 잠긴 쥐 옆에 그 쥐의 생각을 적은 말풍선이 달려 있는 그림이 대충 손으로 그려져 있는 것으로 유명했다.

우리의 맥주 내기 연구가 2003년에 발표되고 몇 년 뒤, 하워드가 앤디에게 연락해 자신과 한 팀이 되어 전 세계 연구소의 연구 결과를 평가하자고 제안했다. 인간, 원숭이, 쥐의 기억력에 관한 연구 결과를 하나로 모아, 친숙함이 정말로 일화기억과 다른

지 확인해보자는 것이었다. 몇 달 뒤 하워드는 로스앤젤레스에서 열린 학술회의에 참석했다. 우리는 한자리에 모여 프로젝트를 시작하기로 계획을 세웠다. 앤디와 나는 새크라멘토에서 비행기를 타고 로스앤젤레스로 가서 택시를 잡아타고 하워드의 호텔로 향했다. 하워드의 도착이 예정보다 늦어졌기 때문에 우리는 회의실에서 연한 호텔 커피를 마시고 하워드가 미리 주문해둔 질긴 샌드위치를 먹으며 잡담으로 시간을 보냈다. 그러다 그가 도착하자마자 샌드위치를 내려놓고 일을 시작했다. 곧 우리의 리듬이 생겼다. 한 사람이 아이디어를 말하면 다른 두 사람이 반응을 보이는 식으로 아이디어를 주고받았다.

몇 시간 뒤 프로젝트를 위한 탄탄한 계획을 마련한 우리는 집으로 돌아가 쥐, 원숭이, 인간의 기억력에 뇌 손상이 미치는 영향을 다룬 수많은 논문을 파고들었다. 앤디와 나의 맥주 내기 연구와 비슷한 시기에 발표된, 사람을 대상으로 한 fMRI 연구들도 살펴보았다. 그 많은 연구 중 어느 것도 그 자체로서 결정적인 증거를 제공하지는 못했지만, 그 결과를 한데 모으고 보니 거의 모든 연구가 같은 결론을 가리키고 있었다. 친숙함은 약한 형태의 일화기억이 아니라[10] 완전히 다른 것, 즉 주변후피질의 온전함에 좌우되는 또 다른 형태의 기억이라는 결론이었다.

밀너의 첫 논문이 발표된 지 50년 뒤에 우리는 신경과학 분야 전체의 연구 결과를 모아, H.M.의 기억장애가 왜 그토록 심했는

보이지 않는 힘

지 답할 수 있게 되었다. 그는 간질 수술로 해마와 주변후피질을 모두 잃어버렸기 때문에, 과거와 자신을 이어주는 생명줄로 일화기억도 친숙함도 이용할 수 없었던 것이다.

레이더 아래로 비행하기

주변후피질이 친숙함에 어떻게 기여하는지는 완전히 알려지지 않았다. 그러나 거기에 관련된 학습 메커니즘에 대해서는 우리에게 좋은 정보가 있다. 뇌 전체에서 세포연합들은 끊임없이 변화하며 최적의 상태로 자신을 재편한다. 인식, 생각, 행동을 결정하는 뉴런들의 선거 결과를 신속하고 단호하게 뽑아내기 위해서다. 감각 영역에서 일어난 변화 덕분에 우리는 좀 더 효율적으로 세상을 읽고, 보고, 경험할 수 있게 된다. 여러 감각기관에서 들어온 정보를 통합해서 의미기억을 구축할 수 있게 해주는 주변후피질 같은 고등한 영역에서도 이런 변화는 일어난다.[11]

이런 신경가소성이 우리가 인식하지 못하는 사이에 발휘되는 것 같지만, 그 결과는 우리 감각에 잡힐 수 있다. 어떤 것이 친숙해질수록, 세포연합은 나중에 그것을 알아볼 수 있도록 미세하게 조정된다. 따라서 어떤 단어를 읽거나 누군가의 얼굴을 알아보는 데 우리가 정신적으로 얼마나 많은 노고를 쏟는지 주의를 기울인다면, 그 단어나 얼굴을 지금까지 얼마나 많이 접했는지 감을 잡을 수 있다.

예를 들어, 내가 누군가에게 람부탄을 먹어본 적 있느냐고 묻는다 치자. 동남아시아에서 자란 사람이 아니라면, 이 질문에 대답하기 위해 평생에 걸친 일화기억을 훑어보지 않아도 될 것이다. 뇌가 '람부탄'이라는 단어를 읽는 데 노고가 필요하다는 사실만으로도 그 과일이 그 사람에게 친숙하지 않다는 것을 알 수 있다. 이 사실을 근거로 그 사람은 털이 달린 이 빨간색 과일과 관련된 경험이 자신에게 거의 없거나 전혀 없음을 추론할 수 있다. 이 단어 자체를 접한 적이 별로 없기 때문이다. 또한 '사과'보다는 '감'이라는 단어의 의미를 떠올리는 데 조금 더 시간이 걸린다는 사실을 알아챘다면, 자신이 감보다 사과를 보거나 먹은 경험이 더 많다는 것을 추론할 수 있다. fMRI를 이용한 연구에서 우리는 사람이 예를 들어 람부탄이라는 단어 같은 개념을 처음 생각했을 때 주변후피질의 활동이 치솟는 것을 발견했다.[12] 마치 뇌의 이 부위가 아직 만들어지지 않은 주형에 이 단어를 맞추려고 하는 것 같았다. 이렇게 첫 만남이 이루어진 뒤 이 부위의 신경연합이 재편된다. 그래서 다음에 람부탄을 생각할 때는 선거 결과가 더 빨리 나오기 때문에 이 부위의 활동이 처음만큼 왕성하지 않다. 람부탄이라는 단어를 여러 번 반복적으로 보았을 때 뇌에서 일어나는 변화 덕분에 뇌의 효율이 향상돼서, 주변

보이지 않는 힘

후피질의 활동이 줄어들고 람부탄이라는 개념에 접근하기가 쉬워진다.

어떤 순간에는 친숙함에서 기묘한 느낌을 받을 때가 있다. 기억이 존재한다는 직접 증거는 전혀 없지만, 어딘가에 분명 기억이 존재한다는 느낌이다. 방금 스트리밍으로 시청한 시리즈에 출연한 배우 이름을 분명히 아는데 기억나지 않을 때가 그런 예다.[13] 그 배우에 대해 생각할 때 신피질에서 벌어지는 활동 때문에 우리는 친숙한 느낌을 받는다. 하지만 그 활동이 뉴런 선거의 결론을 이끌어낼 정도는 아니다. 특히 처음에 잘못된 이름을 생각했을 때, 이 '분명히 아는데 생각나지 않는' 현상에 취약해진다. 마치 틀린 이름을 지지하는 세포연합들이 올바른 이름을 지지하는 세포연합의 투표를 억누르는 것 같다.

친숙함이 부풀어올라 우리에게 확실히 아는 것을 가르쳐줄 때도 있지만,[14] 우리가 의식하지 못하는 사이에 간접적으로 기분과 행동에 영향을 미치는 은밀한 면도 있다. '친해지면 무례해지기 쉽다'는 말을 들어본 적이 있을 것이다. 하지만 사실 대부분의 성인은 친숙한 것에 끌릴 때가 많다. 이것을 '단순 노출 효과'라고 한다.[15] 예전에 이미 경험해서 능숙해진 어떤 것을 보거나 들었을 때 우리는 아주 조금 더 호감을 느끼게 된다. 때로는 아주 강하게 호감을 느낀 나머지 그것이 자기 것이라고 주장하기도 한다.

때로 '무의식적인 표절'이라고 일컬어지는 잠복기억은 뇌가 '잊힌' 기억을 독창적인 생각이나 아이디어로 오해하는 현상이다.[16] 비틀스의 옛 멤버 조지 해리슨은 1970년에 이 현상을 우연히 알게 되었다. 나중에 솔로로 발표해 최고의 히트곡 중 하나가 된 〈마이 스위트 로드〉를 쓸 때의 일이었다. 이 노래가 거의 10년 전에 발표된 시폰스의 노래 〈그는 참 멋져〉와 엄청나게 비슷하다는 사실이 분명해진 뒤, 이 노래의 성공은 소송으로 이어졌다.[17] 〈그는 참 멋져〉의 저작권을 소유한 회사가 해리슨을 고소했고, 1976년 재판이 열렸다. 증언대에서 해리슨은 그 노래가 자신에게 친숙하다고 말하면서도, 작곡할 때 의식적으로 그 노래를 사용하지는 않았다고 주장했다. 법원은 두 노래를 한참 뜯어본 뒤 결국 표절이라는 판결을 내렸다.

당시 담당 판사 리처드 오언은 클래식 음악가이자 작곡가이기도 했는데, 자신의 생각을 다음과 같이 요약했다. "해리슨이 〈그는 참 멋져〉를 고의로 이용했는가? 나는 그가 고의로 그렇게 하지 않았다고 믿는다. 그렇다 해도 〈마이 스위트 로드〉가 가사만 다를 뿐 〈그는 참 멋져〉와 똑같은 노래임은 분명하다."[18] 오언은 그 멜로디가 효과를 발휘할 것을 해리슨이 틀림없이 알았을 것이라고 나중에 말했다. "그가 의식적으로는 기억하지 못하는 노래에서 그것이 이미 효과가 있었기 때문이다."[19] 힘든 재판으로 낙심한 해리슨은 회고록에서 이 판결에 불만을 드러내며 "법원에 비슷한 사건들이 바글거리지 않는 것이 이상하다. 우리가 들을 수 있는 대중음악의 99퍼센트가 이런저런 노래를 연상시키는데"라고 썼다.[20]

유연한 뇌의 영향은 잠복기억에서 훨씬 더 멀리 나아간다. 일상생활에서 우리는 어려운 문제에 대처하기 위해 뇌의 능력을 불러모을 때가 많다. 대답하기 힘든 문제, 어려운 결정, 모호한 상황 등. 자신이 가진 정보를 이성적으로 분석해서 이런 문제에 대처할 수 있을 것 같겠지만, 과거의 경험으로 인해 미묘하게 편향된 결정을 내리는 경우가 있다. 친숙함을 자기주도적 지름길이나 정신적 지름길로 (잘못) 이용해서 결론에 이를 때가 많기 때문이다. 게다가 이런 영향을 전혀 모른 채, 자신의 결정과 행동에 의미를 부여하는 서사를 구축해서 자신이 자유의지를 발휘했다는 느낌을 강화하기도 한다.

지금은 고전이 된 1970년대 말의 논문 〈우리가 알 수 있는 것보다 더 많이 말하기〉에서 심리학자 리처드 니스벳과 티머시 윌슨은 우리가 무의식적인 결정을 합리화하기 위해 어디까지 서사를 창조해내는지 탐구했다.[21] 한 실험에서 '바다-달'이라는 단어 쌍을 암기한 학생 자원자들은 가장 먼저 떠오르는 세탁세제 이름을 말해보라고 했을 때, 이 단어 쌍을 보지 않은 학생들에 비해 '타이드Tide'('밀물과 썰물'을 뜻한다—옮긴이)라는 이름을 말하는 경우가 두 배나 많았다. 이 단어 쌍을 암기한 학생들에게 왜

'타이드'를 떠올렸느냐고 묻자 상황이 더 재미있어졌다. 그들 중 누구도 "헉! 제가 방금 '바다'라는 단어를 봤네요"라고 말하지 않았다. 대신 그들이 한 말은 이러했다. "타이드가 제일 유명한 세제잖아요." "어머니가 타이드를 쓰세요." "타이드 상자가 제 마음에 들어요."

자신이 실험에 참가하고 있음을 잘 아는 똑똑한 학생들이 의식하지 못하는 사이 이렇게 쉽게 영향을 받는다면 우리가 스포츠 경기장에서, 텔레비전을 볼 때, 인터넷을 돌아다닐 때, 아니면 심지어 고속도로에서 운전을 할 때조차 얼마나 많은 광고에 노출되고 있는지 생각해볼 필요가 있다. 버드와이저나 제너럴모터스처럼 널리 알려진 브랜드가 광고에 거액을 지출하는 것은 사람들에게 자사의 존재를 알리거나 자사의 제품이 경쟁사 제품보다 더 훌륭하다고 합리적으로 납득시키기 위해서가 아니다. 그 브랜드에 노출되는 것만으로 사람들이 제품을 선택할 때 미세한 영향을 받는다는 점 때문이다.

슈퍼볼 경기 시청 중 코카콜라 광고를 본다고 치자. 코카콜라 회사는 자사의 브랜드를 딱 30초 동안 노출시키기 위해 아마 600만 달러를 썼을 것이다. 그러나 그 30초 동안 시청자의 뇌에서 일어나는 그 극미세 변화로 다음에 코카콜라를 진열대에서 고를 가능성이 0.000000몇 퍼센트만큼 증가할 수 있다. 여기에 전 세계의 슈퍼볼 시청자 1억 명을 곱하면 매출 증가 잠재력이 엄청나게 커진다. 그렇다면 무료 음악과 비디오 스트리밍 사이트부터 소셜미디어 플랫폼과 무료 이메일 서비스에 이르기까지 사실상 전부 광고의 힘으로 돌아가는 인터넷 세상은 어떻겠는가.

선거에서 투표할 후보를 고를 때, 좋아하는 텔레비전 드라마나 영화에 나왔다는 이유로 마치 잘 아는 사람처럼 느껴지는 배우가 지지하는 특정 단체에 기부하려고 할 때에도 비슷한 힘이 작용한다. 잦은 노출로 쌓인 친숙함이 그들에게 일종의 권위 또는 전문성을 부여하고, 우리는 그들이 유명해서 친숙하게 느껴질 뿐 다른 자격을 전혀 갖추지 않았는데도 그들을 믿을 수 있다고 생각한다.

얼굴을 맞대고

지금까지 우리는 친숙함이 전에 그 대상을 본 적이 있다는 신호가 되어 기억의 존재를 암시할 수 있음을 살펴보았다. 하지만 안타깝게도 항상 그런 것은 아니다. 앞 장에서 보았듯이, 신피질은 세상의 일반적인 패턴을 즐겨 찾아낸다는 점에서 신경망과 닮았다. 그러면 우리가 많이 경험하지 못한 카테고리는 어떨까? 예를 들어, 나는 꽃을 다룬 경험이 별로 없어서 카네이션과 장미를 간신히 구분할 정도다. 신경망에서도 이것과 똑같은 상황을 흉내 낼 수 있을 것이다. 소수의 꽃만을 구분할 수 있게 신경망을 훈련시키면, 신경망은 결국 모든 꽃을 똑같이 취급하게 될지도 모른다. 대상이 꽃이라면 상관없지만, 얼굴이라면 좀 더 심각해진다.

미시간주 파밍턴힐스의 로버트 줄리언-보르차크 윌리엄스의 사례를 생각해보자.[22] 2020년 1월 윌리엄스가 퇴근해서 차를 몰고 집으로 들어가는데, 경찰차 한 대가 갑자기 뒤에서 다가와 그를 가로막았다. 아내와 어린 두 딸 앞에서 수갑이 채워진 그는 디트로이트 구치소로 끌려가, 지난 10월에 발생한 강도사건과 관련된 심문을 받았다.

윌리엄스에게 탄탄한 알리바이가 있었는데도(강도사건 발생 시각에 그는 자신의 자동차에서 인스타그램에 동영상을 올렸다), 디트로이트 경찰은 알리바이가 있을 것이라는 가능성을 고려하지도 않고 무작정 순찰차를 보냈다. 왜 그랬을까? 실수가 불가능하다고 여겨지는 시스템이 윌리엄스를 지목한 탓이었다. 디트로이트 경찰이 범행 현장의 CCTV 영상에서 범인의 이미지를 자동 안면인식 시스템(인공지능을 이용해 사진 속 얼굴과 운전면허증 사진처럼 데이터베이스에 있는 얼굴을 대조하는 시스템)에 돌린 결과 범인으로 지목된 사람이 윌리엄스였다.

심문 중에 형사는 윌리엄스에게 안면인식 시스템에 사용한 흐릿한 사진을 보여주며 사진 속 사람이 맞느냐고 물었다. "아뇨, 내가 아닙니다." 그는 사진을 자신의 얼굴 옆에 들고 말했다. "설마 흑인 남자는 전부 똑같이 생겼다고 생각하는 건 아니죠?"

사실 그 사진(누구나 볼 수 있게 공개되어 있다)에는 덩치가 큰 흑인 남자가 찍혀 있었으나, 그 외에는 얼굴을 알아볼 만한 단서가 거의 없었다. 그렇게 화질이 형편없는 사진으로도 그 남자가 윌리엄스가 아니라는 것은 분명히 알 수 있었다. 윌리엄스에 따르면, 경찰관들도 한발 물러나 그의 주장에 동의했다. "컴퓨터가 실수를 한 모양입니다." 이렇게 실수가 명백해졌는데도, 경찰은 윌리엄스를 30시간 동안 구금한 뒤 보석금 1천 달러를 물리고 석방했다. 결국 무혐의로 처리되기는 했으나, 이 사건이 기각된 것은 〈뉴욕타임스〉 캐시미어 힐 기자의 보도가 있은 뒤였다.

이것은 미국에서 잘못된 안면인식을 바탕으로 잘못된 체포가 이루어진 첫 사례로 기록되었다. 윌리엄스의 경험은 AI 안면인식 시스템을 경찰 수사에서 증거로 이용하면 안 된다는 강력한 증거지만, 동시에 우리 뇌와 사회에 존재하는 편견을 조명하는 계기가 되기도 했다. 자동 시스템은 방대한 양의 얼굴 사진에 노출되는 방식으로 안면인식을 학습한다. 그런데 훈련에 사용되는 사진 중에는 백인 얼굴이 압도적으로 많다. 내 짐작이지만, 이 알고리즘의 설계자들은 이 시스템에 무심코 편견을 박아놓았다는 것을 몰랐을 것이다. 하지만 지금은 안면인식 기술이 아시아

인과 흑인의 얼굴을 잘못 인식하거나 인식하지 못하는 사례가 지나치게 많다는 사실이 잘 알려져 있다.

그러나 법 집행기관에서 나타나는 이런 AI 편견 문제는 인간의 뇌 속에서 편견이 야기하는 문제에 비하면 아무것도 아니다. 대부분의 경찰청은 자동 안면인식 결과를 확실한 증거로 취급하지 않지만, 인간 목격자가 경찰서에서 범인의 얼굴을 지목하면 훨씬 무겁게 여겨진다. 불행히도 인간의 안면인식에는 편견이 끼어들기로 악명이 높다. 39건의 실험 결과(거의 5천 명의 참가자에게서 얻은 데이터)를 검토해봤더니, 사람들은 다른 인종의 사람보다 같은 인종의 사람 얼굴을 평균 1.4배 더 잘 인식했다.[23] 그리고 이런 편견은 일반적으로 백인이 아닌 사람보다 백인에게 더 또렷이 나타났다.

인간의 안면인식에 나타나는 편견과 컴퓨터 안면인식에 나타나는 편견의 원인이 같다고 보는 편이 합리적이다. 자신과 같은 인종의 사람들을 유난히 많이 접한 사람이 같은 인종의 다른 사람을 처음 만나면, 뇌는 그동안 쌓인 전문적인 지식을 지렛대로 삼아 그 사람을 식별하는 데 필요한 뉴런연합을 신속히 만들어낸다. 언어를 인식하는 데 반드시 중요한 시기가 있듯이, 다른 인종의 얼굴을 알아보는 능력 또한 열두 살 이전의 중요한 시기에 다양한 인종의 얼굴을 접했는지 여부에 따라 좌우되는지도 모른다.[24]

체스 전문가에 대한 연구에서 보았듯이, 경험은 눈에 보이는 것만 바꿔놓는 것이 아니라 보고자 하는 것도 바꿔놓는다. 사람들은 자신과 같은 인종 사람의 얼굴을 가장 잘 구분할 수 있는 특징에 주의를 기울이는 경향이 있다. 다른 인종 사람의 얼굴을 인식하는 데 도움이 되는 특징은 이 과정에서 희생된다. 심리학자 대니얼 레빈은 시각 인식에 관한 연구에서 백인이 백인의 얼굴에 비해 흑인 얼굴의 뚜렷한 특징을 잘 알아보지 못하지만, 흑인의 인종을 알아차리는 데는 더 뛰어나다는 사실을 알아냈다.[25] 모든 증거를 종합하면, 우리는 다른 인종의 얼굴에 대해 흐릿한 기억만 갖게 될 가능성이 더 높은 것 같다. 다른 인종을 충분히 자주 접하지 못한다는 점, 개인의 이목구비보다는 인종에 먼저 주의를 기울일 때가 많다는 점이 그 이유다. 이것은 다른 인종 사람에 대해 기시감을 거의 느끼지 않을 것이라는 뜻이다. 처음 만난 상대에 대해서도 마찬가지다. 우리 뇌는 각각의 얼굴을 독특하게 만들어주는 특징을 잘 잡아내지 못하기 때문이다.

이 편견의 사회적 의미는 단순히 다른 인종 사람들을 '모두 똑같이 생겼다'고 생각하는 데서 그치지 않는다. DNA 증거를 이용해 수백 건의 잘못된 판결을 뒤집은 비영리단체 이너슨스 프로젝트에 따르면, 다른 인종 목격자의 증언을 바탕으로 유죄 판결이 내려진 경우가 상당히 많았다. 지금은 사법체계 내부에서 이 편견에 대처하려는 움직임이 점점 커지고 있어서 다행이다.

2017년 뉴욕주 최고법원은 피고와 목격자가 서로 다른 인종이거나 다른 인종처럼 보일 때, 판사가 배심원에게 목격자의 범인식별 신뢰성에 대해 미리 일러주어야 한다는 결정을 내렸다.

이 모든 것의 의미는, 기억의 다른 측면과 마찬가지로 친숙함에도 좋은 면과 나쁜 면이 있다는 것이다. 뇌의 인지능력이 더욱 효율적으로 계속 변해가는 과정에서 나온 유용한 부산물일 수도 있지만, 단순히 어떤 것을 접했다는 이유만으로 생겨난 능숙함이 의식의 레이더 아래에서 작동하며 결정, 판단, 행동에 영향을 미쳐 불확실한 결과를 낳을 수도 있다. 뇌를 자율주행 상태로 놓는다면, 친숙함이 선택을 제한해 우리의 세계를 더 좁게 만들어버릴지도 모른다.

그러나 자율주행이 불가피한 것은 아니다. 앞에서 보았듯이, 주의력과 의도를 이용하면 유용한 것을 기억하는 데 초점을 맞출 수 있다. 게다가 우리는 과거 경험에서 가져온 중요하지 않은 인상과 지금 중요한 정보를 분리할 수 있는 능력을 갖고 있다. 친숙함이 행동에 영향을 미칠 수 있음을 기억한다면, 자유의지를 조금 되찾을 수 있을 것이다.

보이지 않는 힘

7장 돌아서서 낯선 것과 마주하기

예상치 못한 새로운 것으로 기억이 우리를 이끄는 과정

호기심은 좋은 것.
뜻밖의 배당금을 내주는 것 같아. _ 이기 팝

어렸을 때 내가 가장 좋아한 슈퍼히어로는 스파이더맨이었다. 나는 스파이더맨 만화책을 모으고, 방과 후에는 텔레비전으로 스파이더맨 만화를 봤다. 하지만 20년이 흐른 뒤 스파이더맨이 수십억 달러짜리 영화 시리즈가 될 줄은 짐작도 하지 못했다. 이 영화 시리즈는 스파이더맨의 놀라운 능력을 대부분 믿을 수 없을 만큼 훌륭하게 되살려냈지만, 내가 생각하기에 스파이더맨의 초능력 중 가장 흥미롭고 중요한 것을 표현하는 데는 특수효과가 필요하지 않다. 그 능력은 바로 그의 '거미 감각'이기 때문이다. 위험한 일이 일어날 때마다 스파이더맨은 뒤통수가 따끔거리는 느낌 때문에 경계심을 갖고 주변을 훑어본다. 이 육감은 인지 이전 수준에서 기능하기 때문에 그는 위험을 의식적으로 인식하기도 전에 곧바로 행동에 나설 수 있다.

비록 스파이더맨은 가상의 캐릭터지만, 인간에게도 기초적인 거미 감각이 있다는 생각에는 일리가 있다. 우리가 이상한 점을 온전히 인식하기도 전에, 우리 뇌가 이상한 점에 신속히 우리의 주파수를 맞출 수 있기 때문이다. 나도 버클리 캘리포니아대학교 학부 시절에 그런 순간을 경험했다.

당시 나는 피플스파크 동쪽으로 한 블록 떨어진 곳에 살았다. 피플스파크는 1960년대에 반전시위가 자주 벌어지던 곳이지만, 내가 그곳에 살 때는 마약과 강도사건으로 더 유명했다. 나는 복층 아파트의 1층에 살았는데, 나와 내 룸메이트는 운 좋게도 전에 살던 사람이 두고 간 가구를 쓸 수 있었다.[1] 그는 신경쇠약 때문에 갑자기 이사를 가야 했다.

어느 날 오후 집에 돌아와 보니 진입로에 재킷 하나가 떨어져 있었다. 나는 대수롭지 않게 생각했다. 그 동네에서는 우리 집 진입로에 온갖 물건이 버려져 있는 일이 드물지 않았다. 그러나 열쇠로 문을 열었을 때 내 거미 감각이 따끔거렸다. 뭔가가 이상했다. 내 시선은 열려 있는 거실 창문으로, 옆으로 옮겨진 소파로, 내가 나갈 때와 모양이 달라진 내 CD 더미로 향했다. 육감은 뭔가가 잘못됐다고 말했지만, 나는 이 상황에 대한 무해한 설명을 생각해냈다. 학교에서 청년민주당 클럽 활동을 열심히 하고 있는 내 룸메이트 데이브가 파티를 열었던 모양이라고.[2] 나는 그에게 전화를 하려고 했지만, 전화기가 사라지고 없었다(휴대폰이 유행하기 전이었다). 그제야 집에 강도가 들었다는 깨달음이 왔다. 나는 2층으로 올라가 그곳에 사는 사람의 전화기로 경찰에 신고했다. 그러고 나서 다시 우리 방으로 내려와 보니, 그 몇 분 사이에 뒷문이 활짝 열려 있고 진입로에 떨어져 있던 재킷도 보이지 않았다. 내가 처음 집에 들어왔을 때 침입자가 집 안에 있었던 것이다.

기억을 연구하는 학자로서 이때의 경험을 되돌아보면, 내가 문을 열자마자 불편한 감각이 들었던 것이 신기하다. 아마 확실한 정답은 영원히 알 수 없을지도 모르지만, 내 연구를 바탕으로 생각해보면 기억의 가장 중요한 특징, 즉 과거의 재생이 아니라 미래를 바라보게 하는 특징이 그런 감각을 일으킨 것 같다. 우리는 과거의 기억 덕분에 새로운 것, 달라진 것에 중요한 자원을 할당할 수 있다. 이 능력은 우리 조상들이 변덕스러운 세상에서 살아남는 데 핵심적인 역할을 했을 가능성이 높다. 좀 더 깊이 들어가보면, 이 능력은 기억 덕분에 우리가 시간을 초월해 과거, 현재, 미래의 연결을 느끼게 된다는 것을 보여준다.

그때의 강도사건으로 다시 돌아가서, 나는 처음 문을 열 때 어떤 풍경이 펼쳐질지 나름대로 예측하고 있었다. 진입로에는 재킷이 떨어져 있지 않고, 창문은 닫혀 있고, 소파는 내가 둔 자리에 있고, 전화기도 탁자 위에 있을 것이다. 물론 집 안에 도둑이 있지도 않을 것이다. 그러나 내가 집 안에 발을 들여놓는 순간그 예측이 틀린 것으로 판명되면서, 뜻밖의 상황에 경보를 울리도록 수천 년 동안 진화한 신경회로가 작동했다.

어떤 사람들은 미래를 예측하는 것이야말로 기억의 목적이라고 주장할지도 모른다. 그러나 항상 올바른 예측만 하는 것은 아니다. 물론 곧 일어날 일에 대한 정확한 아이디어를 항상 미리입력해둘 수 있다면, 뇌는 그 정보를 효율적으로 처리할 것이다. 하지만 우리가 잘못된 예측을 하는 경우(신경과학자들이 '예측 오류'라고 부르는 것)도 중요하다.[3]

예측 오류는 뇌에서 어떤 사이클을 작동시키는데, 여기서 기억(즉, 우리가 세상에 대해 이미 알고 있는 것)이 미처 예측하지 못한뜻밖의 상황으로 우리를 유도해 호기심을 자극하고, 예측과 실제 상황 사이의 차이를 탐구해보려는 의욕을 일으킨다. 그리고이런 탐구 과정에서 획득한 정보가 기억 속에서 우선순위에 따라 정리된다. 앞으로 보게 되겠지만 예측, 유도, 조사, 기억암호화라는 이 사이클이 배우고 탐구하려는 인간의 보편적인 충동에서 핵심적인 위치를 차지하고 있다.

　　　　　　　　　　　　보이지 않는 힘

눈이 해낸다

우리 눈은 1초에 약 네 번 움직인다. 대개 우리는 이 움직임을 의식하지 못하지만, 그렇다고 무작위적인 움직임은 아니다. 사람이 사진을 볼 때 시선이 어디에 닿는지를 적외선 카메라로 추적한 연구 결과에서 알 수 있는 사실이다. 과거 학자들은 우리 눈이 밝은 빛처럼 현저히 눈에 띄는 대상에 '고정'된다고 생각했다. 데이비스 캘리포니아대학교의 내 동료이며, 무엇이 우리의 시선을 끄는지를 학자로서 내내 연구한 존 헨더슨은 그렇게 현저히 눈에 띄는 대상이 현실에서는 사실 작은 역할을 한다는 것을 밝혀냈다. 우리가 일상생활을 하는 동안 우리 시선의 방향을 정하는 것은 (짐작하듯이) 기억이다.[4]

먼저 우리가 지닌 일반적인 지식(의미기억)이 시각 세계의 안내인이 된다. 따라서 우리는 특정한 장소에 있을 것으로 짐작되는 것을 발견할 수 있고, 어긋난 것을 재빨리 알아차린다. 새로 이사 간 친구의 집에 갔을 때 내가 부엌에 들어가기도 전에 친구가 부엌을 구경하겠느냐고 물으면, 내 눈은 부엌의 여러 물건이 있을 만한 장소로 곧장 향한다. 부엌에 대한 과거 경험을 바탕으로 모종의 도식을 갖고 있기 때문이다. 아마 가장 먼저 조리대로 시선이 향하면서, 커피메이커나 전자레인지를 기대할 것이다. 그러나 믹서기가 바닥에 있다든가 보통 냉장고가 있는 자리가 비어 있다든가 하는 식으로 기대에 어긋난 광경이 펼쳐지면, 내 눈은 즉시 그 문제의 공간으로 향한다.

친숙함도 하나의 요인이다. 전에 이미 본 적이 있는 물건을 바라보는 시간보다 새로운 것을 바라보는 시간이 훨씬 더 많다. 이 점에서는 성인과 유아가 다르지 않고 원숭이부터 개와 고양이, 설치류에 이르기까지 모든 종의 동물도 마찬가지다. 물건, 얼굴, 장소 등에 대한 정보를 처리하는 세포연합이 친숙한 것에 대한 정보를 얼마나 능률적으로 처리할 수 있는지 생각하면 그럴 만도 하다.

의미기억과 친숙함에는 우리가 과거에 본 것이 반영되어 있다. 그러나 기억의 역할은 지식 저장이나 이미 본 것을 잊어버리지 않는 것 이상이다. 우리가 미래에 할 수 있고 해야 하는 일을 가리키는 역할도 한다. 노벨상 수상자 존 오키프와 애리조나대학교 심리학과 리젠츠 교수 린 나델은 놀라운 선견지명이 담긴 1978년 저서에서, 진화 과정에서 발달한 해마의 중요한 기능 중 하나는 새로운 장소나 다른 장소에 대해 우리에게 알려서 우리가 그곳을 탐험하고 익힐 수 있게 해주는 것이라는 의견을 내놓았다.[5] 영장류, 특히 인간은 눈으로 세상을 탐구한다. 따라서 오키프와 나델의 가설은 새로운 것이나 어울리지 않는 것을 보았을 때 해마에서 신호가 나와 주위를 탐험하라고 우리를 자극할 것이라고 예측했다. 그 뒤에 나온 여러 연구는 원숭이와 인간이

보이지 않는 힘

새로운 것을 보았을 때 눈을 더 많이 움직여 탐험하며, 이런 성향을 좌우하는 것은 해마의 온전함이라는 사실을 증명해 그들의 예측을 확인해주었다.[6]

독일 최대의 알츠하이머병 연구센터 중 한 곳을 지휘하고 있는 내 오랜 친구 엠라 뒤젤은 새로운 것에 대한 해마의 반응을 이용해 알츠하이머병의 위험도를 감지할 수도 있다는 연구 결과를 얻었다.[7] 그의 연구팀은 청년과 노년 참가자들에게 MRI 스캔을 실시하면서 낯선 장소의 사진과 대단히 친숙한 장소의 사진을 보여주었다. 예상대로 그들이 낯선 장소의 사진을 볼 때 해마의 활동이 증가했다. 심지어 낯선 장소의 사진을 볼 것이라고 예상할 때에도 해마의 활동이 증가했다. 그러나 타우 단백질과 베타 아밀로이드(알츠하이머병 환자의 뇌에는 이 단백질이 유독한 수준까지 쌓여 있다)가 뇌에 많이 축적되어 있는 노인들은 낯선 곳의 사진을 봐도 해마의 반응이 그렇게 강하지 않았다. 그건 기억력이 떨어졌다는 뜻이었다. 엠라의 연구는 낯선 것에 대한 뇌의 반응이 전에 마주쳤던 것을 기억하는 능력과 밀접하게 연결되어 있으며, 낯선 것에 반응하는 능력을 잃는 것이 알츠하이머병의 조기경보일 수 있음을 시사한다.

친숙한 장소에서도 해마는 시각적인 탐험을 이끄는 데 중요한 역할을 한다. 예를 들어, 친구의 집 부엌을 처음 보았을 때 우리 눈을 이끈 것이 의미기억이었을 수 있다. 이 기억 덕분에 우리는 보통 부엌에 있는 물건들이 어느 위치에 있을지 예상할 수 있게 된다. 그러나 이 첫 방문 이후에는 어디서 어떤 물건을 찾을 수 있는지 뇌의 다른 부위들이 더 정확히 예측하는 데 해마가 도움이 될 것이다. 친구의 부엌에 달라진 점이 없다면, 우리 눈은 처음 왔을 때보다 덜 움직이면서 더 정확히 목표를 겨냥할 것이다. 그래서 바닥에 떨어져 있는 믹서기나 있어야 할 자리에 없는 냉장고 때문에 너무 당황하지 않게 된다. 내가 버클리에서 집에 돌아와 문을 열고 들어갔을 때처럼 예상과는 다른 상황이 펼쳐지면, 우리가 변화를 인식하기도 전에 우리 눈이 재빨리 이상한 부분으로 향할 것이다.[8]

2000년에 일리노이대학교의 제니퍼 라이언과 닐 코언은 주변의 변화에 맞춰 주의를 돌리는 데 해마가 몹시 중요하다는 것을 보여주는 영리한 연구 결과를 발표했다.[9] 내가 그날 집에 도착했을 때 내 의식의 끝자락을 잡아당기는 거미 감각을 느낀 것이 그런 사례다. 라이언과 코언은 눈동자 움직임 추적기를 이용해, 사람들이 일련의 사진을 반복적으로 보는 동안 눈의 움직임을 연구했다. 사진이 점점 친숙해지면서 실험에 자원한 참가자들은 처음만큼 눈동자를 많이 움직이지 않았다. 그러나 라이언과 코언이 사진에 변화를 주자(예를 들어, 배경에 고양이가 있는 아이 사진을 반복적으로 보여주다가 고양이를 포토샵으로 지우는 방식), 참가자들의 시선이 바뀐 부분에 좀 더 오래 머물렀으며 몇 초 동안 자꾸만 그

보이지 않는 힘

자리로 되돌아왔다. 때로는 그 빈 공간(원래대로라면 흥미로울 것이 전혀 없는 공간이다)에 아예 시선이 고정되기도 했다. 거기 뭔가 있어야 마땅하다는 감각을 뇌가 포착했기 때문이다. 변화를 인식하지 못했을 때에도 참가자들이 그 달라진 부분을 더 오래 바라본다는 점이 놀라웠다. 마치 그들의 거미 감각이 따끔거리고 있는 것 같았다. 반면 기억상실증이 있는 사람들에게는 바뀐 사진을 제시하더라도 그 부분으로 시선이 쏠리지 않았다. 해마의 기능이 온전하지 않아서 그들의 거미 감각이 사라진 것이다.

건강한 뇌를 지닌 사람들은 왜 빈 공간에 시선이 고정될까? 왜 해마가 이 이상한 행동을 좌우하는 걸까? 낯선 장소에 갔을 때는 물론 심지어 낯선 장소를 찍은 사진을 볼 때조차 신피질은 거기서 본 얼굴, 장소, 물건에 대해 개별적인 기억을 형성할 수 있다. 그러나 앞에서 보았듯이 누가, 무엇을, 언제, 어디서에 관한 정보를 모두 합쳐서 나중에 과거에 대한 조리 있는 기억을 떠올릴 수 있게 되려면 해마가 필요하다. 라이언과 코언의 연구 결과는 이런 해마의 기억이 지금 여기에서 예상할 수 있는 것에 대한 안내인 역할을 하는 것 같다고 암시한다.[10] 뭔가가 있어야 할 자리에 없으면, 거미 감각이 발동해서 뇌가 그곳을 조사해 어떻게 된 일인지 알아보라는 메시지를 눈으로 보낸다.

과거 제니퍼 라이언과 닐 코언 옆에서 일했고 지금은 내 연구실의 박사후연구원인 데비 하눌라는 이 가설을 시험하기 위해,

사람과 특정한 장소를 맥락으로 연결시키는 방식을 흉내 낸 실험을 진행했다.[11] 그녀는 먼저 샴푸 광고나 미용실 카탈로그에서 볼 수 있는 헤어 모델들의 사진을 모았다. 그리고 이 매력적인 얼굴들과 특정한 장소의 사진을 겹친 이미지를 연구에 자원한 사람들에게 보여주었다. 예를 들어, 미술관 로비 사진에 트레버의 얼굴을 넣는다거나, 그랜드캐니언 사진에 미아의 얼굴을 넣는 식이었다. 데비와 나는 한 번 봐서 친숙해진 이 장소의 사진들을 참가자에게 다시 보여주면, 해마가 기억을 끌어올려 거기 누가 있을지 예측하게 될 것이라고 예상했다. 이를테면 북적이는 로비 사진을 보고 트레버의 얼굴을 재빨리 찾아낼 거라고 예상한 것이다. 우리는 MRI 스캐너 안에 있는 자원자들에게 이미 본 적이 있는 장소 사진을 순간적으로 보여준 뒤, 10초를 기다렸다가 친숙한 얼굴 사진 세 장을 화면에 잠깐 띄우고 그 장소에 맞는 얼굴을 골라보라고 했다.

화면에 사진이 번쩍 나타날 때마다 해마의 활동이 크게 치솟았다. 장소를 보는 것만으로 해마에서 기억을 끌어내기에 충분할 것이라는 가설과 일치하는 결과였다. 해마의 활동 증가는 사전 귀띔의 역할을 하기 때문에, 10초 뒤 얼굴 사진을 보여주면 자원자들은 아주 많은 사진 중에서도 즉시 트레버와 미아를 찾아냈다.

흥미로운 반전은, 해마가 의식적인 일화기억을 끌어내는 일보다 사람들의 시선을 유도하는 일에 조금 더 유능했다는 점이다. 미술관 사진에 대한 반응으로 해마에 반짝 불이 들어오고 자원자의 시선이 즉시 트레버에게 고정되었는데도, 자원자가 엉뚱한 사람의 얼굴을 고르는 일이 가끔 있었다. 그 장소에 맞는 얼굴을 고르는 일을 좌우하는 것은 해마(올바른 예측을 위해서)와 전전두엽피질 사이의 통신이었다. 전전두엽피질의 역할이 의도를 지닌 기억을 돕는 것이라는 점을 감안하면 이 연구 결과를 이해할 수 있다. 진화의 관점에서 뇌의 가장 오래된 부위 중 하나인 해마는 오키프와 나델의 가설처럼 앞으로 닥쳐올 일의 방향을 우리에게 충분히 알려줄 수 있을지 모른다. 그러나 때로는 해마에서 기억을 끌어내는 것만으로는 충분하지 않다. 우리가 그 정보를 사용할 수 있어야 한다. 바로 여기서 전전두엽피질이 등장한다. 해마와 전전두엽피질이 통신을 주고받지 않는다면 사람들은 따끔거리는 거미 감각을 느끼기만 할 뿐 그 원인이 무엇인지 지목할 수 없다.

무슨 일이야?

나는 전 세계의 신경과학자들이 모여서 결성한 커버밴드 '파블로프스 도그즈Pavlov's Dogz'에서 가끔 연주한다.[12] 대개 우리는 신경과학 학술회의에서 만나 이틀 동안 1970년대와 1980년대의 노래들(블론디, 데이비드 보위, 픽시즈, 조이 디비전, 이기 팝, 라몬즈, 갱오브포의 노래 포함)을 연습한 뒤 관중이 빽빽하게 들어찬 곳에서 공연한다. 우리 밴드의 이름은 노벨상을 수상한 러시아 생리학자 이반 파블로프의 이름을 딴 것이다. 그는 먹이가 나올 것이라고 알려주는 신호를 들으면 개들이 침을 흘리기 시작한다는 연구로 널리 알려져 있다.[13]

커버밴드와 침 흘리는 개 이야기는 이쯤 하고, 나는 파블로프가 기억 연구에 기여한 가장 흥미로운 부분이 새롭고 놀라운 경험에 대한 우리 반응의 특징을 묘사한 것이라고 생각한다.[14] 그는 실험에서 동물들이 환경의 변화나 새로운 점에 특징적인 반응을 보인다는 사실을 알아챘다. 그리고 이 반응을 '무슨 일이야?What is it' 반사라고 불렀는데, 우리가 새로운 것이나 뜻밖의 일과 마주쳤을 때 뇌에서 일어나는 일을 너무나 명확하게 묘사한 이름이라서 정말로 마음에 든다. 불행히도 과학자들은 이 이름을 가만두지 못하고, 파블로프의 연구가 발표된 뒤 더 아리송하고 건조한 용어를 만들어냈다.

이제 '정향반응orienting response'이라고 불리는 '무슨 일이야?' 반사는 새로운 일이나 놀라운 일에 대한 반응으로 뇌뿐만 아니라 몸 전체에서 정연하게 이루어지는 일련의 변화를 뜻한다.[15] 동공이 커져서 빛에 대한 민감성이 증가한다. 피가 뇌로 몰리면

보이지 않는 힘

서 몸으로 가는 혈관은 수축된다. 도파민, 노르아드레날린, 아세틸콜린 같은 신경조절물질이 순간적으로 뇌에 주입된다. 해마와 전전두엽피질을 포함해서, 하나의 연결망을 이루고 있는 뇌의 여러 부위에서 뉴런 활동이 서로에게 맞춰 변화한다.[16]

정향반응은 우리가 뜻밖의 일이나 놀라운 일과 맞닥뜨렸을 때 촉발된다. 다양한 종에 이 반응이 보편적으로 나타난다는 사실은 뜻밖의 상황을 식별하고 반응하는 일이 진화 과정에서 중요했음을 암시한다. 인간(또는 모든 포유류)의 정향반응을 측정하는 가장 간단한 방법은 '삐' 소리를 연달아 들려주면서 도중에 '부' 소리가 나오면 버튼을 누르라고 말한 뒤 뇌의 전기활동을 기록하는 것이다. 이 지시를 수행하는 사람은 곧 '삐'와 '부' 소리가 적절히 흘러나올 것이라고 시큰둥하게 예상하게 된다. 이때 신경과학자가 오리 울음소리나 개 짖는 소리처럼 엉뚱한 소리를 끼워넣기만 하면 뇌의 정향반응을 활성화할 수 있다.[17] 실험을 처음 시작할 때는 엉뚱한 소리가 날 때마다 뇌파가 엄청나게 변화한다. 그러나 실험을 20분쯤 계속 하면 이런 변화구도 아주 평범해져서 뇌가 더 이상 크게 반응하지 않는다. 뜻밖의 일이었던 것을 이제 예상하게 된 것이다.

이 책에 반복적으로 등장하는 해마와 전전두엽피질은 '무슨 일이야?' 반사를 만들어내는 데 핵심적인 역할을 한다.[18] 사람들이 놀라운 자극과 맞닥뜨렸을 때 해마와 전전두엽피질의 활동

을 기록한 자료와 이 두 부위가 손상된 사람들에 대한 연구 결과를 통해 알아낸 사실이다.[19]

버클리 캘리포니아대학교에서 뇌 영상 센터 설립에 손을 보태던 시절, 나는 독일에서 온 간질 전문가 토마스 그룬발트의 즉흥 강연을 들었다. 그룬발트는 50여 년 전 와일더 펜필드가 널리 알린 방법에 따라, 발작이 발생하는 부위를 찾아내기 위해서 전극을 이용해 뇌의 여러 부위에서 나오는 정보를 기록하는 방법을 사용하고 있었다. 건강한 부위를 손상시키지 않고, 문제를 일으킨 뇌 조직을 제거하기 위해서였다. 그룬발트는 해마가 건강한 사람들이 일련의 소리를 듣다가 뜻밖의 소리를 들었을 때 해마의 전기활동이 크게 치솟는 것을 관찰했다.[20] 그러나 해마에 문제가 생긴 환자들에게서는 이런 반응이 거의 나타나지 않았다. 그룬발트는 정향반응이 해마의 기능이 정상인지 알려주는 가장 믿을 만한 요소 중 하나인 것 같다는 결론을 내리고, 따라서 환자의 간질발작을 멈추기 위해 해마를 제거해야 하는 시기를 판단할 때 유용한 도구가 될 것이라고 생각했다.

나는 그룬발트의 연구 결과에 큰 흥미를 느꼈다. 특별히 기억에 남는 사건이 따로 있는 이유에 대해 중요한 의미를 지닌 것처럼 보였기 때문이다. 위협이나 보상이 있을 때 새로운 기억을 형성하는 능력이 증폭된다는 사실은 이미 알고 있었다(마이크 코언과 나의 도박 연구에서 이런 결론을 얻었다). 그래서 우리가 이례적인

보이지 않는 힘

것에 주의를 돌릴 때 뇌에서 비슷한 효과가 발생하는지 궁금해졌다. 독일 본대학교의 신진 신경학자 니콜라이 악스마허와 토마스 그룬발트, 그리고 나는 정향반응과 학습의 관계를 알아내기 위한 연구를 설계했다.[21] 마이크도 이 연구에 참여하고 싶어 했으므로, 독일 정부가 지원하는 권위 있는 연구비를 확보한 뒤 짐을 싸서 본으로 이주해 인간의 뇌에서 곧바로 얻은 자료를 기록하기 시작했다.

니콜라이의 임상 업무에는 간질발작의 원인을 찾기 위해 뇌에 전극을 이식한 환자들을 평가하는 일이 포함되었다. 의사들이 뇌에서 발작 활동이 일어나는 순간을 기록하려고 기다리는 동안 하는 일 없이 시간을 보내야 하는 환자들은 기꺼이 우리 연구에 참여했다. 우리는 이 자원자들에게 사람 얼굴과 집을 찍은 일련의 사진을 암기하라고 했다. 집을 찍은 사진들이 화면에서 죽 흘러가다가 사람 얼굴 사진이 나올 때도 있고, 반대로 얼굴 사진이 죽 흘러가다가 집 사진이 나올 때도 있었다. 우리는 이렇게 갑자기 튀어나오는 사진이 일종의 정향반응을 일으킬 것이라고 예상했다. 전체 사진을 기억하는 능력에 그 사진이 영향을 미칠 수 있기 때문이었다. 자원자들의 반응이 기억과 관련되어 있는지 분석하기 위해 우리는 처음에 간질을 앓는 사람들을 실험 대상으로 섭외했다. 펜필드의 환자와 마찬가지로, 발작의 근원을 찾아내기 위해 뇌의 여러 부위에 전극을 이식한 사람들이었다. 이들을 관찰한 뒤에는 해마의 활동이 상대적으로 정상인 사람들의 정향반응을 살펴보았다.

과학에서는 뜻밖의 관계가 불쑥 튀어나올 때 상황이 아주 재미있어지곤 한다. 마이크는 본에 도착하고 얼마 되지 않아, 심한 우울증을 앓는 사람들을 치료하기 위해 과격한 방법을 사용하는 과학자와 우연히 마주쳤다. 그 과학자의 가설은 이 사람들이 뇌의 보상 시스템에 생긴 문제 때문에 그런 병을 앓는다는 것이었다. 따라서 임상팀은 뇌에 전극을 심어 측좌핵을 자극해서 시스템에 인위적으로 시동을 걸려고 했다. 측좌핵은 도파민을 이용해서 보상을 학습하는 부위다. 의사들은 전극을 심은 뒤, (원하는 뇌 부위를 제대로 찾았는지 확인하기 위해) 먼저 전극이 전해주는 뇌 활동을 기록하고 나서 자극을 시작했다. 뇌의 보상-학습 회로에서 나오는 전기신호를 직접 기록할 수 있다는 가능성에 흥분한 마이크는 의사들이 전극을 심으면서 뇌 활동을 기록하는 동안 환자들을 우리 실험에 섭외하자고 팀원들을 설득했다. 뜻밖의 일에 대해 학습하는 데 도파민이 핵심적인 역할을 할 것 같은 직감이 든다는 것이었다. 그의 직감이 옳다면, 이 환자들에게서도 정향반응이 나타날 터였다.

이렇게 마이크와 니콜라이 덕분에 우리는 두 종류의 환자를 실험에 섭외할 수 있었다. 한쪽은 해마에 전극을 심은 환자들이고, 다른 쪽은 측좌핵에 전극을 심은 환자들이었다. 첫 번째 집단에서는 중간에 끼여 있는 얼굴 사진이나 집 사진이 화면에 번쩍 나타나고 200밀리초도 안 돼서(간신히 눈동자를 한 번 움직일 수 있는 시간) 해마가 반짝 활동을 시작했다. 해마가 '무슨 일이야?' 감지기처럼 행동하면서 뜻밖의 일이 나타났다고 뇌에 경보를 울린다는 가설과 맞아떨어지는 결과였다. 뜻밖의 사진이 화면에 번쩍 나타나고 0.5초 남짓 뒤에도 해마의 활동이 또 한 번 반짝 증가했다. 실험 대상이 나중에 그 뜻밖의 사진을 기억할 수 있을지 이 두 번째 활동을 보고 예측할 수 있었다. 이런 결과를 보면, 해마가 뜻밖의 사진에 대한 기억을 우선적으로 형성하는 듯했다.

측좌핵에 전극을 심은 자원자들의 데이터에서는 마이크의 직감이 옳았음을 알 수 있었다. 자원자들이 뜻밖의 사진을 보고 약 0.5초 뒤 측좌핵의 활동이 반짝 증가했다. 측좌핵의 활동이 도파민 분비량 증가와 관련 있다는 사실은 알고 있었다. 그래서 우리는 보상을 얻으려고 애쓰게 된다. 그러나 외부적인 보상으로는 우리가 얻은 결과를 설명할 수 없었다. 여러 얼굴 사진 중 갑자기 나타난 집 사진이나 여러 집 사진 중 갑자기 나타난 얼굴 사진을 보고 암기하더라도 우리는 자원자들에게 보상을 주지 않았다. 즉, 뜻밖의 사진과 다른 사진의 중요도가 같았다. 이 결과는 외부적인 보상이 없어도 뜻밖의 사건이 이 부위의 활동을 충분히 자극할 수 있음을 시사했다.

전극을 해마에 심은 간질 환자와 측좌핵에 심은 우울증 환자의 결과를 한데 합친 우리 실험 결과는 브랜다이스대학교에서 신경과학을 연구하던 고ㅃ 존 리스먼의 가설을 뒷받침했다. 뜻밖의 사건이 일련의 신경반응을 촉발시켜 학습을 증진시킨다는 가설이었다. 이 가설에 따르면, 해마가 먼저 뜻밖의 사건에 반응한 뒤 측좌핵이 행동에 나선다. 뇌 속 깊은 부위에 도파민을 분비하라는 신호가 전달되면, 해마와 이어진 수문이 열려 뜻밖의 정보에 대한 새로운 기억이 형성된다.

앞에서 이미 보았듯이, 모든 기억이 똑같이 중요한 것은 아니다. 뇌는 고점과 저점의 기억을 우선적으로 포착할 뿐만 아니라, 학습에서도 놀라운 것이나 새로운 것에 우선순위를 부여한다. 부엌 조리대에 놓인 믹서기처럼 이미 확실히 예상한 일과 마주쳤을 때는 굳이 그것을 기억에 남길 이유가 없다. 하지만 친구의 집 부엌 조리대에 전기톱이 놓여 있는 것을 본다면, 그건 십중팔구 기억할 가치가 있는 일일 것이다(어쩌면 걱정스러운 일일 수도 있다).

연구 결과는 또한 그 뒤로 몇 년 동안 우리 연구실이 나아갈 새로운 방향을 알려주었다. 앞에서 보았듯이, 도파민은 우리로 하여금 활발히 보상을 추구하게 만든다. 뜻밖의 사건과 맞닥뜨렸을 때처럼 예측 오류가 발생한 경우 도파민 회로가 동원된다면, 예측 오류 또한 우리로 하여금 활발히 정보를 추구하게 만들 수

보이지 않는 힘

있는지 점점 궁금해졌다. 우리는 그동안 조사하던 신경회로가 근본적으로 학습 욕구와 관련되어 있음을 곧 알게 되었다.

호기심 많은 생물

파블로프는 정향반응을 '반사reflex'라고 표현했다. 그것이 선천적이고 생물학적인 반응이라는 뜻이다.[22] 그는 1927년에 한 강연에서 다음과 같이 유창하게 설명했다.

> 이 반사의 생물학적인 의미는 분명합니다. 동물에게 이런 반사가 없었다면, 매 순간 아슬아슬한 삶을 살았을 겁니다. 사람의 경우 이 반사가 크게 발달해서 광범위한 결과를 낳았습니다. 최고의 형태는 바로 탐구심이죠. 우리 주위의 세상에 대한 지식을 추구하는 과정에서 언젠가 우리에게 진정한 방향을 알려줄 것이라고 희망하는 과학적 방법의 부모입니다.

파블로프는 모든 종류의 동물에 나타나는 정향반응이 훨씬 더 대단한 일, 어쩌면 인류의 가장 고상한 성취에 연료가 되는 일에까지 초석 역할을 한다고 믿었다. 예술, 문학, 철학 분야에서 인류가 만들어낸 가장 위대한 작품들, 과학과 우주의 새로운 변경을 계속 탐험하면서 우리가 새로 발견한 것들, 이 모두가 알고 보면 뜻밖의 일에 대한 우리의 반응과 답을 찾아내려는 내재적 욕구 사이의 연관관계에서 비롯된 것인지 모른다. 파블로프는 그것을 탐구심이라고 불렀다. 대부분의 사람들은 간단히 호기심이라고 부른다.

호기심이란 정확히 무엇인가? 무엇이 우리로 하여금 미지의 것에 대한 답을 찾아나서게 만드는가? 호기심에서 의욕을 얻는 뇌가 우리에게 있다는 것은 무슨 의미인가? 심리학자이자 행동경제학 분야의 선구자 조지 뢰벤슈타인은 우리가 아는 것과 알고 싶은 것 사이에 차이가 발견될 때 호기심이 자극을 받는다고 주장했다.[23] 그는 이 모호한 공간을 '정보 격차information gap'라고 불렀다. 그는 호기심의 느낌이 사실 좋지는 않다면서, 불편함을 해소하기 위해 활동에 나서게 만드는 갈증이나 굶주림과 비슷하게 불쾌한 상태라고 주장했다. 어딘가가 가려워서 긁어야 하는 상태와 비슷하다는 뜻이다. 켄트 베리지가 보상을 받으려는 의욕과 보상에서 얻는 기쁨 사이에 차이가 있음을 발견한 것처럼, 뢰벤슈타인은 호기심이 의문에 대한 답을 찾았을 때의 만족감보다는 정보를 추구하려는 의욕과 관련 있다는 의견을 제시했다.

우리 뇌가 생존을 보장해주는 기본적인 보상(식량, 물, 안락함)을 추구하도록 설정되어 있을지도 모른다고 했을 때, 그 이유를 이해하기는 어렵지 않다. 하지만 정보에 대해서도 비슷한 욕구를 갖고 있다면 그 이유는 무엇일까? 신경과학자들은 이 욕구가 진화 과정에서 적응에 도움이 되었다고 주장한다. 탐험과 착취 사이에서 균형을 유지하는 데 도움이 되기 때문이다.[24] 동굴에 살던 인류의 조상들이 자신이 살고 있는 곳 너머로 탐험을 나가려는 욕구가 전혀 없었다면 어떻게 됐을까? 배가 고프거나 목이 마를 때 그들은 물과 식량을 구할 수 있는 곳이 나타날 때까지 인근을 무작정 돌아다녔을 것이다. 그다음에는 그 학습 결과, 즉 이미 찾아낸 장소를 몇 번이고 계속 찾아가 착취했을지 모른다. 그러다 그곳의 자원이 점점 줄어들면, 원시시대 조상들 사이에서 경쟁이 일어나 그곳을 두고 서로 싸울 수밖에 없었을 것이다. 그러다 보면 아주 추악한 방향으로 전개되었을 수도 있다.

이제는 조상들에게 호기심이 있었다고 가정해보자. 탐험 욕구 때문에 그들은 이미 아는 지역을 벗어나 숲이 끝나는 곳 너머 또는 저 앞의 산 너머에 무엇이 있는지 탐험하러 나섰을 수 있다. 그러다 더 좋은 식량이 있는 곳을 새로이 찾아냈을 수도 있고, 독사와 딱 마주쳤을 수도 있다. 무슨 일이 벌어지든, 그들이 정보를 얻는다는 사실만은 확실하다. 그리고 그 정보는 세상에 대한 그들의 지식을 넓혀주기 때문에 가치가 있다.

예전에는 인지신경과학 분야의 변방에서 입에 오르내리던 주제인 호기심의 본질에 관한 연구가 꽃을 피워 완전히 새로운 분야로 탄생하면서 인간과 인간이 아닌 영장류의 의욕, 의사결정, 기억에 관심이 있는 과학자들이 한자리에 모였다. 이 분야의 연구에서 나온 가장 흥미로운 결과 중 하나는 호기심과 외부 보상 사이에 거래가 이루어질 가능성이다. 때로 보상은 임무 수행이나 흥미 추구에 대한 내재적인 의욕을 저하시킨다.[25] 하지만 원숭이와 인간은 모두 호기심 충족에 필요한 정보와 외부 보상을 기꺼이 교환한다. 예를 들어, 신경과학자 벤 헤이든은 히말라야 원숭이에게 비디오 도박 임무를 주는 실험을 진행했다.[26] 그 결과 원숭이들이 긴장된 상태를 좋아하지 않아서 내기 결과를 빨리 알아내는 대가로 더 적은 수확(더 적은 주스나 물)에 기꺼이 만족한다는 사실을 알게 되었다.

실체가 있는 보상을 추구하는 일과 지식을 추구하는 일 사이에 이루어지는 거래는 실험뿐만 아니라 현실에서도 그대로 나타난다. 나도 그런 일을 직접 경험했다. 박사학위를 위해 감정, 지성, 돈을 투자하는 것이 어쩌면 호기심을 만족시킬 기회를 얻기 위해 보상을 포기하는 궁극적인 사례인지 모른다.

비록 호기심은 학습 의욕과 관련되어 있지만, 호기심이 정말로 학습을 향상시키는지에 대한 연구는 최근에야 시작되었다. 나는 런던 유니버시티 칼리지에서 막 박사학위를 받은 마티아스 그루버를 통해 호기심과 기억 사이에 있을지도 모르는 연관관계에 대해 더 많이 이해하게 되었다. 2007년 박사후연구원으로 내 연구실에 들어온 마티아스는 영국에서 박사학위를 마쳤기 때문에 주점 퀴즈에 대한 영국인들의 집착에 대해 잘 알고 있었다. 술집을 찾은 손님들이 현장에서 토막상식 문제를 맞히며 경쟁하는 이 전통은 1980년대에 손님이 별로 없는 날에도 손님을 끌기 위해 시작되었다. 그 후로는 피시앤드칩스 상점이나 일요일의 고기구이처럼 영국 문화의 중요한 일부가 되었다. 어떤 추정치에 의하면, 영국 내 대략 6만 곳의 주점 중 약 3분의 1이 매주 적어도 한 번씩은 퀴즈대회를 연다고 한다.

주점 퀴즈에서 실력을 겨루는 것은 자신의 지식을 뽐내고 상대방을 물리치기 위해서다. 하지만 토막상식 퀴즈가 원래부터 지니고 있는 매력도 큰 몫을 한다. 어떤 질문("세계에서 몸집이 가장 큰 육지 포유류는 무엇인가?")을 받고 곧바로 답(아프리카코끼리)이 생각날 때면 자신에게 만족감을 느낀다. 그러나 질문("마마이트[이스트 추출물로 만든 제품, 영국인들이 주로 빵에 발라 먹는다—옮긴이]가 발명된 해는?")을 듣고도 답(1902년)이 무엇인지 감이 잡히지 않고 답을 알아내고 싶은 생각도 없다면 빨리 다음 질문으로 넘어가고 싶어서 안달이 난다. 그러다 한 번씩 반드시 답을 알아야 하는 질문("빌보드 팝 싱글 차트에서 록음악으로 처음 1위를 차지한 노래는?")인데 답이 생각나지 않는 경우가 생긴다. 바로 이런 질문이 호기심을 발동시킨다. (이렇게 호기심이 생긴 사람들을 위해 답을 말해주겠다. 빌 헤일리 앤드 히즈 코미츠의 〈록 어라운드 더 클락〉이다.)

마티아스가 내 연구실로 왔을 때, 마침 캘리포니아공과대학교의 강민정 연구팀이 실시한 혁신적인 fMRI 연구 결과가 발표되었다.[27] 강민정은 마땅히 답을 알아야 하는 토막상식 문제에서 난관에 부딪혔을 때 사람들은 정보 격차(일종의 예측 오류)를 경험하며, 이것이 뇌의 의욕 회로를 발동시켜 답을 찾으려는 의욕을 불러일으킨다는 의견을 내놓았다. 이 연구에서 발견된 결과에 따르면, 토막상식 문제가 실험 참가자의 호기심을 자극하면 그 반응으로 뇌에서 도파민을 수용하는 부위의 활동이 증가한다. 게다가 참가자들은 호기심을 자극하는 문제의 답을 훨씬 더 잘 기억해냈다. 강민정 연구팀은 호기심이 뇌의 보상 회로를 활용해서 기억력을 증진시킬 수 있다는 의견을 제시했다.

마티아스는 이 가설에 흥미를 느껴 내게 호기심과 기억 사이의 관계를 더 알아보기 위한 실험을 해보자고 제안했다. 처음에는 시시한 주제처럼 보였지만 마티아스의 끈질긴 설득에 나는 결국 회의적인 시각을 접어두고 그에게 자신의 호기심을 따라가보라고 격려했다.

도파민이 의욕을 불어넣어 보상을 추구하게 한다는데, 같은 메커니즘을 통해 정보 또한 추구하게 한다면 어떨까? 만약 도파민이 학습 의욕을 불러일으킨다면, 우리가 호기심을 느낄 때 의욕이 생기는 것은 흥미를 끄는 질문의 답을 알아내기 위해서가 아니라 질문 그 자체 때문이 아닐까? 마티아스는 이 가설을 시

보이지 않는 힘

험하기 위해 독창적인 실험을 설계했다.[28] 대량의 토막상식 질문을 모은 그는 실험 참가자들에게 그것을 미리 보여주고 답을 아느냐고 물었다. 모른다고 대답하면, 그는 답을 알고 싶다는 호기심이 얼마나 되는지 점수를 매겨보라고 요청했다. 그러고는 참가자들을 MRI 스캐너에 눕힌 뒤, 그들이 답을 알지 못했던 질문을 보여주고, 일부러 10초를 기다렸다가 답을 보여주었다. 그들이 답을 기다리며 마음을 졸이는 그 10초 동안 화면에는 사람 얼굴이 나타났다. 그다음에는 스캐너에서 나온 참가자들에게 토막상식 질문을 던져 그들이 틀린 답을 말하거나 답을 모르겠다고 말하는 경우를 확인했다.

참가자들이 관심 없는 문제보다 호기심을 자극하는 문제의 답을 더 잘 기억한 것은 전혀 놀라운 일이 아니었다. 그러나 그들이 호기심을 자극하는 질문의 답을 기다릴 때 본 얼굴 또한 잘 기억한다는 사실은 놀라웠다. 그 얼굴은 토막상식 질문과 아무 관계가 없었으며, 어느 모로 보나 전혀 흥미를 자극하지 못했다. 그런데도 참가자들은 일단 토막상식 질문으로 호기심에 자극을 받은 뒤 그 상태가 계속 유지되는 상황에서, 전혀 호기심을 자극하지 않는 얼굴을 비교적 수월하게 학습할 수 있었다.

이 결과 덕분에 우리는 상황을 설명할 수 있었다. 호기심을 느끼는 토막상식 질문을 봤을 때, 뇌에서는 도파민 회로의 활동이 증가했다(측좌핵 포함). 질문을 보고 그 반응으로 이 회로의 활동이 증가하면 할수록 답을 찾고 싶다는 호기심도 커졌다. 호기심은 정보를 원하는 마음과 관련되어 있다는 뢰벤슈타인의 주장처럼, 도파민 회로는 실험 참가자들이 답을 알았을 때가 아니라 질문이 호기심을 자극할 때 발동하는 것 같았다.

두 번째 핵심적인 연구 결과는 비록 대부분의 사람이 호기심을 느낄 때 학습 성과가 더 좋았지만 그렇지 않은 사람도 있었다는 점이다. 호기심이 학습에 도움이 된 사람들의 해마와 도파민 회로는 서로 더 많은 통신을 주고받았다. 이 연구 결과는 도파민이 해마에 쏟아질 만큼 호기심을 자극하는 질문을 접했을 때 사람들은 딱히 학습할 생각이 없는 정보도 받아들일 수 있음을 시사한다.

호기심을 만족시키기 위해 정보를 좇는 것은 때로 외부 보상을 얻기 위한 학습보다 기억에 더 큰 영향을 미칠 수 있다. 우리가 첫 번째 호기심 연구를 발표한 뒤로 여러 연구소가 비슷한 연구를 실시해 호기심이 평범한 일과 흥미로운 일에 관한 기억력을 모두 향상시킨다는 결과를 얻었다. 실험 참가자의 나이가 여덟 살이든 여든여덟 살이든 상관없었다. 반면 외부 보상은 우리가 호기심을 느끼지 않는 정보에 대한 기억력만 증진시키는 듯하다.

신선한 것, 놀라운 것, 호기심이 기억에 미치는 영향에 관한 모든 결과를 종합했을 때 중요한 점은, 뇌의 보상 회로에 중요한

보이지 않는 힘

것이 보상 그 자체가 아니라는 것이다. 무엇이든 우리가 가치 있다고 인식하는 대상을 학습하고 추구하도록 의욕을 불러일으키는 것이 중요하다. 그 대상이 식량이나 물일 수도 있을 것이다. 하지만 이런 기본적인 욕구가 충족된 뒤에는 우리가 좇아야 할 가장 중요한 것이 무엇일까? 정보다.

호 기 심 좇 기

지금까지 우리는 기억과 탐구 사이의 순환적인 관계를 살펴보았다. 우리는 기억을 이용해 앞일을 예측한다. 예측 오류는 우리에게 새로운 정보를 얻겠다는 의욕을 불러일으키고, 새로운 정보는 기억 속에서 우선순위를 부여받을 것이다. 문제는 하나뿐이다. 일이 항상 이런 식으로 돌아가지는 않는다는 것. 마티아스의 토막상식 퀴즈 연구에서 우리는 호기심으로 학습이 향상되는 정도가 몹시 다양하다는 것을 보았다. 호기심을 느낄 때 학습에서 큰 성과를 거두는 사람이 있는가 하면, 학습 성과에 아무런 차이가 없는 것처럼 보이는 사람도 있었다. 이제 우리는 학습과 기억에 호기심이 미치는 영향이 왜, 어떻게 사람마다 다른지를 알아보기 위해 노력하고 있다. 이런 차이의 일부는 기질에서 기인하는지도 모른다.

우리 연구 결과에 따르면, 호기심 덕분에 학습 능력이 가장 크게 향상된 사람은 경험에 대한 개방성이라는 성격 특성 점수도 높게 나타나는 듯하다.[29] 단순히 학문에 흥미가 있는 상태보다는 경험에 대한 개방성이 학습 성과 예측에 더 훌륭한 성능을 발휘한다는 다른 연구 결과와 일치하는 가설이다. 개방성 점수가 높은 사람은 색다른 주장도 수용하는 경향이 있고, 신념과 문화의 다양성을 인정하며, 흥미로운 화제와 낯선 장소를 기꺼이 탐구하고, 구체적인 목적이나 성취가 없어도 학습을 즐긴다. 기질이 호기심에 미치는 영향에 대해서는 더 많은 연구가 필요하지만, 앞에서 말한 모든 행동에 정보를 추구하려는 인간의 기본적인 욕구가 반영되어 있다고 생각하는 편이 합리적이다.

그래도 호기심을 좌우하는 것이 기질 하나뿐인 것 같지는 않다. 뜻밖의 일은 우리에게 탐구 의욕을 불러일으킬 수 있다. 뜻밖의 일이 지닌 불확실성 때문에 우리가 세상을 불안하게 바라보게 된다면, 낯선 것 역시 무서울 수 있다. 어렸을 때 나는 여행을 생각하면 불안해졌다. 호텔에 묵거나 친척 집에 머무르는 것, 심지어 친구 집에 가서 하룻밤 자고 오는 것조차 내게는 스트레스였다. 구체적으로 무서운 점이 있는 것은 아니었다. 내 두려움의 대상은 바로 미지未知였다. 낯선 침대에서 잠들고, 낯선 집에서 깨어나는 것.

어른이 된 뒤에는 여행을 하며 힘을 얻어 기운이 나는 것을 즐

보이지 않는 힘

기는 법을 배웠다. 비록 대서양을 가로지르는 비행기에서 잠을 이루지 못하고 시차 때문에 머릿속이 멍해져서 내 분야 최고의 두뇌와 고급스러운 과학적 토론을 잘 이어가지 못해 속이 상하기도 하지만, 나는 새로운 장소에서 새로운 것을 보고 새로운 사람을 만날 때의 자극을 갈망한다. 마치 정향반응의 확대판 같다. 동공이 확장되고, 심박수가 올라가고, 눈동자는 분주히 움직이며 주변의 낯선 광경을 받아들인다. 그래도 여건이 잘 맞지 않으면 이런 흥분이 여전히 금방 불안으로 변할 수 있다. 지금도 나는 호텔 침대에서 잠을 잘 이루지 못한다. 낯선 곳에서 느끼는 불안한 에너지가 원인 중 하나다.

사람은 모두 자신이 모르는 것이나 이해하지 못하는 것과 어느 정도 복잡한 관계를 맺고 있는 것이 아닌가 싶다. 한 조사에 따르면, 미국인 여섯 명 중 한 명은 자신이 태어난 주를 떠난 적이 없다.[30] 낯선 곳에 있다는 것은 곧 편안한 영역에서 밀려났다는 뜻이다. 어떤 사람들은 정해진 일상에서 조금이라도 벗어나는 것을 참지 못한다. 심지어 외부인의 존재조차 마뜩잖게 여기기도 한다. 미지의 대상에 호기심으로 반응할지 아니면 불안감으로 반응할지, 우리가 의식적으로 또는 무의식적으로 내리는 근본적인 결정에 따른 반응이다.

불안감과 호기심은 정반대처럼 보이지만, 이 두 가지 반응에 모두 해마가 관여하는 것으로 보인다.[31] 불안감에 해마가 관여한다는 증거는 대부분 해마 앞부분이 손상된 쥐를 대상으로 한 연구에서 나온다. 해마의 위치는 편도체 바로 뒤편이다. 해마가 손상된 쥐들은 이상하게도 건강한 쥐보다 훨씬 더 겁이 없다. 새로운 먹이를 시험 삼아 먹어볼 때, 낯선 상대와 어울릴 때, 새로운 장소를 탐험할 때 훨씬 더 모험적이다. 해마의 기능이 온전하지 못하면 쥐는 미지의 세계로 용감하게 나아갈 가능성이 더 높아지는 것 같다.

우리에게 탐험과 학습을 재촉하는 정향반응에 필수적인 것처럼 보이는 해마가 손상됐을 때 왜 탐험하고 학습하려는 의욕이 더 강해지는 걸까? 이 수수께끼를 푸는 열쇠는 바로 해마 덕분에 우리가 과거 경험을 바탕으로 기대치를 생성할 수 있다는 점에 있다. 새로운 장소에 가거나 새로운 사람을 만나거나 놀라운 일과 마주치면, 우리가 예상했던 일과 실제 상황 사이에 충돌이 일어난다. 피터 파커의 거미 감각처럼, 예측 오류를 감지하는 것만으로도 뭔가 이상하다는 신호를 우리에게 전달하기에 충분하지만, 현재 상황이나 우리가 취해야 할 조치까지 알려주지는 못한다. 어쩌면 이 정보 격차 때문에, 지식과 목표를 이용해서 다음 행동을 결정하게 해주는 전전두엽피질의 회로들이 발동되는 건지도 모른다. 그린즈버러에 있는 노스캐롤라이나대학교에서 심리학을 연구하는 폴 실비아에 따르면,[32] 정보 격차를 메울 능력이 있다고 생각하는 사람에게 정보 격차가 호기심과 탐험 욕

보이지 않는 힘

구를 자극하는 역할을 할 수 있다. 그렇지 않은 사람에게는 정보 격차가 마치 구렁처럼 보일 것이다. 그 격차를 메울 방법을 전혀 알 수 없기 때문이다. 아니면 무서울 수도 있다. 불확실하고 어쩌면 위협적일 수도 있는 상황을 알려주는 요소로 인식되기 때문이다.

이런 이야기를 하다 보니 기억에 대해 자꾸 등장하는 테마 중 하나가 떠오른다. 수천 년에 걸쳐 진화한 인간 뇌의 복잡한 메커니즘이 우리가 그것을 어떻게 사용하는가에 따라 좋을 수도 나쁠 수도 있다는 것. 기억은 익숙한 패턴이 어그러진 부분을 알아차릴 수 있게 해준다. 낯선 동네를 걷다가 커다란 소리에 화들짝 놀라는 것, 어려운 수학 문제를 풀면서 학생들이 느끼는 감정, 내게 소중한 사람이 이상한 행동을 하는 것을 보니 뭔가 숨기고 있는 것 같다는 거슬리는 감각 같은 것. 이런 순간에 우리에게는 선택지가 있다. 방어태세를 갖추고 물러날 수도 있고, 이상한 점은 하나도 없다고 혼자 되뇌며 현실을 회피할 수도 있고, 동기유발 회로가 일으키는 탐험 욕구를 받아들여 호기심을 품고 나아가 낯선 것과 대면할 수도 있다.

3부

함의

8장   재생 버튼과 녹화 버튼을 누르시오

기억을 떠올리는 행위가 기억을 어떻게 바꿔놓는가

그건 네 기억이 아니야.

다른 사람의 기억이지. _〈블레이드 러너〉

SF작품에서 많이 쓰이는 기법은 주인공이 시간을 거슬러 올라가서 우연히 또는 의도적으로 과거를 바꾸는 것이다. 그리고 이것이 무서운 결과를 초래하는 것이 전형적이다. 물리적 시간여행이 피드백 고리를 만들어내 현재나 미래를 바꿀 수 있는 것처럼, 과거 사건을 회상할 때의 정신적 시간여행에도 비슷한 원칙이 적용된다. 과거를 떠올리며 기억에 새로운 요소를 첨가하면 과거가 바뀔 수 있다는 뜻이다. 적어도 자신의 기억만은 바뀔 수 있다. 뇌가 인식하기에는 바뀐 기억도 우리가 시간을 거슬러 올라가 과거를 바꾼 것과 거의 똑같이 느껴진다.

1906년 하버드대학교 심리학연구소장이며 형사사건에서 기억의 오류 가능성에 대해 목소리를 높이던 후고 뮌스터베르크에게 J. 샌더슨 크리스티슨 박사의 편지가 도착했다. 자신이 잔혹한 살인을 저질렀다고 자백한 젊은 남성 리처드 아이브스에 관한 내용이었다.[1] 피해자인 엘리자베스 홀리스터는 구리철사로 목이 졸렸으며, 그녀의 시신은 몇 시간 뒤 시카고 외곽의 집에서 네 블록 떨어진 쓰레기 더미 속에 던져졌다. 장신구와 가방이 사라진 것으로 보아 강도에게 당한 것으로 추정되었다.

리처드 아이브스는 인근의 헛간에서 아버지의 말을 돌보다가 홀리스터의 시신을 발견했다. 그는 전과도 폭력적인 행동을 한 전력도 없었다. 그와 살인사건을 연결시키는 증거도 없었다. 그런데도 그는 가장 유력한 용의자가 되었다. 처음에 그는 혐의를 부인했으나, 몇 시간 동안 이어진 무자비한 심문에서 경찰은 범죄를 저지른 기억을 떠올리라고 그를 압박했다. 적어도 한 명의 경찰관은 권총을 휘두르기도 했다. 결국 그는 무너져서 범행을 자백했다. 두 번이나. 첫 자백은 간결했으며, 여기저기 구멍이 숭숭 뚫려 있었다. 그 직후에 서면으로 작성한 진술서는 훨씬 더 상세했으나, 그의 기억에는 여전히 앞뒤가 맞지 않는 부분이 많았다. 그 뒤 검사에게 심문을 받을 때 아이브스의 답변은 대부분 서면 진술서를 확인해주었다.

전국의 신문이 이 사건에 달려들어, 1면에 아이브스의 죄를 크게 실었다. 하지만 이 사건은 구멍투성이였다. 재판에서 그의 부모, 친구, 다른 가족 등 많은 증인이 아이브스는 살인자가 될 수 없음을 시사하는 신빙성 있는 알리바이를 내놓았다. 심지어 검사도 아이브스 본인이 밝힌 타임라인에 따르면 그가 그 범죄를 저지를 수 없었다고 지적했다. 게다가 아이브스가 처음 자백할 때 살인을 저지르면서 했다고 진술한 행동들이 범죄의 핵심적인 정황과 모순되었다(나중에 심문을 담당한 사람들이 아이브스에게 정보를 주입해서 이 모순을 해결했다).

예정된 사형 집행일 엿새 전, 아이브스는 무죄를 주장하며 아예 범죄를 자백한 기억도 없다고 말했다.

> 체포된 순간부터 단 한순간도 나는 제정신이 아니었던 것 같다… 내가 그런 진술을 했을 것 같기는 하다. 다들 내가 그랬다고 말했으니까. 하지만 나는 그런 진술을 한 기억이 없고, 그 범죄도 저지르지 않았다… 내가 형사 앞에 끌려갔을 때 그가 가장 먼저 한 말이 "네 짓이야"였던 것은 확실히 알고 있다. 나는 죽이지 않았다. 그때도 내가 하지 않았다는 걸 알고 있었다. 하지만 경찰서에 있는 동안 내가 무슨 말을 하고 무슨 행동을 했는지는 모르겠다.[2]

인간 기억의 부정확성에 대해 선구적인 연구를 하고 있던 후고 뮌스터베르크는 크리스티슨 박사의 편지를 받은 뒤 이 사건에 마음이 끌렸고, 자기도 모르게 대중의 시선을 끌게 되었다. 이 사건의 증거를 살펴본 뮌스터베르크는 아이브스가 정말로 무고하다는 결론을 내리고 크리스티슨 박사에게 보낸 답장에서, 아이브스의 자백은 "그의 머릿속에 주입된 암시의 비자발적인 합성과 정확히 똑같습니다… 신경증에 걸린 사람이 가공의 기억을 만드는 경계선 영역의 전형적인 사례입니다"라고 썼다. 이 편지가 언론에 새나가자, 신문기사 제목들이 불타올랐다('하버드의 법원 무시,' '미쳐버린 과학'). 이 편지는 또한 기억의 변형 가능성에 대해 그다음 세기까지 이어진 격렬한 논쟁의 포문을 연 신호탄이기도 했다.

아이브스가 진술을 철회했고 뮌스터베르크를 비롯한 여러 저명한 심리학자가 그의 무죄를 강력하게 주장했음에도, 배심원은 고작 30분 만에 그의 1급 살인 혐의에 대해 유죄라는 평결을 내렸다. 한 달 뒤 아이브스는 교수형을 당했다. 그가 엘리자베스 홀리스터의 시신을 발견한 날로부터 다섯 달도 채 되지 않았을 때였다.

무고한 사람이 저지르지도 않은 살인을 자백한 이유를 상상하기 어렵겠지만, 안타깝게도 아이브스의 사례가 유일무이한 것은 아니다. 우리의 사법 기록에는 자신이 저지르지 않은 무시무시한 범죄에 분명히 참여했던 기억을 떠올린 사람들의 사례가 잔뜩 있다.

여기서 질문하지 않을 수 없다. 정말로 범죄를 저지르지 않았다면 어떻게 범죄를 저지른 기억을 갖고 있을까?

정신적인 시간여행의 불쾌한 부작용이라고 생각하면 된다.

우리 기억은 돌에 단단히 새겨진 것이 아니라서, 우리가 방금 배우거나 경험한 것을 반영해 갱신되는 과정에서 끊임없이 변화한다. 언뜻 듣기에는 말이 안 되는 소리 같겠지만, 기억 갱신의 촉매는 바로 기억을 떠올리는 행위 자체다. 기억을 떠올릴 때 우리는 수동적으로 과거를 재생하지 않는다. 기억에 접근하는 것은 '재생'과 '녹화' 버튼을 동시에 누르는 것과 비슷하다.[3] 머릿속으로 과거를 다시 더듬어볼 때마다 현재의 정보가 함께 따라가서 기억의 내용을 미묘하게 바꿔놓곤 한다. 아이브스의 사례처럼 아주 엄청나게 바꿔버리는 경우도 있다.

따라서 우리가 어떤 경험을 한 번 떠올릴 때마다 그 기억 속에는 바로 지난번 그 기억을 떠올렸을 때의 잔여물이 가득 퍼져 있다. 이런 과정이 계속 되풀이된다. 한 번 기억을 떠올릴 때마다 뉴런 연결망 중 고리 하나가 편집되고 갱신된다. 그래서 시간이 흐르면 우리의 기억이 처음 기억으로부터 멀리멀리 흘러가버리기도 한다.

복사본의 복사본의 복사본의…

어바인 캘리포니아대학교의 심리학 교수 엘리자베스 로프터스, 내가 4장에서 언급한 목격자 증언 연구를 시행한 바로 그 학자가 열네 살 때 그녀의 어머니가 수영장에서 익사사고를 당했다. 수십 년 뒤 어떤 친척 아저씨의 90세 생일 기념 가족모임에서 한 친척이 엘리자베스의 어머니가 돌아가신 일을 입에 담으며 엘리자베스가 직접 어머니의 시신을 발견했다고 고집스럽게 주장했다. 엘리자베스에게는 놀라운 이야기였다. 그녀가 기억하기로는 친척 아주머니가 수영장에 둥둥 떠 있는 어머니를 발견했기 때문이었다. 하지만 그 친척은 틀림없이 엘리자베스가 발견했다고 주장했다.

그 뒤로 며칠 동안 엘리자베스는 그날의 기억으로 몇 번이고 되돌아갔다. 그러자 흐릿한 이미지가 기억의 가장자리에 유령처럼 어른거리기 시작했다. '물 위에 엎드린 자세로 떠 있는 어머니… 소방관이 현장에 도착해서 어머니 얼굴에 산소마스크를 씌우는 모습.' 그 친척이 말해준 것과 일치하는 기억들이 부글부글 솟아오르기 시작하자, 엘리자베스는 어쩌면 정말로 자신이 어머니를 발견했는지도 모른다는 생각이 차츰 들었다.[4]

일주일 뒤 친척이 전화로 사과했다. 시신을 발견한 사람은 정말로 엘리자베스의 친척 아주머니였다고 다른 친척이 확인해주었다는 것이었다. 엘리자베스는 충격을 받았다. 자신의 뇌가 직접 목격하지도 않은 광경을 생생하게 만들어냈기 때문이 아니라, 다른 사람도 아닌 자신이라면 그런 일이 벌어질 수 있다는 것을 마땅히 알았어야 한다는 점 때문이었다. 지금도 그녀는 현장에서 뛰는 기억 연구자 중 가장 유명한(그리고 논란의 여지가 있는) 축에 속한다. 그렇다면 그녀의 인생에서 커다란 충격이었을 그 순간의 기억이 어떻게 그토록 쉽사리 오염될 수 있었을까?

엘리자베스 자신이 획기적인 연구를 통해 밝혀낸 바에 따르면, 기억을 떠올리는 순간 우리가 잘못된 정보에 특히 취약해지기 때문이다. 엘리자베스는 자신이 실시한 고전적인 실험에서 자동차가 정지 신호를 보고 교차로에 멈추는 모습을 담은 일련의 슬라이드를 실험 참가자에게 보여주었다. 이 슬라이드쇼가 끝난 뒤에는 설문지에 답하게 했는데, 일부 참가자에게는 다음과 같은 질문이 주어졌다. "빨간색 닷선 자동차가 양보 표지를 보고 멈춰선 동안 다른 차가 지나갔습니까?" 이것은 함정이 있는 질문이었다. 슬라이드쇼에서 참가자들이 본 것은 양보 표지가 아니라 정지 신호였기 때문이다. 그런데 이 사소한 정보 오류가 사람들의 기억 속을 파고들었다. 일주일 뒤 대다수의 참가자가 양보 표지를 봤다고 기억했다.

어머니의 죽음에 대한 엘리자베스의 기억을 오염시키는 데 핵심적인 역할을 한 것이 바로 이런 유형의 기억 왜곡이다. 엘리자베스는 친척에게 받은 잘못된 정보로 인해 그 충격적인 장면을 몇 번이나 거듭 떠올렸다. 그러면서 그때 있었을 수도 있는 상황을 상상하다 보니, 기억이 원래 기억에서 점점 유리되어 나중에는 상상으로 만들어낸 상황을 그녀 자신이 거의 믿는 지경에 이른 것이다.

설사 잘못된 정보에 노출되지 않더라도, 특정한 기억에 반복적으로 접근하다 보면 아주 미묘하게 기억이 갱신될 수 있다. 회상을 '상상력이 가미된 재구축'이라고 묘사한 프레더릭 바틀릿은 기억하는 행위를 통해 기억이 어떻게 바뀔 수 있는지 보여주는 연구를 여러 차례 시행했다. '기억하는 행위에 대한 실험'에서는 케임브리지대학교 학생들에게 새로 만들어낸 일련의 그림문자를 공부하거나 단편소설을 읽게 했다(그가 실시한 '유령들의 전쟁' 연구와 비슷하다). 그리고 나서 그들에게 공부한 내용을 말해보라고 연달아 요구했다. 바틀릿은 학생들이 처음에는 공부한 내용을 아주 많이 기억했지만, 시간이 흐르면서 그들이 재구축한 내용이 원래 내용에서 점점 멀어진 것을 알게 되었다. 한 번씩 기억을 떠올릴 때마다 특이한 세부사항이 사라지고 부정확한 부분이 슬금슬금 나타나기 시작했다.

일상적인 기억 갱신에 대해 생각하면 내 대학 시절이 떠오른다. 버클리 일대의 주점과 바에서 펑크록 밴드와 공연하던 기억이다. 공연을 홍보하기 위해 우리는 전단지를 만들어 온 시내에

붙였다. 전단지가 눈에 잘 띄기를 바랐기 때문에 낡은 전기 타자기로 공연에 대한 정보를 친 뒤 최대 크기로 복사했다. 그렇게 확대복사를 반복하다 보니 타자기로 친 글자들이 거대해졌다. 한 번씩 복사할 때마다 글자는 커졌지만, 문서 자체는 점점 왜곡되었다. 타자기 자판의 아주 자그마한 홈집, 복사기 유리판에 있던 작은 먼지 한 점, 프린터에서 잉크가 샌 자국 등이 점점 커지면서 눈에 잘 띄게 되었기 때문이다. 그 결과물이 상당히 멋졌다. 마치 빈티지 인쇄기로 찍어낸 작품 같았다. 우리가 처음에 타자기로 작성한 기본 정보는 변하지 않았지만 모양과 느낌이 달라졌다.

우리가 어떤 기억을 자꾸만 떠올리면, 한 번 떠올릴 때마다 작은 변화가 일어날 수 있다. 복사한 것을 또 복사하고, 다시 복사하는 것과 조금 비슷하다. 기억을 유지해주는 신경 연결이 살짝 비틀어지면서 기억의 재료가 된 경험의 일면이 확대되면 기억의 초점을 잡아주는 세부사항 중 일부가 사라진다. 내 대학 시절 밴드 전단지의 글자가 조금씩 뭉개진 것처럼, 먼 과거의 일을 한 번씩 떠올릴 때마다 그 일이 점점 멀고 흐릿해져서 잡음이 더 뚜렷해지는 바람에 기억이 조금씩 오염될 수 있다는 뜻이다.

기억을 떠올리는 행위가 왜곡을 일으키거나 세부사항들을 일부 지워버리는 이유를 이해하기 위해 내 연구실의 여러 과학자가 해마의 컴퓨터 모델로 작업하고 있다. 내 오랜 친구이자 세계

합의

에서 가장 유명한 컴퓨터 신경과학자 중 한 명인 랜디 오라일리가 개발한 컴퓨터 모델이다. 우리는 2019년에 랜디를 설득해서 데이비스 캘리포니아대학교의 신경과학센터에 합류시켰고, 그 뒤로 그는 나와 함께 스탠드업패들보딩과 웨이크서핑을 하는 파트너가 되었다. 때로는 스케이트보딩 원정도 함께 다닌다(하지만 바퀴 하나짜리 모터스케이트보드를 타다가 사고로 손목 골절상을 입은 뒤로는 그가 아주 조금 조심스러워졌다). 해마에 존재하는 특정한 유형의 뉴런과 그들이 서로 연결되는 방식, 학습으로 인해 그 연결이 변화할 때의 생리적인 과정을 다룬 수많은 논문을 파고든 끝에 랜디는 상세하기 짝이 없는 해마의 컴퓨터 모델을 만들어 우리가 새로운 정보를 학습할 때와 나중에 그 정보를 떠올리려고 할 때 일어나는 일을 시뮬레이션할 수 있게 해주었다. 우리는 모래상자 속에 들어가 노는 아이들처럼 랜디의 모델을 이용해서 기억이 형성되고 회상되고 갱신되는 과정을 탐구했다. 그렇게 수집된 놀라운 자료 덕분에 인간 기억의 본질에 대해 때로는 일반적인 짐작과 어긋나는 새로운 통찰을 얻었다.

우리가 시행한 시뮬레이션은 기억을 거듭 떠올리면 그 기억이 얼마나 쉽게 오염되는지 보여준다. 새로운 것을 배우려고 할 때 뇌 속의 세포연합들이 끊임없이 재편되는 것처럼, 과거의 어떤 일을 회상할 때 해마에서도 같은 일이 일어나는 것 같다. 처음 데이트한 상대를 떠올리게 하는 어떤 것과 마주쳤다고 가정해보자. 처음 그 데이트를 회상할 때는 해마가 당시 맥락에 관한 정보를 끄집어내서 그 여름날 저녁으로 우리를 돌려보낼지도 모른다. 데이트가 끝나고 더듬거리며 작별인사를 하던 모습. 하지만 우리가 그날의 일을 한 번씩 떠올릴 때마다 해마는 문제에 봉착한다. 기억을 떠올리는 순간에 우리는 첫 데이트 때의 그 장소에 있지도 않고 정신적으로도 다른 사람이 되어 있다. 컴퓨터 시뮬레이션에서 우리는 해마가 과거와 현재의 차이를 효과적으로 포착해서 그 결과에 따라 기억을 갱신하는 것을 발견했다. 첫 데이트의 기억을 떠올릴 때마다 해마의 세포연합들이 그 경험을 재구축하려고 시도하는 현재의 상황을 그 기억에 통합시키며 재편된다. 기억을 떠올리는 그 순간에 우리가 실제보다 덜 서투르게 구는 자신을 상상한다면, 이 정보가 조금 기억 속에 통합될 수 있다. 이렇게 기억이 조금씩 갱신되면서 차곡차곡 축적되기 때문에 나중에는 우리가 정말로 시간여행을 해서 10대 시절의 서투른 자신을 언변이 좋고 매력적인 사람으로 바꿔놓은 것 같은 효과를 낸다.

이 컴퓨터 모델을 통해 우리는 기억을 떠올릴 때마다 그 기억이 점차 변하는 과정을 들여다볼 수 있었다. 하지만 완전히 틀린 기억일 때는, 기억은 분명히 있는데 그 기억이 현실과는 아무런 관련이 없을 때는 어떨까?

세 개의 진실과 하나의 거짓

1980년 미셸 스미스와 그녀의 정신과 담당의(나중에 남편이 되었다) 로런스 패즈더 박사는 《미셸은 기억한다》라는 책을 통해 나중에 '사탄의 공포satanic panic'라고 불리게 된 일의 방아쇠를 당겼다. 이 책에서 스미스는 패즈더에게 수백 시간에 걸친 최면 치료를 받고 어린 시절의 억눌린 기억을 되찾았다고 말했다. 수십 년 전 사탄을 숭배하는 사이비교단에 감금되어 무시무시한 일을 겪은 기억이었다. 스미스는 여러 건의 소름끼치는 살인과 인신공양에 관한 "기억을 회복했다". 여기에는 사산된 아기들을 토막 낸 기억과 살해된 피해자의 재를 억지로 먹은 기억이 포함되었다. 그러나 그녀의 자매들은 이 주장을 전혀 뒷받침해주지 못했으며, 광범위한 수사에서도 그녀가 책에서 묘사한 범죄의 증거가 전혀 발견되지 않았다.

그런데도 《미셸은 기억한다》에서 영향을 받은 한 세대의 정신과 의사들이 패즈더의 기법을 사용하는 바람에, 수천 명까지는 아니어도 수백 명의 사람들이 극단적인 '사탄 의식을 위한 학대'의 생생한 기억을 갖게 되었다. 치료를 시작하기 전에는 전혀 기억에 없던 일이었다. 그 뒤 10년 동안 미국 전역의 수사기관이 사탄을 숭배한다고 의심되는 단체들에 대한 범죄수사를 실시했고, 패즈더는 검찰 측의 자문으로 활약했다.[5]

1980~1990년대에 이런 사건들이 점점 언론의 관심을 끌면서 엘리자베스 로프터스 같은 기억 연구자가 각광을 받았다. 그녀의 연구는 패즈더 같은 사람들이 대중적으로 널리 알린 '기억 회복 치료' 기법을 반박하는 과학적인 자료로 이용되었다. 그 전까지 잘못된 정보와 기억 갱신에 관한 연구는 대체로 주목받지 못했다. 그러나 회복된 기억을 토대로 한 범죄수사가 유행병처럼 번져나가면서 기억의 오류 가능성을 연구하는 실험심리학자와 트라우마를 경험한 사람들을 전문적으로 치료하는 정신건강 의료진 사이에 공개적인 논쟁이 벌어졌다. 저술가이자 문학비평가 프레더릭 크루스는 이 논쟁에 '기억 전쟁'이라는 이름을 붙였다.[6]

기억을 떠올리는 순간에 잘못된 정보를 심으면 기억이 오염될 수 있음을 이미 증명한 로프터스는 실험을 어디까지 밀어붙일 수 있는지 한번 시도해보고 싶었다. 적어도 일부 사례에서는 기억 회복 치료로 인해 일어난 적 없는 사건을 기억하게 되었을 가능성이 있는 것 같았다. 로프터스는 이 현상을 실험실에서 재현할 수 있을지 궁금했다. 새로운 기억을 심는 것이 가능할까? 완전히 바닥부터 거짓 기억을 구축하게 만들 수 있을까?

로프터스는 어느 파티에서 친구에게 이 아이디어에 대해 말하다가 순간적으로 영감을 얻었다. 친구가 그녀의 말을 듣고 자신의 딸 제니에게 이렇게 물었을 때였다. "네가 길을 잃었을 때 기억나?" 로프터스는 제니에게 그때 겁에 질렸는지 물었다. 대화 도중에 제니는 경험한 적 없는 사건의 조각들을 회상하기 시작했다. 기억을 심는 것이 가능할 수 있음을 직접 목격한 순간이었다. 로프터스는 자신의 아이디어를 실행하기 위해 독창적인 방법을 강구했다.

로프터스는 예전 연구에서 자신이 밝혀낸 요소들, 즉 과거 사건을 떠올리려는 반복적인 시도와 상상력, 시간 같은 요소를 바탕으로 삼았다. 그러나 제니와의 경험으로 그녀는 어쩌면 가장 중요할 수도 있는 또 다른 변수, 즉 신뢰하는 대상이 제시한 잘못된 정보에 관심이 쏠렸다.[7]

연구조수 재클린 피크렐과 함께 로프터스는 형제자매나 부모처럼 신뢰하는 가족이 정리한 어린 시절의 사건들에 관한 이야기를 실험 참가자에게 읽히는 방법을 고안해냈다.[8] 이야기에 나오는 사건들 중 세 개는 실제로 있었던 일이지만, 쇼핑몰에서 길을 잃었다는 이야기는 날조된 것이었다. 그런데도 참가자들은 신뢰하는 가족의 입에서 그 이야기들이 나왔다는 것을 알고는 어느 것도 가짜라고 의심하지 않았다. 1~2주 간격으로 두 번 참가자들을 면담하면서 연구팀은 네 개의 사건 각각에 대해 무엇이든 기억나는 것을 적어보라고 했다. 처음에는 쇼핑몰에서 길을 잃은 기억을 거의 또는 전혀 떠올리지 못했지만, 첫 번째 면담시간에는 '기억들'이 모습을 드러내기 시작했다. 두 번째 면담 때에는 훨씬 더 많은 세부사항이 덧붙여져 있었다. 실험을 끝내면서 로프터스와 피크렐은 네 개의 사건 중 하나는 만들어진 것이라고 밝혔다. 그리고 참가자들에게 어떤 사건이 가짜인 것 같으냐고 묻자 대부분의 참가자가 쇼핑몰에서 길을 잃은 사건을 지목했으나, 적지 않은 소수(24명 중 5명)는 실제 있었던 일을 조작된 사건으로 지목했다.

로프터스와 피크렐의 실험이 인위적으로 보일지도 모르겠다. 그러나 사탄의 공포 시기에 수많은 사람이 생생한 가짜 기억을 갖게 된(로프터스가 어머니의 익사사건에 대해 가짜 기억을 갖게 된 것과 같다) 이유를 설명해주는, 실제 상황을 놀라울 정도로 충실히 반영한 실험이다. 기억을 떠올리려는 거듭된 시도에 신뢰하는 대상이 제시한 잘못된 정보가 합쳐지면, 실제 경험이 아니라 기억을 떠올리려는 노력에서 탄생한 기억을 구축하는 강력한 조합이 만들어진다.

로프터스의 '쇼핑몰에서 길을 잃다' 실험은 여러 이유로 비난을 받았으나, 그 뒤로 잘 통제된 다수의 실험이 로프터스의 결론을 뒷받침해주었다. 기억을 심는 로프터스의 방법을 이용한 여러 연구를 분석한 결과, 결코 일어난 적 없는 사건을 분명히 겪었다고 확신하게 되는 사람의 비율은 평균적으로 세 명 중 한 명이었다.[9] 만들어진 기억은 어린 시절 어느 결혼식에서 사고를 겪은 기억부터 사나운 동물에게 공격당한 기억이나 거의 익사할 뻔한 순간에 구조원에게 구조된 기억, 또는 어렸을 때 악마에

썬 사람을 목격한 기억에 이르기까지 다양했다.[10]

로프터스 자신도 인정하듯, 쇼핑몰에서 길을 잃은 기억처럼 누가 심어놓은 기억이 완전히 거짓은 아니다. 거짓이라기보다는 도식에서 나온 정보와 실제 경험의 세부사항이 상상력으로 통합된 산물일 가능성이 아주 높다. 실험 참가자들은 실제로 일어났음이 분명한 사건들을 떠올리려고 거듭 시도하다가 로프터스와 피크렐이 "실제 사건의 알갱이"라고 유창하게 묘사한 요소들과 적잖은 상상력을 함께 끌어들이기 시작한다. 그러다 보면 반복적인 회상 시도로 인한 기억 갱신이 진실의 알갱이와 상상력을 융합시켜 설득력 있는 기억으로 만든다. 이런 기억을 실제 사건에 대한 기억과 구분하기는 쉽지 않다.

모든 사람이 이런 기억 이식에 굴복하는 것은 아니지만, 그 효과를 더 강화할 수 있는 요소들이 있다. 나이도 그런 요소 중 하나다. 아이와 노인은 평균적으로 기억 이식에 더 취약하다. 고립 성향(즉, 바깥세상을 무시하고 관심을 끊는 성향)이 있는 사람도 마찬가지다. 최면처럼 심상을 유도하는 기법은 대상자에게 가상의 시나리오를 상상해보라고 부추긴다. 이런 기법과 알코올, 마약 등도 기억 이식에 대한 취약성을 크게 증가시킨다.[11]

로프터스의 기억 이식 방법에 들어가는 요소가 기억 회복 치료법 중 일부에서 사용하는 요소와 기본적으로 똑같다는 점이 얄궂다. 기억 회복 치료의 목적은 환자가 충격적인 사건에 대한 기억을 '회복'할 수 있게 돕는 것이다. 기억 회복 치료에는 신뢰하는 상대(즉, 상담치료사나 정신과 의사)의 거듭된 암시, 충격적인 사건을 머릿속으로 그려보는 상상이 포함되며, 간혹 최면과 약물도 사용된다. 게다가 기억 회복 치료는 고립 성향이 있는 사람들을 겨냥할 때가 많다. 이런 치료를 옹호하는 사람들은 기억 연구를 할 때 이식되는 가상의 사건이 자기 환자들이 말하는 충격적인 기억과는 전혀 다른 종류라고 주장한다. 그러나 사실상 낯선 사람인 연구자와의 면담이 몇 차례 포함되는 연구와 달리, 기억 회복 치료를 받는 환자는 충격적인 사건의 기억을 끌어내겠다는 공동의 목표를 갖고 장기간에 걸쳐 치료사와 강렬한 관계를 형성한다. 기억 회복 치료는 로프터스의 기억 이식 방법을 억지로 강화한 것과 비슷하다.

다행히 기억 이식 효과는 되돌리는 것이 가능하다.[12] 실험을 실시한 사람이 참가자에게 잘못된 정보가 전달되었을 가능성을 말해주거나, 자신이 내놓은 기억의 정확성을 의심해보라고 귀뜸하면 된다. 실험실 연구에서 밝혀진 이런 사실들은 실제 사례들과도 일치한다. 예를 들어, 치료 중에 사탄 숭배 의식을 위한 학대 기억을 회복한 사람이 나중에 다른 치료사를 만나 자신이 과거의 여러 경험을 무심코 하나로 묶어 실제로는 존재한 적 없는 기억을 만들어냈다고 믿게 된 경우가 있다.[13] 그 뒤 몇 달 동안 그녀는 그 학대의 기억을 추적해 다양한 원천을 찾아냈다. 10대

시절에 본 영화, 자신이 쓴 단편소설, 1973년에 인기를 끈 책 《시빌》이 기억의 원천이었다. 《시빌》은 해리성정체장애(다중인격장애라고도 한다—옮긴이) 환자에 관한 책이다.

사람이 진짜 기억과 이식된 기억을 구분할 수 있다는 사실은 우리가 기억을 갱신할 때조차 자신의 기억을 감시해서 사실과 픽션을 구별하는 능력이 있음을 시사한다.

거짓 자백과 잘못된 정보를 접한 목격자

리처드 아이브스를 변호하는 편지를 썼다가 자신의 연구에 대한 대중의 거부에 부딪혔던 후고 뮌스터베르크는 심리학 연구와 기억 연구를 이용해서 형사사법 시스템을 개선하자고 열정적으로 주장했다. 그의 연구는 목격자의 기억과 스트레스 상황에서 나온 자백에만 의존한 수사 결과의 타당성에 중요한 의문을 제기했다. 그때부터 지금까지 잘못된 정보와 기억 이식에 관한 연구는 뮌스터베르크의 염려를 정당화해주었다. 이런 연구 결과는 광범위한 의미를 지닌다.

예를 들어, 어떤 사건을 기억해보라고 거듭 다그치기, 잘못된 정보, 권위를 지닌 인물이 암시적인 질문 던지기 등이 포함된 로프터스의 기억 이식 방법 앞에서 무방비한 실험 참가자가 자신이 범죄를 저질렀다는 가짜 기억을 만들어낼 수 있는지를 살펴본 연구가 있다. '쇼핑몰에서 길을 잃다' 실험에서처럼 이 연구에서도 참가자들의 부모가 실제 사건에 대한 정보를 제공한 다음 실험자들이 가상의 사건을 덧붙였다. 참가자가 범죄를 저질러서 경찰이 개입했다는 내용이었다. 참가자들은 여러 날에 걸쳐 그 사건을 떠올려보라는 요구를 받았다(만약 기억이 나지 않는다면, 그 사건이 어떻게 벌어졌을지 상상해보라는 요구가 뒤따랐다). 실험이 끝날 무렵, 25퍼센트 이상의 참가자들이 범죄에 관한 풍부한 기억을 갖고 있었고 다른 40퍼센트는 자신이 범죄를 저질렀다고 믿었다.[14]

현실에서 심문도 똑같은 결과를 이끌어낼 수 있다. 형사들의 훈련에 널리 쓰인 2001년 지침서에 개략적으로 설명된 심문 방법인 '리드 기법'에는 용의자의 기억을 충분히 오염시킬 수 있는 일련의 전술이 포함되어 있다.[15] 리처드 아이븐스 사건에서처럼, 형사는 먼저 용의자에게 그가 죄를 지었다고 말한다. 이것만으로도 용의자가 처음 떠올린 기억의 정확성을 의심하게 만들 수 있다. 그다음에는 용의자에게 사건에 관해 선별된 사실 몇 가지를 반복적으로 말해주면서 그 범죄가 어떻게 저질러졌을지 상상해보라고 요구한다. 용의자의 죄를 입증하는 거짓 정보를 일부러 제시할 때도 있다. 그러면 용의자는 문제의 그 사건에 대한 자신의 기억을 더욱 의심하게 된다. 이때 형사는 용의자에게 공감과 연민을 보여 그의 신뢰를 얻어야 한다.

극단적인 스트레스 상황에서 여러 시간 한 사건의 기억을 떠올리려고 거듭 시도할 뿐만 아니라, 권위 있고 믿어도 될 것 같은 사람이 범죄의 중요한 세부사항을 알려주면서 잘못된 정보를 제시하고, 범죄가 어떻게 벌어졌을지 상상해보라고 조언까지 한다면 리처드 아이븐스처럼 강인하지 못한 사람은 자신이 저지르지 않은 범죄를 기억하게 될 수 있다.

수사 과정에서 목격자의 기억 또한 오염될 수 있다. 목격자는 핵심적인 사건을 떠올리려고 시도하는 중에 유도적인 정보가 (때로는 무심코) 제공되면 기억 갱신에 취약해진다. 1984년에 성폭력을 당한 제니퍼 톰프슨의 사례를 생각해보자.[16] 범인을 찾기 위해 경찰에 협조하는 과정에서 톰프슨은 몽타주 작성을 도와달라는 요청을 받았다. 그래서 코, 눈, 눈썹, 입술, 귀 등 이목구비가 그려진 종이를 여러 장 훑어보았다. 그다음에는 일련의 사진이 제시되었다. 톰프슨은 사진을 훑어보다가 론 코튼이라는 젊은 흑인 남자가 범인인 것 같지만 확실치는 않다고 말했다. 그녀가 코튼을 지목한 뒤 형사는 이렇게 말했다. "우리도 이놈이 아닌가 했어요."

그다음에는 한 줄로 늘어선 사람들 중에서 용의자를 찾아낼 차례였다. 자신을 공격했다고 의심되는 남자와 같은 공간에 있다는 사실만으로도 톰프슨은 너무 불안해서 토할 것 같았다. 앞에 서 있는 두 남자 중 누가 범인인지 확실치 않았는데도, 결국 그녀는 다시 코튼을 지목했다. 그녀가 여전히 불안에 떨며 그 방을 나설 때 경찰관이 이렇게 말했다. "저놈이 그놈이에요… 아까 당신이 지목한 놈." 톰프슨은 자신이 범인을 찾아냈다고 확신했다. 그리고 1985년에 론 코튼은 그 범죄로 유죄 판결을 받았다. 그렇게 10년을 복역하고 DNA 검사로 진범이 확실히 밝혀진 뒤에야 코튼은 혐의를 벗었다. 이미 한 번 충격적인 경험을 한 톰프슨은 수사 과정에서 다시 충격적인 경험을 했고, 그로 인해 기억 갱신이 재앙으로 이어지는 데 딱 맞는 여건이 마련되었던 것이다.

범인의 얼굴을 떠올리려고 시도한 뒤에 완성된 몽타주를 본 것이 그녀의 기억에 영향을 미친 일련의 사건 중 첫 단계였다. 사진을 보고 범인을 지목하는 단계에서 톰프슨은 범인의 얼굴을 떠올리려 시도했고, 경찰관에게서 그 결과를 확인해주는 반응을 얻었다(설득력 있는 말이었으나 나중에 알고 보니 잘못된 정보였다). 상황을 더 복잡하게 만든 것은 톰프슨이 사진을 보고 범인을 지목할 때와 앞에 늘어선 사람 중에서 범인을 지목할 때 모두 등장한 사람은 코튼이 유일했다는 점이다. 그렇게 해서 톰프슨이 사진을 고를 때 갱신된 기억을 바탕으로 코튼을 잘못 지목할 가능성이 생겨났다.

그런데도 여전히 확신이 없다고 톰프슨이 말하자 경찰관은 그녀가 올바른 선택을 했음을 확인해주는 잘못된 정보를 더 많이 제공하는 마지막 단계를 밟았다.

제니퍼 톰프슨과 론 코튼의 사례는 목격자에게 암시가 담긴 질문을 반복적으로 던지는 방법과 극단적인 스트레스 상황에서 용의자나 목격자를 심문하는 방법이 기억 왜곡을 초래해 재앙을 낳은 많은 사례 중 하나에 불과하다. 지금은 수사기관들이 이 문제에 대해 점점 더 많이 의식하고 있어서 이런 부당한 일을 예방하기 위해 기억 갱신에 관한 과학적인 연구 결과를 토대로 개혁을 실행한 곳이 많다.

잘 변하지만 흐물흐물하지는 않아

몇 년 전 자신의 건물에 사는 여성 다수에게 성폭력을 저지른 건물주를 기소한 검사에게서 연락이 왔다. 그녀는 피해자들이 서로의 존재를 알아차리는 데 몇 년이 걸렸다면서, 피고 측이 로프터스의 연구를 이용해 그동안 세월이 흘렀으니 피해자들의 기억을 믿을 수 없다고 주장할까 봐 걱정스럽다고 말했다.

안타까운 일이지만, 충격적인 사건을 겪은 사람들은 그동안 기억 전쟁에서 부수적인 피해를 입었다. 기억의 변형 가능성을 다룬 기사들은 기억 갱신 연구 결과를 멋대로 이용해서 오래전에 일어난 일에 관한 기억은 누구의 것이든 결코 믿을 수 없다고 암시할 때가 많았다.[17] 그리고 이런 공격은 미투 운동 때 피해를 증언하고 나선 사람들을 상대로 한결같이 이용되었다. 이런 주장은 위험하다. 충격적인 사건을 겪은 사람들의 머릿속에 스스로를 의심하는 마음과 혼란의 씨앗을 뿌릴 뿐만 아니라, 과학적인 연구 결과와도 일치하지 않는다.

잘못된 정보의 효과를 다룬 문헌들을 자세히 살펴보면, 기억이 변형될 수는 있지만 흐물흐물하지는 않다는 것을 알 수 있다. 기억의 정확성과 (엘리자베스 로프터스의 사례를 포함한) 법적인 파급효과를 연구한 학자들은 연구실에서 거짓 기억의 효과를 재현할 때 어떤 한계가 있는지 잘 알고 있다. 앞에서 언급했듯이, 기억 이식에 관한 실험실 연구를 분석한 논문 중 적어도 한 편은 대다수 사람들이 일어난 적 없는 사건에 대해 상세한 거짓 기억을 떠올리지는 않는다고 암시한다. 비록 잘못된 정보가 기억을 오염시킬 수 있다 해도, 어떤 조건하에서는 더 정확한 기억을 떠올리는 데 도움이 될 수도 있다.[18] 예를 들어, 원래 사건에 대한 기억이 충분해서 잘못된 정보를 포착해낼 수 있다면, 그 덕분에 원래 기억이 더욱 강화될 수 있다. 다음 장에서 보겠지만, 방금 떠올린 기억을 강화하는 능력은 인간의 학습에서 기본적인 요소 중 하나다.

또한 기억 갱신 실험이 신뢰받는 사람이 잘못된 정보를 심는 구체적인 방법에 의존하고 있음을 반드시 고려해야 한다. 즉, 충격적인 사건을 겪은 많은 사람의 경험을 대변하지 않는다는 뜻이다. 어렸을 때 성적인 학대를 겪은 사람들은 대부분 그 충격적인 기억을 회복할 필요가 없다. 오히려 그 기억이 일관되게 잘 떠오를 때가 너무 많다. 그런 피해자들은 학대를 겪은 뒤 몇 년, 심지어 몇십 년 뒤에도 그 경험의 여러 일면을 놀라울 정도로 정확히 떠올린다.[19] 기억 억압에 관한 주장과는 반대로, 심한 트라우마는 때로 더욱 정확한 기억을 낳는다. 내가 재향군인 병원에서 만난 많은 참전군인은 군복무 중의 경험과 관련된 PTSD로 고생하고 있었다. 그들과 마찬가지로, 충격적인 사건을 겪은 사람들도 잊고 지내던 트라우마가 갑자기 기억나서 괴로워하는 게 아니라 그 일을 끊임없이 다시 경험하는 듯한 악몽 때문에 힘들어하는 경향이 있다.

기억 억압이라는 개념을 뒷받침하는 증거를 학자들이 아직 찾아내지는 못했지만, 사람들이 '기억 회복', 즉 어떤 사건에 대한 기억을 떠올리고 전에는 그 기억을 떠올리지 못했다고 믿어버리는 경험을 하는 것처럼 보이는 이유는 아주 많다. 우선 그 일을 그들이 정말로 잊어버린 적이 없기 때문에 그런 경험을 할 수 있다. 많은 경우 사람들은 한참 나이를 먹은 뒤에야 과거의 충격적인 경험을 털어놓는다. 그러니 그 모습만 지켜본 사람이라면 그것이 '회복된 기억'이므로 믿음직스럽지 못하다는 잘못된 결론을 내릴지도 모른다. 사실은 원래 그 기억이 존재하고 있었으나 당사자가 그 경험을 남들에게 털어놓을 준비가 안 되었던 것뿐인데 말이다. 또는 피해자가 그 충격적인 경험을 오랫동안 생각하지 않고 외면한 끝에 과거에 존재하던 기억의 가닥을 놓쳐버린 것일 수도 있다.[20] 또한 억압 때문에 충격적인 경험이 잊힌 것이 아니라, 어린 시절 트라우마의 기억에도 일반적인 기억의 규칙이 적용되기 때문일 가능성도 있다. 트라우마가 발생한 장소를 다시 찾아갈 때처럼 특정한 맥락이나 상황에 놓였을 때 그동안 잊고 있던 사건을 되새기게 될 수 있다는 뜻이다.

기억 갱신의 가장 흥미로운 일면은 망각이나 정확한 기억을 우리가 얼마나 조절할 수 있는가 하는 점인 듯하다.[21] 우리가 충격적인 기억을 자동으로 억압한다는 주장에는 과학적인 근거가 없지만, 슈퍼마켓에서 줄을 서서 기다리는 동안 진열대의 초코바를 카트에 넣고 싶은 충동을 참을 때와 크게 다르지 않은 방식으로 기억을 억누를 수 있다고 암시하는 증거가 몇 가지 있다. 연구자들은 연구실에서 이런 현상을 비슷하게 흉내 내기 위해, 참가자들에게 단어를 외우게 한 다음 그 기억을 억눌러 다시는 생각하지 말라고 요구했다. 놀랍게도 이 간단한 지시가 효과를 발휘했다. 어떤 기억을 머릿속에서 몰아내려고 적극적으로 애쓰다 보면 나중에 그 기억을 떠올리기가 더 어려워질 수 있다. 연구자가 억압된 기억 속 단어들을 떠올리면 돈을 주겠다고 제안

해도 마찬가지였다.

대학생들에게 단어나 그림을 외우라고 시킨 연구에서 기억 억압의 효과는 크지 않았으나, 현실에서는 일부 사람들에게 좀 더 의미심장한 영향을 미칠 수 있었다. 충격적인 경험을 기억하는 일은 고통스럽다. 따라서 그런 일을 겪은 많은 사람이 그 기억을 머릿속에서 몰아내려고 적극적으로 애쓰는 이유를 이해할 수 있다. 오랜 세월 동안 그 기억을 거듭 억누르다 보면, 기억이 흐릿해져서 떠올리기 어려워질 수도 있다.

이 모든 연구는 우리가 자신의 기억을 믿어도 되는 상황과 기억 갱신의 가능성을 걱정해야 하는 상황을 분명히 밝혀주었다. 또한 기억 전쟁을 넘어 기억에 대해 좀 더 섬세한 시각을 갖는 데에도 도움이 되었다. 현재 대부분의 임상심리학자는 반복적인 암시가 기억 갱신과 왜곡으로 이어질 수 있다고 인정한다. 반대로 대부분의 실험심리학자(나도 포함)는 사람들이 충격적인 경험의 여러 일면을 정확히 기억할 수 있으며, 기억 갱신으로 인해 극단적인 사건이나 충격적인 사건에 대해 완전히 새로운 기억이 만들어지는 경우는 드물다는 말에 고개를 끄덕일 것이다. 우리는 새로 밝혀진 이런 사실을 이용해서 기억 갱신의 부정적인 영향을 피하고 오히려 그 힘으로 우리 삶을 개선할 수 있다.

갱신의 밝은 면

우리 뇌는 비틀거리지 않는다. 우리가 진화해온 역동적이고 예측하기 힘든 세상에서 뇌는 과거를 이용하는 데 훌륭하게 적응했다. 일어난 적이 없는 일을 기억하는 데는 적응하지 못한 것이 분명하지만, 과거의 기억을 변형시킬 수 있다는 점에는 중요한 이점이 있다. 세상은 끊임없이 변하고 있으므로, 그 변화를 반영해서 기억을 갱신하는 일이 반드시 필요하다. 전에 즐겨 가던 식당을 다른 사람이 인수한 뒤 그 식당에서 갑자기 식중독에 걸린다면 좋아하는 식당 목록을 조정할 필요가 있다. 믿을 만하다고 생각하던 사람이 거짓말을 하는 현장을 포착한다면, 앞으로는 그 사람이 제공하는 정보를 조금 회의적으로 보게 될 것이다. 기억 갱신이 없다면 이렇게 새로운 정보를 바탕으로 행동을 조정하는 유연성을 발휘할 수 없다.

많은 신경과학자가 기억 갱신이라는 기능의 안내자는 바로 우리 유전자라고 믿는다. 5장에서 잠깐 언급했듯이, 우리가 새로운 경험을 하면 뉴런의 연결이 수정돼 나중에 그 기억에 다시 접근할 수 있게 된다. 신경조절물질은 뉴런 안에서 유전자를 작동시켜 학습 도중에 만들어진 신경 연결의 강도와 효율을 증가시키는 단백질을 생산하라는 명령을 내리는 방식으로 신경 연결의 변화가 굳어지는 데 일조한다. 과거 학자들은 학습으로부터 몇

합의

시간이 지나면 이 과정이 대체로 끝나 기억이 굳어진다고 생각했다. 이 과정을 전문용어로 '응고화consolidation'라고 한다. 응고화에 대한 이런 믿음을 뒤집은 것은 신경과학자 카림 네이더와 조지프 르두의 연구 결과였다. 그들은 우리가 기억을 떠올릴 때마다 응고화 과정이 순서대로 진행되는 것 같다고 주장했다.[22]

동물이 어떤 위협, 예를 들어 삐 소리가 날 때 작은 충격이 가해진다는 사실을 새로 학습한다고 가정하자. 응고화 과정이 시작되어 그 기억이 안정화된다. 나중에 우리가 동물에게 삐 소리를 다시 들려주면서 충격을 가하지 않는다면, 기억의 안정성이 깨진다. 신경세포들이 응고화에 필요한 단백질을 더 이상 생산하지 않게 만들면, 나쁜 기억을 효과적으로 지울 수 있다. 그래서 동물은 그 뒤에 삐 소리를 들어도 당황한 기색을 전혀 보이지 않는다. 이런 종류의 연구에서 나온 결론은, 우리가 어떤 사건을 떠올릴 때 반드시 그 기억을 재응고화해야 한다는 것인 듯하다. 만약 재응고화가 차단된다면, 그 기억을 지울 수 있다.

재응고화를 방해하는 가장 믿음직스러운 방법은 인간이 아닌 생물에게만 사용할 수 있다. 예를 들어, 유전자 변이가 있는 생쥐를 연구하거나 상당히 강력한(그리고 독성도 있는) 약을 써서 기억을 떠올린 뒤 시작되는 분자 변화를 교란하는 방식이다. 이런 방법을 인간에게 사용하는 것은 윤리적이지 않을 뿐만 아니라 가능하지도 않다. 그래서 학자들은 인간이 겪는 재응고화를 증명하기 위해 다른 방식을 사용했다. 주의를 산만하게 만드는 방식 또는 상당히 무해한 약을 투여해서 사람이 무서운 기억을 떠올렸을 때의 공포 반응을 차단하는 방식이다. 이런 연구의 성공 여부는 저마다 달랐으며,[23] 각각의 연구소는 다른 연구소의 결과를 잘 재현하지 못했다. 이런 어려움에도 불구하고 재응고화를 기반으로 한 PTSD 치료법의 임상시험이 여러 차례 실시되었다.[24] 학자들은 MDMA 같은 약으로 인해 충격적인 기억의 안정성이 깨지기 때문에 환각제를 보조제로 사용하는 심리요법이 효과가 있는 것인지 연구하고 있다.[25]

내 생각에, 임상에서 재응고화를 안정적으로 사용할 수 있는지는 아직 확실하지 않다. 그러나 연구 자체에서 더 깊은 메시지를 얻을 수 있다. 기억을 꺼낸 순간부터 기억의 강화, 약화, 수정이 가능하다는 사실은 이미 알려졌다. 이런 식의 기억 갱신이 바로 심리요법의 핵심이며, 심리요법은 기본적으로 과거에 만들어진 신경 연결을 바꾸는 것이다. 목표는 기억을 지우는 것이 아니다. 상황에 맞게 기억을 갱신해서, 다른 시각에서 그 기억에 접근해 과거와 다른 관계를 맺게 하는 것이다.

이런 방법이 충격적인 기억에만 적용되는 것은 아니다. 불쾌한 감정으로 얼룩진 일상의 기억, 우리가 누군가에게 잘못을 저지르거나 남이 우리에게 잘못을 저지른 기억을 지닌 사람이 많다. 우리 뇌가 이런 기억을 수정할 수 있게 진화했다는 사실은 우리가 그 기억에 새로운 시각을 적용해서 새로운 감정을 느낄 수 있다는 뜻이다. 상사가 자신에게 쏘아붙이던 기억을 떠올리다가 그가 그날 유난히 스트레스 심한 하루를 보냈다는 점을 생각하면 그 기억을 바라보는 시각을 바꾸고 싶어질지도 모른다. 또는 기분 나쁜 데이트의 기억이 오히려 자신이 어떤 파트너를 원하는지 알아볼 기회로 보일 수도 있다. 기억을 떠올리면서 과거를 바라보는 시각을 바꿀 수 있다면, 고통스러운 기억을 갱신해서 비교적 참을 만한 기억으로 바꿀 수 있을 것이다. 어쩌면 이런 변화가 심지어 성장으로 이어질지도 모른다.

9장

약간의 고통,
더 많은 소득

실수를 저지를 때 더 많이 배우는 이유

나는 실수에서 배운다. 고통스러운 학습 방법이지만,
옛 속담처럼 아픔이 없으면 얻는 것도 없다. _ 조니 캐시

기억을 연구하는 학자 겸 대학교수라서 누리는 독특한 이점
중 하나는 실험실에서 알아낸 것을 교실에서 쓸 수 있어서 궁극
적으로 더 나은 선생이 된다는 점이다.

나는 2002년에 처음으로 학부 수업을 했다. 강의 제목은 '인
간의 학습과 기억'이었다. 당시 내 딸 마이라는 아기였고, 나는
데이비스 캘리포니아대학교에서 조교수로 막 일을 시작한 참이
었다. 내가 조금 미숙하긴 했어도 수업은 잘 진행되었다. 그리고
그 뒤로 18년 동안 나는 수업 내용을 계속 다듬었다. 마이라가
자라서 대학에 입학하려고 집을 떠날 무렵, 내 수업은 내게 편안

한 일상이 되어 있었다. 그런데 전염병이 세계적으로 유행하는 바람에 가르치는 방법을 다시 구성할 수밖에 없었다.

봉쇄와 사회적 거리두기로 교육자들이 급속히 비대면수업으로 돌아설 수밖에 없는 상황이 벌어지고 10개월이 흐른 2021년 1월, 나는 새로운 학기의 시작을 앞두고 긴장한 상태였다. 전 세계의 수많은 교육자와 마찬가지로, 컴퓨터 화면에 바둑판 모양으로 얼굴만 배열된 학생들을 어떻게 가르치고 어떻게 의욕을 불어넣어야 할지 걱정스러웠다. 마이라가 직접 강의실에서 들었다면 더 좋았을 수업에 어떻게든 열심히 참여하려고 애쓰는 모습을 지켜보았으므로, 내 학생들이 온라인 강의를 어떻게 받아들일지 걱정하지 않을 수 없었다. 나는 원격수업을 제대로 해내려면 강의하는 방법에 대해 근본적으로 다시 생각해봐야 한다는 것을 깨달았다.

거의 20년 동안 나는 중간고사 두 번과 기말고사 한 번의 결과를 학생들의 성적에 가장 크게 반영했다. 강의실에서 직접 수업할 때는 시험을 실시하기가 쉬웠지만, 온라인 수업에서는 부정행위를 방지하기가 거의 불가능했다. 따라서 시험을 척도로 학생들의 학업 성취를 측정한다는 전통적인 생각을 버릴 수밖에 없었다. 이렇게 현실에 항복하고 나니, 완전히 다른 목적으로 시험을 이용할 수 있겠다는 가능성이 열렸다. 나는 시험을 학습 성과를 측정하는 도구로 보지 않고 대신 학습 의욕을 일으키는 도구로 사용하기로 했다. 이를 위한 답은 바로 내 실험실에 있었다.

우리는 방금 본 자료에 대해 시험을 실시하면 시간이 흐른 뒤에도 그 정보를 계속 잊어버리지 않는 능력이 극적으로 증가한다는 수십 년 전 연구를 바탕으로 뇌 영상 연구를 하고 있었다. 당시 이 실험에 사용하던 모델을 바탕으로, 나는 매주 사흘의 시간을 정한 뒤 그 기간 동안 아무 때나 학생들이 오픈북 쪽지시험을 온라인으로 치를 수 있게 했다.

학생들은 내게 답을 적은 시험지를 제출한 뒤 정답을 확인하며 자신의 실수에서 교훈을 얻을 수 있었다. 정답을 맞혔다면, 그들이 이미 학습한 것이 답을 확인하는 과정에서 더욱 단단히 강화되었을 것이다.

이렇게 매주 쪽지시험을 치른 것은 학생들을 괴롭히기 위해서가 아니라, 수업 중에 다룬 내용에 대해 학생들이 비판적으로 생각해보게 하기 위해서였다. 이 쪽지시험은 또한 내가 필요한 경우 학생들에게 피드백과 지원을 제공할 수 있는 기회이기도 했다. 이 주간 쪽지시험에서 다룬 내용이 중간고사에도 다시 등장했으므로, 학생들은 중간고사에 대비해서 지식을 더 예리하게 다듬는 기회로 쪽지시험을 이용할 수 있었다.

그 학기가 절반쯤 지났을 때, 나는 온라인 수업이 잘 진행되고 있는지 확인하려고 학생들에게 중간 수업평가서를 작성해달

합의

라고 말했다. 평가서에 적힌 답변들은 나의 가장 황당한 상상조차 뛰어넘는 수준이었다. 가장 놀라운 것은 "주간 쪽지시험이 학습에 도움이 되었는가?"라는 질문에 85퍼센트의 학생이 "매우 그렇다"고 답했다는 점이었다. 한 학생은 심지어 수업에서 가장 좋은 점이 무엇이냐는 질문에 "쪽지시험"이라는 답변을 달았다. "중간고사 준비에 도움이 되고, 방금 배운 내용으로 시험을 치르는 것이 그 내용을 기억하는 데 효과가 좋기 때문"이라는 것이었다. 교사가 아닌 독자들을 위해 말하자면, 학생들은 종류를 막론하고 모든 시험에 대해 긍정적으로 말하는 경우가 거의 없다. 그런데 이 학생들은 내가 새로 실시한 주간 쪽지시험이 수업의 좋은 점 중 하나라고 말했다.

지금 생각해보면, 이 방법을 왜 몇 년 전에 일찍 도입하지 않았는지 모르겠다. 인간 뇌 기능의 간단한 원칙을 이용하는 방법인데 말이다. 우리 뇌는 실수와 도전에서 교훈을 얻도록 만들어져 있다. 이것을 '실수 기반 학습error-driven learning'이라고 부른다. 내 생각에는 이 간단한 원칙으로 학습하기에 가장 좋은 조건과 망각으로 이어지는 조건은 물론 심지어 수면 중에 일어나는 기억의 변화에 이르기까지 다양한 현상을 설명할 수 있을 것 같다.

고생은 진짜다

쉰 살이 되던 해에 나는 두 가지 결심을 했다. 책을 쓰자는 결심(그 책을 지금 여러분이 읽고 있다)과 서핑을 배우자는 결심이었다. 두 번째 결심은 내가 박사학위를 따기 위한 여정에서 마주친 그 어떤 도전보다도 더 나를 겸허하게 만들고 있다. 문제 중 하나는 내 몸 상태가 별로라는 것이다. 서핑은 코어 근육에 엄청난 부담을 주는데, 나는 코어 근육이라는 것이 있는 줄도 몰랐다. 게다가 서핑을 위해 배워야 할 것이 너무 많아서 학습곡선이 믿을 수 없을 만큼 가파르다. 패들링 기법, 파도를 '읽어서' 올바른 위치를 잡고 딱 맞는 순간에 패들링을 시작하는 법, 내가 파도를 정말로 붙잡은 순간을 알아내는 법 등을 배워야 한다. 그리고 운 좋게 이 단계까지 이르렀다면, 물속으로 고꾸라지기 전에 두 발로 벌떡 일어서는 법도 익혀야 한다. 도중에 한 번이라도 실수를 저지르면 물살에 휩쓸린다. 신체적으로는 부담이 크고 정신적으로는 기가 죽는 일이다.

서핑 같은 새로운 스포츠를 배울 때든, 새로운 언어를 배울 때든, 악기 연주를 배울 때든, 실수를 저질렀을 때의 괴로움이 학습의 가장 큰 장애물 중 하나다. 특히 학습곡선 초입에서 갑갑해질 때가 많다. 그러나 내가 배우려는 일을 아주 자연스럽게 해내는 전문가라도 실수부터 저질러대던 풋내기 시절이 있었을 것

함의

이다. 풋내기가 전문가가 되려면 능력의 한계까지 자신을 계속 밀어붙여야 한다. 고통이 없으면 얻는 것도 없다. 하지만 약간의 고통이 아주 많은 성과로 바뀔 수도 있다.

내가 말하는 것은 육체적 고통이 아니다. 실수를 저질렀을 때의 정신적 고통, 그리고 간혹 느껴지는 감정적 고통이다. 고통을 일종의 품성 함양 도구로 삼자는 말을 하는 것도 아니다. 내가 방금 말한 성과는 실수를 학습 기회로 이용하는 것과 관련되어 있다.

실수 기반 학습은 뇌의 운동 시스템에서 확실히 확립된 원칙이다.[1] 다시 말해서, 우리가 자신이 하고자 하는 일과 실제로 할 수 있는 일 사이의 차이를 관찰해서 숙련된 동작을 학습한다고 믿는 신경과학자가 많다는 뜻이다. 예를 들어, 음악가가 이미 잘 알고 있는 노래를 연습할 때 어떤 부분은 비교적 쉽게 넘어가겠지만 코드를 잡기 어려운 부분도 있을 것이다. 노래를 부를 때마다 그 노래의 모든 부분을 새로 기억하는 것은 지극히 비효율적인 방법이다. 따라서 노래의 어려운 부분을 좀 더 잘 다룰 수 있게 기억을 살짝 비트는 것이 더 나은 해결책이다.

실수 기반 학습은 또한 암기를 통한 수동적 학습보다는 행동을 통한 적극적 학습에 따라오는 이점도 이해할 수 있게 해준다. 처음 온 동네를 택시로 지나가기보다는 직접 차를 몰고 돌아다닐 때 그곳의 지리를 훨씬 쉽게 익힐 수 있다. 새로운 환경을 실제로 돌아다닐 때의 많은 이점 중 하나는 그냥 지도만 볼 때와는 달리 자신의 결정과 행동이 낳은 결과에서 정보를 학습할 기회가 생긴다는 점이다. 다른 활동에서도 비슷한 메커니즘이 작동할 때가 많다. 드레스리허설 중인 배우든, 스크럼을 짜고 경기 중인 미식축구 선수든, 이사회 발표를 연습 중인 기업 중역이든, 모두 실수 기반 학습의 이점을 직관적으로 이용하고 있다.

기억 연구자들은 힘든 상황에서 이루어지는 학습에 이점이 있다는 사실을 오래전부터 알고 있었다.[2] 학생들이 시험을 어떻게 준비해야 하느냐는 실용적인 질문을 생각해보자. 온 세상에서 대부분의 학생이 사용하는 가장 간단한 방법은 교과서를 반복적으로 읽어서 외우려고 시도하는 것이다. 그러나 인지심리학자 헨리 로디거와 제프 카픽은 다른 방법을 생각해보았다. 공부를 하는 대신 스스로 시험을 보는 방식으로 훈련하면 어떨까?[3] 직관적으로 생각할 때는 스스로 시험을 보는 방법보다 계속 책을 읽어 공부하는 방법이 더 나은 것 같다. 정답을 암기하면 되는데, 어쩌면 오답을 쓸 수도 있는 위험을 무릅쓸 이유가 없지 않은가.

로디거와 카픽은 학습 도구로서 시험이 지닌 힘을 암시한 연구를 많이 보았기 때문에 일반적인 통념에 기꺼이 반기를 들었다. 시험의 효과를 조사하기 위해 학생들을 두 집단으로 나눠 토플 책에서 발췌한 부분들을 암기하게 했다. 한 집단은 그 자

　　　　　　　　　　　　　　함의

료를 열네 번쯤 읽어서 암기했고, 다른 집단은 서너 번 자료를 읽은 뒤 세 번 시험을 치르면서 외운 것을 최대한 떠올리려고 노력했다. 반복적인 학습을 한 집단은 반복적으로 시험을 치른 집단보다 훨씬 더 자신감이 넘쳤고, 처음에는 그 자신감에 근거가 있는 것 같았다. 시험을 치른 집단에 비해 학습 성취도가 조금 나았기 때문이다. 반복적인 학습을 한 집단이 시험을 치른 집단에 비해 자료를 더 많이 읽었으니 무리도 아니었다. 로디거와 카픽은 일주일 뒤 그날 학습한 것을 학생들이 얼마나 기억하는지 확인해보았다. 그 결과 엄청난 차이가 드러났다. 반복적으로 학습한 학생들은 평균적으로 공부한 내용의 절반만 기억하고 있었으나, 시험을 치른 학생들은 85퍼센트 이상의 내용을 기억했다. 반복적으로 학습한 학생들은 공부를 열심히 해서 자료를 훨씬 많이 머릿속에 집어넣었다고 생각했지만, 시험을 치른 쪽의 가성비가 훨씬 더 높았다.

로디거는 물리학과 달리 기억 연구라는 학문에는 '법칙'이 없다는 글을 쓴 적이 있다.[4] 그러나 학습과 비교했을 때 시험에서 얻을 수 있는 이점(일명 시험효과)은 거의 중력의 법칙만큼이나 믿을 만하다. 시험효과는 다양한 상황에서 치러진 수많은 연구로 증명되었다.[5] 시험효과에는 지금도 반박의 여지가 없지만, 이 방법이 기억에 왜 그토록 강력한 영향을 미치는지에 대해서는 아직도 학자들의 의견이 분분하다.

이 의문에 대한 가장 단순한 답은 시험에서 사람들의 약한 부분이 드러난다는 것이다. 대체로 사람들은 방금 학습한 정보를 계속 기억하는 능력에 대해 지나치게 자신한다. 로디거와 카픽의 실험에 참가한 학생들도 반복적인 학습으로 더 많은 것을 배웠다고 생각했다. 학습한 내용이 정말로 머릿속에 들어 있는지 확인한 적이 없기 때문이다. 시험을 치른 학생들은 방금 잘 외웠다고 생각한 정보를 떠올리려고 애쓰면서, 때로는 아예 떠올리지 못하기도 하면서 겸손을 배웠다. 그 결과 생각만큼 많은 것을 외우지 못했음을 깨닫고 더욱 열심히 노력했을 가능성이 있다.

그러나 시험이 단순히 우리를 겸손하게 만들어주기만 하는 것은 아니다. 스와힐리어를 배우고 싶은 사람이 있다고 가정하자. 그런데 미처 공부를 시작하기도 전에 누가 묻는다. "'우신기지'가 무슨 뜻이지?" 스와힐리어가 모국어가 아닌 사람이라면 십중팔구 정답을 모를 테니, 그 사람은 답을 추측해보려고 한참 애를 쓴 뒤에야 '잠'이라는 답을 알아낸다. 언뜻 보면 시험이라는 방법을 무식하게 사용하는 것처럼 보일 것이다. 아직 배우지도 못한 문제의 답을 찾아내려고 애쓰는 것은 우리가 생각하는 교육과는 많이 어긋나기 때문이다. 그런데 놀랍게도 이런 식의 '사전 시험'이 학습에 놀라울 정도로 효과를 발휘한다.[6] 뇌가 틀릴 가능성이 높은 답이 나올 줄 알면서도 한참 애를 쓰도록 한 다음 정답을 학습하게 해주는 것이 왜 좋은 방법일까?

일반적인 통념에 따르면, 잘못된 정보를 꺼내놓는 것은 쓸모가 없을 뿐만 아니라 심지어 역효과를 내는 일이기도 하다. 경쟁과 간섭을 불러오기 때문이다. 신경과학 분야의 가설들은 대부분 뇌에 처음부터 올바른 정보를 주는 편이 더 나을 것이라고 예측한다. 그러나 뇌가 적극적으로 고민할 기회를 주는 것이 학업 성취도를 높이는 데에도, 그렇게 배운 정보를 오랫동안 기억하는 데에도 도움이 되는 것 같다.

1992년 인지심리학자 마크 캐리어와 할 패슐러는 기억의 이 원칙을 설명하기 위해 흥미로운 가설을 내놓았다.[7] 컴퓨터공학에서는 컴퓨터가 힘들게 노력해야 하는 상황에서 더 많은 학습을 한다는 사실이 잘 알려져 있다. 현대 인공지능 시스템의 뼈대를 이루는 신경망 모델은 시행착오를 통해 인공 뉴런들의 연결을 비틀어서 정답을 찾아내는 능력을 계속 향상시키는 방식으로 학습한다.[8] 캐리어와 패슐러는 이런 식의 실수 기반 학습이 인간에게도 도움이 될지 모른다고 제안했다.

내 연구실의 연구원 샤오난 류(지금은 홍콩중문대학교 교수다), 대학원의 내 제자 앨런 정, 랜디 오라일리와 함께 나는 실수 기반 학습이 인간의 뇌에서 어떻게 작동하는지 확인하기 위해 우리 신경망 모델('상자 안의 해마')에 시험효과 시뮬레이션을 적용했다.[9] 기억에 관한 일반 이론에 따라 해마가 들어오는 모든 정보를 기록한다고 가정했을 때, 우리 모델은 새로운 정보를 암기할 수는 있었지만 오래 기억하는 데는 어려움을 겪었다. 로디거와 카픽의 실험에서 반복적인 학습을 통해 공부한 학생들의 경우와 비슷하다. 우리가 모델을 변형해 실수 기반 학습을 적용하자 해마에 터보엔진을 장착한 것 같은 결과가 나왔다. 간섭현상 앞에서도 훨씬 많은 정보를 학습하고 기억할 수 있었다는 뜻이다.

이 해마 모델의 속을 자세히 들여다봤더니, 시험효과는 실수에서 나오는 것이 아니라 방금 학습한 것을 떠올리라고 자신을 다그치는 데서 나온다는 것을 알 수 있었다. 그 이유를 알기 위해 세포연합 비유로 돌아가보자. 우리가 자신의 능력을 시험할 때, 뇌는 정답을 내놓으려고 애쓰겠지만 딱히 완벽한 결과를 내지 못한다. 뇌는 조금 더 노력해서 우리가 학습한 내용과 어렴풋이 비슷한 답을 내놓는다. 이렇게 노력하는 과정이 엄청난 학습 기회를 제공한다. 이런 식으로 자신의 기억을 시험하다 보면 세포연합의 약점이 노출되기 때문에 기억을 갱신해 유용한 연결은 강화하고 방해되는 연결은 잘라낼 수 있다. 같은 것을 몇 번이나 다시 학습하기보다는 올바른 신경 연결에 초점을 맞춰 손을 보는 편이 훨씬 더 능률적이다. 이때 기억 갱신이 열쇠다. 아직 잘 모르는 정보에 초점을 맞추는 것이 우리 뇌가 공간을 절약하고 신속히 학습하는 가장 능률적인 방법이기 때문이다.

실수 기반 학습이 대개 이로운 결과를 낳지만, 중요한 조건이 하나 있다. 실수 기반 학습은 우리가 궁극적으로 정답에 가까이 접근해야, 또는 최소한 오답을 배제할 수 있어야 작동한다. 그래야만 실수에서 교훈을 얻을 기회가 생긴다. 자신이 무엇을 잘못했는지 전혀 모른다면 실수에서 배울 것이 없다. 우리는 노력을 하고 싶은 것이지 아무런 목적 없이 허우적거리고 싶은 것이 아니다. 서핑 같은 복잡한 재주를 배우기가 그토록 어려운 이유 중하나가 바로 이것이다. 워낙 많은 일이 동시에 진행되기 때문에 성공하더라도 자신이 무엇을 제대로 했는지 알기 어렵고, 실패했을 때 자신이 무엇을 잘못했는지도 알기 어렵다. 이런 상황에서 전문가의 가르침은 때로 우리가 무엇을 해야 하는지 깨닫는데 엄청난 도움이 된다. 우리가 무엇을 제대로 했는지, 어디서 길을 벗어났는지 구체적으로 지적해주는 것도 마찬가지다.

흘 러 넘 치 기

기억은 고립된 섬들의 집합이 아니라, 상호작용하는 세포연합들의 생태계다. 한 세포연합을 강화하기 위해 우리가 어떤 행동 (예를 들면 특정한 기억을 반복적으로 떠올리는 것)을 하면, 생태계에서 비슷한 자리를 차지하고 있는 다른 기억에도 잔물결 효과가 확장될 수 있다. 때로는 한 기억을 떠올리는 바람에 관련된 다른 기억을 떠올리기가 더 힘들어지기도 한다.[10] 이런 현상을 '인출 유발 망각retrieval-induced forgetting'이라고 부른다. 실험실에서 실험 참가자에게 여러 단어, 예를 들어 망치, 스크루드라이버 등 다양한 공구 이름을 외우게 함으로써 이 현상을 증명할 수 있다. '망치'라는 단어로 거듭 시험을 진행하면 그 단어의 기억은 강화되지만, 시험을 치르지 않은 '스크루드라이버'라는 단어의 기억은 반대로 약화된다. 살면서 직접 겪은 일(일명 자전적 기억)도 비슷한 효과를 낳을 수 있다. 이 기억과 경쟁하는 다른 기억들이 억제되기 때문이다. 내 부모님이 내 어린 시절을 떠올릴 때 유독 몇 가지 기억에만 초점을 맞추고 다른 많은 사건은 무시해버리는 이유도 이것 때문인지 모르겠다.

다행히 어떤 기억을 떠올리는 것이 항상 다른 기억에 부정적인 영향만을 미치지는 않는다. 상황만 갖춰지면, 한 정보에 대한 기억이 다른 기억에도 긍정적으로 흘러넘쳐 관련된 기억들까지 모두 강화될 수 있다. 한 연구에서 학자들은 자원자들에게 큰부리새, 빅뱅, 소림무술(내가 가장 좋아하는 주제)에 관한 글을 읽게 한 뒤 거기서 배운 사실들에 대해 시험을 실시했다. 그렇게 글에서 읽은 사실 중 하나에 대해 시험을 치렀더니 그 효과가 관련된 사실들에까지 흘러넘쳤다.[11] 이 현상은 '인출 유발 도움retrieval-induced facilitation'이라고 알려져 있다.

어떤 기억을 떠올리는 일이 관련 기억을 약화시키기도 하고 강화시키기도 하는 이유는 무엇일까? 샤오난은 자신의 컴퓨터 모델로 이 문제를 조사한 결과, 우리가 앞에서 살펴본 많은 원칙들과 맞아떨어지는 답을 얻었다. 먼저 인출 유발 망각부터 시작해보자. 서로 차단되어 있던 기억들이 하나로 겹쳐지면(예를 들어, 2주 전 단골 이탈리아 식당에서 피자를 주문했고, 어제 같은 곳에서 라자냐를 주문한 경우) 경쟁이 발생한다. 각각의 기억을 지탱하는 세포연합이 다윈의 격투장에 선 선수들처럼 끊임없이 서로 경쟁하기 때문이다. 만약 내가 라자냐를 먹은 기억을 떠올리면, 그 기억을 지탱하는 세포연합이 강화된다. 그 결과 경쟁 기억(즉, 피자를 먹은 기억)을 지탱하는 세포연합은 상대적으로 약해져서 떠올리기 힘들어진다. 실수 기반 학습은 우리가 방금 떠올린 기억을 강화하면서 동시에 경쟁자를 벌한다.[12]

샤오난의 시뮬레이션에서 우리는 인출 유발 도움에 대해서도 통찰력을 얻었다. 내가 라자냐와 함께 비싼 포도주에 돈을 펑펑 썼다고 가정해보자(안 될 것도 없지 않나?). 라자냐와 포도주는 같은 기억의 일부이기 때문에 서로 경쟁하지 않는다. 따라서 내가 그 훌륭한 라자냐 식사를 반복적으로 떠올릴 때 풍부한 맛을 내던 토스카나산 붉은 포도주의 기억도 딸려나온다. 이렇게 일화 기억이 공유된다는 사실은 라자냐를 먹은 기억의 여러 요소를 지탱하는 세포연합들 사이에 동맹이 형성되었음을 뜻한다. 그래서 그 라자냐를 떠올릴 때 실수 기반 학습이 그 동맹을 더 탄탄하게 만들어서 같은 기억의 관련 부분이 떠오르는 것이다.

인출 유발 망각과 도움에 관한 연구는 실험실에서 확인한 학습 원칙을 교실에 적용하는 방법과 관련해 여러 실용적인 의미를 지닌다. 교실에서 다루는 모든 주제에 대해 일일이 시험을 치르는 것은 대개 불가능하기 때문에 시험을 완전히 치르지 못할 때가 많다. 학습과 시험이 올바른 방식으로 시행되지 않으면 시험 자체가 역효과를 내서 인출 유발 망각을 초래할 수 있다는 뜻이다. 학생들에게 서로 아무 관련이 없는 여러 정보(예를 들어, 유럽 역사의 중요한 전투 연도들)를 암기하게 한 뒤 그 정보 중 일부에 대해 시험을 치르면 경쟁이 가열되어 시험에 나오지 않은 다른 정보를 잘 기억하지 못하게 될 수 있다. 그러나 학생들에게 각각의 정보가 서로 어떻게 관련되어 있는지(예를 들어, 각각의 전투가 당시의 정치적 움직임과 어떻게 연결되어 있는지) 잘 파악해보라고 하면, 그 정보를 계속 기억하는 능력이 시험을 통해 효과적으로 증진될 수 있다.

학습의 공간 만들기

실수 기반 학습을 최대한 이용하는 방법이 시험만 있는 것은 아니다. 실수 기반 학습에 실수가 반드시 필요하지는 않다. 뇌가 올바른 기억을 끄집어내려고 애쓸 때마다 실수 기반 학습이 이

합의

루어진다. 학습 방법뿐만 아니라 학습 시기 최적화를 통해서도 뇌의 신경 연결을 시험해서 얻는 이점을 최대화할 수 있다.

거의 모든 학생이 시험을 앞두고 벼락치기를 한다. 대학 시절 나는 시험 전날 밤이 되어서야 밤을 꼬박 새우며 몇 주일치 공부를 할 때가 많았다. 단기적으로는 엄청나게 효과적인 방법이었지만, 그렇게 공부한 것들이 학기가 끝나고 나면 며칠 안에 머릿속에서 사라져버리는 것이 안타까웠다. 6시간 동안 쉬지 않고 공부하는 방법보다 더 오랫동안 정보를 머릿속에 보관할 수 있는 더 나은 학습 방법은 공부 시간을 짧게 여러 번 쪼개는 것이다. 몇 시간 동안 쉬지 않고 벼락치기를 하느니 같은 시간을 여럿으로 쪼개서 중간에 휴식 시간을 두는 편이 대체로 훨씬 더 가성비 높다는 것을 보여주는 심리학 연구 결과가 정말로 산더미만큼 쌓였다.[13]

2021년, 내 연구실의 또 다른 연구원 제임스 앤터니(지금은 캘리포니아 폴리테크닉대학교 조교수다)는 랜디 오라일리의 해마 모델을 이용해서 이런 현상이 벌어지는 이유를 조사했다.[14] 그의 시뮬레이션 결과를 보면, 공부 시간을 여럿으로 쪼갰을 때의 이득(간격효과spacing effect라고 불린다)이 실수 기반 학습에서 나오는 듯하다.[15] 잠시 2장의 내용을 돌이켜보자(내가 거기서 무엇을 했는지 알겠는가?). 2장에서 우리는 해마가 우리 경험을 특정한 맥락, 즉 구체적인 시간 및 장소와 결합시켜 일화기억을 만들어내는 과정을 분석했다. 얼마 전에 공부한 정보를 떠올리기는 별로 어렵지 않다. 아직 정신적인 맥락이 크게 바뀌지 않았기 때문이다. 따라서 단기적으로는 시험 전날 밤의 벼락치기가 좋은 방법일 수 있다. 그러나 시간이 흐르면서 뇌 속에 저장된 맥락 상태가 계속 변하기 때문에, 기숙사 방에서 새벽 3시에 커피에 전 채 습득한 정보를 다시 떠올리기는 점점 더 어려워진다.

그렇다면 공부 시간을 여럿으로 쪼갰을 때는 어떤 일이 벌어질까? 이 책에서 맥락과 일화기억을 다룬 장을 거실 소파에 앉아서 읽는다고 가정해보자. 다음 날에는 이 책을 바닷가로 가지고 나가 새로운 맥락에서 같은 장을 다시 읽는다. 처음에 해마는 어제 읽은 내용을 기억해낼 수 있지만, 같은 정보를 다른 맥락에서 보고 있기 때문에 조금 애를 먹을 것이다. 따라서 해마의 세포연합들이 스스로를 재편해 읽고 있는 내용에 좀 더 중점을 두게 된다. 처음 그 장을 읽었던 장소 및 시간과 정보의 내용 사이 연결이 조금 약해지는 것이다. 제임스의 컴퓨터 모델 연구는 우리가 공부 시간을 여럿으로 나눠서 일정한 간격으로 같은 정보를 계속 다시 본다면, 해마가 그 기억을 계속 갱신하다 못해 나중에는 이렇다 할 맥락이 사라지는 지경에 이른다는 것을 보여준다. 그러면 언제 어디서든 그 정보에 좀 더 쉽게 접근할 수 있게 된다.[16]

여기서 '기억 갱신'의 원칙을 다시 떠올리게 된다. 우리가 같

함의

은 기억을 자꾸만 다시 떠올리면, 그 기억이 거듭 갱신되어 독특한 순간과 연결된 부분이 사라진다. 이 현상의 좋은 점은 그 기억에 접근하기가 점점 쉬워진다는 것이다. 먼 과거의 특이한 순간과 연결되어 있지 않기 때문이다. 그 기억이 발생한 장소 또는 당시 자신의 마음 상태를 정확히 찾아내지 않아도 된다. 우리가 기억을 떠올리려 하면 바로 그 기억이 떠오를 것이다.

기억을 지혜로

실수 기반 학습은 기억의 역동적인 성질을 설명해주는 기본 원칙이다. 내가 보기에는 이 학습 방법이 의식적인 경험 수준을 넘어서서, 우리가 곤히 잠들어 있을 때 뇌 속에서 일어나는 수많은 활동에까지 뻗어 있는 것 같다.

그렇다. 우리 뇌는 잠들어 있을 때도 열심히 일한다.[17]

그때 하는 일 중 일부는 관리다.[18] 낮에 신진대사 과정에서 쌓인 폐기물(알츠하이머병 환자의 뇌에 아주 많은 베타 아밀로이드 단백질 등)을 청소하는 일 같은 것. 뇌는 또한 수면을 이용해서 기억을 청소하고, 우리가 경험한 여러 사건 사이의 관련성을 찾아내서 재편하는 듯하다.

수면 중에 뇌는 적어도 다섯 가지 상태 사이를 오간다. 그리고 아세틸콜린 같은 신경조절물질과 코르티솔 같은 호르몬(우리가 새로운 것을 배웠을 때 뉴런 사이에 형성된 연결을 안정시키는 화학물질들) 수치가 각 상태마다 급격히 변한다. 수면 중에 뇌에서 진행되는 전기활동(일명 뇌파, 즉 EEG)을 기록해보면, 각 상태마다 특징적인 뇌 활동 패턴이 있는 것을 볼 수 있다. 수면 중에 일어나는 이 모든 일이 학습과 기억을 포함해서 우리가 깨어 있을 때 하는 일에 어떻게 영향을 미치는지에 관한 가설은 넘치도록 많이 나와 있지만, 데이터에 빈 곳이 너무 많아서 결정적인 답은 아직 너무 멀리 있다. 그래도 최근 밝혀진 증거를 보면, 서파수면SWS과 급속안구운동REM수면이 함께 작용해서 우리가 최근에 경험한 일을 지식으로 바꿔놓는 듯하다.[19]

가장 깊은 수면 상태인 SWS는 학습 및 기억과 가장 확실하게 연결되어 있다. 우리가 곤히 잠들어 있을 때도 뇌는 열심히 활동한다. EEG 기록을 보면, SWS 중에 해마와 신피질이 놀라울 정도로 정연하게 상호작용하는 것이 드러난다.[20] 크고 느린 전파가 신피질에서 움직이는 동안 그보다 작은 전파인 방추spindle가 마루 위에 올라타 있다. 한편 해마에서는 작고 폭발적인 활동인 잔물결ripple이 끓어오르는데, 이렇게 잔물결이 일 때마다 낮에 활동한 해마 속 뉴런 각각이 살아나 연달아 신호를 쏜다. 그러면 잔물결이 DMN과 전전두엽에서 폭발적인 활동을 일으킨다. DMN의 활동은 도식을 이용해 새로운 사건에 대해 학습하는 데 도움이 되고, 전전두엽피질의 활동은 도식을 지능적으로 이용해 기억을 형성하고 나중에 그 기억을 재구축하는 데 도움이 된다.

SWS와 REM수면 동안 신피질과 해마에 나타나는 정교한 리듬과 대조적으로, 신피질은 자유로운 재즈를 연주하듯이 활동을 시작한다. 학자들이 때로 REM을 '역설적인 수면'이라고 부르는 것은 이 상태일 때의 EEG가 깨어 있을 때의 빠르고 폭발적인 활동과 비슷하기 때문이다. 그러나 깨어 있을 때와 달리, 대부분의 사람은 REM수면 중에 일어나서 걸어다닐 수 없다. 무엇을 보거나 듣지도 못한다. 따라서 신피질은 바깥세상과 어느 정도 단절되어 있다. 꿈은 REM수면 중에 발생한다.[21] 마치 실제처럼 생생한 꿈속 경험과 괴상한 논리는 REM수면 중에 신피질에서 발생하는 역동적인 활동 때문인지도 모른다. REM수면 중에 뇌는 스스로 감각정보를 생성하며 그것을 꿈의 형태로 이해하려 한다. 사람이 침대에서 안전하게 휴식하는 동안 뇌는 대안현실을 만들어내는 셈이다.

신경과학계의 많은 사람이 낮에 경험한 일에 대한 기억을 단단히 굳히는 데, 즉 응고화하는 데 SWS가 중요한 역할을 한다는 의견을 제시했다.[22] 단순해서 매력적인 가설이지만, 데이터와는 맞지 않는 부분이 있다. 강화 이론에 따르면, 수면은 스스로 시험을 치르는 것과 비슷하다. 시험을 보는 동안 기억이 재활성화된다면, 수면 중에 기억이 재활성화될 때도 비슷한 효과를 낼 것이다. 샤오난 류는 이 가설을 시험하기 위해 여러 차례 연구를 진행한 끝에, 수면이 단순히 기억을 강화하기만 하는 것이 아니라 훨씬 더 흥미로운 역할을 한다는 사실을 알아냈다.[23]

앞선 연구와 마찬가지로 이 새로운 연구에서도 우리가 낮에 일화기억을 떠올릴 때(예를 들어, 기억 시험의 맥락에서) 그 기억과 경쟁하는 다른 기억에 인출 유발 망각이 발생하는 것으로 나타났다. 한 기억을 떠올리는 행동으로 인해 관련된 다른 정보가 잊히는 현상을 말한다. 그러나 샤오난의 연구에 따르면, 수면은 같은 영향을 미치지 않는다. 그보다는 우리가 특정한 기억을 떠올릴 때 발생하는 부수적 피해를 되돌리는 데 구체적인 역할을 하는 듯하다. 실험 참가자들은 하룻밤 자고 일어난 뒤 전에 시험했던 기억과 관련된 다른 일들을 더 잘 기억하게 되었다. 즉, 인출 유발 도움이 발생했다.

이 결과를 학술지에 제출했더니, 검토자들이 수면으로 인해 인출 유발 망각이 인출 유발 도움으로 바뀌는 과정을 이해할 수 없다면서 공격을 퍼부었다. 이 문제를 해결하기 위해 우리는 샤오난의 컴퓨터 모델을 이용했다. 깨어 있는 동안 기억 시험을 치르면서 기억이 재활성화되었을 때와 수면 중에 기억이 재활성화되었을 때 뇌에서 벌어지는 일이 어떻게 다른지 이해하기 위해서였다.

샤오난의 시뮬레이션 결과에 따르면, 두 경우 모두 실수 기반

함의

학습이 열쇠인 듯하다.[24] 깨어 있는 동안 기억을 떠올릴 때 벌어지는 일을 살펴본 시뮬레이션에서 실수 기반 학습은 떠올리려는 정보의 일화기억을 품은 세포연합의 탄력성을 향상시켰다. 그러나 기억은 일종의 생태계라서 한 기억을 떠올리면 다른 맥락에서 습득된 경쟁 기억을 품은 세포연합이 억압될 수 있다. 그 결과가 인출 유발 망각이다. 반면 수면은 여러 사건을 겪으며 각각 활성화된 세포연합들이 서로 경쟁하기보다 함께 잘 활동하는 환경을 만들어줄 수 있다. 모델 안에서 한 사건의 정보가 재활성화되었을 때, 신피질은 이 정보를 이용해 자유연상이라는 연쇄반응을 일으킨다. 다른 사건들의 정보가 실수 기반 학습을 통해 조화롭게 조정되면, 공통점이 드러난다. 컴퓨터 모델 시뮬레이션 결과에 따르면, 시험 중에 기억이 재활성화될 때 그 기억을 강화하는 데 실수 기반 학습이 도움이 되지만, 수면 중에 기억이 재활성화될 때는 뇌가 여러 경험의 가닥으로 지식의 태피스트리를 짜는 데 실수 기반 학습이 도움이 되는 듯하다.

우리 시뮬레이션 결과는 우리가 최근에 여러 사건을 거치면서 학습한 정보를 통합해 더 효과적으로 사용할 수 있게 되는 데 수면이 도움이 된다고 시사하는 여러 연구 결과와 일치한다.[25] 우리가 자기 전에 암기한 단어들은 자고 일어난 뒤 일상적으로 쓰는 말에 더 쉽게 통합될 수 있다. 사건에 관한 기억도 자고 일어난 뒤에는 맥락에 덜 매이게 될 때가 있다. 그러면 우리는 아주 다른 장소에서도 그 정보를 유연하게 끄집어낼 수 있게 된다. 자고 일어나면 전에 배운 작은 정보 사이의 관계를 파악해서 큰 그림을 보기가 더 수월해질 때가 있다. 그러면 그 정보를 이용해서 문제를 해결하기도 더 쉬워진다. 수면 연구자 매슈 워커의 말을 다음과 같이 조금 달리 표현해보았다. "잠 덕분에 우리는 기억을 지혜로 바꿀 수 있다."

해마와 신피질이 저장하는 정보의 종류가 다르다는 점을 생각해보면, 수면이 기억에 미치는 영향을 이해할 수 있다. 해마는 특정한 시간과 장소로 우리를 데려가는 특정 패턴의 뇌파를 끌어내는 데 도움이 되는 반면, 신피질은 어떤 사건의 내용을 이해하고 새로운 상황에서 예측과 추론을 할 수 있게 해주는 의미기억을 저장한다. SWS 중에 해마는 전날의 중요한 경험(일화기억)을 포획한 세포연합에 불을 붙일 수 있다. 그다음에 REM수면 상태가 되면 신피질이 이 정보 주위를 노닐면서 자유연상을 통해 우리가 경험한 여러 사건 사이의 연결점을 찾으려 한다. 여기서 얻을 교훈은 밤을 새우는 벼락치기가 그렇게 좋지만은 않다는 것이다. 그렇게 공부한 내용이 기억에서 금방 사라질 뿐만 아니라, 밤을 새우느라 휴식을 취하지 못한 뇌가 기억을 지식으로 바꾸지도 못한다.

밤에 충분한 수면으로 기억이 얻을 수 있는 이득을 낮에도 얻을 수 있지 않을까? 어바인 캘리포니아대학교 심리학과의 사라메드닉이 실시한 혁명적인 연구에 따르면, 짧은 낮잠으로도 비슷한 이득을 많이 얻을 수 있을 것 같다.[26] 심지어 깨어 있을 때도 목표 달성을 위한 활동을 잠시 쉬면서 멍하니 시간을 보낸다면 수면 중에 일어나는 일과 비슷한 이득을 얻을 수 있을지 모른다. 예를 들어, 잠든 쥐의 해마에 나타나는 신경 활동의 잔물결이 과제를 마친 뒤 잠시 휴식하는 쥐에게도 분명히 나타난다.[27] MRI 스캐너 안에 누워 쉬고 있는 사람의 경우에는 직전에 수행한 과제가 무엇인지에 따라 뇌 활동 패턴이 달라진다. 과제 수행중에 동원된 뇌의 여러 영역이 쉬는 동안에도 활발하게 서로 연락을 주고받기 때문이다.[28] 우리가 학습한 내용을 계속 기억하는 데 이런 의사소통이 도움이 되는 것으로 보인다. 실험실 환경에서 우리는 휴식 중에 해마가 특별히 보상이 컸던 맥락에 관한 기억을 재활성화해서 중요한 순서대로 기억을 정리하는 데 도움을 준다는 사실을 발견했다.[29]

이 결과를 현실에 적용해보면, 힘든 일을 마친 뒤 밤에 깊은 잠을 자거나 낮잠을 자는 것, 아니면 하다못해 잠시라도 휴식을 취하는 것이 도움이 될 것 같다. 이렇게 활동이 줄어든 상태에서 뇌는 실수 기반 학습을 이용해 다양한 경험의 요소를 꿰어맞출 수 있다. 그 덕분에 어쩌면 다른 각도에서 상황을 바라볼 수도 있게 돼, 전에는 극복할 수 없을 것 같았던 문제와 씨름할 방법이 생길지도 모른다.[30]

인셉션

대학원 시절 내 지도교수였던 켄 팔러는 기억 연구 분야의 혁신가로 간주되었다. 그리고 내가 대학원을 졸업한 뒤로는 수면 연구 분야의 개척자로 유명해졌다. 켄이 처음 신경과학에 매력을 느낀 것은 의식意識에 홀린 듯이 관심을 갖고 있었기 때문이었다. 그는 수면을 연구함으로써 기억과 의식에 관한 관심을 하나로 모을 수 있었다. 수면 중에 사람들은 의식이 없는 것처럼 보이지만, 뇌는 기억을 이리저리 비틀어 조정하느라 열심히 움직인다.

켄은 한동안 외곽에서 수면 연구를 지켜보며, 수면 중에 뇌에서 무슨 일이 벌어질지 생각해보았다. 그러다 터무니없는 생각이 떠올랐다. 수면 중에 특정한 기억을 재활성화하는 계기를 제공해서 수면을 해킹할 수 있다면 어떨까? 내가 이것을 가리켜 '터무니없는 생각'이라고 말한 것은 당시만 해도 수면 중, 특히 SWS 중에는 의식이 없으므로 뇌가 바깥세상의 자극에 비교적 둔감할 것이라는 예상이 학자들 사이의 일반적인 생각이었기 때문이다. 따라서 잠든 사람에게 특정한 정보를 떠올리라고 신호를 주는 일은 불가능할 것 같았다. 그러나 켄은 일반적인 통념에 구애받지 않고, 수면을 해킹해서 특정한 사건에 관한 기억을 재활성화하는 것이 가능할지도 모른다고 추측했다.[31] 영화 〈인셉션〉에서 리어나도 디캐프리오가 연기한 인물이 사람들의 꿈에 침투하 듯이, 실험실에서도 비슷한 일을 실행할 수 있을 것 같았다. 물론 영화에서보다는 사악함과 비윤리성이 훨씬 덜할 터였다.

켄의 연구팀은 이 파격적인 가설을 시험하기 위해 배경에서 소리가 들려오는 환경에서 사람들에게 정보를 습득하게 했다.[32] 예를 들면, 음매 하는 소리와 함께 소 사진을 보여주는 식이었 다. 그다음에는 잠을 자게 한 뒤, 그들이 깊은 잠에 빠졌을 때 앞 서 들었던 소리 중 일부를 다시 틀어주었다. 잠에서 깼을 때 참 가자들은 자면서 소리를 다시 들었다는 사실을 알지 못했다. 그 런데도 전날 습득한 정보에 대한 기억에 그 소리가 영향을 미쳤 다. 자는 동안 소리를 통해 재활성화된 학습 당시의 상황(예를 들 어, 컴퓨터 화면에서 소가 있던 위치 같은 것)을 그들은 더 정확히 기억 하고 있었다.

그 뒤로 켄의 연구팀은 '표적기억 재활성화'라고 불리는 이 기법을 이용해 기억력과 인지능력을 향상시키는 다양한 방법 을 탐구했다.[33] 그 결과 이 기법이 비디오게임이나 새로운 언어 를 배우는 능력을 향상시킬 수 있고, 잠들기 전에는 난공불락으 로 보였던 문제를 창의적인 시각으로 바라볼 수 있게 자극을 준 다는 점을 입증했다. 심지어 인종과 성별에 관한 일반적인 통념 과 어긋나는 기억을 재활성화하면 암묵적인 편견을 줄일 수 있 다는 점도 입증했다. 현재 켄은 이 연구를 바탕으로 수면의 힘을 어디까지 이용할 수 있을지 연구하고 있다.

　내 절친한 친구이자 데이비스 캘리포니아대학교 동료인 시모나 게티는 어린이의 기억에 관한 세계 최고의 전문가 중 한 명이다. 그녀는 비슷한 기법을 이용해서 아주 어린 아이들의 기억을 연구하고 있다.[34] 우선 2~3세 어린이들을 세 번 실험실에 모아놓고 노래를 틀어주며 봉제인형을 가지고 놀게 했다. 그러고 나서 이틀이 채 지나지 않은 저녁에 아이들을 MRI 스캐너로 데려가 잠을 재운 뒤 뇌를 스캔했다. 아이들은 곤히 잠들어 있었는데도, 인형과 놀 때 들었던 노래를 다시 틀어주자 해마의 활동이 치솟았다. 그리고 해마의 활동량은 아이들이 봉제인형을 가지고 노는 동안 그 인형에 대해 습득한 정보의 양과 직접적으로 관련되어 있었다. 시모나의 연구는 유아들의 기억을 신경생물학적으로 들여다볼 수 있는, 전례 없는 기회를 제공해준다. 이 연구 결과에 따르면, 어른과 마찬가지로 아이들의 경우에도 수면 중의 뇌가 바깥세상에 상당히 예민한 듯하다.

학습의 재편

　실수 기반 학습에 대해 새로 밝혀지는 사실은 교육과 관련해서 중요한 함의를 지니고 있다. 여러 세대에 걸쳐 교육자들은 시험이 밀알과 겨를 분리하는 방법이라고 생각했다. 그리고 학생들의 시험공부 방식은 교과서를 거듭 읽는 것이었다. 한 번씩 읽을 때마다 습득하는 정보가 그만큼 많아질 것이라고 생각했기 때문이다. 그러나 연극 연출가가 배우들에게 공연 개막일을 앞두고 그냥 대본만 열심히 읽으면 된다고 말하겠는가? 암기한 대사를 읊는 연습을 한 번도 하지 않았는데?

실수 기반 학습이 지닌 함의는 단순히 학생들의 암기를 돕는 수준에 그치지 않는다. 학습에 대해 문화적으로 딱 맞는 태도를 채택하는 것이 중요하다는 점을 특히 분명하게 알려준다. 전통적인 교육에서는 결과를 중요시했다. 교과서의 내용을 다 익혔는가, 아닌가? 중국과 인도 등 여러 아시아 국가에서는 표준화된 시험(예를 들어, 어렵기로 악명 높은 중국의 대입시험 가오카오高考)이 학생의 성취를 재는 척도로 사용되며, 학생의 미래에 엄청난 영향을 미친다. 미국에서는 표준화된 시험보다 전체 성적이 (특히 대학, 의대, 법대 입학시험에서) 더 중요하다. 좋은 성적을 받으려면 여러 시험에서 줄곧 좋은 점수를 받아야 한다. 그런데 이런 시험들은 장기기억을 포기하고 단기적인 성적만 향상시켜 주는 벼락치기에 최적화되어 있다는 점이 안타깝다.

우리의 교육 관행 또한 지식을 구축하는 뇌의 자연스러운 메커니즘에 역행하는 듯하다. 학교 수업이 아침 일찍부터 시작되기 때문에 학생들은 밤에 잠을 충분히 자기 어렵다. 휴식 시간이나 곰곰이 생각에 잠길 시간도 별로 없다. 충분한 잠을 방해받고 휴식 시간을 빼앗긴 학생들은 학습한 내용을 유용한 지식으로 전환해주는 뇌의 학습 메커니즘을 이용할 기회를 누리지 못한다.

어렸을 때 나는 학교에서 시험만 잘 보면 된다고 항상 생각했다. 하지만 이제는 우리에게 그보다 훨씬 더 큰 잠재력이 있음을 알겠다. 실수 기반 학습이 항상 성공만 거두는 것은 아니지만, 그래도 그 방법을 통해 오래 지속되는 성과를 얻을 수 있다. 학습 내용을 단순히 암기했다가 필요할 때 꺼내는 방식보다는 자신이 지닌 지식의 한계까지 스스로를 몰아붙이며 애쓰는 데서 더 많은 것을 배워 오랫동안 기억할 수 있다. 성공에 보상을 주기보다는, 실수와 실패를 정상적인 일로 취급하고 끊임없는 개선과 향상에 인센티브를 주어야 하는 것인지도 모르겠다. 특정한 내용에 통달해야 한다고 강조하기보다는 노력을, 자신이 뭔가를 배웠다고 증명하기보다는 배우려고 애쓰는 것을 칭찬할 필요가 있다.

10장 함께 기억할 때

인간관계를 통해 기억이 형성되는 과정

기억은 개인기억과 집단기억으로 이루어진다.

이 둘이 밀접하게 연결되어 있다. _ 무라카미 하루키

우리는 기억을 자기만의 것으로 생각하지만, 우리가 기억하는 내용은 지금 살고 있는 사회와 떼려야 뗄 수 없이 얽혀 있다. 사람은 사회적 동물이고, 우리 뇌의 진화 과정에는 주변 사람들과 의견을 주고받으며 협력해야 한다는 압력이 작용했음을 부정할 수 없다. 어떤 과학자들은 심지어 인간의 언어능력이 발달한 데에는 서로 기억을 주고받으려는 목적이 가장 중요한 역할을 했다고 주장하기도 한다. 한 분석에 따르면, 사람들은 대화 시간 중 40퍼센트를 이야기 들려주기, 그리고 집단기억을 만들어서 교환하기에 사용한다.[1] 사람을 독특하게 만들어주는 요소 중 하나는 세상에서 자신의 위치를 파악하기 위해 다른 사람들과 경험을 공유하려는 이 실존적 인력引力이다. 여기서 기억이 핵심적인 역할을 한다.

내가 사회적 상호작용이 기억에 미치는 심대한 영향을 알게 된 것은 시카고 웨스트사이드 재향군인 병원에서 일할 때였다. 심리학 인턴으로서 내가 맡은 일 중 하나가 참전군인들의 집단치료를 주도하는 것이었다. 집단치료의 효과에 관한 과학적 연구에 대해서는 잘 알고 있었으나, 이런 노력을 기울일 가치가 있는지에 대해서는 확신이 서지 않았다. 개인 심리치료를 희석한 형태가 될 것 같아서, 집단 전체와 한꺼번에 상호작용을 주고받는 일은 최소한에 그칠 것이라고 짐작했다. 대부분의 건강보험 상품이 상담 횟수에 제한을 두지만, 재향군인 병원 환자들은 언제든 마음이 내킬 때 상담에 나올 수 있었다. 그래서 내가 맡은 집단은 내가 오기 오래전부터 존재하고 있었다. 이 집단을 구성하는 참전군인들 역시 대부분 오래전부터 상담을 받아온 사람들이었다. 지난 세월 동안 그들은 여러 심리학 인턴을 만났고, 서로의 사연에 대해서는 아주 잘 알고 있었다. 그들에게 이 재향군인 병원은 한자리에 모여 서로 마음을 나누고 트라우마를 집단적으로 처리할 수 있는 장소였다. 반면 나는 전투는 고사하고 군대 경험도 없는 신참이었다.

이 집단과의 첫 만남을 위해 움직이는 동안 나는 두려웠다. 그

합의

들이 서로 기억을 나누는 그 엄숙한 공간에서 내가 어울리지 않는 침입자가 된 것 같았다. 내 소개를 하고 나니 모두의 시선이 내게 쏠렸다. 임상훈련에서 내가 배운 것은, 집단의 구성원 중한 명이 대화의 물꼬를 트게 만드는 것이 중요하다는 점이었다. 그러나 참전군인 중 한 명이 나서서 침묵을 깨주기를 기다리는 그 시간이 참을 수 없을 만큼 고통스러웠다. 누군가 시동을 걸어주기를 기다리며 앉아 있는 1초, 1초가 몇 시간 같았다.

마침내 이 집단의 또 다른 신참이 입을 열었다. 그는 먼저 무슨 계기로 상담을 받으러 오게 되었는지 설명했다. 그의 감동적인 이야기를 듣고, 다른 멤버들이 그를 향해 몸을 기울여 응원과 격려를 해주는 모습을 지켜보면서 나는 집단치료에 대한 나의 선입견이 완전히 틀린 것이었음을 금방 깨달았다. 그룹 환경은 각 개인의 치료 경험을 손상시키지 않았다. 오히려 그들의 치료에서 절대적으로 중심을 차지하고 있었다. 외부인인 나의 역할은 참가자들이 각각 자신의 기억을 소화하고 다른 멤버들과 유대를 형성하도록 돕는 중요한 것이었다.

나는 그 집단을 이끌면서, 그들 각자의 트라우마와 고립에 얽힌 사연 속에서 공통적인 가닥을 찾아내 그들에게 표현해주어야 했다. 이제 나는 단순한 상담자가 아니라 그 팀의 일원으로서 그들의 경험을 더 깊이 이해하기 위해 그들과 협력하고 있었다. 우리는 집단의 힘을 이용해, 그들 각자의 기억을 갱신하고 치유와 자율권을 강조하는 새로운 서사를 중심으로 공통의 기억을 구축하고 있었다.

사람들의 개인적인 기억이 아무것도 없는 곳에 덩그러니 존재하지는 않는다. 우리가 가족, 사랑하는 상대, 친구, 공동체와 상호작용할 때마다 개인적인 기억은 항상 그 영향을 받아 재편된다. 프랑스 철학자 모리스 알박스가 20세기 중반에 발전시킨 개념인 집단기억 연구는 아직 걸음마 단계지만,[2] 우리는 과거 경험을 공유하는 행동 자체가 기억의 내용과 의미를 크게 바꿀 수 있음을 알게 되었다. 사회적 상호작용과 집단역학이 사람들 각자의 삶에 대한 기억에 어떻게 영향을 미치는지 탐구함으로써, 그 영향이 긍정적인 방향으로도 부정적인 방향으로도 나타날 수 있다는 점에 대해 귀한 교훈을 배우고 있다.

앞으로 보게 되겠지만, 우리가 집단으로서 구축하고 공유하는 기억이 자신에 대한 인식에 영향을 미친다. 정체감 형성에는 가족 및 친구와 공유한 기억이 부분적으로 영향을 미친다. 같은 문화권이나 나라에 속한 사람들과 공유한 기억도 마찬가지다. 우리가 서로 협력하며 개인적인 기억과 집단적인 기억을 끊임없이 재구축하고 갱신하기 때문에, 정체감은 계속 변하는 기반 위에 지어져 있다. 우리는 이 개인적인 기억과 집단적인 기억을 렌즈 삼아 세상에서 자신이 처한 위치를 바라보며, 현재를 이해하기 위해 과거와 화해한다.

우리 삶의 이야기

각자가 경험한 일의 기억과 의미를 형성하는 것은 주변의 가장 가까운 사람들이다. 부모, 동료, 파트너가 모두 우리가 과거의 어떤 일을 기억할지, 그것을 어떻게 이해할지 결정하는 데 나름의 역할을 한다. 이런 복잡한 사회적 상호작용이 한데 모여 인생 서사life narrative를 구축한다. 우리가 자신이 어떤 사람인지(또는 어떤 사람이라고 생각하는지) 감을 잡기 위해 함께 짜나가는 이야기를 말한다.[3]

자전적 기억과 서사적 정체성의 사회적 구축에 연구의 초점을 맞춘 발달심리학자 로빈 피버시는 엄마와 아이 사이의 일상적인 상호작용이 아이가 과거를 기억하는 방식에 어떤 영향을 미치는지 연구했다.[4] 세 살짜리 아이를 데리고 바닷가로 여행을 간다고 가정해보자. 파도 속에서 물장구도 치고, 모래성도 쌓고, 조개껍질도 주우며 하루를 보낸 다음 날, 아이에게 바닷가에 놀러 갔을 때를 기억해보라고 하면 아이는 그날 있었던 일을 조각조각 기억해낼 것이다. 그때 엄마가 그 각각의 조각에 반응하는 방식이 아이의 기억과 아이 자신에 대한 감각을 바꿔놓을 것이다.

피버시는 엄마와 아이의 기억을 연구하면서, 아이에게 구체적인 정보를 기억해내라고 요구하는 대신, 엄마가 정답이 정해지지 않은 질문("바닷가에서 했던 일 중에 뭐가 가장 좋았어?" "우리가 바

위 있는 데를 걸을 때 뭘 봤는지 말해줄래?")을 던진 다음 아이의 답을
더 자세히 다듬어준다면("파도에 네 모래성이 무너진 뒤에 네가 곧장
모래성을 새로 쌓는 것 보니까 정말 좋더라." "파도가 밀려가고 물이 고인
자리에 게들이 있는 걸 보고 네가 엄청 궁금해했지.") 아이가 살면서 경
험한 일을 더 많이 기억하게 되고 그 기억들을 조합해서 더 조
리 있는 서사를 만들어낸다는 사실을 발견했다. 이런 식의 상호
작용은 아이의 자기 개념에 상당한 영향을 미칠 수 있다. 스스로
목소리를 낼 수 있게 격려를 받은 아이들은 자신에 대해 좀 더
확고한 인식을 갖게 된다(예를 들어, '나는 고집스러워' 또는 '나는 자
연에 호기심이 많아'). 자신의 개인적 서사를 스스로 쓸 수 있기 때
문이다. 반면 아이에게 특정한 이야기를 금하거나, 아이의 시각
을 부정 또는 반박하면 아이가 자신의 경험에 대해 제대로 인식
하지 못하기 때문에 자아가 발달하는 데 파괴적인 영향을 미칠
수 있다.

아이가 가족의 격려와 의미 있는 상호작용 속에서 어떤 사건
의 기억을 떠올리면, 나중에 아이가 자라면서 그것이 자아 인식
에 심대한 영향을 미칠 수 있다. 피버시의 연구팀은 가족들이 서
로의 경험을 함께 나누며 각자의 시각을 모아 공통의 기억으로
만들어내는 가정에서 자란 10~12세 아이들의 자존감이 더 높다
는 것을 증명했다. 게다가 각자가 경험한 일의 감정적인 측면을
가족들이 서로 이야기하는 집에서 자란 청소년은 의미 있는 서

사 안에 이런 기억들을 짜넣을 수 있기 때문에 인간관계와 공부에서 모두 더 자신감을 갖게 된다. 가족들이 식탁에서 옛날에 가족이 함께 경험했던 일을 회상하곤 하는 집에서 자란 10대들은 불안감이나 우울감을 느낄 가능성이 낮고, 행동에 문제가 생기는 경우도 적다. 이런 연구 결과를 보면, 자전적 기억의 형성에 가족이 협력하는 것이 아이의 발달에 긍정적인 역할을 할 수 있는 것 같다.

기억 공유와 자아 인식 사이의 역동적인 상호작용은 부모와 자식 사이에만 국한되지 않는다. 나이를 막론하고, 친구 및 가족과의 상호작용은 기억을 바꿔놓을 수 있다. 그리고 이것이 각자가 자신을 바라보는 방식에 영향을 미치고, 때로는 인생서사의 근본적인 변경까지 이어지기도 한다. 나도 몇 년 전 이런 일을 직접 경험했다. 오랜 친구이자 데이비스 캘리포니아대학교 동료 랜디 오라일리와 함께 스탠드업패들보딩을 하러 갔을 때의 일이다. 여러분이 기억하는지 모르겠지만, 오라일리는 8장에서 우리가 해마에서 이루어지는 학습을 시뮬레이션할 때 이용한 컴퓨터 모델을 설계한 인물이다.

어느 토요일 해가 지기 직전에 랜디와 나는 퓨타크리크에서 하류를 향해 평화로이 패들보딩을 하러 갔다. 퓨타크리크는 윈터스를 통과해서 데이비스의 서쪽 외곽으로 흐르는 개울인데, 깜박 속을 정도로 잔잔해 보였다.

그러나 출발 직후 우리는 급류를 만났다. 내 패들보드가 물속에 있던 어떤 것과 부딪쳐 뒤집어졌다. 나는 안경을 잃어버리고 흠뻑 젖은 몰골로 수면으로 올라왔다. 안경은 수심이 적어도 6미터나 되는 개울 바닥에 가라앉아 있었다. 그보다 더 심각한 문제는 내 보드의 바닥에서 보드가 뒤집어지는 것을 막아주는 안전판이 부러졌다는 것이었다. 안경이 없어서 고작 3미터 거리까지밖에 보지 못하는 상태로 몸을 덜덜 떨면서 나는 불안정한 보드로 급류를 헤치며 나아가기 시작했다. 휴대폰 신호도 잡히지 않고, 가파른 둑은 무성한 식물로 뒤덮여 있으니, 거기서 빠져나가려면 계속 앞으로 나아가는 수밖에 없었다. 그 뒤로 한 시간 동안 갖가지 장애물이 우리 앞에 나타났다. 보드를 꽉 붙잡고 거대한 통나무를 타넘은 다음에는 나뭇가지를 피해 고개를 숙여야 했고, 임시 인도교 아래를 지날 때는 보드 위에 완전히 납작하게 누워야 했다. 그런데도 강철 격자로 만든 인도교에서 녹슨 볼트들이 내 몸 위로 거의 2.5센티미터까지 튀어나와 있었다. 그다음에는 밧줄에 묶여 매달려 있는 발전기까지 나타나 에둘러 돌아가야 했다.

나와 랜디가 본의 아니게 갈라지고, 물살에 밀려 보드에서 떨어진 내가 쓰러진 나무 두 그루 사이에 끼면서, 이제 상황은 비참한 수준이 아니라 무서운 수준으로 악화되었다. 나는 간신히 보드를 붙잡고 매달렸지만 수영솜씨가 그리 좋은 편이 아니라서 그냥 죽어라 매달려 있기만 했다. 살려달라고 소리를 지르니 랜디가 대답하는 소리가 희미하게 들렸다. 그러나 천둥처럼 콸콸 흐르는 물소리가 그의 목소리를 눌러버렸다.

보드에 다시 올라가려다가 몇 번이나 실패한 뒤에야 나는 당황해서 허둥거리면 안 된다는 것을 깨달았다. 나를 구하러 와줄 사람은 없고, 이 상황에서 실패는 생각할 수도 없는 일이었다. 그러니 여기서 살아 나가려면 마음을 가라앉혀야 했다. 나는 몇 번 심호흡을 한 뒤 보드에 다시 올라가는 데 간신히 성공했다. 그렇게 두 나무 사이를 빠져나와 개울을 한참 더 내려간 곳에서 랜디와 재회했다. 해는 이미 진 뒤였다. 춥고, 축축하고, 기진맥진한 상태로 우리는 어둠 속에서 5시간 더 패들을 타고 급류와 가시덤불을 통과한 끝에 마침내 차를 세워둔 곳에 도착했다. 휴대폰 신호도 다시 잡혀서 각자 집으로 전화를 걸었더니, 랜디의 아내와 내 아내 모두 수색대를 동원하기 직전이었다.

처음에는 이날의 일에 대해 이야기하고 싶지 않았다. 하지만 아내가 어떻게 그렇게 형편없는 판단을 했느냐며 놀리고, 딸이 거기서 살아 나온 것이 천만다행이라고 한마디 하는 것을 듣고 나니 그 일을 바라보는 내 시각이 변하기 시작했다. 나중에 랜디와 내가 이 이야기를 친구들과 동료들에게 거듭 들려주면서 이야기의 분위기 또한 점차 변해갔다. 랜디와 나는 서로의 기억을 가지고 장난을 치면서 그날 우리가 개울에서 갖가지 장애물을 만나 극복한 이야기를 거의《오디세이아》와 맞먹는 서사시(적어도 우리 머릿속에서는 그렇게 웅장했다)로 만들어냈다. 내가 그날 느꼈던 당황, 두려움, 무력감에 초점을 맞추기보다 커다란 장애물을 극복할 힘을 얻으려고 깊은 성찰에 빠진 이야기(이자 기억)로 받아들였다. 그 일을 통해 나 자신에 대해 새로 알게 된 것도 있었다. 나는 만일의 가능성을 생각하며 두려워하는 편인데, 그런 일이 실제로 일어났을 때는 의외로 대처하는 능력이 있다는 것. 친구들과 가족들이 이 이야기를 들으며 나를 응원하고 재미있다는 반응을 보여준 덕분에 나는 하마터면 죽을 뻔했던 경험을 내 인생서사의 새로운 페이지로 바꿔놓았다.

이 집단기억 갱신 과정은 이미 잘 밝혀져 있는 개인기억의 원칙들과 비슷한 길을 따라갔다. 기억을 떠올리는 과정에서 과거의 재구축을 지배하는 것은 그 순간에 우리가 채택하는 신념과 시각이다. 내 패들보드 경험담의 경우에는, 우리가 그날의 기억을 다른 사람들에게 털어놓은 때가 '그 순간'에 해당한다. 우리는 청중을 위해 이야기를 다듬는데, 청중은 우리 기억을 재해석해서, 다른 시각에서 우리에게 되쏘아줄 수 있다.[5]

사람들과의 상호작용이 인생서사를 바꿔놓을 수 있다는 점이 어쩌면 상담자와의 일대일 치료든 집단치료든 수많은 형태의 심리치료가 효과를 발휘하게 해주는 '특별한 소스'인지도 모른다.[6] 뇌 영상 연구에서 우리는 몇 분 전에 들은 다른 이야기 요소들과 이어붙여 서사를 만들어낼 수 있는 이야기 조각을 들을 때, 해마의 활동이 증가하고 해마의 '기억암호'가 변한다는 것을 발견했다.[7] 다른 사람들과 협조해서 자신의 경험을 새로운 시각으로 재해석하는 것이 이것과 비슷한 기억 갱신 과정을 통해 각자의 서사를 갱신하는 일로 이어진다고 생각해도 무리가 아닌 듯하다.

가장 목소리가 큰 사람

다른 사람들과 협력해서 기억을 재구축하면, 혼자 기억을 떠올릴 때보다 더 많은 것을 기억하게 될 것이라는 기대가 생길 수 있다. 예를 들어, 두 사람이 얼마 전에 본 야구경기에 대해 이야기를 나누다 보면 혼자서 그 경기를 회상할 때보다 더 많은 것을 기억할 수 있지 않을까? 하지만 현실은 그렇게 간단하지 않다.

1997년 두 연구 그룹이 혼자 기억을 떠올릴 때보다는 다른 사람들과 함께일 때 더 많은 기억을 떠올릴 수 있을 것이라는 직관적인 기대에 도전하는 연구 결과를 내놓았다.[8] 이 연구를 실시한 학자들은 여러 단어, 문장, 이야기를 암기하도록 하는 다양한 실험을 통해 여러 명의 개인이 혼자 기억을 떠올릴 때와 같은 수의 사람들이 함께 기억을 떠올릴 때 머릿속에서 끄집어내는 정보 양을 비교했다. 놀랍게도 집단을 이뤄 기억을 떠올린 사람들의 성적이 더 낮았다.[9] 이 현상을 '협동 억제collaborative inhibition'라고 부른다.

집단에서 협동 억제가 나타나는 것은 기억을 전반적으로 통제하는 기본원칙 때문이다. 서로 경쟁하는 기억들 사이의 간섭 현상이 망각을 초래할 수 있음을 앞에서 보았다. 그런데 우리가 남들과 협력할 때 이 문제가 더 악화될 수 있다. 집단을 이뤄 과거를 돌아볼 때, 사람들은 보통 자신이 말할 수 있는 차례가 될 때까지 기다려야 한다. 그동안 다른 사람들이 기억 속에서 끄집어낸 정보가 우리 기억과 경쟁관계가 되면, 우리는 원래 기억할 수도 있었던 세부적인 부분을 잊어버리게 된다. 친구 여러 명과 영화를 볼 때 한 친구가 그 영화에 나온 배우 한 명의 연기력을 길게 비난하고 나면, 이것이 인출 유발 망각으로 이어져 다른 배우들이 나온 장면을 기억하기가 힘들어질 수 있다.

집단을 이뤄 기억을 떠올리다 보면 균질화 효과가 생길 수도 있다.[10] 사람들이 같은 대상에 대해 각각 조금씩 다른 기억을 갖게 만드는 특이점들이 걸러지기 때문이다. 서로 협력해서 기억을 떠올리다 보면, 정보가 가지치기된다. 사람들이 남에게 말해주고 싶을 만큼 마음을 움직인 정보만 기억하고, 남들과 공명하지 못할 것 같은 정보는 지워버리는 경향이 있기 때문이다. 그래서 각자의 기억이 집단 속 다른 사람들의 기억과 좀 더 일치하는

함의

모습으로 변형된다. 예를 들어, 내가 중요한 신경과학 학술회의에 참석하고 돌아온 뒤 연구실 회의를 열면, 우리는 기억에 관한 연구 결과들을 기억 속에서 끄집어내는 데 시간을 쏟는다. 그런데 이렇게 기억 관련 실험에 대해 토론하며 보낸 이 시간이 다른 연구, 예를 들어 우리가 각각 살펴보았던 주의력 연구나 언어 관련 연구에 대한 기억을 계속 보존하는 데에 파괴적인 영향을 미칠 수 있다.

집단기억에서 살아남는 정보가 아무렇게나 선택되는 것은 아니다. 기억은 집단 안에서 가장 목소리가 큰 사람의 기억을 향해 특히 기울어진다. 따라서 집단기억 실험을 할 때 대화를 지배하는 사람의 기억이 집단의 기억에 지나치게 많이 반영된다.[11] 이 지배적인 화자는 자신이 기억해낸 세부사항을 강화함으로써 비대한 영향력을 행사한다. 그리고 이로 인해 그리 적극적이지 않은 사람들의 기억이 억제된다. 집단 안에서 가장 먼저 입을 여는 사람과 공통의 기억에 대해 가장 자신 있는 사람도 집단기억을 지배한다. 그리고 그 과정에서 말이 별로 없는 사람들이 꺼내놓지 않은 기억은 희생된다.

스토니브룩대학교에서 심리학과 인지과학을 가르치는 수파르나 라자람 교수는 사회적 상호작용이 집단기억의 가지치기로 이어지는 과정을 세심하게 연구했다.[12] 이 연구에 따르면, 집단과 함께 기억 속 정보를 떠올릴 기회가 거듭 주어지면, 사람들의 기억이 점점 같은 내용으로 수렴된다. 라자람은 규모가 큰 집단에서 이런 현상이 어떻게 나타나는지 보기 위해 '행위자 기반 모형agent-based modeling'이라는 기법을 사용했다. 신경망 모델이 기억을 저장하고 인출하는 뉴런들 사이의 상호작용을 시뮬레이션하는 것처럼, 행위자 기반 모형은 사람들 사이의 상호작용을 통해 기억이 표면으로 올라와 변형되는 과정을 시뮬레이션한다. 라자람의 연구 결과에 따르면, 집단이 커질수록 구성원 각자의 합보다 훨씬 못한 결과가 나오는 듯하다. 개인 간의 상호작용으로 인해 집단 전체의 기억 다양성이 줄어들기 때문이다. 상호작용이 많아질수록 집단기억은 점점 더 균질화된다. 집단의 구성원들이 처음부터 비슷한 기억과 신념을 갖고 있을 때, 즉 예를 들어 가족적 유대나 사회적 유대가 강할 때 또는 국가·종교·문화적 정체성이 같을 때, 사회적 네트워크 속에서 이 균질화 효과를 시뮬레이션해보니, 협력의 균질화 효과가 훨씬 더 크게 나타났다.

다행히 협동이 매번 개인의 기억을 억제하는 것은 아니다. 특정한 경험의 독특한 요소에 초점을 맞추면 간섭현상(즉, 기억들 사이의 경쟁)을 최소화할 수 있음을 앞에서 살펴보았다. 이 원칙은 집단에도 적용된다. 집단의 구성원들이 긴밀하게 협동하며 각자의 독특한 기억을 반드시 고려한다면, 각자의 합보다 더 나은 집단기억이 만들어질 때가 많다. '협동 도움collaborative facilitation'이라고 불리는 이 현상은 사람들이 팀에 기여하는 전문 지식을 공유했을 때 발생하곤 한다.[13]

사람들 사이의 관계가 돈독할 때에도 도움이 발생할 수 있다. 예를 들어, 매쿼리대학교의 심리학 교수 실리아 해리스는 커플 사이의 협력적인 역학관계 덕분에, 그들이 협력해서 기억을 떠올릴 때 성과가 높아질 수 있음을 밝혀냈다.[14] 그녀의 연구가 밝혀낸 한 가지 요인은 장기적으로 관계를 맺은 커플이 서로의 기억을 돕는 신호를 생성할 때가 많다는 점이다. 단어 목록 같은 단순한 과제에서 이런 현상이 나타나는데, 커플이 함께 경험한 일을 회상하며 상호작용할 때에도 비슷한 역학이 작용하는 듯하다.

그렇다고 모든 커플이 협동해서 서로에게 도움이 되는 것은 아니다. 어떤 커플은 협력할 때 오히려 기억을 더 못하기도 한다. 협력이 성공하는 열쇠는 서로 일치하는 부분, 그리고 상대의 다른 기억에 대한 인정에 있는 것 같다. 해리스는 어느 부부에게 40년 전 신혼여행 때의 일을 회상해보라고 했더니 그들이 효과적으로 신호를 주고받으며 바로 이런 관계를 보여주었다고 보고했다.

아내: 우리는 두 번 공연을 보러 갔잖아. 제목이 뭐였는지 기억나?

남편: 그랬지. 하나는 뮤지컬이었고, 아니, 둘 다 뮤지컬이었
나? 나는 잘… 아무것도….

아내: 존 핸슨이 나왔어.

남편: 〈사막의 노래〉.

아내: 〈사막의 노래〉, 맞아. 제목이 기억나지 않았는데, 맞아,
존 핸슨이 거기 나온 건 내가 알고 있었어.

심지어 부부가 함께 나이를 먹으면서 인지적으로 더욱 상호의
존적인 관계가 되어 정신적인 능력이 비슷한 궤적을 그린다고
시사하는 연구 결과도 있다.[15] 이 분야에서 특히 유망한 주제는
노부부의 인지능력에 노화가 미치는 영향이다. 나이를 먹으면서
뇌가 변하는 것은 맞지만, 이 변화에 반드시 기억력 쇠퇴를 비롯
한 인지능력 감퇴가 동반되지는 않는다는 사실은 이미 확고하게
입증되었다. 기억을 떠올리는 짐을 다른 사람들과 함께 나눠 지
는 상황에서는 뇌의 문제를 벌충해주는 중요한 도움을 얻을 수
있다. 예를 들어, 기억장애가 있는 사람도 배우자와 상호작용하
면서 서로 일치하는 부분을 찾으면 어려운 문제를 해결해낼 수
있다.[16] 아직 더 많은 연구가 필요하지만, 노화로 인지능력이 쇠
퇴한 사람들이 파트너나 배우자에게 의지할 수 있을 때 상당한
기능을 수행할 가능성이 있다고 생각해도 될 듯하다.

커플 관계인 두 사람이 모두 반드시 똑같은 기억 전략을 사용

304   함의

하거나 똑같은 정보에 초점을 맞출 필요는 없다. 두 사람이 협력하는 상황에서 각자가 하나의 사건에 대해 다른 기억을 갖고 있을 때 오히려 더 큰 이득을 얻을 수 있다. 아내는 식당에서 저녁식사를 할 때의 대화 주제를 더 잘 기억하는 반면, 나는 우리가 먹은 음식과 음식값을 더 잘 기억하는 편이다. 우리가 함께 그때의 기억을 떠올리다 보면, 서로의 기억이 지닌 특징을 인식하고 긱자의 이야기를 통합해 공통의 서사를 만들어낸다. 협력 도움은 우리가 상대의 전문성을 이해하고 귀하게 여기며 상대의 시각을 공동의 서사에 적극적으로 통합시킬 때 효과를 발휘한다.

사회적 왜곡

같은 기억을 거듭 떠올리면 그 기억이 복사본의 복사본의 복사본처럼 변해 점점 흐릿해지면서 쉽게 왜곡된다는 것을 앞에서 살펴보았다. 프레더릭 바틀릿은 거의 1세기 전 기억에 관한 실험으로 개인에게 이런 효과가 나타난다는 것을 증명했다. 케임브리지대학교에서 그의 실험에 참가한 자원자들은 아메리카 원주민의 민담을 거듭 회상하는 과제를 수행했다. 그들이 자신의 문화적 기대치와 규범을 통해 그 이야기를 회상했기 때문에 이야기는 매번 더욱더 왜곡되었다. 문화인류학을 공부한 바틀릿은 우리가 다른 사람에게 정보를 전달할 때에는 이런 왜곡이 어떻게 작용할지 궁금해졌다.

이 의문을 해결하기 위해 그는 '연쇄 재현serial reproduction' 실험을 시행했다.[17] 먼저 실험에 자원한 케임브리지 학생들에게 아프리카 방패의 단순한 선 그림을 보여준 뒤, 기억을 바탕으로 그 그림을 다시 그려보라고 했다. 그다음에는 학생들의 그림을 다른 자원자들에게 보여주고 역시 기억을 바탕으로 재현해보라고 했다. 그리고 이 그림을 또 세 번째 그룹에게 보여주고 역시 같은 요청을 하는 식으로 실험이 계속 이어졌다. 그림에 대한 기억이 사람에게서 사람에게로 전달되면서, 그림은 점점 아프리카 방패라기보다는 사람의 얼굴과 비슷해졌다. 방패에 대한 기억이 자원자들에게 친숙한 형태로 변형된 것이다. 그들이 공유하고 있는 문화적 지식을 감안할 때, 전달하기 쉬운 형태였다.

기억 연구자들은 그 뒤로 바틀릿의 연쇄 재현 방법을 이용해, 집단 안에서 기억이 전달되면서 왜곡되는 과정을 연구하고 있다.[18] 한 실험에서는 자원자들에게 어떤 이야기를 암기시켰다. 그들이 공통으로 갖고 있는 젠더 및 사회적 고정관념과 일치하는 정보가 그 이야기에 일부 포함되어 있었다(예를 들어, 미식축구 선수가 해변에서 파티를 하려고 차를 몰고 해안도로를 달리면서 동료들과 맥주를 마시는 내용). 그런 고정관념과는 일치하지 않는 정보(미식축구 선수가 클래식 음악 라디오 방송에 주파수를 맞추고, 노점 앞에 차를 세워 자신을 위한 꽃을 사는 내용)도 있었다. 실험 자원자들은 이 이야기를 들은 뒤 고정관념과 일치하는 정보와 일치하지 않는 정보를 모두 기억했다. 그다음에 이 이야기를 처음 듣는 다른 사람에게 전달할 때는 고정관념과 일치하는 정보는 보존되었지만 일치하지 않는 정보는 사라졌다. 이야기 속에 배어 있는 고정관념을 지지하는 사람에게 이야기를 전달할 때는 정보가 더욱더 일그러졌다. 이 연구 결과는 우리가 어떤 사건에 대한 기억을 공유할 때 고정관념과 일치하는 정보는 상대에게 전달되는 반면 일치하지 않는 정보는 사라질 가능성이 높다는 것을 보여준다. 따라서 집단기억에는 사람들의 선입견과 편견이 반영될 수 있고, 집단기억이 이것들을 더욱 강화할 수도 있다.

우리가 사회적인 기억 전달에서 부정성편향negativity bias을 갖고 있다고 시사하는 연구 결과도 있다.[19] 사람에게서 사람에게로 기억이 전달되는 과정에서 부정적인 정보(예를 들어, 어느 정치인의 부정부패에 관한 이야기)는 살아남을 가능성이 높은 반면, 긍정적인 정보(어느 정치인이 부정부패를 줄이기 위한 법안을 만들었다는 이야기)는 사라질 가능성이 높다는 것이다. 부정적인지 긍정적인지 모호한 사건조차 사람에게서 사람에게로 전달되는 과정에서 부정적인 내용으로 기억될 가능성이 높다.

집단기억에 나타나는 왜곡에 기존의 편견만 작용하는 것은 아니다. 기억 메커니즘은 완벽하지 않기 때문에, 집단 안에서 정보가 유통될 때 오류가 점점 쌓이게 된다. 개인의 기억 왜곡을 광범위하게 연구한 인지심리학자 헨리 로디거는 기억 왜곡이 사회적 네트워크를 타고 바이러스처럼 퍼지는 과정을 일컫는 '사회적 전염social contagion'이라는 용어를 만들어냈다.[20] 연구를 위해 고안한 실험에서 로디거는 사람들을 둘씩 짝지어 공부할 사진들을 보여준 다음, 사진 속에서 기억나는 물건들을 말해보라고 요구했다. 하지만 한 가지 함정이 있었다. 실험에 참가한 각 '집단'의 멤버들 중 한 명만이 공부한 내용을 진심으로 떠올리려고 애쓰는 진짜 자원자였다는 것. 로디거가 심어놓은 다른 멤버는 일부러 사진에 없던 물건을 몇 가지 떠올리는 척했다. 이쯤이면 짐작이 가겠지만, 진짜 자원자는 이 잘못된 정보에 '감염'되어 거짓을 말하는 사람이 입에 담은 물건을 정말로 기억해낼 가능성이 높아졌다.

로디거의 실험에서 사회적 전염을 막기 위해 자원자들에게 백신을 접종하는 것 같은 효과를 내려고 했을 때, 즉 거짓 멤버들이 심은 가짜 기억을 몰아내려고 시도했을 때 흥미로운 현상이 나타났다. 자원자들은 다른 멤버가 사진에 없는 물건을 이야기했을 가능성이 있다는 경고를 듣고도, 잘못 입력된 정보를 기억으로 떠올릴 가능성이 여전히 높았다.

집단 속에서 기억을 공유할 때 잘못된 정보를 특히 효과적으로 잘 퍼뜨리는 사람들이 있다.[21] 집단의 대화를 지배하는 사람이 자신의 기억 오류를 다른 멤버들에게 퍼뜨릴 가능성이 높다. 자신감이 많은 사람이나 가장 먼저 입을 여는 사람도 마찬가지다. 슬프게도 우리는 자신이 신뢰하는 상대가 말한 잘못된 기억을 그대로 받아들이는 데 몹시 취약하다. 이 모든 연구 결과는 집단기억의 가장 나쁜 결과 중 하나를 가리킨다. 공동서사에 왜곡이 한 번 스며들고 나면, 그것을 몰아내기가 믿을 수 없을 만큼 힘들다는 것.

사회적 전염에서 우리를 보호해줄 수 있는 요인이 몇 가지 있다.[22] 예를 들어, 우리는 믿을 만하다고 생각되지 않는 사람(불행히도 이런 사람들은 대개 어린이, 노인, 외부 집단 사람이다)에게서 정보를 얻었을 때는 사회적 전염에 더 강한 저항력을 드러낸다. 좀 더 긍정적인 면을 본다면, 상호작용으로 정보가 전달되었을 때 집단기억이 왜곡될 우려가 줄어든다. 우리가 이를테면 소셜미디어 등을 통해 수동적으로 정보를 받아들일 때보다 상대에게 적극적으로 반응할 때 잘못된 정보를 받아들일 가능성이 줄어든다는 뜻이다.

집단이 기억 오류를 확대해서 전달하는 경향은 거짓 정보를 퍼뜨리는 데 쉽게 이용될 수 있다. 2016년 영국 브렉시트 국민투표에 관한 거짓 정보가 바이러스처럼 퍼져나간 것이 그 증거다. 2020년 미국 대통령 선거에서는 근거 없는 부정선거 주장이 일었고, 코로나19 유행 때는 백신에 대한 음모론이 나오기도 했다. 대중에게 '뉴스'로 전달되는 거짓 정보의 증가로 인해 심지어 '가짜 뉴스'의 심리학에 초점을 맞춘 응용연구 분야가 새로 생겨나기까지 했다.

가짜 뉴스라는 용어가 영어 사전에 당연한 듯 실리기 한참 전부터 엘리자베스 로프터스의 연구팀은 개인에게 거짓 기억을 심는 메커니즘이 주민 전체에게 거짓 정보를 퍼뜨리는 무기로 어떻게 이용될 수 있는지를 연구했다. 온라인 정치시사 잡지 〈슬레이트〉와 손을 잡은 로프터스 팀은 2010년 온라인 실험을 통해 사람들이 조작된 뉴스를 기억으로 받아들이는 데 얼마나 취약한지 실험했다.[23] 조사대상이 5천 명이 넘는 이 연구에서 로프터스가 거의 20년 전 실험실에서 개발한 기억 이식 방법이 희석된 형태로 사용되었다. 실험 자원자들은 실제 사진이 동반된 정확한 기사 여러 편과 조작된 사진이 동반된 가짜 뉴스 기사 한 편을 접했다. 날조된 기사의 내용은 다음과 같았다. "오바마 대통령이 유엔 회의에서 국가수반들을 맞이하며 이란 대통령 마무드 아마디네자드와 악수하고 있다." 이 기사에는 버락 오바마가 아마디네자드와 악수하는 사진이 함께 실렸으나, 그것은 포토샵으로 조작한 사진이었다. 두 정상은 사실 실제로 만난 적이 한 번도 없었다. 그런데도 〈슬레이트〉의 약식 실험에 참가해 그 사진을 본 사람들 중 거의 절반이 1년 전 그 기사를 본 기억이 있다고 말했다. 〈슬레이트〉의 한 독자는 "〈시카고 트리뷴〉에 이 만남 사진이 크게 실렸다"고 말했고, 또 다른 독자는 "공화당을 지지하는 블로거들이 저 악수를 가지고 난리를 피운 기억이 난다"고 말했다. 전체적으로 봤을 때, 응답자 중 최대 3분의 1이 가짜 뉴스 속 사건을 전에 실제 뉴스 기사로 읽었다고 잘못된 기억을 떠올렸다. 진짜와 가짜를 구분해보라고 압박을 가했을 때도, 많은 참가자가 진짜 기사와 날조된 기사를 구분하지 못했다.

사람들은 왜 가짜 뉴스에 취약한가?[24] 인간의 뇌가 사회적 전염에 취약한 이유 중 하나는 기존의 믿음과 부합하는 정보를 믿고 받아들여 기억하는 편향성에서 나온다. 우리의 취향에 맞는 가짜 뉴스는 더 쉽게 소화된다. 감정을 흥분시키는 정보가 담겨 있을 때, 문자뿐만 아니라 사진도 있을 때, 우리가 잘 알고 신뢰하는 상대에게서 나온 것일 때 가짜 뉴스에 대한 믿음이 더 강해지는 것도 사회적 전염에 관한 연구 결과와 일치한다.

사회적 전염에서는 친숙함도 중요한 역할을 한다. 가짜 정보에 반복적으로 노출되면, 그 정보가 점차 친숙해지면서 진실에 대한 인식에 영향을 미칠 수 있다.[25] 앞에서 보았듯이, 우리는 반복적인 노출을 통해 차츰 의미기억을 학습한다. 그러나 비슷한 메커니즘을 통해 사실과는 상관없는 믿음을 갖게 될 수도 있다. 많은 사람이 믿는 '사실'이지만 실제로는 허구인 이야기를 모두 들어본 적이 있을 것이다. 중국의 만리장성이 우주에서도 보인다더라, MMR 백신이 자폐를 유발한다더라, 바이킹은 뿔이 달린 투구를 썼다더라, 사람들은 자기 뇌의 10퍼센트만 사용한다더라… 이런 허구가 나름의 생명을 얻는 것은 수많은 사람에게 자꾸만 노출되기 때문이다. 편협해지기 일쑤인 소셜미디어 네트워크에서 다양한 사람들이 어떤 정보를 반복적으로 공유한다면, 사회적 전염의 속도가 더욱 빨라질 수도 있다.

미디어 컨설턴트와 정치 캠페인 전략가는 소셜미디어를 통해 거짓 정보를 퍼뜨리는 기술의 전문가다. 기억 연구자는 그들을 따라잡으려고 아직 노력할 뿐이다. 최근의 연구는 의견을 수집하기 위해서가 아니라 거짓 정보를 퍼뜨리기 위해 설계된 '푸시폴'(여론조사를 가장한 선거운동—옮긴이)에 초점을 맞춘다.[26] 푸시폴을 대중이 처음 의식하게 된 것은 2000년 사우스캐롤라이나 공화당 대통령후보 경선에서 조지 W. 부시와 존 매케인이 대결했을 때였다. 투표 날이 되기 전에 사우스캐롤라이나 주민들은 부시 선거본부의 여론조사 일제사격에 시달렸다. "존 매케인이 흑인 사생아의 아버지라는 사실을 안다면, 대통령후보로 존 매케인에게 투표할 가능성이 높아질까요, 낮아질까요?" 같은 질문이 쏟아졌다. 사실 매케인은 방글라데시의 고아원에서 아이를 한 명 입양했으므로, 이것은 거짓 정보를 공들여 집어넣은 뻔뻔한 질문이었다. 다른 질문들에도 매케인이 "미국 역사상 가장 큰 세금 인상을 제안"했으며 "노조와 언론이 선거 결과에 더 큰 영향을 미치게 하려고" 했다는 주장이 은근히 심어져 있었다. 매케인은 이 푸시폴의 존재를 알고 비난했지만, 이미 입은 피해를 돌이키지 못하고 경선에서 패배했다.

푸시폴의 효과는 거짓 정보가 기억 속으로 파고들게 하는 데서 나오는 것 같다. 1천 명 이상이 참가한 아일랜드의 한 실험에서는 연구자들이 개인의 기억을 얼마나 오염시킬 수 있는지 충격적인 결과가 입증되었다. 캐서린이라는 가상의 정치인에 관한 무해한 이야기를 회상할 때, 실험 참가자 중 절반 이상이 푸시폴로 접한 거짓 정보를 받아들였다. 이 연구는 또한 프란치스코 교황, 아일랜드 리오 버라드커 총리, 도널드 트럼프 같은 실제 유명인 관련 가짜 뉴스 기사에 대한 믿음과 기억을 푸시폴이 어떻게 강화할 수 있는지도 보여주었다.

이런 실험에 참가한 사람들은 모두 똑같은 거짓 정보에 노출된다. 그러나 현실에서는 자신이 속한 사회적 집단에 따라 그들이 소비하고 공유하는 정보의 원천이 달라질 때가 많다. 문화, 인종, 정치적 견해를 중심으로 사람들이 점점 분리되고 있기 때문에, 어쩌면 사회적 전염으로 우리가 같은 사건을 완전히 다르게 기억하는 지경에 이를지도 모른다. 그렇다면 현실을 바라보는 시각도 달라질 것이다. 이 모든 것이 양극화와 부족주의로 이어지면, '상대편'에 대한 부정적인 거짓 정보가 뿌리를 내리고 나쁜 고정관념을 더욱 악화시킬 수 있다.

다행히 팩트체크로 가짜 뉴스의 효과를 떨어뜨릴 수 있다. 그러나 올바른 방식으로 거짓을 수정해야 한다. 한 연구에서 5천명 이상의 참가자가 사진이 동반된 여러 기사의 제목을 읽었다. 실제 사건을 보도한 것도 있고 날조된 것도 있었다.[27] 이 실험의 목적은 제3자의 팩트체크 웹사이트에서 나온 정보로 사람들이 날조된 헤드라인을 사실로 기억하지 못하게 예방할 수 있는지 확인하는 것이었다. 실험 결과 타이밍이 모든 것을 결정한다는 사실이 드러났다. 헤드라인을 읽기 전이나 읽는 도중에 접한 팩트체크 경고는 거짓 기사를 진짜로 믿는 경향에 아주 작은 영향을 미쳤을 뿐이지만, 헤드라인을 다 읽은 뒤의 경고는 참가자들이 가짜 뉴스를 지지할 가능성을 25퍼센트 낮췄다. 이런 연구 결과는 가짜 뉴스를 소비한 뒤 팩트체크를 하면 기억을 갱신해 거짓 정보의 영향을 잘라낼 수 있음을 시사한다.

더 나은 서사 만들기

집단기억은 현재 많은 기억 연구자의 레이더에 나타난 점 하나에 불과하지만, 사회학자와 역사학자 사이에서 중요하게 다뤄지는 화제이기도 하다. 그들은 기억이 문화적·국가적 정체감에 기여하는 역사적 서사 구축 메커니즘이라고 본다.

합의

과학적 연구 결과를 한데 모아보면, 과거에 대해 선택적인 시각, 때로는 편견에 물든 시각을 구축하는 집단이 나타나는 데 완벽한 조건을 인간 기억의 엉뚱함이 만들어낸다는 것을 알게 된다. 균질한 집단의 사람들은 특정한 시각에 모든 것을 걸고, 자신이 전부터 갖고 있던 신념에 부합할 뿐만 아니라 권력자들의 지지를 받고 감정적인 무게도 지닌 정보에 선택적으로 우선순위를 매긴다. 이런 효과는 사회적 네트워크 안에서 증폭되는 경향이 있으므로, 같은 집단하고만 어울리는 사람들은 같은 경험에 대해 균질화된 기억을 갖게 된다. 사회적인 네트워크는 또한 거짓 정보의 확산 속도를 증가시킬 수도 있다. 개인 기억의 왜곡과 외부 정보원의 잘못된 정보 공급이 원인이다.

집단기억이 정보를 선택적으로 기억하며 쉽게 변형될 수 있다는 사실을 증명하기는 어렵지 않다. 서로 모르는 사이인 사람들을 실험실에 모아 무작위로 여러 집단으로 나눈 뒤, 상당히 임의적인 정보를 기억해보라고 하면 된다. 현실에서는 우리가 어떤 문화나 나라의 역사적 서사를 협력해서 구축하기 때문에, 그 과정이 훨씬 더 중대한 의미를 지닌다. 가장 먼저, 가장 많이, 가장 자신 있게 말할 수 있는 힘과 특권을 지닌 사람이 집단서사의 형태를 결정한다.

집단기억에 관한 연구에서 얻을 수 있는 긍정적인 교훈은 다양한 시각이 우리에게 이로울 수 있다는 것이다. 균질화가 집단

기억에 좋지 않다면, 다양성은 이득이 될 수 있다. 대안적인 시각을 인식하거나 채택하려고 시도할 때, 우리는 기존의 신념과 부합하지 않는 정보에 주의를 기울이게 된다. 잘못된 생각을 바로잡고 편견을 극복할 수 있는 기회가 생기는 것이다.

집단기억 연구는 집단의 구성원들이 각 멤버의 이야기를 전체 서사에 포함시키려고 적극적으로 나설 때 사람들이 더 많은 것을 기억하게 된다는 것을 보여주었다. 서로 전혀 모르는 사람들이 실험실에 모여 집단을 이뤘을 때도, 친밀한 관계의 파트너들이 모였을 때도 똑같다. 전쟁이나 특정 대통령의 재직 기간을 넘어, 소외된 집단까지 모두 포함된 평범한 사람들의 경험과 시각에도 관심을 기울인다면, 하나의 사회로서 우리는 과거를 더 훌륭하게 이해할 수 있다. 다양한 사람들에게서 교훈을 얻고 그들과의 공통점을 찾다 보면, 역사 속 '갖가지 주장의 시장'에서 경쟁을 벌이다 사라졌을 다양한 시각이 우리에게 좋은 것을 안겨줄 것이다.

합의

코다　　**역동적인 기억**

모두가 자기 기억의 시인이다…
그러나 최고의 시와 마찬가지로,
그 시는 결코 완성되지 않는다.
세월 속에서 다른 빛이 그 시를 비추면
시가 새로운 의미를 얻기 때문이다. _리처드 헬

우리는 질문으로 이 책을 시작했다. '우리는 왜 기억하는가?' 내가 실험 참가자의 머리에 처음으로 끈적거리는 전극을 붙인 날로부터 거의 30년이 흘렀는데도, 나는 여전히 이 질문에 간결한 답을 내놓지 못한다.

그건 괜찮다.

학습과 기억의 세계를 뱅뱅 돌면서 나는 우리가 기억하는 이유를 묻는 질문에 단 하나의 정답을 내놓을 수 없음을 배웠다. 우리가 과거의 영향을 받아 다른 사람이 되기도 하고 과거를 불러내기도 하는 그 모든 과정에 해당하는 메커니즘이나 원칙이 단 하나만 있는 것이 아니기 때문이다. 기억은 수백만 년 동안 일련의 타협을 거쳐 만들어진 뇌의 산물이다. 진화의 제약 때문에 어쩔 수 없이 선택된 설계에는 대가와 이득이 함께 따른다.

우리가 기억을 헤아릴 수 없이 다양한 방식으로 이용할 수 있는 것은, 진화의 관점에서 아주 오래된 뇌 부위(해마, 편도체, 측좌핵 등)와 비교적 최근에 만들어진 부위(주변후피질, 전전두엽피질, DMN 등)가 신경조절물질(도파민, 노르아드레날린 등)을 중심으로 상호작용하면서 가소성을 얻기 때문이다. 신경의 작은 변화로 우리는 친숙한 것을 유창하게 처리할 수 있고, 기억 덕분에 독특한 것, 새로운 것, 뜻밖의 것에 시선을 주게 되며, 일화기억을 이용하면 앞으로 어떤 일이 일어날 가능성이 있는지 예측할 수 있고, 새로운 정보를 바탕으로 기억을 갱신하고 실수에서 교훈을 얻을 수 있다. 또한 기억의 공유를 통해 우리 삶의 서사와 문화를 계속 바꿔나갈 수도 있다. 이 모든 과정에는 나 같은 신경과학자들이 이해해보려고 밤낮으로 연구하는 복잡한 시스템의 정확한 본질과 기능이 반영되어 있다.

내가 데이비스 캘리포니아대학교에 있는 내 연구실 이름을 '다이내믹 메모리랩'이라고 지은 데에는 세월이 흐르면서 우리 뇌가 변해가는 과정이 바로 기억이라는 내 생각이 부분적으로 작용했다. 우리가 일상을 살아가는 동안 뉴런의 회로들이 끊임없이 새로 만들어지거나 수정되면서 세포연합이 생성되는 덕분에 우리는 주위의 세상을 느끼고, 작용을 주고받고, 이해할 수 있다. 복잡하게 연결된 신경망은 과거의 가닥들과 현재의 경험을 모아 미래라는 태피스트리를 짤 수 있게 해준다.

세상에 태어나 점점 나이를 먹어가면서 우리는 인생의 단계마다 기억이 독특한 역할을 한다는 사실을 알게 된다.[1] 어렸을 때는 유난히 오랜 기간에 걸쳐 뇌가 발달하고, 나이를 먹어 자손을 낳을 수 없게 된 뒤에도 긴 수명을 누린다는 점에서 인간은 상대적으로 독특한 존재다. 개인 차원에서 보면 이런 인생 궤적이 부적응의 결과로 보일지 모르지만, 학습하고 기억하는 능력에 평생 동안 변화를 겪는 것이 인류라는 종의 번성에는 필수적인 이득이 되었을 가능성이 있다.

발달심리학자 앨리슨 고프닉은 인간의 실행 기능이 정점에 이르는 데 수십 년이 걸리는 것은, 가족과 사회에 적응하기 위한 학습에 긴 유년 시절이 필요하다는 뜻인지도 모른다고 주장했다.[2] 그녀는 아이들을 놀이와 탐구를 통해 세상에 대한 정보를 수집하는 과학자에 비유한다. 그들의 뇌는 이런 학습에 최적화되어 있다. 그들을 지나치게 구속하는 목표가 없기 때문이다. 반면 전전두엽피질이 완전히 발달한 어른은 생존과 성공에 필수적인 여러 목표에 초점을 맞춰 아이에게 필요한 것을 제공할 수 있다. 따라서 일상에 지친 어른들은 잘 보지 못하는 새로운 것을 발견하고 가능성을 알아보기에 아이들이 더 적합한지도 모른다.

앞에서 우리는 또한 사람이 나이를 먹을수록 일화기억이 쇠퇴하는 것을 살펴보았다. 따라서 사람들은 열쇠를 어디에 뒀는지 잊어버리고, 누군가의 이름도 잊어버려서 갑갑해지는 경험을 점점 더 많이 하게 된다. 조금 전까지 무슨 이야기를 하고 있었는지 잊어버리는 바람에 당황하는 일도 늘어난다. 그러나 나이를 먹는다고 해서 기억의 모든 기능이 변화를 겪는 것은 아니다. 특히 의미기억은 노인이 된 뒤에도 오랫동안 기세를 잃지 않는다. 일화기억은 쇠퇴하는 반면 의미기억은 끈질기게 버틴다는 사실이[3] 어쩌면 노년기 기억의 기능에 대한 단서인지도 모른다. 노년기는 새로운 것을 학습하고 목표를 추구하는 시기라기보다는 이미 배운 것을 주변 사람들과 나누는 시기다. 토착민들의 문화를 보면 노년기의 중요성을 알 수 있다. 그들 사회에서는 노인들이 언어, 의학, 채집, 사냥에 관한 문화적 지식을 어린 세대에게 전해주는 중요한 역할을 한다.[4]

최근의 연구를 보면 이런 역할이 인간에게만 존재하는 것이 아닌 듯하다. 인간처럼 번식 능력이 사라진 뒤에도 오랜 세월을 사는 범고래 무리에서도 나이 많은 암컷이 문화적 지식과 전통(사냥 취향, 놀이행동은 물론 심지어 짝을 고르는 취향까지) 전달을 주도하는 것으로 보인다. 인간 사회의 노인들과 마찬가지로 범고래 할머니들이 평생 동안 축적한 지식과 경험이 무리의 생존에 중요한 역할을 한다.[5]

인생을 성숙에서 노쇠로 이어지는 단 하나의 경로로 보지 않고 일련의 단계로 보는 방법도 있다. 각 단계에서 기억은 진화 과정에서 부여받은 임무를 정확히 수행하며 우리를 다른 사람들과 이어주고 사회에 뿌리내리게 해준다.

내가 우리 삶에서 기억이 수행하는 역할을 이해하게 되면서 우리 앞에 놓인 도전이 점점 더 분명해졌다. 우리가 기억하는 이유를 완전히 이해하기 위해 과학자들은 밀리초에서 수십 년 단위까지 이어지는 시간과, 뉴런의 이온채널 수준에서 뉴런의 광대한 네트워크를 거쳐 인간들의 사회적 네트워크까지 이어지는 공간 사이의 가교를 찾아내야 한다. 워낙 엄청난 과제라서, 내가 살아 있는 동안 인류가 이 일을 완수할 수 있을 것 같지 않다.

다행히 내가 추구하는 것은 정답이 아니다. 과학에서 중요한 것은 답을 모조리 찾아내는 것이 아니라, 더 많은 것을 드러내는 좋은 질문을 던지는 것이다. 퍼즐의 모든 조각을 완벽히 찾아낼 수는 없을 것이다. 그러나 답을 찾아 헤매다 보면 세상을 새로운 시각으로 바라볼 수밖에 없으므로, 우리가 누구인가에 대한 고집스러운 가정들에 도전하게 된다.

과거를 곧이곧대로 기록한 것만을 기억으로 취급한다면, 우리는 결국 비현실적인 기대를 품게 돼 항상 좌절감을 느낄 것이다. 그리고 현재에 대한 우리의 이해와 미래의 결정에 과거가 어떤 영향을 미치는지 알지 못한 채, 불완전한 과거의 포로가 될 것이다. '기억하는 자아'라는 베일 너머를 들여다보아야만, 우리가 살면서 경험하는 일의 모든 측면에 기억의 역할이 얼마나 넓게 배어 있는지 조금이라도 보고, 현실에 대한 인식에서부터 각자의 선택과 계획에 이르기까지, 우리가 어울리는 사람들은 물론 심지어 정체감에 이르기까지 모든 것에 기억이 강력한 영향을 미친다는 점을 인식하게 된다. 기억하는 자아를 잘 알게 되면, 기억하는 과정에서 적극적으로 움직이면서 과거의 족쇄에서 스스로를 해방시킨 뒤 오히려 과거를 안내인 삼아 더 나은 미래로 향할 기회를 잡을 수 있다.

기억한다는 착각

감사의 말

이상하게 보일지도 모르지만, 학계에서는 대부분의 학자가 책을 쓰는 것만으로 많은 인정을 받지 못한다. 교수직에 안착하거나, 연구비를 확보하거나, 승진하거나, 동료들의 인정을 받으려면 동료 학자들의 검토를 거쳐야 하는 학술지에 논문을 많이 발표할 필요가 있다. 저서는 일반적으로 이 공식에 포함되지 않는다. 따라서 내가 이 책을 쓰게 된 데에는 직업적인 이유보다 개인적인 이유가 더 크게 작용했다. 어쩌면 이타심, 행동하고자 하는 마음, 마조히즘, 나르시시즘이 모종의 조합을 이뤘던 건지도 모른다.

나는 학생들을 가르치는 일, 대규모 연구실을 운영하는 데 수

반되는 재정 문제와 서류 처리, 진행보고서 작성, 교수회의, 학생 지도위원회, 대학 상층부 및 기부자들과의 회의, 학과와 학교와 내 분야 관련 위원회 참석, 동료들의 논문을 검토해야 하는 의무, 그리고 당연히 수행해야 하는 학문적인 연구를 모두 마친 뒤 '남는 시간'에 애정을 담은 이 글을 썼다. 전 세계적인 전염병 유행은 나의 이런 사정을 더욱 복잡하게 만들었다. 나 혼자만의 힘으로는 이런 장애물을 도저히 뛰어넘지 못했을 것이다. 헤아릴 수 없이 많은 협력자, 동료, 친구, 가족 덕분에 이 여행이 가능해졌다.

내 출판 에이전트 레이철 노이만과 아이디어 아키텍츠에서 그녀와 함께 일하는 더그 에이브럼스 및 라라 러브는 내가 '인생을 바꾸는' 책을 쓸 잠재력이 있다고 인정해주었다. 이미 완성된 저술가이기도 한 레이철은 지치지 않고 나를 옹호하며 나를 위해 협상에 나서는 한편, 내가 원고를 퇴고할 때마다 중요한 감상을 말해주고 완벽을 향해 노력하라고 계속 나를 밀어붙였다. 아이디어 아키텍츠의 국제 파트너 애브너 스타인과 마시 에이전시의 직원들은 나를 전 세계의 출판사들과 연결해주었다. 제이슨 벅홀츠는 출판제안서를 작성할 때 엄청난 도움이 되었다. 또한 아이디어 아키텍츠의 부 프린스, 타이 러브, 세라 레이넌, 앨리사 니커보커 등 팀원 전원이 집필과 출판 과정에서 내게 자신감을 심어주었다.

믿을 수 없을 만큼 훌륭한 사람들과 출판 과정을 함께한 것이 내게는 행운이었다. 더블데이에서는 부사장 겸 논픽션 편집부장 겸 퓰리처상 수상작 세 편의 편집자 크리스 푸폴로(이 책의 제목을 생각해낸 사람이기도 하다)와 부편집장 애나 에스피노자, 페이버앤드페이버에서는 편집부장 로라 하산과 출판부장 한나 노울스가 책에 대한 내 구상을 전적으로 이해하고, 그 구상을 실현할 수 있게 도와주었다.

위노나 호이에게도 특히 큰 신세를 졌다. 처음부터 그녀는 내가 하고자 하는 말이 무엇인지, 과학과 이야기의 균형을 유지하면서 어떻게 그 말을 하면 되는지를 신기할 정도로 잘 이해하고 있었다. 그녀의 낙관주의, 끈기, 탐구심, 참을성, 지혜 덕분에 이 책을 쓰는 일이 즐거워졌다.

이 책을 계속 진행하는 데에는 재능 있는 학자 겸 저술가들의 많은 도움이 있었다. 아미시 자(마이애미대학교에서 인지신경과학을 연구하고 있으며《주의력 연습Peak Mind》의 저자)는 이 책을 쓰라고 나를 격려한 핵심적인 인물이었으며, 이선 크로스(미시간대학교에서 인지신경과학을 연구하고 있으며《채터Chatter, 당신 안의 훼방꾼》의 저자)는 집필 과정에 대해 나를 교육하느라 몇 시간 동안이나 전화를 붙들고 있었다. 데이비드 이글먼, 앙드레 팡통, 마이크 가자니가, 조지프 르두, 댄 레비틴, 리사 밀러, 에드바드와 메이-브릿 모저, 싯다르타 무크헤르지, 탈리 샤롯, 로버트 새폴스키, 매슈 워커도

시간을 들여 내 출판제안서를 읽고 이 초보 작가의 보증인이 되어주었다.

내 연구를 지원해준 국립보건원, 미국 국방부, 해군연구실, 제임스 S. 맥도널 재단, 레버흄 트러스트, 병적인 도박 및 관련 장애 연구소에도 감사한다. 구겐하임 펠로십이 이 책에 도움이 된 것도 엄청난 행운이었다.

좋은 스승이 없다면 이 분야에서 누구도 멀리 나아갈 수 없다. 내게는 최고의 스승이 몇 명 있다. 에번스턴 병원의 제리 스위트는 임상신경심리학의 이론과 실제를 내게 가르쳐주셨다. 심지어 우리 밴드 연주까지 몇 번 보러 오기도 했다. 시카고 웨스트사이드 재향군인 병원의 임상 인턴십 직원들과 나를 믿고 내게 많은 것을 가르쳐준 참전군인들에게도 감사한다. 대학원 시절 스승 켄 팔러와 박사후연구원 시절 스승 마크 데스포지토, 마샤 존슨이 없었다면 나는 학자로서 여기까지 올 수 없었을 것이다. 내가 이분들에게서 얼마나 많은 것을 배웠는지 말로 다 할 수 없다. 이분들은 지금도 나를 계속 응원하면서, 이 책의 여러 부분 수정 원고를 읽고 조언해주었다.

제임스 앤터니, 펠리페 데 브리가드, 엘리자베스 로프터스, 마라 매더, 찬단 나라얀(내 사촌이자 과거 밴드 멤버이며, 지금은 요크대학에서 심리언어학을 연구하고 있다), 나이절 피더슨, 수파르나 라자람, 뛰어난 동료들이 이 책의 여러 부분을 읽고 감상을 말해준

기억한다는 착각

것도 내게는 행운이었다. 내가 학자로서 걸음을 내디딘 초기에 후견인이 되어준 하워드 아이헨바움에게도 신세를 졌다. 그는 내가 학자의 마음가짐을 갖추는 데 영향을 미친 사람이다. 그가 창의성, 상냥함, 다른 사람들의 특별한 점을 파악하는 능력을 통해 내게 보여준 모범을 나는 평생 잊지 못할 것이다.

데이비스 캘리포니아대학교는 학습, 기억, 가소성을 연구하기에 세계 최고의 장소 중 하나다. 내가 '기억과 가소성MAP 프로그램'을 시작할 수 있게 해준 켄 버티스와 킴 맥알리스터, 내 연구를 병원에 적용할 수 있게 도와준 댄 래글랜드에게 감사한다. 절친한 친구이자 20년 넘게 비공식적 구루 역할을 해준 앤디 요넬리나스는 인간의 기억이 얼마나 복잡한지 내게 가르쳐주고, 나와 협력하면서 영감을 주고, 내가 더 훌륭한 학자가 될 수 있게 도와주었다. 그는 또한 내게 스노보딩도 가르쳐주려고 시도했으나, 실수 기반 학습곡선으로 비유하자면 내가 그리 멀리까지 나아가지 못했다. 앤디, 브라이언 윌트진, 아니 엑스트롬과 매주 만나서 기억에 관한 대화를 나눈 덕분에 내 사고의 폭이 넓어졌고, 기존 체제에 도전하려는 용기를 얻었다. 내 소중한 친구 시모나 게티는 인간 기억의 발달을 연구하는 세계 최고의 전문가 중 한 명이다. 기억의 정확성과 메타인지 또한 그녀의 연구 분야다. 그녀는 시간을 들여 내 책을 처음부터 끝까지 읽고 논평해주었다. 또한 개를 산책시키는 코스에 대해서도 전문가로서나 개인적으로나 현명한 조언을 해주었다. 랜디 오라일리는 신경망에 대해 내게 가르쳐주었으며, 그 과정에서 우리가 기억하는 이유와 과정에 대한 내 생각을 완전히 바꿔놓았다. 그와 무나카타 유코(아동발달에 관한 환상적인 책을 작업 중이다)는 패들보딩과 웨이크서핑 여행에서 몇 시간 동안이나 책에 대해 나와 대화를 나눴다.

이 책의 기초는 오랫동안 데이비스 캘리포니아대학교에서 학부생들을 가르치고 지도하면서 확립되었다. 다양한 사람들로 구성된 우리 학생들 중에는 각자 자기 집안 최초의 대학생이 40퍼센트쯤 된다. 아이비리그의 가장 유명한 대학 학생들과 마찬가지로, 똑똑하고 열성적이다. 내 연구실에서 연구를 하겠다고 자원한 학부생들은 지금까지 우리가 발표한 수많은 연구에 기여했다. 또한 우리 연구실 관리자들이 없었다면 과연 연구를 한 건이라도 완결할 수 있었을지 상상이 가지 않는다. 그러나 내가 누구보다 고마워하는 사람들은 내가 지금까지 지도한 대학원생과 박사후연구원이다. 지금도 그들 덕분에 나는 새로운 눈을 떠서 인간 기억의 매혹적이고 예상할 수 없는 측면을 발견하고 있다. 그들의 역할과 도움이 이 책의 DNA에 배어 있다.

내 부모님 삼파스 란가나스와 아누 란가나스는 내가 원고를 수정할 때마다 처음부터 끝까지 다 읽고, 이야기를 강화할 수 있게 도와주었다. 그러나 이보다 더 중요한 것은 유년 시절부터 지금까지 두 분이 끊임없이 나를 격려하고, 내가 훌륭한 일을 할

수 있는 사람이라는 믿음으로 나를 이끌어주었다는 점이다. 나
는 영원히 두 분에게 감사한다. 내 형제 라비와 그의 가족(티프,
샬럿, 앨리스), 친할머니와 외할머니 샤말라 란가와 비자야 삼파
스, 그리고 내 두 번째 가족인 찰스, 로리, 케빈 리아벡의 지원과
격려에도 감사한다.

내게 끊임없이 영감을 주는 원천은 내 딸 마이라다. 절망과 흥
분을 오가며 집필 과정에 대해 한없이 늘어놓는 내 이야기를 참
을성 있게 들어줘 고맙다. 마이라는 똑똑하고, 상냥하고, 창의적
인 여성이다. 아이가 식물생물학 분야에서 과학자로서 경력을
쌓아가는 모습이 근사하다.

내가 가장 신세를 진 사람은 아내 니콜이다. 아내가 없었다면
나는 책을 쓰는 것은 고사하고 과학자가 되는 길에 발을 들여놓
지도 못했을 것이다. 아내의 단호함, 호기심, 독창성, 수완이 몇 번
이나 내게 의욕을 불어넣어, 나는 타성을 극복하고 내 본능을 따
라가 존재하지 않는 것처럼 보이던 기회를 만들어낼 수 있었다.
아내는 내가 원고를 수정할 때마다 일일이 읽어보고 중요한 논평
을 해주었다. 나는 아내의 격려와 사랑 덕분에 손으로 글을 쓰며
투덜거리던 그 오랜 시간을 견뎌낼 수 있었다. 나를 이렇게 도우
면서도 아내는 자신의 책 또한 준비하고 있었다. 그동안 목소리
를 내지 못했던 사람들의 집단기억을 회복시켜 줄 책이다. 아내
와 함께한 인생은 지금까지 정말로 기억에 남을 만한 것이었다.

과학적인 연구를 쉽게 읽을 수 있는 형태로 제시하는 것은 힘든 일이다. 실험실의 연구 결과와 현실 사이에 추론상의 비약이 있기 때문이다. 나는 과학적인 연구가 현실에서 어떤 의미를 지니는지에 대해 합리적인 결론을 내리고, 과학이 뒷받침하는 결론과 추측을 명확히 구분하려고 애썼다. 명확성을 위해 지나치게 자세한 설명을 피하고, 대신 지금까지 나온 증거들의 뉘앙스, 한계, 대안적인 해석 중 일부를 주에서 다뤘다.

모든 참고자료를 여기에 담을 생각은 없다. 기억을 신경과학적으로 연구한 문헌은 방대하다. 2023년 4월, '기억'이라는 단어를 퍼브메드PubMed에서 검색했더니 38만 3040건이나 되는 결과가 나왔다. 이마저도 틀림없이 불완전한 목록일 것이다. 이 책에서 다룬 주제로만 범위를 한정한다 해도, 관련 논문을 일일이 언급하거나 인용하기가 불가능했다. 여기 인용한 참고자료는 이 주제에 관심 있는 독자들을 위해 가독성과 학문적인 내용의 균형을 고려해서 선택한 것이다.

기억한다는 착각

들어가는 말 | 기억하는 자아와의 만남

1 Kahneman과 Riis 2005 참조. 카너먼은 노련한 솜씨로 집필한 대중용 저서 《생각에 관한 생각Thinking, Fast and Slow》(2011)에서 기억하는 자아와 경험하는 자아의 대조적인 면을 상세히 설명한다. 겉으로 보기에 이 책은 의사결정을 다루고 있지만, 그가 평생 많이 연구한 주제는 기억이 의사결정에 영향을 미치는 과정이다. 여담으로, 내가 버클리의 학부생일 때 그가 의사결정을 주제로 강의한 상급생 수업은 인간의 인지능력에 대한 내 사고에 엄청난 영향을 미쳤다.

2 Bartlett 1932.

3 당시 내 지도교수 이언 고틀립은 이 연구를 담은 논문의 제1저자였다 (Gotlib, Ranganath, Rosenfeld 1998). 우리가 일부러 일으킨 슬픈 감정의 영향을 걱정하는 분이 있다면 걱정하지 않아도 된다. 실험이 끝나면 우리는 딕시랜드의 재즈 음악을 틀어 실험 참가자들의 기분을 북돋워주었다. 우리가 고른 음악이 워낙 형편없어서 누구나 웃음을 터뜨릴 수밖에 없었다.

4 Schacter(2002)가 이 점을 훌륭하게 보여준다.

1장 | 내 정신은 어디에 있는가?

1 Nick Bilton, "The American Diet: 34 Gigabytes a Day," *New York Times*, 2009년 12월 9일자. https://archive.nytimes.com/bits.blogs.nytimes.com/2009/12/09/the-american-diet-34-gigabytes-a-day/. Harris Andrea, "The Human Brain Is Loaded Daily with 34 GB of Information," *Tech 21 Century*, 2016년 12월호. https://www.tech21century.com/the-human-brain-is-loaded-daily-with-34-gb-of-information/.

2 꼼꼼하고 직관에 다소 어긋나는 에빙하우스의 방법(1885)은 '저축 방법method of savings'이라고 불리는데, 여기서는 너무 자세히 설명하지 않았다. 현대에 시행된 대부분의 기억 연구와 달리, 에빙하우스는 어느 정도 시간이 흐른 뒤 자신이 떠올릴 수 있었던 트라이그램의 개수를 정량화하지 않았다. 설사 자신이 공부한 트라이그램 중 하나를 즉시 떠올리지 못한다 해도, 그것이 머릿속 어딘가에 남아 있을 것이라고 추론했음이 분명하다. 이 문제를 극복하기 위해 에빙하우스는 외우고자 하는 트라이그램을 모두 암기할 때까지 계속 공부하곤 했다. 어느 정도 시간이 흐른 뒤에는 그 트라이그램들을 다시 암기하는 작업을 했다. 과거에 암기한 트라이그램에 대한 기억이 일부라도 남아 있다면, 두 번째로 외울 때는 속도가 빨라질 것이라는 가정 때문이었다. 따라서 에빙하우스는 첫 번째와 두 번째의 학습 시간 차이를 계산해서 망각 정도를 추적했다. 그리고 이 방법을 '저축'이라고 불렀다. 요즘은 에빙하우스의 저축 방법을 사용하는 학자가 드물지만, 그건 문제가 되지 않는다. 이보다 더 간단한 방법으로 기억을 시험하는 경우에도, 에빙하우스가 정량화한 망각 그래프가 보통 그대로 적용되기 때문이다.

에빙하우스에게 관심이 있지만 괴로운 것은 싫은 사람이라면, 헨리 '로디' 로디거가 에빙하우스의 책을 읽기 쉽게 요약한 글(1985)을 읽으면 된다.

3 Ebbinghaus 1964, 6장, "Retention as a Function of Number Repetitions," 23절, "The Tests and Their Results."

4 에빙하우스는 주로 비교적 무의미한 정보에 대한 기억을 연구했다(그가 바이런 경의 시 〈돈 후안〉을 암기한 실험은 예외). 에빙하우스의 망각 그래프가 현실과 비슷한 경우에 얼마나 잘 적용되는지는 그리 분명하지 않다. 예를 들어, 먼 옛날 완전히 망쳐버린 취업 면접 자체는 기억하더라도 그날 누가 무슨 말을 했는지는 상세히 기억나지 않을 수 있다. Radvansky 외 2022 참조.

5 Herculano-Houzel 2012.

6 이글먼Eagleman은 대중을 겨냥해서 과학을 바탕으로 신경가소성에 대한 글(2020)을 썼다.

7 매클라우드MacLeod는 곧 출간될 책에서 간섭 이론을 훌륭하게 리뷰했다. 나는 여기서 기억이 지워지기 때문에 망각이 발생하는지, 아니면 우리가 기억을 찾을 수 없어서 망각이 발생하는지에 관한 논쟁을 대충 넘겼다. 이것은 중요하고 흥미로운 이슈지만, 경쟁이 망각의 원인이라는 주장에 이의를 제기할 사람은 없을 것이다. 또한 나는 약간의 재량을 발휘해서, 문헌에 기록된 간섭의 다양한 형태를 뭉뚱그렸다. 현실에서와 마찬가지로 기억에서도 때로 경쟁이 아주 치열해질 수 있다는 점은 똑같다고 생각하기 때문이다.

8 주의력을 잘 관리할 수 있는 실용적인 조언과 더불어 이 주제에 대해 더 자세히 알고 싶다면, Gazzaley와 Rosen 2016, Jha 2021 참조.

9 여기에 인용된 논문들은 Teuber 1964, Nauta 1971, Goldman-Rakic 1984.

10 1990년대 말과 2000년대 초에 신경 영상 연구자들이 전전두엽피질이 실행 기능을 지원하는지 아니면 작업기억 유지보수를 지원하는지를 두고 벌인 논쟁을 언급한 것이다. 후자는 보통 야콥센Jacobsen(1936)의 견해로 여겨지는데, 나중에는 골드먼-라킥Goldman-Rakic(1987)도 같은 주장을 했다. 이 분야의 다른 사람들 중에는 단기기억이나 작업기억의 유지보수에서 전전두엽피질이 수행하는 기능을 강조한 사람이 많지만, 골드먼-라킥을 비롯한 전전두엽피질 전문가들이 이것만을 유일한 기능으로 믿었을 것 같지는 않다. 골드먼-라킥이 작업기억을 생각하게 된 데에는, 전전두엽 기능에 대한 그녀 자신의 생각과 Baddeley와 Hitch가 제안한 작업기억 심리 모델(1974) 비교가 영향을 미쳤다.

Wagner(1999), Ranganath와 Blumenfeld(2005), Jonides 외(2008)는 작업기억과 장기기억의 관계를 좀 더 폭넓게 다뤘다.

11 예를 들어, Braver 외 1997과 Cohen 외 1997 참조.

12 여기서 내가 줄곧 다루는 것은 측면 피질과 전전두엽피질, 그리고 전두극 피질이다. 전전두엽의 다른 부위, 예를 들어 안와전두피질이나 내측 전전두피질 같은 곳의 국소 손상은 다른 종류의 기억 결손을 야기하는 듯하다. 이런 부위들이 기억에서 수행하는 기능이 제대로 분류된 것 같지는 않다.

그래서 이런 부위에 대한 문헌은 여기서 다루지 않았다. 내측 전전두피질 및 안와전두피질 손상(보통 전교통동맥의 동맥류 파열이 원인)과 작화증은 서로 연결되어 있는데, 이 주제는 뒤에서 잠깐 다뤘다.

13 전두엽에 국소 손상이 있는 환자들을 대상으로 한 많은 연구에서 같은 패턴의 결과가 나왔다(Gershberg, Shimamura 1995; Alexander, Stuss, Gillingham 2009; Stuss 외 1996; Hirst, Volpe 1988; Ella Rochetta, Milner 1993. Blumenfeld와 Ranganath 2019의 리뷰도 참조).

14 이 문장에서 내가 주로 언급한 것은 배측면 전전두엽피질(브로드만 영역 BA 9와 46)과 전두극피질(BA 10)이다. 나는 이곳들이 영역 일반 실행 기능에 가장 중요하다고 본다(Wagner 1999; D'Esposito, Postle 2015 참조). 내가 여기서 '특별히'라는 단어를 쓴 것은, 특정한 유형의 자료를 처리하는 동안 전두엽의 특정 영역들에서 활동이 증가했기 때문이다(예를 들어, Courtney 외 1998). 그러나 작업기억 과정과 전두엽 영역들의 관계는 후부 피질 영역의 관계만큼 특정 영역에 국한되지 않는다(Ranganath, D'Esposito 2005; D'Esposito, Postle 2015). 여기서 내가 하고자 하는 말은, 전전두엽피질이 작업기억 자체를 '만들'지는 않지만, 작업기억에 기여하는 어떤 것, 예를 들어 주의력, 추론, 계획 등에는 영향을 미친다는 것이다.

15 여기에는 마크의 연구소에서 믿을 수 없는 결과를 쏟아내던 시기가 간단히 언급되어 있다. 내가 설명한 논문들 중 일부를 꼽는다면 Druzgal과 D'Esposito 2001과 2003, D'Esposito 외 2006, D'Esposito와 Postle과 Rypma 2000, Ranganath와 Johnson과 D'Esposito 2000, Ranganath와 DeGutis와 D'Esposito 2004, Ranganath 외 2004가 있다. Ranganath와 D'Esposito 2005, D'Esposito와 Postle 2015, Jonides 외 2008 참조. 이 주제에 관한 더 상세한 정보를 원한다면 특히 Badre 2020 참조.

16 집행부 비유를 도입한 사람은 Pribram(1973), 상세히 설명한 사람은 Baddeley와 Wilson(1988), Norman과 Shallice(1986)다. Joaquin Fuster(1980)는 시간이 흐르면서 인식과 행동을 연결시키는 데에서 전전두엽피질이 수행하는 역할에 대해 살짝 다른 견해를 내놓았다. 나는 이것

도 집행부 가설과 관련되어 있다고 본다.

17 Diamond 2006, West 1996, Moscovitch와 Winocur 1992, Craik 1994, Craik와 Grady 2002가 발달 및 연령과 관련해서 전두엽 기능과 기억에 나타나는 변화를 훌륭하게 살폈다.

18 Arnsten 2009a 참조.

19 인지능력 노화와 실용적인 조언을 더 광범위하게 다룬 글을 보려면 Levitin 2020, Budson과 Kensinger 2023 참조.

20 내가 여기에 인용한 것은 Lynn Hasher와 Karen Campbell의 연구, 특히 '하이퍼 바인딩'에 대한 연구다(Zacks, Hasher 2006; Campbell, Hasher, Thomas 2010; Amer, Campbell, Hasher 2016 참조).

21 Covre 외 2019, Uncapher와 Wagner 2018 참조.

22 정보 과부하에 대처하는 법을 읽기 쉽고 실용적으로, 과학을 기반으로 다룬 글을 보려면 Levitin 2014 참조.

23 내가 '거의 항상'이라는 말을 쓴 것은, 이 방법을 너무 자주 사용할 경우 두 가지 일이 하나로 뭉뚱그려질 수 있기 때문이다. 복잡한 작업들을 관리하는 법에 대해 더 알고 싶다면 반드시 Badre 2020을 읽어볼 것을 추천한다.

24 전전두엽피질 연구자들의 세계에는 인용할 만한 학자들이 가득한데, 그중에 얼 밀러Earl Miller는 최고의 사람들과 높은 곳에 앉아 있다.

25 우리가 Christine Nordahl, Bill Jagust, Charles DeCarli와 함께 한 연구 결과(Nordahl 외 2005; 2006, Lockhart 외 2012).

26 Douaud 외 2022, Becker 외 2021 참조.

27 Krause 외 2017, Abernathy와 Chandler와 Woodward 2010, Arnsten 2009b의 리뷰 참조.

28 Voss 외 2013, Fillit 외 2002 참조.

29 Jia 외 2023.

30 사진이 기억에 미치는 영향을 다룬 이 부분의 바탕이 된 것은 Henkel 2014, Barasch 외 2017, Soares와 Storm 2018이다. 이 문헌들에 따르면, 사진을 찍는 것이 기억에 간단히 좋은 영향이나 나쁜 영향을 미치는 것이

아니다. 우리가 어떻게 사진을 찍는지가 모든 것을 좌우한다. 가장 중요한 요인은 우리가 주의를 기울이는 방법, 피사체와 의미 있는 관계를 맺는지 여부다.

2장 | 시간과 공간의 여행자

1 John Watson(1913)이 내가 여기서 이야기한 내용을 거의 요약해놓았다.

2 Tulving 1972.

3 Tulving 1985.

4 신경망 개념에 부분적으로 영향을 미친 것은 신경생리학자 Warren McCulloch와 수학자 Walter Pitts의 논문(1943)에 담긴 아이디어였다. 두 사람은 전기회로를 이용해서 간단한 뉴런 네트워크 모델을 만들었다. 핵심적인 기여를 한 또 다른 인물로 Donald Hebb(1949)가 있다. 선구적인 과학자(이자 Brenda Milner의 공동지도교수)였던 그는 뉴런들이 서로 조밀하게 연결된 네트워크에 기억이 저장되며, 특정한 뉴런조합들 사이의 연결 강도가 학습에 의해 체계적으로 증가하거나 감소하기 때문에 그렇게 된다는 의견을 내놓았다. Marr(1971)는 Hebb의 주장을 바탕으로 획기적인 컴퓨터 모델을 제안했다. 해마의 생물학적 특징을 기반으로 한 '간단한 기억' 모델이었다. Marr는 해마가 특정 정보를 암호화할 필요가 있을 가능성이 있으며, 신피질이 대신 여러 경험을 일반화하는지도 모른다는 의견을 제시했다.

1980년대 초에 Jay McClelland, Donald Rumelhart를 포함한 많은 심리학자와 PDP 연구그룹(1986)이 신경망을 이용해 학습과 관련된 많은 현상을 설명했다. 그러나 1988년 Gail Carpenter와 Stephen Grossberg는 의미심장한 문제를 지적하면서, 그것을 '안정성-가소성 딜레마'라고 불렀다. 이 딜레마는 기본적으로 새로운 정보를 학습하는 것과 이전에 학습한 정보를 잊어버리는 것 사이의 교환이다. 과거 훈련을 통해 터득한 것을 모두 잃어버리지 않고, 단 한 번의 이례적인 경험에서 배운 것을 학습할 수 있는 네트워크를 어떻게 설계하면 될까? Mike McCloskey와 Neal Cohen(1989)은 체계적인 시뮬레이션을 통해 이 문제의 심각성을 보여주면서 '파괴적 망각'이라는 용어를 만들어냈다. 1995년 Jay McClelland, Bruce McNaughton, Randy O'Reilly는 논문에서 뇌가 안정성-가소성 딜레마를 해결하기 위해 '보완적인 학습 시스템'을 발달시켰다는 의견을 내놓았다. 구체적으로 말하자면, 그들은 해마가 단 한 번의 사례로 신속히 학습할 수는 있지만 일반화에는 능하지 않은 반면, 신피질은 학습 속도가 느리지만 전통적인 신경망과 마찬가지로 일반적인 학습에 능하다는 Marr의 제안(1971)을 바탕으로 삼았다. 이 책의 뒷부분에서 말하겠지만, 그들은 해마가 수면 중에 신피질에 '말'을 걸어 신피질이 파괴적 망각에 시달리지 않고 좀 더 신속히 학습할 수 있게 도울 수 있다는 의견을 제시했다. 혹시 궁금해하는 독자가 있을까 봐 밝혀두자면, 내가 이 책에 인용한 사람들 중 성이 Mc로 시작되는 사람이 왜 그렇게 많은지 도저히 모르겠다.

5 대학원 시절 친구 Brad Love가 실행한 fMRI 연구와 컴퓨터 모델은 규칙의 예외를 학습하는 데 정말로 해마가 동원된다는 것을 보여주었다. 예를들어 Love와 Medin 1998, Davis와 Love와 Preston 2012 참조.

6 당시 몬트리올 맥길대학교의 대학원생이던 밀너는 나중에 신경과학 분야의 전설이 된 도널드 헤브Donald Hebb와 뛰어난 신경외과 의사 와일더 펜필드Wilder Penfield의 지도를 받았다(이 시기에 밀너가 한 연구에 대한 더상세한 설명을 보려면 Xia 2006 참조). 펜필드는 간질에 외과적인 치료법을 사용해서, 한쪽 반구 측두엽의 일부를 절제했다. 그렇게 해서 발작을 일으키는 부위를 제거한 것이다. 밀너는 펜필드와 함께 한 연구(Penfield, Milner 1958)에서 측두엽 절제술을 받은 환자들의 기억 결손을 처음으로 관찰했다. 두 사람이 학회에서 이 관찰 결과를 보고한 뒤, 신경외과 의사윌리엄 스코빌William Scoville이 펜필드에게 연락해 자신도 비슷한 경험을 했다고 설명했다. 스코빌은 정신과적 장애와 신경학적 장애를 치료하기 위해 양쪽 반구의 측두엽을 절제하는 과격한 방법을 개발한 사람이었다. 그는 심각한 간질을 앓는 헨리 몰레슨Henry Molaison에게도 이 방법을 시도했다. 스코빌은 H.M. 등 심각한 기억장애를 지닌 자신의 환자들을 연구해보라고 밀너를 초대했다(Scoville, Milner 1957). 펜필드가 시행한 한쪽 측두엽 절제술에서 실제로 발작을 일으키는 부위를 제대로 겨냥한다면

기억력이 오히려 향상될 수 있음이 지금은 알려져 있다. 기억에 문제가 생긴 환자들은 멀쩡한 조직이 제거된 사례였다. 스코빌의 수술법은 발작을 일으키는 부위와 그동안 그 부위 대신 환자가 의존하고 있던 반대편 조직까지 모두 쓸어버리는 방법이었기 때문에 언제나 환자의 기억력을 악화시켰다. 구멍 난 타이어와 반대편의 멀쩡한 타이어를 한꺼번에 제거해버리는 것과 비슷한 방법이다.

H.M.의 특별한 인생과 그의 사례가 기억 연구에 미친 영향을 더 자세히 보고 싶다면《영원한 현재 HM *Permanent Present Tense H.M.*》을 추천한다. 이 환자를 줄곧 담당했던 고故 수잔 코킨Suzanne Corkin이 2013년에 발표한 회고록이다.

7 대부분의 신경과학자가 H.M.의 심각한 기억장애가 해마 손상 탓이라고 잘못 생각했으나, 사실 H.M.의 해마는 앞쪽 3분의 2만 사라지고 뒤쪽 3분의 1은 남아 있었다. 그가 신피질의 회백질과 백질에 광범위한 손상을 입은 것(Corkin 외 1997; Annese 외 2014)이 기억장애를 심화시켰음이 거의 확실하다.

8 Heidi Roth와 Barbara W. Sommer, "Interview with Brenda Milner, Ph.D., Sc.D.," American Academy of Neurology Oral History Project, 2011년 12월 2일자. https://www.aan.com/siteassets/home-page/footer/about-the-aan/history/11aantranscriptbrendamilner_ft.pdf.

9 이 의견을 가장 강력하게 주장한 사람은 Larry Squire로, 그는 해마가 새로운 의미 학습과 일화기억을 모두 아우르는 '서술기억'에 필요하다고 주장했다(리뷰를 보고 싶다면 Squire와 Zola 1998 참조). 해마가 있으면 일화기억을 지렛대로 이용해서 새로운 사실을 더 빨리 배울 수 있다는 주장에 나도 대체로 동의한다. 이것은 기본적으로 앞에서 설명한 McClelland와 McNaughton과 O'Reilly의 주장(1995)이다. 그러나 뒤에서 설명하겠지만, 주변후피질이 새로운 의미지식 학습을 지원할 수 있다.

10 바가-카뎀이 해마에 (대체로) 국한된 손상을 입은 기억장애 환자를 처음으로 연구한 사람은 아니지만, 그녀의 보고서(Vargha-Khadem 외 1997)는 발달성 기억상실증에 초점을 맞췄다는 점에서 독특했다. Vargha-

Khadem과 Jon과 Endel Tulving의 이야기는 Vargha-Khadem과 Cacucci 2021에 묘사되어 있다. Squire와 Zola 1988은 Jon을 포함한 발달성 기억 상실증 환자들에게 일화기억 능력이 일부 남아 있었기 때문에 그들이 새로운 의미지식을 학습할 수 있었다고 주장했으나, 이 사람들이 그토록 심각한 기억장애에 시달리면서도 해마가 손상된 성인보다 더 빠른 속도로 학습할 수 있었다는 것은 설명이 되지 않는다. 이 사람들은 신피질의 가소성을 지렛대로 이용했음이 분명하다. Squire와 Zola 1998은 또한 일화기억이 전전두엽피질에 대한 의존도에서 의미기억과 다를지 모른다고 주장했으나, 그 논문이 발표된 이후에 나온 증거들로 인해 전전두엽피질이 의미기억과 일화기억의 통제된 인출에 필수적이라는 데 많은 사람이 동의하게 되었다. 내측 전전두피질의 일부가 정신적 시간여행을 주관적인 일인칭 경험으로 만드는 데 기여한다고 생각할 근거가 있기는 하지만, 일화기억에서 맥락에 특정된 요소가 전전두엽피질이 아니라 해마에 의존한다는 분명한 증거가 있다(리뷰를 보고 싶다면 곧 출간될 Ranganath의 책 참조).

11 NIMH의 Jim Haxby 연구팀은 fMRI 데이터의 활동 패턴에 유용한 정보가 있다는 생각을 살펴보는 초창기 연구를 시행했다(Haxby 외 2001). 프린스턴의 Sean Polyn과 Ken Norman 연구팀은 이 생각을 기억 연구에 적용해 획기적인 결과를 내놓았다. 사람들이 기억 속에서 정보를 꺼낼 때 사용하는 맥락에 대한 정보를 해독하기 위해 복셀 패턴에서 정보를 추출하는 머신러닝(일명 멀티복셀 패턴 분석, 즉 MVPA)을 이용한 연구였다 (Polyn 외 2005). Ken Norman은 내 제자 Luke Jenkins의 데이터 일부를 보고, Luke와 내게 다른 접근법을 시도해보라고 제안했다. '표현의 유사성 분석'(RSA, Kriegeskorte, Mur, Bandettini 2008)이라고 불리는 이 방법이 내가 여기서 설명한 '기억암호' 방법이다. 내 생각에는 RSA가 암호해독 기법을 기반으로 한 머신러닝보다 더 흥미롭다. 비슷한 사람, 사물, 맥락이 등장하는 기억이 뇌 활동의 비슷한 패턴과도 연결되어 있는지에 대해 훨씬 풍부한 정보를 제공하기 때문이다. 2010년 스탠퍼드의 Gui Xue와 Russ Poldrack, 그리고 우리 연구실은 RSA를 이용해서 일화기억을 살펴본

최초의 연구 두 편을 동시에 발표했다(Xue 외 2010; Jenkins, Ranganath 2010).

12 리뷰를 보려면 Dimsdale-Zucker와 Ranganath 2018 참조.

13 여기서 내가 설명한 것은 단 한 편의 연구 결과가 아니다. 내가 든 사례는 우리가 2010~2020년 실시한 많은 연구의 결과를 간단히 제시하는 방편이다(Jenkins, Ranganath 2010; Hannula 외 2013; Hsieh 외 2014; Ritchey 외 2015; Libby 외 2015, 2019; Wang 외 2016; Dimsdale-Zucker 외 2018, 2022). 우리 연구실에서 기억 연구를 위한 RAS 기법 개발의 선두에 선 것은 Halle Dimsdale-Zucker, Luke Jenkins, Laura Libby, Frank Hsieh(당시 내 연구실에서 일하던 학생), Maureen Ritchey(당시 박사후연구원, 지금은 보스턴 칼리지의 훌륭한 교수)가 포함된 올스타 팀이었다.

14 내가 여기서 말하는 것은 해마색인 이론(Teyler, Discenna 1986; Teyler, Rudy 2007)과 인지지도 이론(O'Keefe와 Nadel 1979에 요약되어 있다)이다.

15 이것을 시간적 근접성 효과라고 부른다(Healey, Long, Kahana 2019). 많은 연구가 이 효과를 이용해, 해마가 시간과 공간 맥락에 따라 일화기억을 어떻게 정리하는지 보여주었다. 예를 들어, Miller 외 2013은 간질 환자가 가상현실 환경에서 움직이는 동안 해마 세포들의 활동을 실제로 기록했다. 나중에 환자가 가상현실 경험을 회상할 때, 각각의 사건이 일어난 위치에서 신호를 보냈던 세포들이 활성화되었다. Umbach 외 2020과 Yoo 외 2021도 참조. fMRI 연구의 수렴 증거를 보려면 Deuker 외 2016과 Nielson 외 2015 참조.

16 런던 유니버시티 칼리지의 John O'Keefe와 애리조나대학교의 Lynn Nadel이 도입한 이 이론은 해마가 우리에게 지금 위치를 알려주는 방향으로 진화했으며, 그 과정에서 공간과 시간에 모두 뿌리를 내린 일화기억의 기초를 놓았다는 의견을 내놓았다(O'Keefe, Nadel 1978). O'Keefe는 해마에서 '장소 세포'를 발견한 공로로 나중에 노벨상을 받았다. 이 세포는 동물이 특정한 장소에 있을 때 활성화된다. 진화와 관련된 상세한 설명을 보려면 Murray와 Wise와 Graham 2017을 읽어보라고 강력히 추천한다.

기억한다는 착각

17 피터는 천재다. 우리 연구(Cook 외 2015) 외에도 그는 다른 생물의 인지 능력에 대해서도 연구했다. 심지어 개의 질투심을 MRI로 연구하기도 했다(Cook 외 2018).

18 Ranganath와 Hsieh 2016, Eichenbaum 2017, Ekstrom과 Ranganath 2018이 시간, 공간, 일화기억의 관계를 살펴보았다.

19 맥락을 기반으로 한 기억 이론을 단순화한 설명이다(Estes 1955. 리뷰를 보려면 Manning과 Norman과 Kahana 2014 참조).

20 Janata 2009 참조.

21 Baird 외 2018 참조.

22 아무런 단서도 없이 어떤 사건을 떠올리려고 애쓸 때와 그 사건에서 감정이 가장 두드러질 때 기분이 기억에 미치는 영향 차이가 최대화되는 것 같다(Bower 1981; Eich 1995).

23 Mandler 1980 참조.

24 사람들이 생애 첫 몇 년 동안의 일을 정말로 '기억'할 때가 가끔 있기는 하다. 그들이 그 당시로 정신적인 시간여행을 했기 때문이 아니라, 가족들의 이야기와 사진을 통해 스스로 기억을 생성했기 때문이다. 영아기 기억상실에 대해 더 상세한 정보를 보려면 Peterson 2002, Howe와 Courage 1993, Bauer 2004 참조.

25 Ghetti 2017 참조.

26 Johnson 2001.

27 Zacks와 Tversky 2001 참조.

28 리뷰를 보려면 Radvansky와 Zacks 2017 참조.

29 이 문장에 많은 연구가 요약되어 있다. Swallow 외 2009와 2011은 영화 중간에 본 물건보다는 사건의 경계선(즉, 사건의 끝)에서 본 물건이 더 많이 기억에 남는다는 것을 보여주었다. 아야 벤-야코프Aya Ben-Yakov(Ben-Yakov, Eshel, Dudai 2013)는 짧은 영화가 끝날 때 해마의 활동을 보면 그 영화가 기억에 잘 암호화되었는지 예측할 수 있음을 알아냈다. Baldassano 외 2017은 이 연구를 기반으로 머신러닝을 이용해서, 사건의 경계선에서 (디폴트 모드 네트워크DMN)의 활동 패턴(즉, 기억암호)에 극적인 변화가

나타나며, DMN 활동 패턴이 변할 때 해마의 활동이 치솟는다는 것을 알아냈다(Ben-Yakov와 Henson 2018도 참조). 우리 연구실의 잭 리그Zack Reagh는 (DMN 활동 패턴이 변화하는 순간보다는) 인간이 식별된 사건의 경계선에서 해마의 활동이 치솟으며, 해마의 경계선 반응을 통해 완전히 다른 기억 테스트에서 나타날 개인차를 예측할 수 있음을 발견했다. 우리 연구실의 알렉스 바넷Alex Barnett(Barnett 외 2022)은 DMN의 전방 중앙 서브네트워크와의 기능적 연결 및 해마 활동을 통해 앞선 사건의 기억 암호화가 성공할지 여부를 예측할 수 있음을 발견했다. 마지막으로 Lu와 Hasson과 Norman 2022는 뇌가 사건의 중간보다는 마지막에 일화기억을 암호화하는 편이 최선일 수 있다는 것을 간단한 신경망 모델로 증명했다.

30 제프 잭스Jeff Zacks(2020)는 노화 관련 효과를 포함해서, 사건의 경계선이 기억에 미치는 효과를 훌륭하게 리뷰했다. 잭 리그와 나(Reagh 외 2020)는 영국에서 수집된 엄청난 양의 fMRI 데이터를 분석한 결과, 사건의 경계선에서 해마에 불이 얼마나 들어오는지에 따라 일화기억의 개인차를 예측할 수 있음을 알아냈다. 사건의 경계선에서 활성화 정도는 전체적으로 노화와 함께 감소한다.

31 긍정적인 기억 편향에 대해 더 자세한 정보를 보려면 Adler와 Pansky 2020 참조. 노화와 긍정적인 내용이 기억에 미치는 영향에 대해 더 자세한 정보를 보려면 Mather와 Carstensen 2005 참조.

32 회고 절정에 대해서는 Jansari와 Parkin 1996, Krumhansl과 Zupnick 2013, Schulkind와 Hennis와 Rubin 1999, Janssen과 Jaap와 Meeter 2008 참조.

33 Anspach 1934.

34 Newman, Sachs 2020.

35 '대단히 뛰어난 자전적 기억'을 갖고 있는 특별한 사람들은 자기 인생의 사소한 일에 대해 날짜가 정확히 표기된 정신적 카탈로그를 갖고 있는 것 같다(Leport 외 2012, 2016 참조). 묘하게도 암기 능력을 비롯해서 기억력에 대한 여러 연구에서는 여느 사람들과 전혀 달라 보이지 않는다. '대단히 부족한 자전적 기억SDAM'을 지닌 사람들은 자신의 과거를 되살리

는 능력이 거의 없는 것처럼 보인다. 이런 사람들은 반추하는 성향이 없다 (Palombo 외 2015). 자전적 기억에 관한 세계 최고의 권위자 중 한 명인 Brian Levine은 내가 SDAM을 갖고 있다고 생각하지만, 슬프게도 나는 반추를 아주 많이 한다.

36 MacMillan 2017.

37 '사실에 반하는 일화적 사고episodic counterfactual thinking'라고 명명된 이 과정이 어떻게 생산적인 감정 조절 전략으로 작동할 수 있는지에 대한 견해를 보려면 De Brigard와 Parikh 2019 참조.

38 Gaesser, Schacter 2014 참조.

3장 | 정리, 재사용, 재활용

1 Hagwood 2006.

2 Buzan 1984.

3 *Memory Games*, Janet Tobias와 Claus Wehlisch가 감독한 다큐멘터리(Stockholm: Momento Film, 2017), Lakshmi Gandhi, "Memory Champion Yänjaa Wintersoul Believes Anyone Can Learn to Remember," NBC 뉴스, 2018년 11월.

4 Yänjaa Wintersoul, *The IKEA Human Catalogue Test*(광고), Kooichi Chee와 Jon Loke 감독(UK: FreeFlow/Facebook Creative 2018); *The IKEA Human Catalogue Test*(확장판, 유튜브).

5 Miller 1956. 밀러가 말한 '유명한 상원의원'이란 조 매카시가 아닌가 싶다. 그는 미국이 공산주의자들의 위협을 받고 있다는 의심증을 대중적으로 널리 퍼뜨려 불을 지핀 사람으로 유명하다.

6 저장할 수 있는 정보의 정확한 개수에 대해서, 또는 그런 숫자가 존재할 수 있는지 여부에 대해서 약간의 논란이 있다. George Miller(1956)는 7±2를 '매직넘버'로 제시한 것으로 유명하다. 나는 좀 더 최근의 추정치인 3±1을 인용하겠다. 좀 더 정확히 통제된 연구를 바탕으로 한 숫자이기 때문이다(Cowan 2010; Luck, Vogel 2013 참조). 애당초 이런 일에 숫자를 정해서 말할 수는 없다면서 동의하지 않는 사람들도 있다. 어느 쪽이 정답

인지는 잘 모르겠지만, 사실 그것은 중요하지 않다. 우리가 머릿속에 저장할 수 있는 정보의 양에 한계가 있다는 데에는 모두가 동의한다.

7   Miller(1956)는 우리가 지금 '덩어리짓기'라고 부르는 것을 '기록하기'라고 불렀다. '덩어리짓기'라는 용어를 사용한 사람은 Herb Simon(1974)이다.

8   Newell, Shaw, Simon 1958.

9   Chase, Simon 1973.

10 사이먼은 원래 전문 지식이 쌓이면 그랜드마스터가 체스판과 말을 인식하는 방식이 바뀐다는 주장을 지지했다(Chase, Simon 1973). 나중에 연구가 점점 발전하면서 그는 사람들이 기억 속에 정보를 저장하는 방식에 전문 지식이 영향을 미치기 때문에 그랜드마스터가 게임의 구조를 이용하는 더 정교한 틀을 구축할 수 있다고 믿게 되었다(Gobet, Simon 1998). Ericsson, Kintsch 1995도 참조.

11 리뷰를 보려면 Bukach, Gauthier, Tarr 2006 참조.

12 Moore, Cohen, Ranganath 2006.

13 그의 게시물 중 일부를 http://baseballanalysts.com/에서 찾아볼 수 있다.

14 시카고 컵스가 월드시리즈에서 우승한 뒤 2016년 12월 크리스의 모교는 한 강연회에서 "'머니볼 맨' 크리스 무어의 '마법' 뒤에 있는 '수학'에 관해 배워볼까요! 시카고의 프린스턴 클럽이 프린스턴 타이거즈와 시카고 컵스 팬들을 초대합니다"라는 광고를 내걸었다.

15 Bartlett(1932)이 현재 기억 연구에서 사용되는 '의미의 도식schema'이라는 용어를 도입했다. Kant(1899)가 《순수이성비판》에서 schema라는 말을 도입했고, Piaget(1952)는 인지발달에서 도식이 어떻게 작용하는지에 대해 의견을 내놓았다. David Rumelhart(예를 들어 Rumelhar, Ortony 1977)는 인공지능과 기억에서 도식에 대해 자세히 설명했다. 다른 관련 연구로는 Minsky의 프레임 이론(1975), Schank와 Abelson의 스크립트 이론(1977)이 있다. 여담이지만, 나는 복수형으로 좀 허세처럼 보이는 schemata보다는 schemas를 사용한다.

16 여기서 내가 언급한 것은 Tolman(1948)의 '인지지도'라는 개념이다. Tolman은 동물이 주변 환경 속의 중요한 지점들 사이 관계를 머릿속에

촘촘하게 정리해놓고 공간을 돌아다니는 방식을 설명하기 위해 이 용어를 도입했다. 내 생각에 Tolman의 설명은 Bartlett의 도식이 지닌 의미와 매우 흡사하다. 현재 과학자와 과학 저널리스트는 Tolman의 인지지도를 문자 그대로 기하학적인 공간지도(또는 2차원 좌표공간)로 잘못 해석하고 있다. Tolman의 논문에 담긴 의미를 완전히 놓쳐버린 해석이다.

17 Franklin 외 2020이 사건 도식이 학습되고 사용되는 방식에 관한 컴퓨터 모델로 이 분야의 연구 일부를 살펴보았다.

18 Malcolm Young(세상을 떠난 AC/DC 기타리스트가 아니라 신경과학자다)은 신피질의 네트워크를 알아내기 위해 컴퓨터 기법을 도입한 공을 인정받아 마땅하다(예를 들어 Hilgetag 외 1997). Olaf Sporns(2010)는 뇌의 네트워크를 읽기 쉽고 환상적으로 개관한 글이다.

19 Raichle 2001 참조.

20 예를 들어 Mason 외 2007, Smallwood와 Schooler 2015 참조. DMN과 관련해서 이런 주제를 이야기하는 것이 틀렸다고 말할 생각은 전혀 없다. 여기서 내가 말하고자 하는 것은 DMN이 상상력, 마음의 방랑, 자기성찰에서 모종의 역할을 할 뿐 아니라 우리가 현실 세계에서 하는 일과 비슷한 여러 종류의 고급 인지 임무에 긍정적으로 기여한다는 것이다. 자전적 기억 인출, 공간적인 이동, 추론 등이 이런 임무에 속한다. 그러나 이 주제에 대해 더 자세히 알고 싶다면, 인지신경과학자 모쉐 바Moshe Bar의 *Mindwandering*(2022)을 읽어보라고 권한다. 읽기 쉽고 아주 훌륭한 책이다. 비록 백일몽에서 DMN이 수행하는 역할에 대한 이야기도 있긴 하지만, 바의 연구는 DMN의 기능에 대한 내 생각에 커다란 영향을 미쳤다.

21 선구적인 인지신경과학자 믹 러그Mick Rugg와의 대화가 나를 DMN이라는 토끼굴로 내려보낸 영감이 되었다고 인정한다. 당시 믹은 우리가 학습목록에 있던 단어를 떠올릴 때 DMN 전체의 활동이 증가한다는 것을 보여준, 영향력 있는 리뷰 논문을 막 완성한 참이었는데(Rugg, Vilberg 2013), 기억에 관한 fMRI 연구에서 모두가 보는 것(과 간과하는 것)과 뇌의 네트워크에 관한 fMRI 연구에서 모두가 보는 것 사이의 관계를 지적했다. 그리고 Randy Buckner, Jess Andrews-Hanna, Daniel

Schacter(2008)의 훌륭한 연구가 이 관계를 포착했다고 내게 알려주었다.

22 Ranganath, Ritchey 2012.

23 도엘러Doeller(Milivojevic 외 2015, 2016)와 노먼/해슨Norman/Hasson 연구실(Chen 외 2017; Baldassano 외 2017, 2018)의 결과들이 내 주의를 끌었다는 뜻이다. 그러나 자연상태를 모방한 자극에 관한 다른 혁신적인 fMRI 기억 연구들이 이 이슈에 대해 고찰하는 선례를 이미 남긴 바 있다(예를 들어 Zacks 외 2001; Swallow, Zacks, Abrams 2009; Ezzyat, Davachi 2011).

24 처음으로 공동발표한 글에서 닉 프랭클린Nick Franklin(당시 샘 거슈먼Sam Gershman 연구실의 박사후연구원)은 도식, 사건의 경계선, 일화기억 재구축을 설명하기 위해 야심찬 컴퓨터 모델을 도입했다(Franklin 외 2020).

25 Barnett 외 2022; Reagh 외 2020; Cohn-Sheehy 외 2021; 2022, Reagh, Ranganath 2023 참조.

26 이 결과는 Reagh와 Ranganath(2023)에서 나온 것이다. 설명을 간단히 간추렸으나 더 자세한 정보를 원한다면 누구든 이 논문을 읽어보라고 권하고 싶다. 우리는 DMN의 세 가지 하위 네트워크 전체에서 모두 차이를 발견했다. 후방 내측 네트워크PMN는 각각의 카페와 슈퍼마켓에 대해 각각 다른 기억암호를 만들었고, 내측 전전두 네트워크MPN는 슈퍼마켓 영상에 대한 포괄적인 기억암호와 카페 영상에 대한 포괄적인 기억암호를 만들었다. 전방 측두 네트워크ATN는 각각의 인물에 대해 별도의 기억암호를 만들었다.

27 Reagh 외 2020은 영상을 보는 동안 사건의 경계선에서 해마의 활동이 치솟는 것을 보여주었고, Barnett 외 2022는 사건의 경계선에서 해마의 기능과 DMN의 관계에 따라 그 사건에 대한 기억의 성공적인 암호화 여부를 예측할 수 있음을 보여주었다. DMN-해마의 전체적인 연결이 사건의 경계선에서는 치솟지 않지만, 그 뒤에 실시된 기억 테스트에서 참가자들이 떠올리지 못한 사건에 비해 성공적으로 암호화된 사건에 대해서는 연결도가 확실히 증가했다는 점이 중요하다.

28 Palmqvist 외 2017.

29 https://www.si.com/nba/2020/03/27/inside-the-mind-of-lebron-james-a-look-at-his-iq.

30 https://abcnews.go.com/Sports/total-recall-lebrons-mighty-mind/story?id=24662461.

4장 | 그냥 상상일 뿐

1 Luria 1968, 11.

2 Johnson 2017.

3 이것은 간결하게 요약한 설명이다. 관심이 있다면 Sheldon과 Fenerci와 Gurguryan 2019, St. Jacques 2012에서 이 주제에 대한 더 자세한 내용을 볼 수 있다.

4 Addis, Wong, Schacter 2007; Szpunar, Watson, McDermot 2007; Hassabis, Kumaran, Maguire 2007.

5 Miller 2007.

6 바틀릿의 생애에 대해서는 Roediger 2003을 참고했다.

7 Bartlett 1928a, 2014.

8 Bartlett 1932.

9 Amanda Taub, "The Brian Williams Helicopter Scandal: A Clear Timeline," *Vox*, 2015년 2월 9일자. https://www.vox.com/2015/2/5/7987439/brian-williams-iraq-apology-helicopter.

10 수업에서 이 연구(Roediger, McDermott 1995)는 보통 'DRM'으로 불린다. Deese 1959에서 이 방법을 가져와 변형했기 때문이다.

11 Schacter, Verfaellie, Pradere 1996.

12 Griego 외 2019; Beversdorf 외 2000. 그러나 ASD(자폐스펙트럼장애―옮긴이)를 지닌 사람들이 때로 거짓 기억 효과의 전형적인 패턴을 보인다는 연구 결과를 보려면 Solomon 외 2019 참조.

13 신경과학자들도 다르지 않다. 많은 학자가 개별 기억의 신경 기질基質, 즉 엔그램이라고도 불리는 것을 찾아내려고 했다(예를 들어, Josselyn, Köhler, Frnakland 2017). 신경과학에서 엔그램을 찾으려 하는 데에는 기

억이 과거의 정적이고 객관적인 기록이라는 저변의 생각이 반영된 것 같
다. 그러나 나는 같은 경험으로도 거의 무한하게 다양한 기억을 구축할 수
있다는 바틀릿의 믿음에 동의한다.

14 Owens, Bower, Black 1979.

15 Pichert, Anderson 1977.

16 Huff 외 2017.

17 Anderson, Pichert 1978.

18 Loftus, Palmer 1974.

19 듀크대학교의 내 친구 펠리페 데 브리가드Felipe De Brigard가 이 주제의 전
문가다. 그는 무엇보다도 우리가 이런 식의 '만약에…'라는 생각을 할 때
DMN이 동원된다는 것을 보여주었다. De Brigard와 Parikh 2019는 이 분
야에서 새로 부상하는 연구의 훌륭한 개요를 제공한다.

20 Johnson, Raye 1981. 직관적이고 간단한 설명을 위해 나는 마샤 존슨이
자신의 틀을 확장해서 우리가 모든 의식적인 경험의 원천에 대해 생각하
는 방식, 즉 '원천 모니터링'이라고 불리는 것까지 포함시켰다는 점을 언
급하지 않았다(Johnson, Hashtroudi, Lindsay 1993).

21 Johnson 외 1988. 이와 관련해서, 대학원 시절 내 사무실 동료(이자 굳
건한 보스턴 레드삭스 팬) 브라이언 곤살베스Brian Gonsalves와 우리 지도
교수 켄 팔러Ken Paller가 이 분야에서도 신경 증거를 찾아냈다(Gonsalves,
Paller 2000). 최근에 본 대상을 떠올리면 뇌의 시각 영역이 활성화될 것
이다. 그 대상을 단순히 상상하기만 할 때보다 효과가 훨씬 크다(Wheeler,
Petersen, Buckner 2000; Nyberg 외 2000도 참조).

22 Simons와 Garrison과 Johnson 2017이 이 주제를 훌륭하게 리뷰했다.

23 학위논문(Ranganath, Paller 1999, 2000)에서 나는 사건 관련 전위ERPs를
이용해, 사람들이 언제 어떻게 자기 기억의 정확성을 감시하는지 확실히
파악했으나, 사람들이 원천 모니터링을 할 때 전전두엽피질에서 정확히
어떤 부분이 활성화되는지는 알아내지 못했다. 내가 마샤 존슨, 마크 데스
포지토와 함께 실시한 fMRI 연구(Ranganath, Johnson, D'Esposito 2000,
2003)가 그 부분을 알려주었다.

기억한다는 착각

24 예를 들어 Dobbins 외 2002; Schacter 외 1997; Wilding과 Rugg 1996; Cabeza 외 2001; Johnson, Kounios, Nolde 1997; Johnson 외 1997; Curran 외 2001 참조. Rugg와 Wilding 2000은 이 시기에 새로 떠오른 인지신경과학 문헌을 훌륭하게 리뷰했다.

25 Buda 외 2011.

26 과거 임상에서 일할 때 나는 작화가 드문 증상이며 대개 일시적이라는 사실을 알게 되었다. 문헌에 보고된 사례들은 보통 간뇌 손상으로 인한 기억상실 및 내측 전전두엽피질과 안와전두피질의 손상으로 인한 실행기능의 결함이 조합된 결과였다. 이 주제에 대한 내 생각에 크게 영향을 미친 것은 Morris Moscovitch(1989)가 작화를 다룬 부분이다. Johnson 외 2000도 작화를 리뷰했다.

27 Montague 2019.

28 Hashtroudi, Johnson, Chrosniak 1989.

29 Gonsalves 외 2004; Thomas, Bulevich, Loftus 2003.

30 Hassabis 외 2007. Maguire와 Vargha-Khadem과 Hassabis 2010이 기억상실증이 있으나 상상력에는 아무 문제가 없는 사람들을 찾아냈다는 점을 덧붙여야 할 것 같다. 나는 미래를 상상하는 능력이 없는 사람들의 경우 해마와 DMN의 연결이 끊어진 것으로 짐작한다(Barnett 외 2021).

31 Bartlett 1928b.

32 Schacter, Addis 2007; Schacter, Addis, Buckner 2008.

33 Beaty 외 2018; Madore 외 2019.

34 Duff 외 2013; Thakral 외 2020.

35 Thakral 외 2021.

36 Austin Kleon, "Re-imagining from Memory," 2008년 3월 26일. https://austinkleon.com/2008/03/26/re-imagining-from-memory/.

37 많은 고급 AI 애플리케이션이 어떤 의미에서는 다양한 대규모 데이터셋으로 훈련한다는 것을 나도 인정한다. 그러나 생성형 AI 모델의 훈련에 사용할 수 있는 인터넷 콘텐츠는 무작위적으로 추출한 인간의 작품 샘플이 아니라서, 특정 인구 집단의 것이 과도하게 포함되어 있다. 게다가 이런

프로그램은 문장에서 다음에 나올 단어를 예측하는 일이나 이미지에 라벨을 붙이는 일 등 특정한 임무를 훈련받는 경우가 많다. 특정한 목적 없이 자극에 노출되는 인간과는 조금 다른 점이다. 인간 예술가는 또한 폭넓은 영감의 원천 사이에 창의적인 평행선을 그릴 수 있지만, AI의 생산물은 그 원천들을 근본적으로 다른 것으로 취급할 것이다. 그래도 나는 인간 예술가가 생성형 AI를 이용해서 혁신적인 예술을 창작할 수 있다고 생각한다. 시각예술가가 콜라주를 이용하는 것이나 힙합예술가가 기존의 작품에서 많은 샘플을 가져와 사용하는 것과 비슷하다.

38 Scenic, "Picasso's Greatest Influences Explored: From the Blue Period to Cubism," 2020년 11월 3일. https://www.scenic.co.uk/news/picassos-greatest-influences-explored-from-the-blue-period-to-cubism.

39 Peggy Chiao, "Kurosawa's Early Influences, Criterion Collection, 2010년 10월 19일. https://www.criterion.com/current/posts/444-kurosawa-s-early-influences#:~:text=Another%20major%20influence%20on%20Kurosawa,Vsevolod%20Pudovkin%2C%20and%20sergei%20Eisenstein.

40 Ghansah 2011.

5장 | 느낌 그 이상

1 이것은 사회심리학자, 성격심리학자, 임상심리학자, 감정신경과학자는 물론 심지어 인류학자 사이에서도 열띤 토론의 대상인 복잡한 주제다. 여기서 밝힌 내 의견에는 뉴욕대학교의 신경과학자이자 음악가 조지프 르두가 영향을 미쳤다. LeDoux(2012)는 내가 기본적으로 의욕회로라고 설명한 '생존회로'와 의식적인 느낌을 구분한다.

2 이런 경우가 많지만 항상 그런 것은 아니다. 다시 말하지만, 감정과 생존회로의 관계는 복잡해서 여러 견해가 있다(Adolphs, Mlodinow, Barrett 2019; Gross, Feldman Barrett 2011 참조).

3 리뷰를 보려면 Avery와 Krichmar 2017 참조.

4 리뷰를 보려면 Nadim과 Bucher 2014 참조. 참고로, 이번 장에서 내가 특정한 기억 과정에서 여러 신경조절물질이 수행하는 역할에 대한 증거를

다루게 될 것임을 분명히 밝혀야겠다. 내 목표는 핵심적인 연구 결과를 간결하고 읽기 쉬운 형태로 전달하는 것이었지만, 신경조절물질들이 복잡하며 여러 신경조절 시스템이 서로 상호작용한다는 점(예를 들어, 청반locus coeruleus의 뉴런들이 노르에피네프린과 도파민을 모두 분비한다)을 지식이 많은 독자들은 알아주기를 바라는 마음도 있다. 따라서 어떤 신경조절물질이든 인간의 뇌에서 독자적으로 작용해 단 하나의 기능을 수행할 가능성은 대단히 희박하다.

5 리뷰를 보려면 Kandel과 Dudai와 Mayford 2014, McGaugh 2018, Takeuchi와 Duszkiewics와 Morris 2014 참조.

6 Mather 2007과 Mather 외 2014 참조. 첨언하자면, 노르아드레날린에 대해 내가 한 모든 말은 사람을 흥분시키는 들뜨는 경험과 위협적인 경험에 모두 적용된다.

7 Mather 2007.

8 리뷰를 보려면 McGaugh 2018 참조. 용어에 관해 한마디 하면, 어떤 사건에 대한 기억이 그 사건이 끝난 뒤 약물이나 신경조절물질의 영향을 받았을 때 신경과학자는 화학물질이 '기억응고화'에 영향을 미쳤다고 말한다. 내가 여기서 이 용어를 피한 가장 큰 이유는 이 말이 연구 문헌에서 다양한 것을 가리키고, 그것들이 모두 쓸데없는 의미를 지니고 있기 때문이다. 실제로 신경조절물질은 기억응고화뿐만 아니라 기억암호화에도 영향을 미친다.

9 Phelps 2004, LaBar와 Cabeza 2006 참조. 이런 주장을 펼치는 연구의 사례를 보려면 Ritchey 외 2019 참조. 또한 나는 해마를 강조했지만, Yonelinas와 Ritchey 2015는 편도체와 주변후피질이 한 팀으로 움직인다는 주장을 훌륭하게 펼쳤는데, 여기에는 지면이 없어 그 주장을 다루지 못했다.

10 Adolphs 외 1997.

11 Bechara 외 1995 참조.

12 Lensvelt-Mulders 외 2008 참조.

13 McEwen 2007; Sapolsky 2002; Godoy 외 2018 참조.

14 Sue Mineka의 대학원 정신병리 세미나에서(리뷰를 보려면 Mineka와 Kihlstrom 1978 참조).

15 McEwen, Weiss, Schwartz 1968.

16 Shields 외 2017; Wolf 2009; Sazma, Shields, Yonelinas 2019.

17 이 다음 몇 문단에서 나는 Shields 외 2017에 요약된, 스트레스에 관한 여러 연구 결과를 설명할 것이다. 앤디의 정신 나간 스카이다이빙 실험 이야기는 Yonelinas 외 2011을 참조한 것이다. 재미있는 사실은, 이 논문이 〈스트레스〉라는 학술지에 발표되었다는 점이다.

18 McIntyre, McGaugh, Williams 2012에서 리뷰.

19 리뷰를 보려면 Sazma, Shields, Yonelinas 2019 참조.

20 이 책에 언급된, 동물 대상 모든 연구와 실험은 IACUC Institutional Animal Care and Use Committee의 감독을 받았다. 이 위원회는 동물복지가 가장 높은 수준으로 유지되도록 감독한다.

21 Sapolsky 2003이 이 주제를 훌륭하게 리뷰했다. 우리(McCullough 외 2015; Ritchey 외 2017; Shields 외 2019)도 스트레스 반응의 개인차(코르티솔 수치로 측정)가 기억에 어떤 영향을 미치는지 연구했다.

22 전전두엽피질의 신경조절 전문가인 Amy Arnsten(2009b)이 동물 모델 연구를 바탕으로 이 주제를 훌륭하게 리뷰했다. 인간 대상 논문 리뷰를 보려면 Shields, Sazma, Yonelinas 2016 참조.

23 Mineka와 Kihlstrom 1978은 불안감의 예측 가능성과 통제 가능성의 관련을 다룬다. Lupien 외 2009는 만성적인 스트레스의 신경독성 효과를 리뷰했다.

24 Liberzon과 Abelson 2016이 PTSD와 기억에 관한 문헌들을 훌륭하게 리뷰했다. 여기서 내가 서술한 내용은 해마에 의존하는 기억에서 맥락의 구체성이 사라진 것이 PTSD를 야기한다는 두 사람의 이론 중 일부를 바탕으로 한 것이다.

25 Markowitsch 2003은 이른바 심인성 기억상실의 여러 형태와 더불어 둔주 상태도 신경과학적으로 다뤘다.

26 Stefania de Vito와 Sergio Della Sala, "Was Agatha Christie's Mysterious

기억한다는 착각

Amnesia Real or Revenge on Her Cheating Spouse?," *Sceintific American*, 2017년 8월 2일자. https://www.scientificamerican.com/article/was-agatha-christie-rsquo-s-mysterious-amnesia-real-or-revenge-on-her-cheating-spouse/.

27 Harrison 외 2017; Staniloiu, Markowitsch 2014.

28 Kirschbaum, Pirke, Hellhammer 1993.

29 Knight, Mehta 2017.

30 이 주제에 대해 더 알고 싶다면 로버트 새폴스키Robert Sapolsky가 1994년에 발표한 훌륭한 저서《스트레스, 당신을 병들게 하는 스트레스의 모든 것Why Zebras Don't Get Ulcers》을 확인해보라고 강력히 추천한다. 좀 더 학문적인 참고자료를 원한다면 Dickerson, Kemeny 2004 참조.

31 Wise 2004; Robbins, Everitt 2007.

32 Berridge와 Robbinson 2016이 이 연구를 리뷰했다.

33 Schults 1997.

34 Haber 2011.

35 Pennartz 외 2011.

36 Schultz 2006.

37 Cohen, Ranganath 2005, 2007; Cohen, Elger, Ranganath 2007.

38 Cohen과 Ranganath 2007, Cohen과 Elger와 Ranganath 2007은 뇌파검사를 이용해서 보상이 되는 결과에 대한 신경반응을 측정했다.

39 예를 들어 Cohen 외 2005, Cohen과 Ranganath 2005, Cohen 2007, Knutson 외 2001 참조.

40 내가 여기서 말하는 것은 '공감 간극 효과'다. Shankar Vedantam의 팟캐스트 *Hidden Brain*, 2019년 12월 2일 방송이 내게 영향을 미쳤다. https://www.npr.org/2019/11/27/783495595/in-the-heat-of-the-moment-how-intense-emotions-transform-us. 관련 학술 문헌의 리뷰를 보려면, Loewenstein과 Schkade 1999 참조.

41 예를 들어 Wise와 Robble 2020, Volkow 외 2007 참조. 그러나 중독의 원인은 다원적이므로, 심리사회적인 요인의 영향을 무시하는 것은 부주의한

일이 될 것이다(예를 들어 Hart 2017; Heilig 외 2021).

42   여기서 내가 말하는 것은 중독성 환각제를 사용하는 사람이 모두 완전한
     중독자가 되지는 않는다는 연구 결과다(Schlag 2020). Ahmed 2010은 쥐
     연구를 기반으로 한 관련 문헌과 인간을 대상으로 한 관련 유행병학 연구
     를 리뷰했다.

43   Perry 외 2014.

44   내 친구 Sam Gershman의 연구팀(2021)이 이 주제에 대해 흥미로운 리뷰
     를 썼다.

6장 | 주위엔 온통 친숙한 얼굴들

1   앤 클리어리Anne Cleary는 이 주제를 다루는 세계적인 전문가 중 한 명이
     다. 역사, 종교, 철학, 심리학, 신경과학의 연구 결과를 바탕으로 이 주제
     를 깊이 있고 학술적으로 리뷰한 매력적인 글을 보려면 Cleary와 Brown
     2021 참조.

2   세 명 중 두 명은 적어도 한 번은 기시감을 경험한 적이 있다는 글을 읽었
     다. 그러나 이 추정치를 단단히 뒷받침하는 자료는 찾을 수 없었다. 내 친
     구이자 동료로 이 현상을 연구하는(그리고 내게 기시감과 관련해서 유용
     한 조언을 많이 해준) 나이절 피더슨Nigel Pedersen은 이것도 기시감의 빈도
     를 과소평가한 수치일 가능성이 높다고 말한다. 사람들이 이런 일을 겪더
     라도 무시해버리거나 곧 잊어버리는 경우가 많기 때문이다. 인간의 기억
     에 관한 내 강의를 듣는 학생들을 대상으로 비공식적인 조사를 실시했을
     때, 거의 모두가 기시감이나 관련 경험을 한 적이 있다고 대답했다. 따라서
     나는 '거의 보편적'이라는 말을 쓰겠지만, 사람마다 경험이 다를 수 있다.

3   펜필드는 오트프리트 푀르스터와 함께 연구하면서 이 기법을 배웠으며,
     여러 사례를 연구해서 알아낸 것을 나중에 논문으로 작성했다(Foerster,
     Penfield 1930; Penfield 1958).

4   Penfield 1958; Mullan과 Penfield 1959. 측두엽 간질을 앓는 일부 사람
     들의 경우, 측두엽에서 전기신호가 발사되기 시작하면 발작에 선행하는
     '전조'의 일부로 강렬한 기시감을 느낀다는 점 또한 언급해야 할 것 같다

(Hughlings-Jackson 1888).

5   Ho 외 2015 참조.

6   Ebbinghaus(1885)는 어떤 경우 회상할 수 없는 경험도 학습으로 이어질 수 있다고 지적했다. "이런 경험은 의식이 알아차리지 못하게 감춰져 있으면서도, 예전의 경험이 진짜임을 입증해주는 의미 있는 효과를 낸다." Larry Squire(1986), Endel Tulving과 Daniel Schacter(Tulving, Schacter 1990) 등 여러 사람이 다양한 버전의 '다중기억 시스템' 가설을 지지했다. 기억의 의식적 표현(서술기억 또는 외현기억이라고도 불린다)과 무의식적 표현(비서술기억 또는 절차기억 또는 암묵기억이라고도 불린다)에 별도의 시스템이 존재한다고 보는 가설이다. Henry Roediger(1990)는 어떤 것에 한 번 노출되고 나면 다음에 다시 노출되었을 때 그 정보를 더 쉽게 처리할 수 있다(일명 능숙함)고 주장했다. 이 견해에 따르면, 자극의 능숙한 처리는 때로 사람이 인식하지 못하는 상태에서 일어날 수 있다. 또는 다른 상황에서는 그 자극에 대한 일화기억이 전혀 없는 사람이 이런 효과를 인식하게 될 수도 있다. 사람들이 얼마 전에 특정 단어나 물체를 보았다는 인식이 없는 상태에서도 그것들을 더 능숙하게 처리할 수 있는 것은 분명한 사실이다. 일화기억의 알맹이(누가, 무엇을, 어디서, 언제, 어떻게에 대한 정보)가 신피질에 저장된다는 것, 신피질 세포연합에 의한 학습이 점화priming를 주도한다는 데에는 대체로 공감대가 형성되어 있다. 따라서 Neal Cohen과 Howard Eichenbaum(1995) 같은 사람들은 신피질의 특정 부위에서 발생하는 학습의 능숙함 효과와 해마와 신피질의 상호작용을 통해 사건을 기억하는 능력을 구분하는 편이 더 말이 될 것 같다는 의견을 내놓았다. 내 선택은 Roediger의 주장과 Cohen 및 Eichenbaum의 주장을 혼합한 것이다.

7   Mortimer Mishkin은 미국 국립정신보건원에서 원숭이를 대상으로 기억의 신경 기반을 연구하던 선구적인 신경과학자였다. 그는 발달성 기억상실증에 대한 Vargha-Khadem의 연구에 깊은 인상을 받아, 1997년 의미지식의 획득을 지원하는 데는 주변후피질만으로 충분할 수 있지만 일화기억에는 해마가 필요하다는 대담한 의견을 내놓았다(Mishkin 외 1997).

주로 원숭이와 쥐를 대상으로 기억을 연구한 Aggleton과 Brown(1999)은 친숙함을 바탕으로 한 기억을 지원하는 데에도 주변후피질만으로 충분하다고 주장해 Mishkin의 주장을 한 걸음 더 발전시킨 데 상당한 공이 있다. 주변후피질과 해마가 친숙함과 일화기억에 각각 어떤 기여를 하는지를 컴퓨터 모델로 어떻게 들여다볼 수 있는지 읽기 쉽게 리뷰한 글을 보고 싶다면 O'Reilly와 Norman 2002도 읽어볼 것을 강력히 추천한다.

8 앤디 요넬리나스Andy Yonelinas는 사람들의 주관적인 경험을 바탕으로 친숙함과 일화기억(일명 회상)을 구분할 수 있다는 의견을 내놓았다(Yonelinas 2001). 그가 사용한 방법 중 하나는 전에 본 단어나 사진을 알아볼 수 있는지 사람들에게 물어본 다음, 각각의 대상에 대한 기억을 얼마나 확신하는지(즉, 자신감)를 1~6점으로 표시해보라고 요구한 것이다(Yonelinas 1994). 일화기억 경험이 있고 제시된 대상을 기억한다면 6점이었다. 그 단어를 본 적이 있다고 절대적으로 확신한다는 뜻이다. 예를 들어, 테스트 때 '블루베리blueberry'라는 단어를 보고 외우면서 블루베리 팬케이크를 몹시 먹고 싶어 했던 기억이 있다면 6점을 주면 된다는 뜻이다. 그러나 공부한 단어에 대해 구체적인 기억이 전혀 없다면, 자신감 점수는 4나 5가 된다. 사실상 그들이 단순히 답을 추측하고 있거나 그냥 육감을 따르고 있다는 뜻이었다. 그러나 이런 추측이 정답일 때가 많았다. 앤디는 사람들이 친숙함을 바탕으로 그런 '추측'을 하고 있다고 믿었다. 그는 데이비스 캘리포니아대학교의 동료 Neal Kroll과 함께 획기적인 연구를 실시해서, 해마가 손상된 환자들도 친숙함을 바탕으로 전에 외운 단어를 알아볼 수 있으나 회상을 바탕으로 그 단어를 알아보는 능력은 사라졌음을 보여주었다(Yonelinas 외 2002). 앤디가 사용한 방법과 모델은 우리의 맥주 내기 연구뿐만 아니라 그 뒤에 이루어진 많은 다른 연구의 바탕이 되었다. 자신감 점수로 회상과 친숙함을 모델링하는 이 방법의 세세한 부분을 두고 현장에서 많은 논쟁이 벌어지고 있다(Yonelinas, Parks 2007). 앤디의 '수신자 조작 특성receiver operating characteristics' 모델링에 대한 정당한 비판도 있으나(예를 들어, Wixted 2007), 회상과 친숙함이 서로 다르다는 지적이 무효화되지는 않는다. 안타깝게도 심리학은 야심찬 아이디어를 수

없이 잘라내서 사형을 선고해버리는 경향이 있다. 이런 논쟁을 맛보려면 Wixted 2007, Yonelinas 2002, Yonelinas 외 2010 참조.

9 우리 연구(Ranganath 외 2004)가 동료 검토라는 연옥에 있을 때, Lila Davachi, Jason Mitchell, Anthony Wagner(2003)가 친숙한 단어를 알아보는 데에는 주변후피질의 지원만으로 충분하며 해마의 활동은 학습한 단어를 맥락에 관한 정보와 연결시키는 일과 더 관련 있음을 보여주는 연구를 발표했다. 우리 두 팀의 연구뿐만 아니라 그 뒤에 fMRI를 이용한 다른 많은 연구도 우리가 특정한 얼굴이나 단어를 보았을 때의 맥락에 관한 구체적인 기억을 해마가 암호화하는 것 같다는 같은 결과를 보여주었다. Aggleton과 Brown 1999와 일치하는 결론이다. Montaldi 외 2006은 이 점을 확고히 못박은 특별히 엄밀한(그리고 제대로 평가받지 못한) 연구다.

10 우리의 리뷰(Eichenbaum, Yonelinas, Ranganath 2007)는 기억이 세 개의 구성요소(대상[사람과 물건]에 대한 정보, 맥락[장소와 상황], 대상과 맥락 연결[일화기억])로 분리될 수 있으며, 대상에 대한 기억의 '강도'가 친숙함이라는 느낌을 불러온다는 주장을 지지했다. 우리의 '대상과 맥락 묶기BIC' 모델은 주변후피질이 대상에 대한 기억 표현을 지원하고, 해마곁피질은 맥락의 표현을 지원하고, 해마는 대상과 맥락에 관한 정보를 묶는다는 의견을 내놓았다. 주변후피질을 의미기억과, 해마곁피질을 공간기억과, 해마를 공간기억 및 일화기억과 연결시킨 Mishkin 외 1997의 틀을 상당히 그대로 연장시킨 결론이었다. Eacott와 Gaffan 2005, Knierim과 Lee와 Hargreaves 2006은 동물 모델을 이용한 관련 연구를 요약했고, Davachi 2006은 우리가 제안한 것과 거의 같은 모델을 지원하는 fMRI 연구들을 리뷰했다. 이 모든 증거를 하나로 모아 대상과 맥락에 관한 기억만을 이야기하기보다는 의식적인 경험(친숙함과 회상)과 연결시킨 것이 우리 논문의 비교적 독특한 점이다. 특히 대상과 맥락에 관한 기억만을 이야기하는 방식에는 문제가 있다. 사람들이 회상을 바탕으로 대상을 알아볼 수 있고, 친숙함을 바탕으로 맥락에 관한 기억을 결정할 수 있기 때문이다. 따라서 실험자가 실시하는 기억 테스트보다는 회상과 친숙함의 과정을 구분하는 것이 중요했다. 더 자세히 알고 싶으면 Diana, Yonelinas, Ranganath 2007;

Ranganath 2010; Mayes, Montaldi, Migo 2007; Norman 2010 참조.

11 다양한 버전의 이 가설을 보려면 Mishkin 외 1997; Aggleton과 Brown 1999; Ranganath, Rainer 2003; O'Reilly, Norman 2002; Grill-Spector, Henson, Martin 2006; Eichenbaum, Yonelinas, Ranganath 2007; Ranganath 2010 참조.

12 여기서 내가 말한 것은 Andy Yonelinas와 함께 연구하던 대학원생 Wei-Chun Wang의 연구다. 그는 친숙함과 '개념 점화' 사이의 관계를 조사한 두 fMRI 연구에서 나와 협력했다. 개념 점화란 반복적으로 처리된 단어의 의미에 능숙하게 접근하는 능력을 말한다. 첫 번째 연구에서 Wei-Chun은 단어를 암호화하는 동안 주변후피질에서 활동이 증가하면 그다음 기억 테스트에서 개념 점화가 일어난다고 예측할 수 있음을 보여주었다(Wang 외 2010). Wei-Chun은 또한 왼쪽 측두엽 절제술을 받은 환자의 경우, 그 손상이 주변후피질에 영향을 주면 개념 점화가 나타나지 않는다는 것도 발견했다. 그다음에 시행된 fMRI 연구는 '인출 단계'의 활동을 살펴본 것인데, Wei-Chun은 주변후피질의 활동이 감소하면 개념 점화가 더 증가하고 친숙함도 더 강해진다고 예측할 수 있음을 발견했다(Wang, Ranganath, Yonelinas 2014). 두 번째 연구 결과는 Malcolm Brown(Brown, Xiang 1998)이 원숭이에게서 발견한 주변후피질의 신경생리학적 기록 및 Kia Nobre와 Greg McCarthy(1995)가 인간에게서 발견한 주변후피질의 두개 내 기록과 일치한다.

모든 형태의 암묵기억이 주변후피질에 의존한다거나(사실이 아니다), 친숙함이 항상 주변후피질과 관련되어 있다(아무도 확실히 모른다)고 암시할 생각은 없다. Paller와 Voss와 Boehm 2007은 내가 여기서 다루지 않은 회색지대를 일부 포착한 대안적 시각을 보여준다.

13 이렇게 답을 분명히 아는데 생각나지 않는 효과에 관한 고전적인 실험은 Brown과 McNeill 1966에 나온다. Brown 1991은 그 뒤에 나온 많은 연구를 철저히 리뷰했는데, 내가 이 문단에서 제시한 '블로킹' 가설도 여기 포함되었다. Maril과 Wagner와 Schacter 2001은 분명히 아는데 생각나지 않는 현상이 전전두엽피질의 활동을 증가시키는 것 같다고 주장했다. 이렇

기억한다는 착각

게 답이 혀끝에 걸려 있다는 느낌이 들면 사람들은 그 기억을 찾아내기 위해 정신적 자원을 모두 동원하니 그럴 법하다.

14 Kelley, Jacoby 1990 참조.

15 Bob Zajonc(1968)가 단순 노출 효과를 처음으로 보고했다. 리뷰를 보려면 Zajonc 2001 참조.

16 Brown과 Murphy 1989에 이 현상이 실험적으로 훌륭하게 제시되어 있다.

17 "George Harrison Guilty of Plagiarizing Subconsciously a '62 Tune for a '70 Hit," *New York Times*, 1976년 9월 8일자. https://www.nytimes.com/1976/09/08/archives/george-harrison-guilty-of-plagiarizing-subconsciously-a-62-tune-for.html.

18 Bright Tunes Music Corp., Plaintiff, v. Harrisongs Music, Ltd., et al., Defendants, 181.

19 "George Harrison Guilty of Plagiarizing Subconsciously a '62 Tune for a '70 Hit."

20 Harrison 2007, 340.

21 Nisbett, Wilson 1977 참조.

22 Kashmir Hill, "Wrongfully Accused by an Algorithm," *New York Times*, 2020년 6월 24일자. https://www.nytimes.com/2020/06/24/technology/facial-recognition-arrest.html.

23 Meissner, Brigham 2001. 그러나 인종은 사회적 구조물임을 반드시 강조해야겠다. 인종편견은 많은 문화권에서 발견됐지만, 특정 문화권에서 인종 개념이 형성된 방식을 바탕으로 상당한 변이성이 존재할 것 같다.

24 McKone 외 2019.

25 Levin 2000.

7장 | 돌아서서 낯선 것과 마주하기

1 놀랍게도 전에 살던 사람은 약 2년 뒤에 가구를 가져가려고 우리 아파트에 나타났다. 그러나 가구가 많이 낡은 것을 보고 다행히 마음을 바꿔 우리가 계속 쓰게 해주었다.

2 워싱턴에 갈 때마다 나는 데이브(이제는 공화당 지지자가 되었다)와 즐거운 시간을 보내면서 최근의 정치 이슈에 대한 그의 독특한 견해를 듣는다.

3 Den Ouden, Kok, De Lange 2012; Grossberg 1976; O'Reilly 외 2012.

4 예를 들어 Henderson 외 2019; Henderson, Hayes 2017; Hayes, Henderson 2021 참조.

5 O'Keefe, Nadel 1978.

6 Hannula 외 2010; Ryan, Shen 2020 참조.

7 Endel Tulving은 동료들과 함께 한 연구(Tulving 외 1994)에서 새로운 사진에 대한 반응으로 해마가 활성화되었다고 보고했다. 그리고 Chantal Stern이 동료들과 함께 이 연구를 재현하며 확장시켰다(Stern 외 1996). 여기서 설명한 fMRI 연구는 Wittmann 외 2007이며, 알츠하이머병 연구는 Düzel 외 2022다. 새로운 것에 해마가 나타내는 반응에 대한 리뷰를 보려면 Ranganath와 Rainer 2003, Düzel 외 2010, Kafkas와 Montaldi 2018 참조.

8 Voss 외 2017; Meister, Buffalo 2016. 안구의 움직임, 기억, 해마에 관한 문헌의 리뷰를 보려면 Ryan과 Shen 2020 참조.

9 Ryan 외 2000.

10 Voss 외 2017.

11 Debbie와 Neal Cohen이 원래 패러다임을 개발했고(Hannula 외 2007), 우리는 그것을 fMRI에 맞춰 수정했다(Hannula, Ranganath 2009).

12 분명히 말하지만, 나는 Dogz라는 잘못된 철자에 강력히 반대했으나, 밴드는 민주주의라기보다 과두제로 운영되기 때문에 나는 그 문제에 발언권이 별로 없었다. 이 시기 즈음 나는 데이비스에서 또 다른 내 밴드의 이름 때문에 끊임없이 논쟁하고 있었다. 우리는 결국 아무도 딱히 좋아하지 않는 이름으로 합의했다. 밴드 이름은 항상 논쟁거리가 된다.

13 Pavlov 1897. 평범한 자극과 반드시 반응을 이끌어낼 또 다른 자극을 짝짓는 파블로프의 방법은 고전적 조건화 또는 파블로프 조건화라고 불린다. 동물을 훈련할 때는 '조작적 조건화'를 이용할 때가 많다. 반응과 보상을 짝짓는 방법이다. 그러나 조작적 조건화와 고전적 조건화가 형태만 다를

뿐 같은 것이라고 주장하는 사람들도 있다(Rescorla, Solomon 1967).

14 Pavlov 1924, 1927.

15 Sokolov 1963은 이것을 '정향반사'라고 부르지만, 현재 '정향반응'이라고 부르는 것의 이름을 지은 사람으로 인정해도 괜찮을 것 같다.

16 리뷰를 보려면 Ranganath, Rainer 2003 참조.

17 이 뇌파는 P300, 또는 줄여서 P3이라고 불린다. 이것은 사건 관련 전위, 약자로 ERP인데, 개 짖는 소리가 들린 지 약 3분의 1초 만에 발생하는 전기적 반응을 의미한다. P3을 처음으로 발견한 사람은 Sutton(Sutton 외 1965)이지만, 내가 여기서 설명한 실험 결과는 Squires와 Squires와 Hillyard 1975의 '3자극' 패러다임에서 나온 것이다. 개 짖는 소리가 들리면 P300의 P3a 버전이 나타난다. 이런 설명이 모두 난해하기만 하다면, 내가 그레고르 라이너와 함께 쓴 리뷰(Ranganath, Rainer 2003)뿐만 아니라 Polich 2007, Soltani와 Knight 2000의 리뷰도 읽어보라고 권하고 싶다.

18 정향반응과 이 반응을 일으키는 저변의 뇌 영역을 다룬 글로는 Sokolov 1990, Vinogradova 2001, Ranganath와 Rainer 2003이 있다.

19 예를 들어, Hendrickson, Kimble, Kimble 1969; Knight 1984, 1996; Stapleton, Halgren 1987; Paller 외 1992 참조.

20 Grunwald 외 1995, 1999.

21 우리 연구(Axmacher 외 2010)를 읽기 쉽게 설명하기 위해 나는 중요한 점 몇 가지를 얼버무리고 넘어갔다. 첫째, 측좌핵에 전극을 붙인 환자와 해마에 전극을 붙인 환자에게 나타나는 EEG 효과의 상대적인 타이밍을 추정하는 것은 간단한 일이 아니다. 우리는 해마와 측좌핵에 모두 전극을 붙인 환자를 시험해볼 기회가 없었다. 만약 같은 환자를 상대로 뇌 모든 영역의 뇌파를 기록할 수 있었다면, 측좌핵에서 활동이 폭발적으로 늘어나기 전에 해마의 활동에 일시적인 변화가 나타났을 것이라고 생각하는 편이 합리적이지만, 우리 실험 결과만으로는 반드시 그럴 것이라고 100퍼센트 확신할 수 없다. 둘째, 이 연구에서 우리가 도파민 분비량을 직접 측정할 수 없었다는 점을 분명히 밝히는 것이 중요하다. 측좌핵의 활동 기록에 나타난 전기신호의 변화는 굳이 도파민을 고려하지 않고 일반적인 신

경 활동과도 연결시킬 수 있다. 놀라운 사건이 벌어지는 동안 도파민 수치를 측정할 수 있다면 이상적이지만, 안타깝게도 인간의 뇌에서 분비되는 도파민 양을 실시간으로 직접 측정할 방법은 없다. 그러나 나는 Lisman과 Grace 2005가 리뷰한 동물 모델 연구와 우리가 같은 실험을 실시한 fMRI 연구(안타깝게도 발표되지 못했다)를 바탕으로, 도파민으로 이 현상을 설명하는 방법이 합리적이라고 생각한다. 우리 연구에서는 뜻밖의 사건이 발생했을 때, 복측피개 영역 주위에서도 활동이 증가했다. 이 부위는 측좌핵을 포함해서 뇌의 많은 영역에 도파민을 보내는 주요 원천으로 생각되는 곳이다.

22 Pavlov 1927 참조.

23 Loewenstein 1994.

24 Kidd, Hayden 2015.

25 Murayama 외 2010.

26 Blanchard, Hayden, Bromberg-Martin 2015; Wang, Hayden 2019.

27 Kang 외 2009.

28 Gruber, Gelman, Ranganath 2014. 마티아스의 토막상식 패러다임의 다른 사례를 보려면, Murphy 외 2021, Galli 외 2018, Fandakova와 Gruber 2021, Stare 외 2018도 참조. 또한 다른 연구실의 관련 연구 결과와 더불어 이 연구 결과들을 설명하는 우리 이론과 리뷰를 보려면 Gruber와 Ranganath 2019 참조.

29 Tupes와 Christal이 성격 특성의 5대 모델 또는 다섯 요소 모델을 도입했는데, 여기에 경험에 대한 개방성이 포함되어 있다. 그들이 이 모델을 소개한 1961년의 기술보고서는 Tupes와 Christal 1992에 재수록되어 널리 배포되었다. Silvia와 Christensen(2020)은 호기심에 대한 연구가 학문적인 의미의 지식 획득에 초점을 맞추는 경향이 있다고 지적하며, 경험에 대한 개방성 문헌과 호기심을 연결시켜 우리가 더 넓은 시각을 채택할 필요가 있다고 주장한다.

30 Mandeline Buiano, "A New Survey Reveals That One in Six Americans Have Never Left Their Home State," Yahoo! News, 2021년 11월 8일.

https://news.yahoo.com/survey-reveals-one-six-americans-154737064. html.

31 쥐의 뇌에서 배 쪽 해마는 인간 해마의 가장 앞쪽과 유사하다. 편도체와 가장 광범위하게 상호연결되어 있는 부위이기도 하다. Jeffrey Gray(1982) 는 불안감과 관련해 해마가 핵심적인 역할을 한다는 가설을 유도한 많은 증거를 리뷰했다. David Bannerman의 연구실은 불안과 흡사한 행동에서 배 쪽 해마가 수행하는 역할에 대한 선구적인 연구를 했다. Bannerman 외 2004는 관련 증거를 훌륭하게 리뷰한 글이다. 놀라운 사건과 새로운 것이 기억에 미치는 영향에 관한 Lisman과 Grace의 가설(2005)도 배 쪽/전방 해마에 구체적으로 초점을 맞췄다.

32 Silvia 2008.

8장 | 재생 버튼과 녹화 버튼을 누르시오

1 리처드 아이븐스의 이야기는 Douglas Starr, "Remembering a Crime That You Didn't Commit," *New Yorker*, 2015년 3월 5일자. https://www.newyorker.com/tech/annals-of-technology/false-memory-crime과 Münsterberg 1923을 조사해서 알아낸 것이다.

2 Romeo Vitelli, "The Problem with Richard Ivens," *Providentia*, 2019 년 9월 22일자. https:/drvitelli.typepad.com/providentia/2019/09/the-problem-with-richard-ivens.html.

3 이 장에서 나는 기억이 어떻게 갱신되는가 하는 곤란한 질문을 회피했다. 극단적으로 말하면, 우리가 과거의 어느 사건을 회상할 때 원래 기억이 지워지고, 기억을 떠올리는 그 순간에 새로 구축된 기억이 그 자리를 차지한 다고 할 수 있을 것이다. 또 다른 극단에는, 우리가 한 사건을 떠올릴 때마 다 새로운 기억을 형성한다는 가정이 있다. 그 결과로 원래 사건에 대한 기억과 나중에 그 사건을 떠올릴 때의 기억이 뒤섞일 수 있다(즉, 우리가 어떤 사건에 대한 기억을 떠올리고 있는지, 아니면 그 사건에 대한 기억을 떠올리던 그때를 떠올리고 있는지 구분할 수 없다). 이것은 확실한 답을 구할 수 없는 어려운 문제지만, 나는 이 양극단의 중간 어디쯤에 답이 있

을 거라고 추측한다. 우리가 한 사건을 떠올릴 때마다 그 기억이 수정되는 것이 아닌가 싶다. 그 기억에 새로운 정보가 추가될 수 있고, 옛 정보의 중요성이 강등될 수도 있지만, 원래 사건의 흔적은 계속 남아 있으므로 인출 신호가 올바르다면 우리가 그 흔적에 접근할 수 있을 것이다. 다시 말해서, 복잡하다는 얘기다.

4 Jill Neimark, "The Diva of Dis-closure, Memory Researcher Elizabeth Loftus," *Psychology Today*, 1996년 1월호, 48. https://staff.washington.edu/eloftus/Articles/psytoday.htm. Ann Marsh, Greta Lorge, "How the Truth Gets Twisted," *Stanford Magazine* 2012년 11/12월호. https://stanfordmag.org/contents/how-the-truth-gets-twisted, "Elizabeth Loftus on Experiencing Memories of Her Mother's Drowning," *Origins*(팟캐스트), 2020년 1월 13일. https://www.youtube.com/watch?v=WSLRD_qWB4Q.

5 Noah Caldwell 외, "America's Satanic Panic returns—This Time Through QAnon," NPR, 2021년 5월 18일. https:/www.npr.org/2021/05/18/997559036/americas-satanic-panic-returns-this-time-through-qanon.

6 Crews 1995.

7 Loftus 2005.

8 Loftus, Pickrell 1995.

9 이 추정치는 Scoboria 외 2017의 연구 8건의 결과를 공동으로 분석해서 나온 것이다. 나는 어쩌면 일어났을 수도 있는 일에 대한 믿음과는 다른, 확실한 거짓 기억에 대한 추정치만 언급했다. Scoboria 연구팀이 사용한 기준은 구체적으로 다음과 같다. "[1] '기억한다'고 말로 천명하기. [2] 암시된 정보 수용. 이것은 사건이 실제로 일어났는지에 대한 믿음의 강도를 간접적으로 보여준다. [3] 암시된 정보를 넘어서는 자세한 설명. 이것은 암시된 내용을 받아들이고 거기에 동의하는 수준을 넘어서서 그 내용을 확장했음을 보여준다. [4] 정신적 이미지의 존재와 품질. [5] 기억 서사의 통일성. [6] 감정적인 경험의 증거. [7] 암시된 사건에 대한 거부 없음."

그래도 이 추정치는 걸러서 들어야 한다. 어느 연구에서든 정확한 추정치에 영향을 미치는 조절변인(나중에 설명하겠다)이 있을 수 있기 때문이다. Arce 외 2023은 연구 30건의 결과에 대해 좀 더 최근에 광범위한 정량메타분석을 실시해서 다양한 조절 효과를 설명한다. 그러나 '풍부한' 거짓기억의 존재에 대한 기준이 덜 엄중하다. 여기서 가장 중요한 것은 세 명중 한 명이라는 추정치가 모든 상황에 정확히 들어맞는다는 것이 아니라, 실험 대상 중 상당히 많은 사람에게 기억이 심어진 설득력 있는 증거가 여러 연구에서 일관되게 발견되었다는 점이다.

10 Loftus, Davis 2006.

11 Kloft 외 2020, 2021; Scoboria 외 2002; Thomas와 Loftus 2002; Arbuthnott; Arbuthnott, Rossiter 2001.

12 Oeberst 외 2021; Ghetti, Castelli 2006.

13 Pendergrast 1996.

14 여기서 설명한 실험을 실시한 Julia Shaw와 Stephen Porter(2015)는 실험 참가자 중 70퍼센트가 범죄를 저질렀다는 '풍부한 거짓 기억'을 갖게 되었다고 보고했다. Kimberley Wade가 동료들과 함께 재분석한 결과(Wade, Garry, Pezdek 2015)는 약 30퍼센트가 실제로 범죄를 저질렀다고 기억했으며 나머지 40퍼센트는 범죄를 저지른 기억은 없었지만 저질렀다고 믿고 어떤 식으로 범죄가 저질러졌을지 추측했다. Wade와 Garry와 Pezdek 2015가 제시한 수치는 기억 이식에 관한 다른 연구 결과들과 놀라울 정도로 일치한다.

15 리드 기법의 개요가 Inbau 외 2001에 설명되어 있다. 이 주제를 광범위하게 조사한 Saul Kassin(2008)은 현실에서 리드 기법으로 거짓 자백을 받아낸 불편한 사례를 많이 열거한다. Linda Henkel과 Kimberly Coffman(2004)은 리드 기법을 해부해서, 이것이 어떻게 거짓 기억을 이끌어내는지 개략적으로 설명했다.

16 이 사건에 대한 내 설명은 PBS *Frontline*, "What Jennifer Saw"의 인터뷰들을 바탕으로 한 것이다. https://www.pbs.org/wgbh/pages/frontline/shows/dna/etc/script.html. 제니퍼 톰프슨이 론 코튼에게 보상했으며, 그때의 경

험에 관해 두 사람이 함께 회고록을 썼음을 밝혀둘 필요가 있다. 두 사람은 잘못된 유죄 판결에 대해 사람들에게 알리고, 절차 개선(특히 목격자 기억과 관련된 것)을 주장하기 위해 여러 차례 강연했다.

17 '기억 전쟁'과 연구실 연구의 일반적인 관련성에 대한 다른 견해를 보려면 Freyd 1998, Roediger와 McDermott 1996 참조.

18 Stawarczyk 외 2020.

19 Goodman 외 2003; Alexander 외 2005; Ghetti 외 2006. 이 연구들은 10여 년 전 성적인 학대의 피해자로 범죄 기소 절차를 경험한 청소년들의 기억력을 조사한 것이다. 175명을 면담한 결과가 포함된 Ghetti 외 2006은 이 점과 가장 관련성이 높다. 이 논문의 저자들은 기소 서류, 피해자를 돌본 사람, 피해 아동에게서 나온 많은 자료에서 상세한 정보를 얻었다. 그 결과, 피해자들이 당시의 자세한 상황을 이미 잊어버린 상태라고 보고한 경우가 많았음에도 학대의 심각도가 기억의 정확성과 평균적으로 확실히 관련되어 있음이 밝혀졌다. 면담에서는 실험 참가자들이 당시 기억을 잊어버렸다고 말한 시점에 그 기억을 전혀 떠올릴 수 없을 만큼 기억을 억압하는 듯한 낌새는 나타나지 않았다. 저자들은 이렇게 썼다. "잊어버렸다고 보고한 사람들에게 만약 누가 물어보면 학대 경험이 기억날 것 같은지 물었을 때, 5퍼센트만이 부정적으로 대답했다(즉, 범죄를 폭로한 사람들로 이루어진 우리 표본 중 4퍼센트가 채 안 되었다). 게다가 기억을 회복시키는 계기에 대한 설명을 통해 우리는 기억 회복 경험을 설명한 사람들 중 누구도 장기적인 기억상실을 겪지 않았음을 알게 되었다(궁극적으로 어른이 되어 치료를 받는 과정에서 기억을 회복했다)." 여기서 중요하게 밝혀둘 것은, 이 연구가 학대 피해 사실이 당국에 신고되어 가해자가 기소된 사건의 피해자들에게 초점을 맞췄다는 점이다. 가해자가 기소되지 않은 사건의 피해자들이라면 학대에 대한 기억이 덜 확실했을 가능성이 있다. 또한 트라우마의 심각도와 정확도 사이 관계가 다른 형태의 트라우마 경험자에게는 적용되지 않을 가능성도 있다. 여기서 중요하게 강조할 가치가 있는 것은, 유년 시절에 심각한 트라우마를 겪은 사람들이 당시 경험을 놀라울 정도로 상세하게 회상할 수 있다는 점이다. 유년 시절의 트라우마

기억한다는 착각

에 대한 1차적인 심리반응은 바로 억압이라는 극단적인 주장과 일치하지 않는 부분이다.

20 '줄곧 잊어버리고 있었을 때'의 효과에 대한 연구들 참조(예를 들어 Arnold, Lindsay 2002).

21 Anderson, Hulbert 2021.

22 Nader, Schafe, LeDoux 2000. 이 분야의 연구 역사에 관한 논의를 보려면 Riccio, Millin, Bogart 2006 참조.

23 Schiller, Phelps 2011; Chalkia 외 2020; Stemerding 외 2022; Jardine 외 2022 참조. 여러 가지 이유로 이 가설이 옳을 수 있다. 데이비스 캘리포니아대학교의 내 동료 브라이언 월트진Brian Wiltgen은 쥐를 대상으로 기억 응고화를 연구하는데, 기억을 실제로 회상해야만 재응고화가 방해받을 수 있다는 점 때문에 엇갈린 결과가 나온다고 믿는다. 예를 들어, PTSD를 지닌 사람이라면 트라우마 경험을 생생히 기억해내야만 공포 반응을 차단해주는 약을 먹을 수 있다. 만약 그들에게 그 경험을 그냥 일깨워주기만 하고 생생한 기억을 떠올리지 못하게 한다면, 기억이 충분히 교란되지 않을 것이다. 이 설명은 Hupbach 외 2008이 인간을 대상으로 실시한 행동 연구 결과와 들어맞는다. 이 연구는 원래 사건이 발생했을 때와 똑같은 상황에 다시 놓인 사람에게 당시 상황을 일깨워주면 기억이 갱신될 수 있음을 보여주었다.

하버드대학교에 있는 나의 공동연구자 중 한 명인 샘 거슈먼이 이와 관련된 아이디어를 갖고 있다. 트라우마가 된 사건을 일깨워주고 공포 반응을 억압하는 약을 사용하더라도, 그 약의 효과를 올바르게 해석하지 못한다면 재응고화 과정이 교란되지 않을 수 있다는 것이다(Gershman 외 2017). 약의 효과를 기억의 위협이 줄었다는 신호로 받아들인다면 기억이 교란될 수 있다(Sinclair와 Barense 2019도 참조). 반면 약이 단순히 공포 반응을 억누를 뿐이라는 결론(이쪽이 더 정확하다)을 내린다면, 트라우마가 된 사건과 함께 연상되는 공포를 지울 수 없을지도 모른다.

24 Astill Wright 외 2021.

25 Feduccia, Mithoefer 2018.

9장 | 약간의 고통, 더 많은 소득

1 예를 들어 McDougle, Ivry, Taylor 2016 참조.

2 Robert와 Elizabeth Bjork는 이 현상을 묘사하는 포괄적인 용어로 '바람직한 어려움desirable difficulties'을 사용했다(예를 들어 Bjork, Bjork 2011).

3 시험효과에 대한 연구의 시작은 적어도 Edwina Abbott(1909)까지 거슬러 올라간다. 본문에서 나는 Roediger와 Karpicke 2006 실험의 SSSS와 SSST 상황을 강조했다. 처음에는 똑같은 수준의 학습을 했더라도, 시험을 통해 기억에 계속 보존되는 지식을 극적으로 증가시킬 수 있음을 특히 강력하게 증명한 연구를 보려면 Karpicke과 Roediger 2008 참조.

4 Roediger 2008.

5 Roediger와 Butler 2011은 시험효과에 대한 문헌들을 읽기 쉽게 리뷰했다. Rowland 2014의 메타분석은 시험효과의 신뢰성을 입증한다. 내가 이 장에서 실수 기반 학습을 강조했지만, 시험효과에 많은 메커니즘이 기여하고 있을 가능성이 높다는 점에 주목해야 한다. 시험효과와 간격효과(나중에 설명)에 대해 더 알고 싶다면 *Make It Stick*을 읽어보라. 쉽게 읽을 수 있는 이 책에는 Roediger와 워싱턴대학교에 있는 그의 동료 Mark McDaniel이 알려주는 실용적인 팁이 가득하다(Brown, Roediger, McDaniel 2014).

6 예를 들어 Richland, Kornell, Kao 2009; Potts, Davies, Shanks 2019 참조.

7 Carrier, Pashler 1992.

8 실수 기반 학습이 신경망에서 어떻게 작용하는지 개괄적으로 리뷰한 글을 보려면 O'Reilly 외 2012 참조. 힘든 노력이 얼마나 필요한지 궁금하다면 Wilson 외 2019가 상세한 분석을 해놓았다. 이 분석에 따르면, 적어도 머신러닝에서는 에러율 15퍼센트에서 최적의 학습이 이루어지는 듯하다. 이것이 모든 상황에서 인간에게도 적용되는지는 분명치 않지만, 열 번 중한 번이 살짝 넘는 수준으로 실수를 저지른다면, 자부심을 지키면서 학습할 수 있는 최적의 조건일 가능성이 높다.

9 이 모델로 실수 기반 학습EDL을 처음 실행한 결과는 Ketz와 Morkonda와 O'Reilly 2013에 보고되어 있다. Zheng 외 2022는 EDL을 테레

민 Theremin(완전한 해마 오류 최소화Total Hippocampal ERror MINimization) 모델에 확대 적용해, 시험효과는 EDL을 시행해야만 시뮬레이션할 수 있음을 보여주었다. Liu와 O'Reilly와 Ranganath 2021은 시험효과를 다룬 광범위한 문헌을 리뷰하고, EDL이 시험효과를 어떻게 설명할 수 있는지 설명한다. 이 모델에서 '실수'는 해마가 암호화하려 하는 것과 암호화해야 하는 것이 서로 얼마나 어긋나 있는지를 반영한다는 점을 잊으면 안 된다. Ketz와 Morkonda와 O'Reilly 2013은 세타 진동theta oscillation 중에 EDL이 발생한다는 의견을 내놓았다. 세타 진동은 해마 출력과 입력 사이를 오가며, 타깃이 된 기억에 관한 '실측 자료' 피드백을 제공한다. 그러나 세타 진동이 반드시 필요한 것은 아니라서, 규칙적인 리듬 없이 위아래로 요동치는 상황에서도 이런 활동을 관찰할 수 있다. 또한 해마가 암호화해야 하는 것과 상당히 흡사한 것을 암호화하더라도 인출 과정에서 항상 오류가 일어날 수 있기 때문에, 모델이 다음에 같은 일을 더 훌륭하게 해낼 방법을 학습할 기회가 생긴다는 점을 잊으면 안 된다.

10 일반적인 RIF 패러다임을 처음으로 보고한 것은 Anderson과 Bjork와 Bjork 1994다. 이 주제를 다룬 문헌은 방대하다. 자전적 기억에 나타나는 RIF 사례를 보려면 Hauer와 Wessel 2006 참조. Jonker와 Seli와 MacLeod 2013, Murayama 외 2014는 이 주제를 다룬 일부 문헌을 다른 이론적 관점에서 리뷰했다.

11 Chan, McDermott, Roediger 2006. 이 문헌의 메타분석을 보려면 Chan 2009, Jonker 외 2018, Liu와 Ranganath 2021, Oliva와 Storm 2022 참조.

12 Norman과 Newman과 Detre 2007은 이 메커니즘에 구체적으로 초점을 맞춘 컴퓨터 모델을 도입했다.

13 Ebbinghaus(1885)는 트라이그램 기억 유지에 대한 연구에서 간격을 둔 학습(일명 분산학습distributed practice)의 이점을 확립했다. 간격효과 관련 연구의 리뷰와 실용적인 응용에 관한 글을 보려면 Carpenter 외 2012 참조.

14 Antony 외 2022 참조.

15 Pashler 외 2009의 '다중스케일 맥락 모델multiscale context model'은 학습과 학습 사이 맥락의 변화와 실수 기반 학습이 함께 작용해 간격효과로 이어

질 수 있음을 보여주었다. James Antony(2022)는 HipSTeR Hippocampus with Spectral Temporal Representations 모델로 비슷한 메커니즘을 실행했다. 이 모델은 해마의 전산구조를 모방한 것이다. 나는 이 주제를 연구하면서, 컴퓨터 모델의 성공은 그 모델에 붙인 이름이 얼마나 영리하고 귀에 쏙쏙 들어오는지에 비례한다는 것을 배웠다.

16 일부 기억 연구자들은 이런 일이 벌어졌을 때 기억이 '의미화'되었다고 말할 것이다. 이제는 그 기억이 단 하나의 일화에 묶여 있지 않기 때문이다. 그러나 나는 맥락이 사라진 일화기억과 의미기억 사이에는 차이가 있다고 본다. 맥락이 사라지면 파리에 갔을 때의 기억이 흐릿해질 수 있는데, 이것은 프랑스 도시에서 볼 수 있는 여러 풍경에 대해 알려주는 의미기억과 같지 않다.

17 수면 중에 뇌에서 일어나는 일을 읽기 쉽게 리뷰한 글을 보고 싶다면, 매슈 워커가 2017년에 발표한 훌륭한 책《우리는 왜 잠을 자야 할까Why We Sleep》을 추천한다.

18 Xie 외 2013.

19 Singh, Norman, Schapiro 2022 참조.

20 Staresina 외 2015는 인간의 뇌에서 일어나는 이런 진동을 훌륭하게 보여준다. SWS 진동에 대한 리뷰를 보려면 Geva-Sagiv와 Nir 2019, Navarrete 와 Valderrama와 Lewis 2020 참조. 해마 잔물결 중에 DMN이 활성화된다는 증거를 보려면 Kaplan 외 2016 참조.

21 Wamsley, Stickgold 2011; Zadra, Stickgold 2021.

22 가장 대중적인 변형은 활성 시스템 응고화 가설(예를 들어 Diekelmann, Born 2010)로, 일반적인 시스템 응고화 가설을 바탕으로 한다. 나는 기억의 역동적이고 상호작용적인 측면을 강조한 다른 가설들을 선호한다(Moscovitch 외 2016, Yonelinas 외 2019).

23 Liu, Ranganath 2021.

24 이 시뮬레이션은 샤오난의 TEACH TEsting Activated Cortico-Hippocampal interaction 모델로 시행되었다. Liu, Ranganath, O'Reilly 2022. 나는 재능 있는 언어 장인 매슈 워커와 대화하다가 '지식의 태피스트리'라는 표현을

얻었다.

25 Lewis, Durrant 2011.

26 Mednick, Nakayama, Stickgold 2003. Mednick의 저서 *Take a Nap! Change Your Life*(Mednick과 Ehrman 2006)도 참조.

27 리뷰를 보려면 Joo와 Frank 2018 참조.

28 예를 들어 Tambini, Ketz, Davachi 2010 참조.

29 Gruber 외 2016.

30 실천할 수 있는 과학적 팁이 가득하고 읽기도 쉬운 이 주제의 책을 보려면 Mednick 2020 참조.

31 Ken은 수면 중에 기억을 재활성화하는 데 냄새를 이용한 Rasch 외 2007 에서 영감을 얻었다.

32 Rudoy 외 2009. 나는 표적기억 재활성화TMR가 기억을 '강화'한 것을 단순화로 본다. 엄밀히 말해서 TMR은 오랜 시간에 걸쳐 나타나는 전형적인 망각을 감소시켰다. 따라서 기억이 정말로 '강화'되었는지는 확실하지 않다.

33 내가 여기서 말한 것은 Antony 외 2012, Batterink와 Paller 2017, Hu 외 2015, Sanders 외 2019의 연구 결과다. Hu 외 2020, Paller와 Creery와 Schechtman 2021도 참조.

34 Prabhakar 외 2018을 여기서 설명했다. Johnson 외 2021, Mooney 외 2021도 참조.

10장 | 함께 기억할 때

1 Eggins, Slade 2004.

2 Halbwachs 1992.

3 여기서 설명한 내용 중 대부분은 Robin Fivush 연구팀의 연구(Nelson, Fivush 2004; Fivush 2008)에서 영향을 받았다. Dan McAdams는 자전적 기억의 '인생 이야기'가 자아 인식에서 수행하는 역할에 대해 썼다(예를 들어 McAdams 2008).

4 Fivush 2004; Nelson, Fivush 2004.

5 기억을 다듬는 데 청중이 미치는 영향에 대해서 더 알고 싶다면 E. Tory Higgins 연구팀의 '말이 곧 믿음' 효과 연구(예를 들어 Higgins, Rholes 1978; Echterhoff 외 2008) 참조.

6 다양한 이론을 바탕으로 한 다양한 치료법이 결과 면에서 동등한 효과를 보일 때가 많다. 심리치료의 효과 중 일부는 어느 한 이론에서만 나오는 것이 아닐 수 있음을 시사한다. 가장 효과적인 심리치료 기법의 핵심 요소는 신뢰와 지지가 있는 관계 속에서 힘든 기억을 나누고 갱신하는 과정인 듯하다.

7 이 가설을 시험하기 위해 내 제자 Brendan Cohn-Sheehy는 반복적으로 등장하는 인물이 하나이고 부차적인 플롯은 여러 개인 단편소설을 여러 편 썼다. 우리는 사람들이 여러 부차적인 플롯의 조각들을 하나의 이야기로 맞출 때 그들의 뇌 활동을 관찰했다. 우리가 부르던 이 실험의 이름은 텔레비전 드라마 〈사인펠트〉의 등장인물 이름을 딴 '크레이머 실험'이다. 크레이머는 주기적으로 제리의 아파트에 걸어들어와 가장 최근에 자신이 경험한 일을 이야기하던 인물이다. 크레이머의 하위 플롯을 이해하기 위해, 시청자들은 주기적으로 과거의 정보를 떠올려 현재 장면에 통합시켜서 그 회차의 크레이머에게 해당하는 온전한 서사를 꿰어맞춰야 했다. Cohn-Sheehy 외 2021, 2022 참조.

8 이 실험적인 방법은 연달아 나온 두 편의 논문 Weldon과 Bellinger 1997, Basden 외 1997에 보고되었다.

9 협동 억제 연구에 대한 내 시놉시스는 Suparna Rajaram이 집필한 훌륭한 리뷰를 바탕으로 한 것이다.

10 Greeley, Rajaram 2023; Greeley 외 2023 참조.

11 Cuc 외 2006. 리뷰를 보려면 Hirst 2010 참조.

12 Choi 외 2014; Greeley 외 2023; Luhmann, Rajaram 2015.

13 예를 들어 Meade와 Nokes와 Morrow 2009는 항공 관련 전문 지식을 지닌 사람들과의 협동 도움이 기억에 미치는 영향을 보고했다.

14 Celia Harris의 연구팀은 커플이 언제, 어떻게 협동 도움을 나타내는지 기록했다(Harris 외 2011; 2014, Barnier 외 2018).

15 Dixon 2011, Gerstorf 외 2009, Rauers 외 2011은 커플 사이의 협동이 노
    년기의 일상 기억을 어떻게 향상시킬 수 있는지 증거를 제시한다.

16 기억과 공통 언어의 관계, 즉 우리와 대화 파트너가 서로를 이해하는 데
    기억이 얼마나 도움이 되는지와 이런 공통의 이해가 기억의 결점을 어떻
    게 벌충하는지를 놀라울 정도로 깊이 다룬 문헌이 있다. Melissa Duff와
    Neal Cohen은 신경과학과 언어분석을 혁신적으로 조합해서 이 분야를 광
    범위하게 연구했다. 여기에는 해마 기억상실 환자들에 대한 연구도 포함
    되었다(Duff 외 2006, 2008; Rubin 외 2011; Brown-Schmidt 외 2016).
    Horton, Gehrig 2005, 2016도 참조.

17 Bartlett 1932.

18 Kashima 2000; Lyons, Kashima 2001, 2003; Choi, Kensinger, Rajaram
    2017.

19 Bebbington 외 2017.

20 사회적 전염에 대한 내 리뷰는 원래 연구인 Betz, Ksowronski, Ostrom
    1996, Roediger와 Meade와 Bergman 2001, Meade와 Roediger 2002를 바
    탕으로 한 것이다. 포괄적이고 사려 깊은 리뷰 Maswood와 Rajaram 2019
    도 참조했다.

21 Cuc 외 2006; Becker, Tekcan 2009; Koppel 외 2014.

22 Andrews, Rapp 2014; Maswood 외 2022.

23 Frenda 외 2013. William Saletan, "The Memory Doctor," *Slate*, 2010년 6
    월 4일. http://www.slate.com/articles/health_and_science/the_memory_
    doctor/2010/06/the_memory_doctor.html도 참조.

24 이 시놉시스는 최근의 리뷰인 Schacter 2022, Pennycook과 Rand 2021
    을 바탕으로 한 것이다. 흥미로운 점은 Pennycook과 Rand 2021이 '심오
    한 척하는 헛소리'를 사람들이 기꺼이 믿는 현상에 대한 Pennycook의 관
    련 연구를 언급한다는 점이다(예를 들어 Pennycook 외 2015; Pennycook,
    Rand 2020). 그 내용을 이번 장에 포함시킬 방법을 찾지 못해 애석하지
    만, 관심이 있는 독자라면 한번 확인해보기를 권한다.

25 친숙함이 믿음에 미치는 현상, 거짓 정보에 적용될 때는 이제 '진실 착

각 효과illusory truth effect'라고 불리는 이 현상은 Hasher와 Goldstein과 Toppino 1997에 보고되었으며, 그 뒤로 여러 연구에서 자세히 다듬어졌다. Unkelbach 외 2019는 이 문헌을 훌륭하게 리뷰했다.

26 Saletan 2000은 부시 선거운동 때 푸시폴에 사용된, 오해를 부르는 질문들을 설명한다. Gooding 2004도 참조. 여기서 언급한, 푸시폴과 거짓 기억에 대한 연구는 Murphy 외 2021이다.

27 가짜 뉴스와 관련된 기억에 팩트체크가 미치는 영향을 조사한 실험은 Brashier 외 2021에 보고되어 있다.

코다 | 역동적인 기억

1 평생에 걸친 기억의 변화에 대한 내 시각은 Stanford Psychology Podcast(Cao, n.d.)에서 앨리슨 고프닉과 한 인터뷰에서 영향을 받았다. 좀 더 추상적인 의미의 영향을 미친 것은, 발달을 각각 다른 목적을 지닌 인생 단계별 전진으로 본 힌두교의 개념이다.

2 Gopnik 2020.

3 예를 들어, 리뷰를 보려면 Grady 2012 참조.

4 Viscogliosi 외 2020.

5 나는 솔직히 여기서 일종의 토끼굴에 빠졌다. 범고래가 매혹적인 동물이기 때문이다. Rendell과 Whitehead 2001은 범고래를 포함한 고래류 전반에서 나타나는 문화 전달에 대한 연구를 언급하는데, Stiffler 2011이 같은 주제를 좀 더 읽기 쉽게 다루고 있다. Natrass 외 2019의 시뮬레이션은 범고래 암컷이 폐경기 이후 오랫동안 사는 것이 진화 과정에서 적합성을 향상시켰을 가능성이 있음을 보여준다.

Abbott, E. E. 1909. "On the Analysis of the Factors of Recall in the Learning Process." Psychological Monographs 11:159-77.

Abernathy, K., L. J. Chandler, and J. J. Woodward. 2010. "Alcohol and the Prefrontal Cortex." International Review of Neurobiology 91:289-320.

Addis, Donna Rose, Alana T. Wong, and Daniel L. Schacter. 2007. "Remembering the Past and Imagining the Future: Common and Distinct Neural Substrates During Event Construction and Elaboration." Neuropsychologia 45 (7): 1363-77.

Adler, Orly, and Ainat Pansky. 2020. "A 'Rosy View' of the Past: Positive Memory Biases." Chap. 7 in Cognitive Biases in Health and Psychiatric Disorders, edited by Tatjana Aue and Hadas Okon-Singer, 139-71. New York: Academic Press.

Adolphs, Ralph, Larry Cahill, Rina Schul, and Ralf Babinsky. 1997. "Impaired Declarative Memory for Emotional Material Following Bilateral Amygdala Damage in Humans." Learning & Memory 4 (3): 291-300.

Adolphs, Ralph, L. Mlodinow, and L. F. Barrett. 2019. "What Is an Emotion?" Current Biology 29 (20): R1060-R1064.

Aggleton, J. P., and M. W. Brown. 1999. "Episodic Memory, Amnesia, and the Hippocampal-Anterior Thalamic Axis." Behavioral and Brain Sciences 22 (3): 425-44.

Ahmed, S. H. 2010. "Validation Crisis in Animal Models of Drug Addiction: Beyond Non-disordered Drug Use Toward Drug Addiction." Neuroscience & Biobehavioral Reviews 35 (2): 172-84.

Alexander, Kristen Weede, Jodi A. Quas, Gail S. Goodman, Simona Ghetti, Robin S. Edelstein, Allison D. Redlich, Ingrid M. Cordon, and David P. H. Jones. 2005. "Traumatic Impact Predicts Long-Term Memory for Documented Child Sexual Abuse." Psychological Science 16 (1): 33-40.

Alexander, M. P., D. Stuss, and S. Gillingham. 2009. "Impaired List Learning Is Not a General Property of Frontal Lesions." Journal of Cognitive Neuroscience 21 (7): 1422-34.

Amer, Tarek, Karen L. Campbell, and Lynn Hasher. 2016. "Cognitive Control as a Double-Edged Sword." Trends in Cognitive Sciences 20 (12): 905-15.

Anderson, M. C., R. A. Bjork, and E. L. Bjork. 1994. "Remembering Can Cause Forgetting: Retrieval Dynamics in Long-Term Memory." Journal of Experimental Psychology: Learning, Memory, and Cognition 20 (5): 1063.

Anderson, M. C., and J. C. Hulbert. 2021. "Active Forgetting: Adaptation of Memory by Prefrontal Control." Annual Review of Psychology 72 (January 4): 1-36. https://doi .org /10 .1146 /annurev -psych -072720 -094140.

Anderson, Richard C., and James W. Pichert. 1978. "Recall of Previously Unrecallable Information Following a Shift in Perspective." Journal of Verbal Learning and Verbal Behavior 17 (1): 1-12.

Andrews, Jessica J., and David N. Rapp. 2014. "Partner Characteristics and Social Contagion: Does Group Composition Matter?" Applied Cognitive Psychology 28 (4): 505-17.

Annese, J., N. M. Schenker-Ahmed, H. Bartsch, P. Maechler, C. Sheh, N. Thomas, J. Kayano, et al. 2014. "Postmortem Examination of Patient HM's Brain Based on Histological Sectioning and Digital 3D Reconstruction." Nature Communications 5 (1): 3122.

Anspach, Carolyn Kiser. 1934. "Medical Dissertation on Nostalgia by Johannes Hofer, 1688." Bulletin of the Institute of the History of Medicine 2 (6): 376-91.

Antony, J., E. W. Gobel, J. K. O'Hare, P. J. Reber, and K. A. Paller. 2012. "Cued Memory Reactivation During Sleep Influences Skill Learning." Nature Neuroscience 15 (8): 1114-16.

Antony, J., X. L. Liu, Y. Zheng, C. Ranganath, and R. C. O'Reilly. 2022. "Memory out of Context: Spacing Effects and Decontextualization in a Computational Model of the Medial Temporal Lobe." bioRxiv, January 5, 2023, https://doi .org /10 .1101 /2022 .12 .01 .518703.

Arbuthnott, Katherine D., Dennis W. Arbuthnott, and Lucille Rossiter. 2001. "Guided Imagery and Memory: Implications for Psychotherapists." Journal of Counseling Psychology 48 (2): 123.

Arce, Ramón, Adriana Selaya, Jéssica Sanmarco, and Francisca Fariña. 2023. "Implanting Rich Autobiographical False Memories: Meta-analysis for Forensic Practice and Judicial Judgment Making." International Journal of Clinical and Health Psychology 23 (4): 100386.

Arnold, M. M., and D. S. Lindsay. 2002. "Remembering Remembering." Journal of Experimental Psychology: Learning, Memory, and Cognition 28 (3): 521-29. https://doi .org /10 .1037 /0278 -7393 .28 .3.521.

Arnsten, Amy F. T. 2009a. "The Emerging Neurobiology of Attention Deficit Hyperactivity Disorder: The Key Role of the Prefrontal Association Cortex." Journal of Pediatrics 154 (5): I-S43.

———. 2009b. "Stress Signaling Pathways That Impair Prefrontal Cortex Structure and Function." Nature Reviews Neuroscience 10 (6): 410-22.

Avery, Michael C., and Jeffrey L. Krichmar. 2017. "Neuromodulatory Systems and Their Interactions: A Review of Models, Theories, and Experiments." Frontiers in Neural Circuits 11:108.

Axmacher, Nikolai, Michael X. Cohen, Juergen Fell, Sven Haupt, Matthias Dümpelmann, Christian E. Elger, Thomas E. Schlaepfer, Doris Lenartz, Volker

Sturm, and Charan Ranganath. 2010. "Intracranial EEG Correlates of Expectancy and Memory Formation in the Human Hippocampus and Nucleus Accumbens." Neuron 65 (4): 541-49.

Baddeley, Alan, and Graham Hitch. 1974. "Working Memory." In The Psychology of Learning and Motivation: Advances in Research and Theory, edited by G. H. Bower, 8:47-89. New York: Academic Press.

Baddeley, Alan, and Barbara Wilson. 1988. "Frontal Amnesia and the Dysexecutive Syndrome." Brain and Cognition 7 (2): 212-30.

Badre, D. 2020. On Task: How Our Brain Gets Things Done. Princeton, NJ: Princeton University Press.

Baird, Amee, Olivia Brancatisano, Rebecca Gelding, and William Forde Thompson. 2018. "Characterization of Music and Photograph Evoked Autobiographical Memories in People with Alzheimer's Disease." Journal of Alzheimer's Disease 66 (2): 693-706.

Baldassano, C., J. Chen, A. Zadbood, J. W. Pillow, U. Hasson, and K. A. Norman. 2017. "Discovering Event Structure in Continuous Narrative Perception and Memory." Neuron 95 (3): 709-21.

Baldassano, C., U. Hasson, and K. A. Norman. 2018. "Representation of Real-World Event Schemas During Narrative Perception." Journal of Neuroscience 38 (45): 9689-99.

Bannerman, D. M., J. N. P. Rawlins, S. B. McHugh, R. M. J. Deacon, B. K. Yee, T. Bast, W.-N. Zhang, H. H. J. Pothuizen, and J. Feldon. 2004. "Regional Dissociations Within the Hippocampus—Memory and Anxiety." Neuroscience & Biobehavioral Reviews 28 (3): 273-83.

Bar, Moshe. 2022. Mindwandering. New York: Hachette.

Barasch, A., K. Diehl, J. Silverman, and G. Zauberman. 2017. "Photographic Memory: The Effects of Volitional Photo Taking on Memory for Visual and Auditory Aspects of an Experience." Psychological Science 28 (8) (August): 1056-66. https://doi .org /10 .1177 /0956797617694868.

Barnett, A. J., M. Nguyen, J. Spargo, R. Yadav, B. Cohn-Sheehy, and C. Ranganath. In press. "Hippocampal-Cortical Interactions During Event Boundaries Support Retention of Complex Narrative Events." Neuron.

Barnett, Alexander J., Walter Reilly, Halle R. Dimsdale-Zucker, Eda Mizrak, Zachariah Reagh, and Charan Ranganath. 2021. "Intrinsic Connectivity Reveals Functionally Distinct Cortico-hippocampal Networks in the Human Brain." PLoS Biology 19 (6): e3001275.

Barnier, A. J., C. B. Harris, T. Morris, and G. Savage. 2018. "Collaborative Facilitation in Older Couples: Successful Joint Remembering Across Memory Tasks." Frontiers in Psychology 9:2385.

Bartlett, Frederic Charles. 1928a. Psychology and Primitive Culture. CUP Archive.

———. 1928b."Types of Imagination." Philosophy 3 (9): 78-85.

———. 1932. Remembering: A Study in Experimental and Social Psychology. Cambridge: Cambridge University Press.

———. 2014. Psychology and the Soldier. Cambridge: Cambridge University Press.

Basden, B. H., D. R. Basden, S. Bryner, and R. L. Thomas III. 1997. "A Comparison of Group and Individual Remembering: Does Collaboration Disrupt Retrieval Strategies?" Journal of Experimental Psychology: Learning, Memory, and Cognition 23 (5): 1176.

Batterink, L. J., and K. A. Paller. 2017. "Sleep-Based Memory Processing Facilitates Grammatical Generalization: Evidence from Targeted Memory Reactivation." Brain and Language 167:83-93.

Bauer, P. 2004. "Oh Where, Oh Where Have Those Early Memories Gone? A Developmental Perspective on Childhood Amnesia." Psychological Science Agenda 18:12.

Beaty, Roger E., Preston P. Thakral, Kevin P. Madore, Mathias Benedek, and Daniel L. Schacter. 2018. "Core Network Contributions to Remembering the Past, Imagining the Future, and Thinking Creatively." Journal of Cognitive Neuroscience 30 (12): 1939-51.

Bebbington, Keely, Colin MacLeod, T. Mark Ellison, and Nicolas Fay. 2017. "The Sky Is Falling: Evidence of a Negativity Bias in the Social Transmission of Information." Evolution and Human Behavior 38 (1): 92-101.

Bechara, Antoine, Daniel Tranel, Hanna Damasio, Ralph Adolphs, Charles Rockland, and Antonio R. Damasio. 1995. "Double Dissociation of Conditioning and Declarative Knowledge Relative to the Amygdala and Hippocampus in Humans." Science 269 (5227): 1115-18.

Becker, Jacqueline H., Jenny J. Lin, Molly Doernberg, Kimberly Stone, Allison Navis, Joanne R. Festa, and Juan P. Wisnivesky. 2021. "Assessment of Cognitive Function in Patients After COVID-19 Infection." JAMA Network Open 4 (10): e2130645.

Ben-Yakov, A., N. Eshel, and Y. Dudai. 2013. "Hippocampal Immediate Post-stimulus Activity in the Encoding of Consecutive Naturalistic Episodes." Journal of Experimental Psychology: General 142 (4): 1255.

Ben-Yakov, A., and R. N. Henson. 2018. "The Hippocampal Film Editor: Sensitivity and Specificity to Event Boundaries in Continuous Experience." Journal of Neuroscience 38 (47): 10057-68.

Berridge, Kent C., and Terry E. Robinson. 2016. "Liking, Wanting, and the Incentive-Sensitization Theory of Addiction." American Psychologist 71 (8): 670.

Betz, Andrew L., John J. Skowronski, and Thomas M. Ostrom. 1996. "Shared Realities: Social Influence and Stimulus Memory." Social Cognition 14 (2): 113.

Beversdorf, David Q., Brian W. Smith, Gregory P. Crucian, Jeffrey M. Anderson,

Jocelyn M. Keillor, Anna M. Barrett, John D. Hughes, et al. 2000. "Increased Discrimination of 'False Memories' in Autism Spectrum Disorder." Proceedings of the National Academy of Sciences 97 (15): 8734-37.

Bjork, E. L., and R. A. Bjork. 2011. "Making Things Hard on Yourself, but in a Good Way: Creating Desirable Difficulties to Enhance Learning." Psychology and the Real World: Essays Illustrating Fundamental Contributions to Society 2:56-64.

Blanchard, T. C., B. Y. Hayden, and E. S. Bromberg-Martin. 2015. "Orbitofrontal Cortex Uses Distinct Codes for Different Choice Attributes in Decisions Motivated by Curiosity." Neuron 85 (3): 602-14.

Blumenfeld, Robert S., and Charan Ranganath. 2019. "The Lateral Prefrontal Cortex and Human Long-Term Memory." Handbook of Clinical Neurology 163:221-35.

Bower, Gordon H. 1981. "Mood and Memory." American Psychologist 36 (2): 129.

Brashier, N. M., G. Pennycook, A. J. Berinsky, and D. G. Rand. 2021. "Timing Matters When Correcting Fake News." Proceedings of the National Academy of Sciences 118 (5): e2020043118.

Braver, T. S., J. D. Cohen, L. E. Nystrom, J. Jonides, E. E. Smith, and D. E. Noll. 1997. "A Parametric Study of Prefrontal Cortex Involvement in Human Working Memory." Neuroimage 5 (1): 49-62.

Brown, A. S. 1991. "A Review of the Tip-of-the-Tongue Experience." Psychological Bulletin 109 (2): 204.

Brown, A. S., and D. R. Murphy. 1989. "Cryptomnesia: Delineating Inadvertent Plagiarism." Journal of Experimental Psychology: Learning, Memory, and Cognition 15 (3): 432.

Brown, M. W., and J. Z. Xiang. 1998. "Recognition Memory: Neuronal Substrates of the Judgment of Prior Occurrence." Progress in Neurobiology 55 (2): 149-89.

Brown, P. C., H. L. Roediger III, and M. A. McDaniel. 2014. "Make It Stick: The Science of Successful Learning." Cambridge, MA: Harvard University Press.

Brown, R., and D. McNeill. 1966. "The 'Tip of the Tongue' Phenomenon." Journal of Verbal Learning and Verbal Behavior 5 (4): 325-37.

Brown-Schmidt, S., and M. C. Duff. 2016. "Memory and Common Ground Processes in Language Use." Topics in Cognitive Science 8 (4) (October): 722-36. https://doi .org /10 .1111 /tops .12224.

Buckner, R. L., J. R. Andrews-Hanna, and D. L. Schacter. 2008. "The Brain's Default Network: Anatomy, Function, and Relevance to Disease." Annals of the New York Academy of Sciences 1124 (1): 1-38.

Buda, M., A. Fornito, Z. M. Bergström, and J. S. Simons. 2011. "A Specific Brain Structural Basis for Individual Differences in Reality Monitoring." Journal of Neuroscience 31 (40): 14308-13.

Budson, A. E., and E. A. Kensinger. 2023. Why We Forget and How to Remember Better: The Science Behind Memory. Oxford: Oxford University Press.

Bukach, C. M., I. Gauthier, and M. J. Tarr. 2006. "Beyond Faces and Modularity: The Power of an Expertise Framework." Trends in Cognitive Sciences 10 (4): 159-66.

Buzan, Tony. 1984. Use Your Perfect Memory. New York: Dutton.

Cabeza, R., S. M. Rao, A. D. Wagner, A. R. Mayer, and D. L. Schacter. 2001. "Can Medial Temporal Lobe Regions Distinguish True from False? An Event-Related Functional MRI Study of Veridical and Illusory Recognition Memory." Proceedings of the National Academy of Sciences 98 (8): 4805-10.

Campbell, Karen L., Lynn Hasher, and Ruthann C. Thomas. 2010. "Hyper-binding: A Unique Age Effect." Psychological Science 21 (3): 399-405.

Cao, A. n.d. "Alison Gopnik: How Can Understanding Childhood Help Us Build Better AI?" Stanford Psychology Podcast, episode 14. https://podcasts .apple .com /us /podcast /14 -alison -gopnik -how -can -understanding -childhood -help / id1574802514 ?i = 1000537173346.

Carpenter, Gail A., and Stephen Grossberg. 1988. "The ART of Adaptive Pattern Recognition by a Self-Organizing Neural Network." Computer 21 (3): 77-88.

Carpenter, S. K., N. J. Cepeda, D. Rohrer, S. H. Kang, and H. Pashler. 2012. "Using Spacing to Enhance Diverse Forms of Learning: Review of Recent Research and Implications for Instruction." Educational Psychology Review 24: 369-78.

Carrier, Mark, and Harold Pashler. 1992. "The Influence of Retrieval on Retention." Memory & Cognition 20: 633-42.

Chalkia, A., N. Schroyens, L. Leng, N. Vanhasbroeck, A. K. Zenses, L. Van Oudenhove, and T. Beckers. 2020. "No Persistent Attenuation of Fear Memories in Humans: A Registered Replication of the Reactivation-Extinction Effect." Cortex 129:496-509.

Chan, Jason C. K. 2009. "When Does Retrieval Induce Forgetting and When Does It Induce Facilitation? Implications for Retrieval Inhibition, Testing Effect, and Text Processing." Journal of Memory and Language 61 (1): 153-70.

Chan, Jason C. K., K. B. McDermott, and H. L. Roediger III. 2006. "Retrieval-Induced Facilitation: Initially Nontested Material Can Benefit from Prior Testing of Related Material." Journal of Experimental Psychology: General 135 (4): 553.

Chase, William G., and Herbert A. Simon. 1973. "Perception in Chess." Cognitive Psychology 4 (1): 55-81.

Chen, J., Y. C. Leong, C. J. Honey, C. H. Yong, K. A. Norman, and U. Hasson. 2017. "Shared Memories Reveal Shared Structure in Neural Activity Across Individuals." Nature Neuroscience 20 (1): 115-25.

Choi, H.-Y., H. M. Blumen, A. R. Congleton, and S. Rajaram. 2014. "The Role of Group Configuration in the Social Transmission of Memory: Evidence from Identical and Reconfigured Groups." Journal of Cognitive Psychology 26 (1): 65-80.

Choi, Hae-Yoon, Elizabeth A. Kensinger, and Suparna Rajaram. 2017. "Mnemonic Transmission, Social Contagion, and Emergence of Collective Memory: Influence of Emotional Valence, Group Structure, and Information Distribution." Journal of Experimental Psychology: General 146 (9): 1247.

Cohen, J. D., W. M. Perlstein, T. S. Braver, L. E. Nystrom, D. C. Noll, J. Jonides, and E. E. Smith. 1997. "Temporal Dynamics of Brain Activation During a Working Memory Task." Nature 386 (6625): 604-8.

Cohen, Michael X. 2007. "Individual Differences and the Neural Representations of Reward Expectation and Reward Prediction Error." Social Cognitive and Affective Neuroscience 2 (1) (March): 20-30. https://doi .org /10 .1093 /scan /nsl021.

Cohen, Michael X., Christian E. Elger, and Charan Ranganath. 2007. "Reward Expectation Modulates Feedback-Related Negativity and EEG Spectra." Neuroimage 35 (2) (April 1): 968-78. https://doi .org /10 .1016 /j.neuroimage .2006 .11 .056.

Cohen, Michael X., and Charan Ranganath. 2005. "Behavioral and Neural Predictors of Upcoming Decisions." Cognitive, Affective & Behavioral Neuroscience 5 (2) (June): 117-26. https://doi .org /10 .3758 /cabn .5.2 .117.

———. 2007. "Reinforcement Learning Signals Predict Future Decisions." Journal of Neuroscience 27 (2) (January 10): 371-78. https://doi .org /10 .1523 / JNEUROSCI .4421 -06 .2007.

Cohen, M. X., J. Young, J. M. Baek, C. Kessler, and C. Ranganath. 2005. "Individual Differences in Extraversion and Dopamine Genetics Predict Neural Reward Responses." Brain Research: Cognitive Brain Research 25 (3) (December): 851-61. https://doi .org /10 .1016 /j.cogbrainres.2005.09.018.

Cohen, Neal J., and Howard Eichenbaum. 1995. Memory, Amnesia, and the Hippocampal System. Cambridge, MA: MIT Press.

Cohn-Sheehy, B. I., A. I. Delarazan, J. E. Crivelli-Decker, Z. M. Reagh, N. S. Mundada, A. P. Yonelinas, J. M. Zacks, and C. Ranganath. 2022. "Narratives Bridge the Divide Between Distant Events in Episodic Memory." Memory & Cognition 50 (3): 478-94.

Cohn-Sheehy, B. I., A. I. Delarazan, Z. M. Reagh, J. E. Crivelli-Decker, K. Kim, A. J. Barnett, J. M. Zacks, and C. Ranganath. 2021. "The Hippocampus Constructs Narrative Memories Across Distant Events." Current Biology 31 (22): 4935-45.

Cook, Peter, Ashley Prichard, Mark Spivak, and Gregory S. Berns. 2018. "Jealousy in Dogs? Evidence from Brain Imaging." Animal Sentience 3 (22): 1.

Cook, Peter F., Colleen Reichmuth, Andrew A. Rouse, Laura A. Libby, Sophie E. Dennison, Owen T. Carmichael, Kris T. Kruse-Elliott, et al. 2015. "Algal Toxin Impairs Sea Lion Memory and Hippocampal Connectivity, with Implications for Strandings." Science 350 (6267): 1545-47.

Corkin, S. 2013. Permanent Present Tense: The Unforgettable Life of the Amnesic Patient, H.M. New York: Basic Books.

Corkin, S., D. G. Amaral, R. G. González, K. A. Johnson, and B. T. Hyman. 1997. "HM's

Medial Temporal Lobe Lesion: Findings from Magnetic Resonance Imaging."
Journal of Neuroscience 17 (10): 3964-79.

Courtney, S. M., L. Petit, J. M. Maisog, L. G. Ungerleider, and J. V. Haxby. 1998. "An Area Specialized for Spatial Working Memory in Human Frontal Cortex." Science 279 (5355): 1347-51.

Covre, P., A. D. Baddeley, G. J. Hitch, and O. F. A. Bueno. 2019. "Maintaining Task Set Against Distraction: The Role of Working Memory in Multitasking." Psychology & Neuroscience 12 (1): 38-52.

Cowan, Nelson. 2010. "The Magical Mystery Four: How Is Working Memory Capacity Limited, and Why?" Current Directions in Psychological Science 19 (1): 51-57.

Craik, Fergus I. M. 1994. "Memory Changes in Normal Aging." Current Directions in Psychological Science 3 (5): 155-58.

Craik, Fergus I. M., and Cheryl L. Grady. 2002. "Aging, Memory, and Frontal Lobe Functioning." In Principles of Frontal Lobe Function, edited by D. T. Stuss and R. T. Knight, 528-40. Oxford: Oxford University Press.

Crews, Frederick. 1995. The Memory Wars: Freud's Legacy in Dispute. London: Granta.

Cuc, A., Y. Ozuru, D. Manier, and W. Hirst. 2006. "On the Formation of Collective Memories: The Role of a Dominant Narrator." Memory & Cognition 34:752-62.

Curran, T., D. L. Schacter, M. K. Johnson, and R. Spinks. 2001. "Brain Potentials Reflect Behavioral Differences in True and False Recognition." Journal of Cognitive Neuroscience 13 (2): 201-16.

Davachi, Lila 2006. "Item, Context and Relational Episodic Encoding in Humans." Current Opinion in Neurobiology 16 (6): 693-700.

Davachi, Lila, Jason P. Mitchell, and Anthony D. Wagner. 2003. "Multiple Routes to Memory: Distinct Medial Temporal Lobe Processes Build Item and Source Memories." Proceedings of the National Academy of Sciences 100 (4): 2157-62.

Davis, Tyler, Bradley C. Love, and Alison R. Preston. 2012. "Learning the Exception to the Rule: Model-Based fMRI Reveals Specialized Representations for Surprising Category Members." Cerebral Cortex 22, no. 2: 260-73.

De Brigard, Felipe, and Natasha Parikh. 2019. "Episodic Counterfactual Thinking." Current Directions in Psychological Science 28 (1): 59-66.

Deese, James. 1959. "On the Prediction of Occurrence of Particular Verbal Intrusions in Immediate Recall." Journal of Experimental Psychology 58 (1): 17-22. https://doi.org/10.1037/h0046671.

Della Rocchetta, A. I., and B. Milner. 1993. "Strategic Search and Retrieval Inhibition: The Role of the Frontal Lobes." Neuropsychologia 31 (6): 503-24.

Den Ouden, H. E., P. Kok, and F. P. De Lange. 2012. "How Prediction Errors Shape Perception, Attention, and Motivation." Frontiers in Psychology 3:548.

D'Esposito, M., J. W. Cooney, A. Gazzaley, S. E. Gibbs, and B. R. Postle. 2006. "Is the Prefrontal Cortex Necessary for Delay Task Performance? Evidence from Lesion and fMRI Data." Journal of the International Neuropsychological Society 12 (2): 248-60.

D'Esposito, Mark, Bradley R. Postle. 2015. "The Cognitive Neuroscience of Working Memory." Annual Review of Psychology 66:115-42.

D'Esposito, Mark, Bradley R. Postle, and Bart Rypma. 2000. "Prefrontal Cortical Contributions to Working Memory: Evidence from Event-Related fMRI Studies." Experimental Brain Research 133 (1) (July): 3-11.

Deuker, L., J. L. Bellmund, T. Navarro Schröder, and C. F. Doeller. 2016. "An Event Map of Memory Space in the Hippocampus." eLife 5:e16534.

Diamond, Adele. 2006. "The Early Development of Executive Functions." In Lifespan Cognition: Mechanisms of Change, edited by E. Bialystok and F. I. M. Craik, 70-95. Oxford: Oxford University Press.

Diana, Rachel A., Andrew P. Yonelinas, and Charan Ranganath. 2007. "Imaging Recollection and Familiarity in the Medial Temporal Lobe: A Three-Component Model." Trends in Cognitive Sciences 11 (9): 379-86.

Dickerson, Sally S., and Margaret E. Kemeny. 2004. "Acute Stressors and Cortisol Responses: A Theoretical Integration and Synthesis of Laboratory Research." Psychological Bulletin 130 (3): 355.

Diekelmann, S., and J. Born. 2010. "The Memory Function of Sleep." Nature Reviews Neuroscience 11 (2): 114-26.

Dimsdale-Zucker, Halle R., Maria E. Montchal, Zachariah M. Reagh, Shao-Fang Wang, Laura A. Libby, and Charan Ranganath. 2022. "Representations of Complex Contexts: A Role for Hippocampus." Journal of Cognitive Neuroscience 35 (1): 90-110.

Dimsdale-Zucker, Halle R., and Charan Ranganath. 2018. "Representational Similarity Analyses: A Practical Guide for Functional MRI Applications." Handbook of Behavioral Neuroscience 28:509-25.

Dimsdale-Zucker, Halle R., Maureen Ritchey, Arne D. Ekstrom, Andrew P. Yonelinas, and Charan Ranganath. 2018. "CA1 and CA3 Differentially Support Spontaneous Retrieval of Episodic Contexts Within Human Hippocampal Subfields." Nature Communications 9 (1): 1-8.

Dixon, R. A. 2011. "Evaluating Everyday Competence in Older Adult Couples: Epidemiological Considerations." Gerontology 57 (2): 173-79.

Dobbins, I. G., H. Foley, D. L. Schacter, and A. D. Wagner. 2002. "Executive Control During Episodic Retrieval: Multiple Prefrontal Processes Subserve Source Memory." Neuron 35 (5): 989-96.

Douaud, Gwenaëlle, Soojin Lee, Fidel Alfaro-Almagro, Christoph Arthofer, Chaoyue Wang, Paul McCarthy, Frederik Lange, et al. 2022. "SARS-CoV-2 Is Associated with Changes in Brain Structure in UK Biobank." Nature 604 (7907): 697-707.

Druzgal, T. J., and M. D'Esposito. 2001. "Activity in Fusiform Face Area Modulated as a

Function of Working Memory Load." Cognitive Brain Research 10 (3): 355-64.

———. 2003. "Dissecting Contributions of Prefrontal Cortex and Fusiform Face Area to Face Working Memory." Journal of Cognitive Neuroscience 15 (6): 771-84.

Duff, M. C., J. Hengst, D. Tranel, and N. J. Cohen. 2006. "Development of Shared Information in Communication Despite Hippocampal Amnesia." Nature Neuroscience 9 (1) (January): 140-46. https://doi .org /10 .1038 /nn1601.

Duff, Melissa C., Jake Kurczek, Rachael Rubin, Neal J. Cohen, and Daniel Tranel. 2013. "Hippocampal Amnesia Disrupts Creative Thinking." Hippocampus 23 (12): 1143-49.

Düzel, Emrah, Nico Bunzeck, Marc Guitart-Masip, and Sandra Düzel. 2010. "Novelty-Related Motivation of Anticipation and Exploration by Dopamine (NOMAD): Implications for Healthy Aging." Neuroscience & Biobehavioral Reviews 34 (5): 660-69.

Düzel, Emrah, Gabriel Ziegler, David Berron, Anne Maass, Hartmut Schütze, Arturo Cardenas-Blanco, Wenzel Glanz, et al. 2022. "Amyloid Pathology but Not APOE ⌧4 Status Is Permissive for Tau-Related Hippocampal Dysfunction." Brain 145 (4): 1473-85.

Eacott, M. J., and E. A. Gaffan. 2005. "The Roles of Perirhinal Cortex, Postrhinal Cortex, and the Fornix in Memory for Objects, Contexts, and Events in the Rat." Quarterly Journal of Experimental Psychology Section B 58 (3-4b): 202-17.

Eagleman, David. 2020. Livewired: The Inside Story of the Ever-Changing Brain. Edinburgh: Canongate Books.

Ebbinghaus, Hermann. 1885. Über das Gedächtnis: Untersuchungen zur experimentellen Psychologie. Berlin: Duncker & Humblot.

———. 1964. Memory: A Contribution to Experimental Psychology. Translated by H. A. Ruger and C. E. Bussenius. New York: Dover. Original work published 1885.

Echterhoff, G., E. T. Higgins, R. Kopietz, and S. Groll. 2008. "How Communication Goals Determine When Audience Tuning Biases Memory." Journal of Experimental Psychology: General 137 (1): 3.

Eggins, S., and D. Slade. 2004. Analysing Casual Conversation. Sheffield: Equinox Publishing.

Eich, Eric. 1995. "Searching for Mood Dependent Memory." Psychological Science 6 (2): 67-75.

Eichenbaum, Howard. 2017. "On the Integration of Space, Time, and Memory." Neuron 95 (5): 1007-18.

Eichenbaum, Howard, Andrew Yonelinas, and Charan Ranganath. 2007. "The Medial Temporal Lobe and Recognition Memory." Annual Review of Neuroscience 30:123-52.

Ekstrom, Arne D., and Charan Ranganath. 2018. "Space, Time, and Episodic Memory: The Hippocampus Is All Over the Cognitive Map." Hippocampus 28 (9): 680-87.

Ericsson, K. Anders, and Walter Kintsch. 1995. "Long-Term Working Memory." Psychological Review 102 (2): 211.

Estes, William K. 1955. "Statistical Theory of Spontaneous Recovery and Regression." Psychological Review 62:145-54.

Ezzyat, Youssef, and Lila Davachi. 2011. "What Constitutes an Episode in Episodic Memory?" Psychological Science 22 (2): 243-52.

Fandakova, Yana, and Matthias J. Gruber. 2021. "States of Curiosity and Interest Enhance Memory Differently in Adolescents and in Children." Developmental Science 24 (1): e13005.

Feduccia, Allison A., and Michael C. Mithoefer. 2018. "MDMA-Assisted Psychotherapy for PTSD: Are Memory Reconsolidation and Fear Extinction Underlying Mechanisms?" Progress in Neuro-psychopharmacology and Biological Psychiatry 84:221-28.

Fillit, Howard M., Robert N. Butler, Alan W. O'Connell, Marilyn S. Albert, James E. Birren, Carl W. Cotman, William T. Greenough, et al. 2002. "Achieving and Maintaining Cognitive Vitality with Aging." Mayo Clinic Proceedings 77 (7).

Fivush, Robyn. 2004. "Voice and Silence: A Feminist Model of Autobiographical Memory." In The Development of the Mediated Mind: Sociocultural Context and Cognitive Development, edited by Joan M. Lucariello, Judith A. Hudson, Robyn Fivush, and Patricia J. Bauer, 79-100. Mahwah, NJ: Lawrence Erlbaum.

Fivush, Robyn. 2008. "Remembering and Reminiscing: How Individual Lives Are Constructed in Family Narratives." Memory Studies 1 (1): 49-58.

Foerster, Otfrid, and Wilder Penfield. 1930. "The Structural Basis of Traumatic Epilepsy and Results of Radical Operation." Brain 53:99-119.

Franklin, Nicholas T., Kenneth A. Norman, Charan Ranganath, Jeffrey M. Zacks, and Samuel J. Gershman. 2020. "Structured Event Memory: A Neuro-symbolic Model of Event Cognition." Psychological Review 127 (3): 327.

Frenda, Steven J., Eric D. Knowles, William Saletan, and Elizabeth F. Loftus. 2013. "False Memories of Fabricated Political Events." Journal of Experimental Social Psychology 49 (2): 280-86.

Freyd, Jennifer J. 1998. "Science in the Memory Debate." Ethics & Behavior 8 (2): 101-13.

Fuster, Joaquin M. 1980. The Prefrontal Cortex: Anatomy, Physiology, and Neuropsychology of the Frontal Lobe. New York: Raven Press.

Gaesser, Brendan, and Daniel L. Schacter. 2014. "Episodic Simulation and Episodic Memory Can Increase Intentions to Help Others." Proceedings of the National Academy of Sciences 111 (12): 4415-20.

Galli, G., M. Sirota, M. J. Gruber, B. E. Ivanof, J. Ganesh, M. Materassi, A. Thorpe, V. Loaiza, M. Cappelletti, and F. I. Craik. 2018. "Learning Facts During Aging: The Benefits of Curiosity." Experimental Aging Research 44 (4): 311-28.

Gazzaley, A., and L. D. Rosen. 2016. The Distracted Mind: Ancient Brains in a High-Tech World. Cambridge, MA: MIT Press.

Gershberg, Felicia B., and Arthur P. Shimamura. 1995. "Impaired Use of Organizational Strategies in Free Recall Following Frontal Lobe Damage." Neuropsychologia 33 (10): 1305-33.

Gershman, S. J., P. E. Balbi, C. Balbi, C. R. Gallistel, and J. Gunawardena. 2021. "Reconsidering the Evidence for Learning in Single Cells." eLife 10:e61907. https://doi .org /10 .7554 /eLife .61907.

Gershman, S. J., M. H. Monfils, K. A. Norman, and Y. Niv. 2017. "The Computational Nature of Memory Modification." eLife 6:e23763.

Gerstorf, D., C. A. Hoppman, K. J. Anstey, and M. A. Luszcz. 2009. "Dynamic Links of Cognitive Functioning Among Married Couples: Longitudinal Evidence from the Australian Longitudinal Study of Ageing." Psychology and Aging 24 (2): 296.

Geva-Sagiv, Maya, and Yuval Nir. 2019. "Local Sleep Oscillations: Implications for Memory Consolidation." Frontiers in Neuroscience 13:813.

Ghansah, Rachel Kaadzi. 2011. "The B-Boy's Guide to the Galaxy." Transition: An International Review 104:122-36.

Ghetti, Simona. 2017. "Development of Item-Space and Item-Time Binding." Current Opinion in Behavioral Sciences 17:211-16.

Ghetti, Simona, and Paola Castelli. 2006. "Developmental Differences in False-Event Rejection: Effects of Memorability-Based Warnings." Memory 14 (6): 762-76.

Ghetti, Simona, Robin S. Edelstein, Gail S. Goodman, Ingrid M. Cordòn, Jodi A. Quas, Kristen Weede Alexander, Allison D. Redlich, and David P. H. Jones. 2006. "What Can Subjective Forgetting Tell Us About Memory for Childhood Trauma?" Memory & Cognition (34): 1011-25.

Gobet, Fernand, and Herbert A. Simon. 1998. "Expert Chess Memory: Revisiting the Chunking Hypothesis." Memory 6 (3): 225-55.

Godoy, Lívea Dornela, Matheus Teixeira Rossignoli, Polianna Delfino-Pereira, Norberto Garcia-Cairasco, and Eduardo Henrique de Lima Umeoka. 2018. "A Comprehensive Overview on Stress Neurobiology: Basic Concepts and Clinical Implications." Frontiers in Behavioral Neuroscience 12:127.

Goldman-Rakic, Patricia S. 1984. "The Frontal Lobes: Uncharted Provinces of the Brain." Trends in Neurosciences 7 (11): 425-29.

———. 1987. "Circuitry of Primate Prefrontal Cortex and Regulation of Behavior by Representational Memory." In Higher Functions of the Brain: The Nervous System; Handbook of Physiology, edited by F. Plum, 5:373-417, section 1. Bethesda, MD: American Physiological Society.

Gonsalves, Brian, and Ken A. Paller. 2000. "Neural Events That Underlie Remembering Something That Never Happened." Nature Neuroscience 3 (12): 1316-21.

Gonsalves, Brian, Paul J. Reber, Darren R. Gitelman, Todd B. Parrish, M.-Marsel

Mesulam, and Ken A. Paller. 2004. "Neural Evidence That Vivid Imagining Can Lead to False Remembering." Psychological Science 15 (10): 655-60.

Gooding, R. 2004. "The Trashing of John McCain." Vanity Fair, November 2004. https://www .vanityfair .com /news /2004 /11 /mccain200411.

Goodman, Gail S., Simona Ghetti, Jodi A. Quas, Robin S. Edelstein, Kristen Weede Alexander, Allison D. Redlich, Ingrid M. Cordon, and David P. H. Jones. 2003. "A Prospective Study of Memory for Child Sexual Abuse: New Findings Relevant to the Repressed-Memory Controversy." Psychological Science 14 (2): 113-18.

Gopnik, Alison. 2020. "Childhood as a Solution to Explore-Exploit Tensions." Philosophical Transactions of the Royal Society B 375 (1803): 20190502.

Gotlib, I. H., C. Ranganath, and J. P. Rosenfeld. 1998. "Frontal EEG Alpha Asymmetry, Depression, and Cognitive Functioning." Cognition and Emotion 12 (3): 449-78. https://doi .org /10 .1080 /026999398379673.

Grady, Cheryl. 2012. "The Cognitive Neuroscience of Ageing." Nature Reviews Neuroscience 13 (7): 491-505.

Gray, J. A. 1982. "Précis of the Neuropsychology of Anxiety: An Enquiry into the Functions of the Septo-Hippocampal System." Behavioral and Brain Sciences 5, no. 3: 469-84.

Greeley, G. D., V. Chan, H.-Y. Choi, and S. Rajaram. 2023. "Collaborative Recall and the Construction of Collective Memory Organization: The Impact of Group Structure." Topics in Cognitive Science. https://doi .org /10 .1111 /tops .12639.

Greeley, G. D., and S. Rajaram. 2023. "Collective Memory: Collaborative Recall Synchronizes What and How People Remember." WIREs Cognitive Science. https://doi .org /10 .1002 /wcs .1641.

Griego, A. W., J. N. Datzman, S. M. Estrada, and S. S. Middlebrook. 2019. "Suggestibility and False Memories in Relation to Intellectual Disability and Autism Spectrum Disorder: A Meta-analytic Review." Journal of Intellectual Disability Research 63 (12): 1464-74.

Grill-Spector, K., R. Henson, and A. Martin. 2006. "Repetition and the Brain: Neural Models of Stimulus-Specific Effects." Trends in Cognitive Sciences 10 (1): 14-23.

Gross, J. J., and L. Feldman Barrett. 2011. "Emotion Generation and Emotion Regulation: One or Two Depends on Your Point of View." Emotion Review 3 (1): 8-16.

Grossberg, Stephen. 1976. "Adaptive Pattern Classification and Universal Recoding. II: Feedback, Expectation, Olfaction, and Illusions." Biological Cybernetics 23:187-202.

Gruber, Matthias J., Bernard D. Gelman, and Charan Ranganath. 2014. "States of Curiosity Modulate Hippocampus-Dependent Learning via the Dopaminergic Circuit." Neuron 84 (2): 486-96.

Gruber, Matthias J., and Charan Ranganath. 2019. "How Curiosity Enhances

Hippocampus-Dependent Memory: The Prediction, Appraisal, Curiosity, and Exploration (PACE) Framework." Trends in Cognitive Sciences 23 (12): 1014-25.

Gruber, M. J., M. Ritchey, S. F. Wang, M. K. Doss, and C. Ranganath. 2016. "Post-Learning Hippocampal Dynamics Promote Preferential Retention of Rewarding Events." Neuron 89 (5): 1110-20.

Grunwald, Thomas, Heinz Beck, Klaus Lehnertz, Ingmar Blümcke, Nico Pezer, Marta Kutas, Martin Kurthen, et al. 1999. "Limbic P300s in Temporal Lobe Epilepsy with and Without Ammon's Horn Sclerosis." European Journal of Neuroscience 11(6): 1899-906.

Grunwald, T., C. E. Elger, K. Lehnertz, D. Van Roost, and H. J. Heinze. 1995. "Alterations of Intrahippocampal Cognitive Potentials in Temporal Lobe Epilepsy." Electroencephalography and Clinical Neurophysiology 95 (1): 53-62.

Haber, S. N. 2011. "Neuroanatomy of Reward: A View from the Ventral Striatum." Chap. 11 in Neurobiology of Sensation and Reward, edited by J. A. Gottfried, 235. Boca Raton, FL: CRC Press / Taylor & Francis.

Hagwood, Scott. 2006. Memory Power: You Can Develop a Great Memory—America's Grand Master Shows You How. New York: Simon & Schuster.

Halbwachs, Maurice. 1992. On Collective Memory. Translated by Lewis A. Coser. Chicago: University of Chicago Press.

Hannula, D. E., R. R. Althoff, D. E. Warren, L. Riggs, N. J .Cohen, and J. D. Ryan. 2010. "Worth a Glance: Using Eye Movements to Investigate the Cognitive Neuroscience of Memory." Frontiers in Human Neuroscience 4:166.

Hannula, D. E., L. A. Libby, A. P. Yonelinas, and C. Ranganath. 2013. "Medial Temporal Lobe Contributions to Cued Retrieval of Items and Contexts." Neuropsychologia 51 (12): 2322-32.

Hannula, Deborah E., and Charan Ranganath. 2009. "The Eyes Have It: Hippocampal Activity Predicts Expression of Memory in Eye Movements." Neuron 63 (5): 592-99.

Hannula, Deborah E., Jennifer D. Ryan, Daniel Tranel, and Neal J. Cohen. 2007. "Rapid Onset Relational Memory Effects Are Evident in Eye Movement Behavior, but Not in Hippocampal Amnesia." Journal of Cognitive Neuroscience 19 (10): 1690-705.

Harris, C. B., A. J. Barnier, J. Sutton, and P. G. Keil. 2014. "Couples as Socially Distributed Cognitive Systems: Remembering in Everyday Social and Material Contexts." Memory Studies 7 (3): 285-97.

Harris, C. B., P. G. Keil, J. Sutton, A. J. Barnier, and D. J. McIlwain. 2011. "We Remember, We Forget: Collaborative Remembering in Older Couples." Discourse Processes 48 (4): 267-303.

Harrison, George. 2007. I Me Mine. San Francisco: Chronicle Books.

Harrison, Neil A., Kate Johnston, Federica Corno, Sarah J. Casey, Kimberley Friedner, Kate Humphreys, Eli J. Jaldow, Mervi Pitkanen, and Michael D. Kopelman.

기억한다는 착각

2017. "Psychogenic Amnesia: Syndromes, Outcome, and Patterns of Retrograde Amnesia." Brain 140 (9): 2498-510.

Hart, C. L. 2017. "Viewing Addiction as a Brain Disease Promotes Social Injustice." Nature Human Behaviour 1 (3): 55.

Hasher, Lynn, David Goldstein, and Thomas Toppino. 1977. "Frequency and the Conference of Referential Validity." Journal of Verbal Learning and Verbal Behavior 16 (1): 107-12.

Hashtroudi, Shahin, Marcia K. Johnson, and Linda D. Chrosniak. 1989. "Aging and Source Monitoring." Psychology and Aging 4 (1): 106.

Hassabis, D., D. Kumaran, and E. A. Maguire. 2007. "Using Imagination to Understand the Neural Basis of Episodic Memory." Journal of Neuroscience 27 (52): 14365-74.

Hassabis, Demis, Dharshan Kumaran, Seralynne D. Vann, and Eleanor A. Maguire. 2007. "Patients with Hippocampal Amnesia Cannot Imagine New Experiences." Proceedings of the National Academy of Sciences 104 (5): 1726-31.

Hauer, B. J., and I. Wessel. 2006. "Retrieval-Induced Forgetting of Autobiographical Memory Details." Cognition and Emotion 20 (3-4): 430-47.

Haxby, J. V., M. I. Gobbini, M. L. Furey, A. Ishai, J. L. Schouten, and P. Pietrini. 2001. "Distributed and Overlapping Representations of Faces and Objects in Ventral Temporal Cortex." Science 293 (5539): 2425-30.

Hayes, Taylor R., and John M. Henderson. 2021. "Looking for Semantic Similarity: What a Vector-Space Model of Semantics Can Tell Us About Attention in Real-World Scenes." Psychological Science 32 (8): 1262-70.

Healey, M. Karl, Nicole M. Long, and Michael J. Kahana. 2019. "Contiguity in Episodic Memory." Psychonomic Bulletin & Review 26 (3): 699-720.

Hebb, Donald O. 1949. The Organization of Behavior: A Neuropsychological Theory. Hoboken, NJ: Wiley.

Heilig, M., J. MacKillop, D. Martinez, J. Rehm, L. Leggio, and L. J. Vanderschuren. 2021. "Addiction as a Brain Disease Revised: Why It Still Matters, and the Need for Consilience." Neuropsychopharmacology 46 (10): 1715-23.

Henderson, John M., and Taylor R. Hayes. 2017. "Meaning-Based Guidance of Attention in Scenes as Revealed by Meaning Maps." Nature Human Behaviour 1 (10): 743-47.

Henderson, John M., Taylor R. Hayes, Candace E. Peacock, and Gwendolyn Rehrig. 2019. "Meaning and Attentional Guidance in Scenes: A Review of the Meaning Map Approach." Vision 3 (2): 19.

Hendrickson, Carolyn W., Reeva J. Kimble, and Daniel P. Kimble. 1969. "Hippocampal Lesions and the Orienting Response." Journal of Comparative and Physiological Psychology 67 (2, pt. 1): 220.

Henkel, Linda A. 2014. "Point-and-Shoot Memories: The Influence of Taking Photos on Memory for a Museum Tour." Psychological Science 25 (2): 396- 402.

Henkel, Linda A., and Kimberly J. Coffman. 2004. "Memory Distortions in Coerced False Confessions: A Source Monitoring Framework Analysis." Applied Cognitive Psychology: The Official Journal of the Society for Applied Research in Memory and Cognition 18 (5): 567-88.

Herculano-Houzel, Suzana. 2012. "The Remarkable, Yet Not Extraordinary, Human Brain as a Scaled-Up Primate Brain and Its Associated Cost." Proceedings of the National Academy of Sciences 109 (suppl. 1): 10661-68.

Higgins, E. T., and W. S. Rholes. 1978. " 'Saying Is Believing': Effects of Message Modification on Memory and Liking for the Person Described." Journal of Experimental Social Psychology 14 (4): 363-78.

Hilgetag, C. C., M. A. O'Neill, and M. P. Young. 1997. "Optimization Analysis of Complex Neuroanatomical Data." In Computational Neuroscience, edited by J. M. Bower. Boston: Springer.

Hirst, William. 2010. "The Contribution of Malleability to Collective Memory." In The Cognitive Neuroscience of Mind: A Tribute to Michael S. Gazzaniga, edited by Patricia A. Reuter-Lorenz, Kathleen Baynes, George R. Mangun, and Elizabeth A. Phelps, 139-53. Cambridge, MA: MIT Press.

Hirst, William, and Bruce T. Volpe. 1988. "Memory Strategies with Brain Damage." Brain and Cognition 8 (3): 379-408.

Ho, J. W., D. L. Poeta, T. K. Jacobson, T. A. Zolnik, G. T, Neske, B. W. Connors, and R. D. Burwell. 2015. "Bidirectional Modulation of Recognition Memory." Journal of Neuroscience 35 (39) (September 30): 13323-35.

Horton, W. S., and R. J. Gerrig. 2005. "Conversational Common Ground and Memory Processes in Language Production." Discourse Processes 40:1-35.

———. 2016. "Revisiting the Memory-Based Processing Approach to Common Ground." Topics in Cognitive Science 8:780-95.

Howe, Mark L., and Mary L. Courage. 1993. "On Resolving the Enigma of Infantile Amnesia." Psychological Bulletin 113 (2): 305.

Hsieh, Liang-Tien, Matthias J. Gruber, Lucas J. Jenkins, and Charan Ranganath. 2014. "Hippocampal Activity Patterns Carry Information About Objects in Temporal Context." Neuron 81 (5): 1165-78.

Hu, X., J. W. Antony, J. D. Creery, I. M. Vargas, G. V. Bodenhausen, and K. A. Paller. 2015. "Unlearning Implicit Social Biases During Sleep." Science 348 (6238): 1013-15.

Hu, X., L. Y. Cheng, M. H. Chiu, and K. A. Paller. 2020. "Promoting Memory Consolidation During Sleep: A Meta-analysis of Targeted Memory Reactivation." Psychological Bulletin 146 (3): 218.

Huff, Markus, Frank Papenmeier, Annika E. Maurer, Tino G. K. Meitz, Bärbel Garsoffky, and Stephan Schwan. 2017. "Fandom Biases Retrospective Judgments Not Perception." Scientific Reports 7 (1): 1-8.

Hughlings-Jackson, John. 1888. "On a Particular Variety of Epilepsy ('Intellectual Aura'), One Case with Symptoms of Organic Brain Disease." Brain 11 (2): 179-207.

Hupbach, Almut, Oliver Hardt, Rebecca Gomez, and Lynn Nadel. 2008. "The Dynamics of Memory: Context-Dependent Updating." Learning & Memory 15, no. 8: 574-79.

Inbau, F. E., J. E. Reid, J. P. Buckley, and B. C. Jayne. 2001. Criminal Interrogation and Confessions. 4th ed. Gaithersburg, MD: Aspen.

Jacobsen, C. F. 1936. "Studies of Cerebral Function in Primates. I. The Functions of the Frontal Association Areas in Monkeys." In Comparative Psychology Monographs, vol. 13. Baltimore: Williams & Wilkins.

Janata, Petr. 2009. "The Neural Architecture of Music-Evoked Autobiographical Memories." Cerebral Cortex 19 (11): 2579-94.

Jansari, Ashok, and Alan J. Parkin. 1996. "Things That Go Bump in Your Life: Explaining the Reminiscence Bump in Autobiographical Memory." Psychology and Aging 11 (1): 85.

Janssen, Steve M. J., Jaap M. J. Murre, and Martijn Meeter. 2008. "Reminiscence Bump in Memory for Public Events." European Journal of Cognitive Psychology 20 (4): 738-64.

Jardine, K. H., A. E. Huff, C. E. Wideman, S. D. McGraw, and B. D. Winter. 2022. "The Evidence for and Against Reactivation-Induced Memory Updating in Humans and Nonhuman Animals." Neuroscience & Biobehavioral Reviews 136:104598.

Jenkins, Lucas J., and Charan Ranganath. 2010. "Prefrontal and Medial Temporal Lobe Activity at Encoding Predicts Temporal Context Memory." Journal of Neuroscience 30 (46): 15558-65.

Jha, A. 2021. Peak Mind: Find Your Focus, Own Your Attention, Invest 12 Minutes a Day. London: Hachette UK.

Jia, Jianping, Tan Zhao, Zhaojun Liu, Yumei Liang, Fangyu Li, Yan Li, Wenying Liu, et al. 2023. "Association Between Healthy Lifestyle and Memory Decline in Older Adults: 10 Year, Population Based, Prospective Cohort Study." BMJ 380:e072691.

Johnson, Elliott Gray, Lindsey Mooney, Katharine Graf Estes, Christine Wu Nordahl, and Simona Ghetti. 2021. "Activation for Newly Learned Words in Left Medial-Temporal Lobe during Toddlers' Sleep Is Associated with Memory for Words." Current Biology 31, no. 24: 5429-38.

Johnson, M. H. 2001. "Functional Brain Development in Humans." Nature Reviews Neuroscience 2 (7): 475-83.

Johnson, M. K., M. A. Foley, A. G. Suengas, and C. L. Raye. 1988. "Phenomenal Characteristics of Memories for Perceived and Imagined Autobiographical Events." Journal of Experimental Psychology: General 117 (4): 371.

Johnson, Marcia K., Shahin Hashtroudi, and D. Stephen Lindsay. 1993. "Source Monitoring." Psychological Bulletin 114 (1): 3-28.

Johnson, M. K., S. M. Hayes, M. D'Esposito, and C. L. Raye. 2000. "Confabulation." In Handbook of Neuropsychology: Memory and Its Disorders, edited by L. S. Cermak, 383-407. Amsterdam: Elsevier.

Johnson, M. K., J. Kounios, and S. F. Nolde. 1997. "Electrophysiological Brain Activity and Memory Source Monitoring." NeuroReport 8 (5): 1317-20.

Johnson, M. K., S. F. Nolde, M. Mather, J. Kounios, D. L. Schacter, and T. Curran. 1997. "The Similarity of Brain Activity Associated with True and False Recognition Memory Depends on Test Format." Psychological Science 8 (3): 250-57.

Johnson, Marcia K., and Carol L. Raye. 1981. "Reality Monitoring." Psychological Review 88 (1): 67-85.

Johnson, Reed. 2017. "The Mystery of S., the Man with an Impossible Memory." New Yorker, August 12, 2017. https://www .newyorker .com /books /page -turner /the -mystery -of -s-the -man -with -an -impossible -memory.

Jonides, J., R. L. Lewis, D. E. Nee, C. A. Lustig, M. G. Berman, and K. S. Moore. 2008. "The Mind and Brain of Short-Term Memory." Annual Review of Psychology 59:193-224.

Jonker, T. R., H. Dimsdale-Zucker, M. Ritchey, A. Clarke, and C. Ranganath. 2018. "Neural Reactivation in Parietal Cortex Enhances Memory for Episodically Linked Information." Proceedings of the National Academy of Sciences 115 (43): 11084-89.

Jonker, T. R., P. Seli, and C. M. MacLeod. 2013. "Putting Retrieval-Induced Forgetting in Context: An Inhibition-Free, Context-Based Account." Psychological Review 120 (4): 852.

Joo, H. R., and L. M. Frank. 2018. "The Hippocampal Sharp-Wave Ripple in Memory Retrieval for Immediate Use and Consolidation." Nature Reviews Neuroscience 19 (12): 744-57.

Josselyn, Sheena A., Stefan Köhler, and Paul W. Frankland. 2017. "Heroes of the Engram." Journal of Neuroscience 37 (18): 4647-57.

Kaf kas, A., and D. Montaldi. 2018. "How Do Memory Systems Detect and Respond to Novelty?" Neuroscience Letters 680:60-68.

Kahneman, Daniel. 2011. Thinking, Fast and Slow. New York: Macmillan.

Kahneman, Daniel, and Jason Riis. 2005. "Living, and Thinking About It: Two Perspectives on Life." Chap. 11 in The Science of Well-Being, edited by Felicia A. Huppert, Nick Baylis, and Barry Keverne, 285-304. Oxford: Oxford University Press.

Kandel, Eric R., Yadin Dudai, and Mark Mayford. 2014. "The Molecular and Systems Biology of Memory." Cell 157 (1): 163-86. https://doi.org/10.1016/j.cell .2014.03.001.

Kang, M. J., M. Hsu, I. M. Krajbich, G. Loewenstein, S. M. McClure, J. T. Y. Wang, and C. F. Camerer. 2009. "The Wick in the Candle of Learning: Epistemic Curiosity

Activates Reward Circuitry and Enhances Memory." Psychological Science 20 (8): 963-73.

Kant, Immanuel. 1899. Critique of Pure Reason. Translated by J. M. D. Meiklejohn. Willey Book Company. https://doi .org /10 .1037 /11654 -000.

Kaplan, R., M. H. Adhikari, R. Hindriks, D. Mantini, Y. Murayama, N. K. Logothetis, and G. Deco. 2016. "Hippocampal Sharp-Wave Ripples Influence Selective Activation of the Default Mode Network." Current Biology 26 (5): 686-91.

Karpicke, Jeffrey D., and Henry L. Roediger III. 2008. "The Critical Importance of Retrieval for Learning." Science 319 (5865): 966-68.

Kashima, Yoshihisa. 2000. "Maintaining Cultural Stereotypes in the Serial Reproduction of Narratives." Personality and Social Psychology Bulletin 26 (5): 594-604.

Kassin, Saul M. 2008. "False Confessions: Causes, Consequences, and Implications for Reform." Current Directions in Psychological Science 17 (4): 249-53.

Kelley, C. M., and L. L. Jacoby. 1990. "The Construction of Subjective Experience: Memory Attributions." Mind & Language 5 (1): 49-68.

Ketz, N., S. G. Morkonda, and R .C. O'Reilly. 2013. "Theta Coordinated Error-Driven Learning in the Hippocampus." PloS Computational Biology 9 (6): e1003067.

Kidd, C., and B. Y. Hayden. 2015. "The Psychology and Neuroscience of Curiosity." Neuron 88 (3): 449-60.

Kirschbaum, Clemens, Karl-Martin Pirke, and Dirk H. Hellhammer. 1993. "The 'Trier Social Stress Test'— a Tool for Investigating Psychobiological Stress Responses in a Laboratory Setting." Neuropsychobiology 28 (1-2): 76-81.

Kloft, Lilian, Lauren A. Monds, Arjan Blokland, Johannes G. Ramaekers, and Henry Otgaar. 2021. "Hazy Memories in the Courtroom: A Review of Alcohol and Other Drug Effects on False Memory and Suggestibility." Neuroscience & Biobehavioral Reviews 124:291-307.

Kloft, Lilian, Henry Otgaar, Arjan Blokland, Lauren A. Monds, Stefan W. Toennes, Elizabeth F. Loftus, and Johannes G. Ramaekers. 2020. "Cannabis Increases Susceptibility to False Memory." Proceedings of the National Academy of Sciences 117 (9): 4585-89.

Knierim, J. J., I. Lee, and E. L. Hargreaves. 2006. "Hippocampal Place Cells: Parallel Input Streams, Subregional Processing, and Implications for Episodic Memory." Hippocampus 16 (9): 755-64.

Knight, Erik L., and Pranjal H. Mehta. 2017. "Hierarchy Stability Moderates the Effect of Status on Stress and Performance in Humans." Proceedings of the National Academy of Sciences 114 (1): 78-83.

Knight, Robert T. 1984. "Decreased Response to Novel Stimuli After Prefrontal Lesions in Man." Electroencephalography and Clinical Neurophysiology 59 (1): 9-20. doi:10.1016/0168-5597(84)90016-9.

————. 1996. "Contribution of Human Hippocampal Region to Novelty Detection."

Nature 383 (6597): 256-59.

Knutson, B., C. M. Adams, G. W. Fong, and D. Hommer. 2001. "Anticipation of Increasing Monetary Reward Selectively Recruits Nucleus Accumbens." Journal of Neuroscience 21 (16) (August 15): RC159. https://doi .org /10 .1523 / JNEUROSCI .21 -16 -j0002 .2001.

Koppel, Jonathan, Dana Wohl, Robert Meksin, and William Hirst. 2014. "The Effect of Listening to Others Remember on Subsequent Memory: The Roles of Expertise and Trust in Socially Shared Retrieval-Induced Forgetting and Social Contagion." Social Cognition 32 (2): 148-80.

Krause, A. J., E. B. Simon, B. A. Mander, S. M. Greer, J. M. Saletin, A. N. Goldstein-Piekarski, and M. P. Walker. 2017. "The Sleep-Deprived Human Brain." Nature Reviews Neuroscience 18 (7) (July): 404-18.

Kriegeskorte, Nikolaus, Marieke Mur, and Peter A. Bandettini. 2008. "Representational Similarity Analysis—Connecting the Branches of Systems Neuroscience." Frontiers in Systems Neuroscience 2:4.

Krumhansl, Carol Lynne, and Justin Adam Zupnick. 2013. "Cascading Reminiscence Bumps in Popular Music." Psychological Science 24 (10): 2057-68.

LaBar, Kevin S., and Roberto Cabeza. 2006. "Cognitive Neuroscience of Emotional Memory." Nature Reviews Neuroscience 7 (1): 54-64.

LeDoux, Joseph. 2012. "Rethinking the Emotional Brain." Neuron 73 (4): 653-76.

Lensvelt-Mulders, G., O. van der Hart, J. M. van Ochten, M. J. van Son, K. Steele, and L. Breeman. 2008. "Relations Among Peritraumatic Dissociation and Posttraumatic Stress: A Meta-analysis." Clinical Psychology Review 28 (7): 1138-51.

LePort, Aurora K. R., Aaron T. Mattfeld, Heather Dickinson-Anson, James H. Fallon, Craig E. L. Stark, Frithjof Kruggel, Larry Cahill, and James L. McGaugh. 2012. "Behavioral and Neuroanatomical Investigation of Highly Superior Autobiographical Memory (HSAM)." Neurobiology of Learning and Memory 98 (1): 78-92.

LePort, Aurora K. R., S. M. Stark, J. L. McGaugh, and C. E. L. Stark. 2016. "Highly Superior Autobiographical Memory: Quality and Quantity of Retention over Time." Frontiers in Psychology 6, article 2017.

Levin, Daniel T. 2000. "Race as a Visual Feature: Using Visual Search and Perceptual Discrimination Tasks to Understand Face Categories and the Cross-Race Recognition Deficit." Journal of Experimental Psychology: General 129 (4): 559.

Levitin, Daniel J. 2014. The Organized Mind: Thinking Straight in the Age of Information Overload. New York: Penguin.

———. 2020. Successful Aging: A Neuroscientist Explores the Power and Potential of Our Lives. New York: Penguin.

Lewis, Penelope A., and Simon J. Durrant. 2011. "Overlapping Memory Replay During Sleep Builds Cognitive Schemata." Trends in Cognitive Sciences 15 (8): 343-51.

394 기억한다는 착각

doi:10.1016/j.tics.2011.06.004.

Libby, Laura A., Deborah E. Hannula, and Charan Ranganath. 2014. "Medial Temporal Lobe Coding of Item and Spatial Information During Relational Binding in Working Memory." Journal of Neuroscience 34 (43): 14233-42.

Libby, Laura A., Zachariah M. Reagh, Nichole R. Bouffard, J. Daniel Ragland, and Charan Ranganath. 2019. "The Hippocampus Generalizes Across Memories That Share Item and Context Information." Journal of Cognitive Neuroscience 31 (1): 24-35.

Liberzon, Israel, and James L. Abelson. 2016. "Context Processing and the Neurobiology of Post-Traumatic Stress Disorder." Neuron 92 (1): 14-30.

Lisman, John E., and Anthony A. Grace. 2005. "The Hippocampal-VTA Loop: Controlling the Entry of Information into Long-Term Memory." Neuron 46 (5): 703-13.

Liu, Xiaonan L., Randall C. O'Reilly, and Charan Ranganath. 2021. "Effects of Retrieval Practice on Tested and Untested Information: Cortico-hippocampal Interactions and Error-Driven Learning." Psychology of Learning and Motivation 75:125-55.

Liu, Xiaonan L., and Charan Ranganath. 2021. "Resurrected Memories: Sleep-Dependent Memory Consolidation Saves Memories from Competition Induced by Retrieval Practice." Psychonomic Bulletin & Review 28 (6): 2035-44.

Liu, Xiaonan L., Charan Ranganath, and Randall C. O'Reilly. 2022. "A Complementary Learning Systems Model of How Sleep Moderates Retrieval Practice Effects." OSF Preprints. November 18. doi:10.31219/osf.io/5aqwp.

Lockhart, S. N., A. B. Mayda, A. E. Roach, E. Fletcher, O. Carmichael, P. Maillard, C. G. Schwarz, A. P. Yonelinas, C. Ranganath, and C. DeCarli. 2012. "Episodic Memory Function Is Associated with Multiple Measures of White Matter Integrity in Cognitive Aging." Frontiers in Human Neuroscience 6 (March 16): 56.

Loewenstein, George. 1994. "The Psychology of Curiosity: A Review and Reinterpretation." Psychological Bulletin 116 (1): 75.

Loewenstein, George, and David Schkade. 1999. "Wouldn't It Be Nice?" In Predicting Future Feelings. Well-Being: The Foundations of Hedonic Psychology, edited by D. Kahneman, E. Diener, and N. Schwarz, 85-105. New York: Russell Sage Foundation.

Loftus, Elizabeth F. 2005. "Planting Misinformation in the Human Mind: A 30-Year Investigation of the Malleability of Memory." Learning & Memory 12 (4): 361-66.

Loftus, Elizabeth F., and Deborah Davis. 2006. "Recovered Memories." Annual Review of Clinical Psychology 2:469-98.

Loftus, Elizabeth F., and John C. Palmer. 1974. "Reconstruction of Automobile Destruction: An Example of the Interaction Between Language and Memory." Journal of Verbal Learning and Verbal Behavior 13 (5): 585-89.

Loftus, Elizabeth F., and Jacqueline E. Pickrell. 1995. "The Formation of False

Memories." Psychiatric Annals 25 (12): 720-25.

Love, B. C., Medin, D. L., and Gureckis, T. M. 2009. "SUSTAIN: A Network Model of Category Learning." Psychological Review 111, no. 2: 309-32.

Lu, Q., U. Hasson, and K. A. Norman. 2022. "A Neural Network Model of When to Retrieve and Encode Episodic Memories." eLife 11:e74445.

Luck, Steven J., and Edward K. Vogel. 2013. "Visual Working Memory Capacity: From Psychophysics and Neurobiology to Individual Differences." Trends in Cognitive Sciences 17 (8): 391-400.

Luhmann, C. C., and S. Rajaram. 2015. "Memory Transmission in Small Groups and Large Networks: An Agent-Based Model." Psychological Science 26 (12): 1909-17.

Lupien, S. J., B. S. McEwen, M. R. Gunnar, and C. Heim. 2009. "Effects of Stress Throughout the Lifespan on the Brain, Behaviour and Cognition." Nature Reviews Neuroscience 10 (6): 434-45.

Luria, A. R. 1968. The Mind of the Mnemonist. New York: Basic Books.

Lyons, Anthony, and Yoshihisa Kashima. 2001. "The Reproduction of Culture: Communication Processes Tend to Maintain Cultural Stereotypes." Social Cognition 19 (3): 372-94.

———. 2003. "How Are Stereotypes Maintained Through Communication? The Influence of Stereotype Sharedness." Journal of Personality and Social Psychology 85 (6): 989.

MacLeod, Colin M. In press. "Interference Theory: History and Current Status." Chapter to appear in The Oxford Handbook of Human Memory, edited by M. J. Kahana and A. D. Wagner. Oxford: Oxford University Press.

MacMillan, Amanda. 2017. "The Downside of Having an Almost Perfect Memory." Time, December 8, 2017. https://time .com /5045521 /highly -superior -autobiographical -memory -hsam/.

Madore, Kevin P., Preston P. Thakral, Roger E. Beaty, Donna Rose Addis, and Daniel L. Schacter. 2019. "Neural Mechanisms of Episodic Retrieval Support Divergent Creative Thinking." Cerebral Cortex 29 (1): 150-66.

Maguire, Eleanor A., Faraneh Vargha-Khadem, and Demis Hassabis. 2010. "Imagining Fictitious and Future Experiences: Evidence from Developmental Amnesia." Neuropsychologia 48 (11): 3187-92.

Mandler, George. 1980. "Recognizing: The Judgment of Previous Occurrence." Psychological Review 87 (3): 252.

Manning, J. R., K. A. Norman, and M. J. Kahana. 2014. "The Role of Context in Episodic Memory." In The Cognitive Neurosciences V, edited by M. Gazzaniga and R. Mangun. Cambridge, MA: MIT Press.

Maril, A., A. D. Wagner, and D. L. Schacter. 2001. "On the Tip of the Tongue: An Event-Related fMRI Study of Semantic Retrieval Failure and Cognitive Conflict." Neuron 31 (4): 653-60.

Markowitsch, H. J. 2003. "Psychogenic Amnesia." Neuroimage 20:S132-S138.

Marr, David. 1971. "Simple Memory: A Theory for Archicortex." Philosophical Transactions of the Royal Society of London 262 (841): 23-81. https://doi.org/10.1098/rstb.1971.0078.

Mason, Malia F., Michael I. Norton, John D. Van Horn, Daniel M. Wegner, Scott T. Grafton, and C. Neil Macrae. 2007. "Wandering Minds: The Default Network and Stimulus-Independent Thought." Science 315 (5810): 393-95.

Maswood, Raeya, Christian C. Luhmann, and Suparna Rajaram. 2022. "Persistence of False Memories and Emergence of Collective False Memory: Collaborative Recall of DRM Word Lists." Memory 30 (4): 465-79.

Maswood, Raeya, and Suparna Rajaram. 2019. "Social Transmission of False Memory in Small Groups and Large Networks." Topics in Cognitive Science 11 (4): 687-709.

Mather, Mara. 2007. "Emotional Arousal and Memory Binding: An Object-Based Framework." Perspectives on Psychological Science 2 (1): 33-52.

Mather, Mara, and Laura L. Carstensen. 2005. "Aging and Motivated Cognition: The Positivity Effect in Attention and Memory." Trends in Cognitive Sciences 9 (10): 496-502.

Mather, Mara, David Clewett, Michiko Sakaki, and Carolyn W. Harley. 2016. "Norepinephrine Ignites Local Hotspots of Neuronal Excitation: How Arousal Amplifies Selectivity in Perception and Memory." Behavioral and Brain Sciences 39:e200.

Mayes, A., D. Montaldi, and E. Migo. 2007. "Associative Memory and the Medial Temporal Lobes." Trends in Cognitive Sciences 11 (3): 126-35.

McAdams, D. P. 2008. "Personal Narratives and the Life Story." In Handbook of Personality: Theory and Research, edited by O. P. John, R. W. Robins, and L. A. Pervin, 242-62. New York: Guilford Press.

McClelland, J. L., B. L. McNaughton, and R. C. O'Reilly. 1995. "Why There Are Complementary Learning Systems in the Hippocampus and Neocortex: Insights from the Successes and Failures of Connectionist Models of Learning and Memory." Psychological Review 102 (3): 419.

McClelland, J. L., D. E. Rumelhart, and PDP Research Group. 1986. Parallel Distributed Processing, vol. 2. Cambridge, MA: MIT Press.

McCloskey, Michael, and Neal J. Cohen. 1989. "Catastrophic Interference in Connectionist Networks: The Sequential Learning Problem." Psychology of Learning and Motivation 24:109-65.

McCulloch, Warren S., and Walter Pitts. 1943. "A Logical Calculus of the Ideas Immanent in Nervous Activity." Bulletin of Mathematical Biophysics 5 (4): 115-33.

McCullough, Andrew M., Maureen Ritchey, Charan Ranganath, and Andrew Yonelinas. 2015. "Differential Effects of Stress-Induced Cortisol Responses on Recollection and Familiarity-Based Recognition Memory." Neurobiology of Learning and

Memory 123:1-10.

McDougle, Samuel D., Richard B. Ivry, and Jordan A. Taylor. 2016. "Taking Aim at the Cognitive Side of Learning in Sensorimotor Adaptation Tasks." Trends in Cognitive Sciences 20, no. 7: 535-44.

McEwen, Bruce S. 2007. "Physiology and Neurobiology of Stress and Adaptation: Central Role of the Brain." Physiological Reviews 87 (3): 873-904.

McEwen, Bruce S., Jay M. Weiss, and Leslie S. Schwartz. 1968. "Selective Retention of Corticosterone by Limbic Structures in Rat Brain." Nature 220 (5170): 911-12.

McGaugh, James L. 2018. "Emotional Arousal Regulation of Memory Consolidation." Current Opinion in Behavioral Sciences 19:55-60.

McIntyre, Christa K., James L. McGaugh, and Cedric L. Williams. 2012. "Interacting Brain Systems Modulate Memory Consolidation." Neuroscience & Biobehavioral Reviews 36 (7): 1750-62.

McKone, Elinor, Lulu Wan, Madeleine Pidcock, Kate Crookes, Katherine Reynolds, Amy Dawel, Evan Kidd, and Chiara Fiorentini. 2019. "A Critical Period for Faces: Other-Race Face Recognition Is Improved by Childhood but Not Adult Social Contact." Scientific Reports 9 (1): 1-13.

Meade, M. L., T. J. Nokes, and D. G. Morrow. 2009. "Expertise Promotes Facilitation on a Collaborative Memory Task." Memory 17 (1): 39-48.

Meade, Michelle L., and Henry L. Roediger. 2002. "Explorations in the Social Contagion of Memory." Memory & Cognition 30 (7): 995-1009.

Mednick, Sara. 2020. The Power of the Downstate: Recharge Your Life Using Your Body's Own Restorative Systems. New York: Hachette.

Mednick, S., and M. Ehrman. 2006. Take a Nap! Change Your Life. New York: Workman.

Mednick, S., K. Nakayama, and R. Stickgold. 2003. "Sleep-Dependent Learning: A Nap Is as Good as a Night." Nature Neuroscience 6 (7): 697-98.

Meissner, C. A., and J. C. Brigham. 2001. "Thirty Years of Investigating the Own-Race Bias in Memory for Faces: A Meta-analytic Review." Psychology, Public Policy, and Law 7 (1): 3.

Meister, M. L., and E. A. Buffalo. 2016. "Getting Directions from the Hippo campus: The Neural Connection Between Looking and Memory." Neurobiology of Learning and Memory 134:135-44.

Milivojevic, B., M. Varadinov, A. V. Grabovetsky, S. H. Collin, and C. F. Doeller. 2016. "Coding of Event Nodes and Narrative Context in the Hippocampus." Journal of Neuroscience 36 (49): 12412-24.

Milivojevic, B., A. Vicente-Grabovetsky, and C. F. Doeller. 2015. "Insight Reconfigures Hippocampal-Prefrontal Memories." Current Biology 25 (7): 821-30.

Miller, George A. 1956. "The Magic Number Seven Plus or Minus Two: Some Limits on Our Capacity for Processing Information." Psychological Review 63:9197.

기억한다는 착각

Miller, Greg. 2007. "A Surprising Connection Between Memory and Imagination." Science 315 (5810): 312.

Miller, Jonathan F., Markus Neufang, Alec Solway, Armin Brandt, Michael Trippel, Irina Mader, Stefan Hefft, et al. (2013). "Neural Activity in Human Hippocampal Formation Reveals the Spatial Context of Retrieved Memories." Science 342 (6162): 1111-14.

Mineka, Susan, and John F. Kihlstrom. 1978. "Unpredictable and Uncontrollable Events: A New Perspective on Experimental Neurosis." Journal of Abnormal Psychology 87 (2): 256.

Minsky, Marvin. 1975. "A Framework for Representing Knowledge." MIT-AI Laboratory Memo 306, June 1974. Reprinted in P. Winston, ed., The Psychology of Computer Vision. New York: McGraw-Hill, 1975.

Mishkin, M., W. A. Suzuki, D. G. Gadian, and F. Vargha-Khadem. 1997. "Hierarchical Organization of Cognitive Memory." Philosophical Transactions of the Royal Society of London. Series B: Biological Sciences 352 (1360): 1461-67.

Montague, J. 2019. Lost and Found: Memory, Identity, and Who We Become When We're No Longer Ourselves. London: Hodder & Stoughton.

Montaldi, D., T. J. Spencer, N. Roberts, and A. R. Mayes. 2006. "The Neural System That Mediates Familiarity Memory." Hippocampus 16 (5): 504-20.

Mooney, Lindsey N., Elliott G. Johnson, Janani Prabhakar, and Simona Ghetti. 2021. "Memory-Related Hippocampal Activation during Sleep and Temporal Memory in Toddlers." Developmental Cognitive Neuroscience 47: 100908.

Moore, Christopher D., Michael X. Cohen, and Charan Ranganath. 2006. "Neural Mechanisms of Expert Skills in Visual Working Memory." Journal of Neuroscience 26 (43): 11187-96.

Moscovitch, Morris. 1989. "Confabulation and the Frontal Systems: Strategic Versus Associative Retrieval in Neuropsychological Theories of Memory." In Varieties of Memory and Consciousness: Essays in Honour of Endel Tulving, edited by H. L. Roediger and F. I. M. Craik, 133-60. Hillsdale, NJ: Lawrence Erlbaum.

Moscovitch, Morris, Roberto Cabeza, Gordon Winocur, and Lynn Nadel. 2016. "Episodic Memory and Beyond: The Hippocampus and Neocortex in Transformation." Annual Review of Psychology 67 (1): 105-34.

Moscovitch, Morris, and Gordon Winocur. 1992. "The Neuropsychology of Memory and Aging." Handbook of Aging and Cognition 315:372.

Mullan, Sean, and Wilder Penfield. 1959. "Illusions of Comparative Interpretation and Emotion: Production by Epileptic Discharge and by Electrical Stimulation in the Temporal Cortex." AMA Archives of Neurology & Psychiatry 81 (3): 269-84.

Münsterberg, Hugo. 1923. On the Witness Stand: Essays on Psychology and Crime. Clark Boardman.

Murayama, K., M. Matsumoto, K. Izuma, and K. Matsumoto. 2010. "Neural Basis of the Undermining Effect of Monetary Reward on Intrinsic Motivation." Proceedings of the National Academy of Sciences 107 (49): 20911-16.

Murayama, K., T. Miyatsu, D. Buchli, and B. C. Storm. 2014. "Forgetting as a Consequence of Retrieval: A Meta-analytic Review of Retrieval-Induced Forgetting." Psychological Bulletin 140 (5): 1383.

Murphy, C., V. Dehmelt, A. P. Yonelinas, C. Ranganath, and M. J. Gruber. 2021. "Temporal Proximity to the Elicitation of Curiosity Is Key for Enhancing Memory for Incidental Information." Learning & Memory 28 (2): 34-39.

Murphy, Gillian, Laura Lynch, Elizabeth Loftus, and Rebecca Egan. 2021. "Push Polls Increase False Memories for Fake News Stories." Memory 29 (6): 693-707.

Murray, E. A., S. P. Wise, and K. S. Graham. 2017. The Evolution of Memory Systems: Ancestors, Anatomy, and Adaptations. Oxford: Oxford University Press.

Nader, K., G. E. Schafe, and J. E. LeDoux. 2000. "Fear Memories Require Protein Synthesis in the Amygdala for Reconsolidation After Retrieval." Nature 406 (6797): 722-26.

Nadim, Farzan, and Dirk Bucher. 2014. "Neuromodulation of Neurons and Synapses." Current Opinion in Neurobiology 29:48-56.

Nattrass, Stuart, Darren P. Croft, Samuel Ellis, Michael A. Cant, Michael N. Weiss, Brianna M. Wright, Eva Stredulinsky, et al. 2019. "Postreproductive Killer Whale Grandmothers Improve the Survival of Their Grandoffspring." Proceedings of the National Academy of Sciences 116 (52): 26669-73.

Nauta, Walle J. H. 1971. "The Problem of the Frontal Lobe: A Reinterpretation." Journal of Psychiatric Research 8 (3): 167-87.

Navarrete, M., M. Valderrama, and P. A. Lewis. 2020. "The Role of Slow-Wave Sleep Rhythms in the Cortical-Hippocampal Loop for Memory Consolidation." Current Opinion in Behavioral Sciences 32:102-10.

Nelson, Katherine, and Robyn Fivush. 2004. "The Emergence of Autobiographical Memory: A Social Cultural Developmental Theory." Psychological Review 111 (2): 486.

Newell, Allen, John Calman Shaw, and Herbert A. Simon. 1958. "Chess-Playing Programs and the Problem of Complexity." IBM Journal of Research and Development 2 (4): 320-35.

Newman, David B., and Matthew E. Sachs. 2020. "The Negative Interactive Effects of Nostalgia and Loneliness on Affect in Daily Life." Frontiers in Psychology 11:2185.

Nielson, D. M., T. A. Smith, V. Sreekumar, S. Dennis, and P. B. Sederberg. 2015. "Human Hippocampus Represents Space and Time During Retrieval of Real-World Memories." Proceedings of the National Academy of Sciences 112 (35): 11078-83.

Nisbett, Richard E., and Timothy D. Wilson. 1977. "Telling More Than We Can Know: Verbal Reports on Mental Processes." Psychological Review 84 (3): 231-59.

Nobre, A. C., and G. McCarthy. 1995. "Language-Related Field Potentials in the

Anterior-Medial Temporal Lobe: II. Effects of Word Type and Semantic Priming." Journal of Neuroscience 15 (2): 1090-98.

Nordahl, Christine Wu, Charan Ranganath, Andrew P. Yonelinas, Charles DeCarli, Evan Fletcher, and William J. Jagust. 2006. "White Matter Changes Compromise Prefrontal Cortex Function in Healthy Elderly Individuals." Journal of Cognitive Neuroscience 18 (3): 418-29.

Nordahl, Christine Wu, Charan Ranganath, Andrew P. Yonelinas, Charles DeCarli, Bruce R. Reed, and William J. Jagust. 2005. "Different Mechanisms of Episodic Memory Failure in Mild Cognitive Impairment." Neuropsychologia 43 (11): 1688-97.

Norman, Donald A., and Tim Shallice. 1986. "Attention to Action." In Consciousness and Self-Regulation, edited by Richard J. Davidson, Gary E. Schwartz, and David Shapiro, 1-18. Boston: Springer.

Norman, Kenneth A. 2010. "How Hippocampus and Cortex Contribute to Recognition Memory: Revisiting the Complementary Learning Systems Model." Hippocampus 20 (11): 1217-27.

Norman, K. A., E. L. Newman, and G. Detre. 2007. "A Neural Network Model of Retrieval-Induced Forgetting." Psychological Review 114 (4): 887.

Nyberg, L., R. Habib, A. R. McIntosh, and E. Tulving. 2000. "Reactivation of Encoding-Related Brain Activity During Memory Retrieval." Proceedings of the National Academy of Sciences 97 (20): 11120-24.

Oeberst, Aileen, Merle Madita Wachendörfer, Roland Imhoff, and Hartmut Blank. 2021. "Rich False Memories of Autobiographical Events Can Be Reversed." Proceedings of the National Academy of Sciences 118 (13).

O'Keefe, John, and Lynn Nadel. 1978. The Hippocampus as a Cognitive Map. Oxford: Oxford University Press.

———. 1979. "Précis of O'Keefe & Nadel's The Hippocampus as a Cognitive Map." Behavioral and Brain Sciences 2 (4): 487-94.

Oliva, M. T., and B. C. Storm. 2022. "Examining the Effect Size and Duration of Retrieval-Induced Facilitation." Psychological Research, 1-14.

O'Reilly, R. C., Y. Munakata, M. J. Frank, T. E. Hazy, and Contributors. 2012. Computational Cognitive Neuroscience. Wiki Book, 4th ed., 2020. https:// CompCogNeuro .org.

O'Reilly, Randall C., and Kenneth A. Norman. 2002. "Hippocampal and Neocortical Contributions to Memory: Advances in the Complementary Learning Systems Framework." Trends in Cognitive Sciences 6 (12): 505-10.

Owens, Justine, Gordon H. Bower, and John B. Black. 1979. "The 'Soap Opera' Effect in Story Recall." Memory & Cognition 7 (3): 185-91.

Paller, Ken A., Jessica D. Creery, and Eitan Schechtman. 2021. "Memory and Sleep: How Sleep Cognition Can Change the Waking Mind for the Better." Annual Review of Psychology 72:123-50. https://doi .org /10 .1146 /annurev -psych -010419

-050815.

Paller, Ken A., Gregory McCarthy, Elizabeth Roessler, Truett Allison, and Charles C. Wood. 1992. "Potentials Evoked in Human and Monkey Medial Temporal Lobe During Auditory and Visual Oddball Paradigms." Electroencephalography and Clinical Neurophysiology/Evoked Potentials Section 84 (3): 269-79.

Paller, Ken A., Joel L. Voss, and Stephen G. Boehm. 2007. "Validating Neural Correlates of Familiarity." Trends in Cognitive Sciences 11 (6): 243-50.

Palmqvist, Sebastian, Michael Schöll, Olof Strandberg, Niklas Mattsson, Erik Stomrud, Henrik Zetterberg, Kaj Blennow, Susan Landau, William Jagust, and Oskar Hansson. 2017. "Earliest Accumulation of ⊠-amyloid Occurs Within the Default-Mode Network and Concurrently Affects Brain Connectivity." Nature Communications 8 (1): 1-13.

Palombo, Daniela J., Claude Alain, Hedvig Söderlund, Wayne Khuu, and Brian Levine. 2015. "Severely Deficient Autobiographical Memory (SDAM) in Healthy Adults: A New Mnemonic Syndrome." Neuropsychologia 72:105-18.

Pashler, H., N. Cepeda, R. V. Lindsey, E. Vul, and M. C. Mozer. 2009. "Predicting the Optimal Spacing of Study: A Multiscale Context Model of Memory." In Advances in Neural Information Processing Systems 22, edited by Y. Bengio, D. Schuurmans, J. Lafferty, C. K. I. Williams, and A. Culotta, 1321-29. La Jolla, CA: NIPS Foundation.

Pavlov, Ivan P. 1897. The Work of the Digestive Glands. London: Griffin.

———. 1924. "Lectures on the Work of the Cerebral Hemisphere, Lecture One." In Ivan Petrovich Pavlov, Experimental Psychology and Other Essays. New York: Philosophical Library, 1957.

———. 1927. Conditioned Reflexes: An Investigation of the Physiological Activity of the Cerebral Cortex. Oxford: Oxford University Press.

Peker, Müjde, and Ali I. Tekcan. 2009. "The Role of Familiarity Among Group Members in Collaborative Inhibition and Social Contagion." Social Psychology 40 (3): 111-18.

Pendergrast, M. 1996. Victims of Memory: Sex Abuse Accusations and Shattered Lives. Hinesburg, VT: Upper Access.

Penfield, Wilder. 1958. "Some Mechanisms of Consciousness Discovered During Electrical Stimulation of the Brain." Proceedings of the National Academy of Sciences 44 (2): 51-66.

Penfield, Wilder, and Brenda Milner. 1958. "Memory Deficit Produced by Bilateral Lesions in the Hippocampal Zone." AMA Archives of Neurology & Psychiatry 79 (5): 475-97.

Pennartz, C. M. A., R. Ito, P. F. M. J. Verschure, F. P. Battaglia, and T. W. Robbins. 2011. "The Hippocampal-Striatal Axis in Learning, Prediction and Goal-Directed Behavior." Trends in Neurosciences 34 (10): 548-59.

기억한다는 착각

Pennycook, G., J. A. Cheyne, N. Barr, D. J. Koehler, and J. A. Fugelsang. 2015. "On the Reception and Detection of Pseudo-Profound Bullshit." Judgment and Decision Making 10 (6): 549-63.

Pennycook, G., and D. G. Rand. 2020. "Who Falls for Fake News? The Roles of Bullshit Receptivity, Overclaiming, Familiarity, and Analytic Thinking." Journal of Personality 88 (2): 185-200.

———. 2021. "The Psychology of Fake News." Trends in Cognitive Sciences 25 (5): 388-402.

Perry, C. J., I. Zbukvic, J. H. Kim, and A. J. Lawrence. 2014. "Role of Cues and Contexts on Drug-Seeking Behaviour." British Journal of Pharmacology 171 (20): 4636-72.

Peterson, Carole. 2002. "Children's Long-Term Memory for Autobiographical Events." Developmental Review 22 (3): 370-402.

Phelps, Elizabeth A. 2004. "Human Emotion and Memory: Interactions of the Amygdala and Hippocampal Complex." Current Opinion in Neurobiology 14 (2): 198-202.

Piaget, J. 1952. The Origins of Intelligence in Children. Translated by M. Cook. New York: W. W. Norton. https://doi .org /10 .1037 /11494 -000.

Pichert, James W., and Richard C. Anderson. 1977. "Taking Different Perspectives on a Story." Journal of Educational Psychology 69 (4): 309.

Polich, John. 2007. "Updating P300: An Integrative Theory of P3a and P3b." Clinical Neurophysiology 118 (10): 2128-48.

Polyn, Sean M., Vaidehi S. Natu, Jonathan D. Cohen, and Kenneth A. Norman. 2005. "Category-Specific Cortical Activity Precedes Retrieval During Memory Search." Science 310 (5756): 1963-66.

Potts, R., G. Davies, and D. R. Shanks. 2019. "The Benefit of Generating Errors During Learning: What Is the Locus of the Effect?" Journal of Experimental Psychology: Learning, Memory, and Cognition 45 (6): 1023.

Prabhakar, Janani, Elliott G. Johnson, Christine Wu Nordahl, and Simona Ghetti. 2018. "Memory-Related Hippocampal Activation in the Sleeping Toddler." Proceedings of the National Academy of Sciences 115 (25): 6500-505.

Pribram, Karl H. 1973. "The Primate Frontal Cortex—Executive of the Brain." Chap. 14 in Psychophysiology of the Frontal Lobes, edited by K. H. Pribram and A. R. Luria, 293-314. New York: Academic Press.

Radvansky, Gabriel A., Abigail C. Doolen, Kyle A. Pettijohn, and Maureen Ritchey. 2022. "A New Look at Memory Retention and Forgetting." Journal of Experimental Psychology: Learning, Memory, and Cognition 48 (11): 1698-723.

Radvansky, Gabriel A., and Jeffrey M. Zacks. 2017. "Event Boundaries in Memory and Cognition." Current Opinion in Behavioral Sciences 17:133-40.

Raichle, Marcus E., Ann Mary MacLeod, Abraham Z. Snyder, William J. Powers, Debra A. Gusnard, and Gordon L. Shulman. 2001. "A Default Mode of Brain Function."

Proceedings of the National Academy of Sciences 98 (2): 676-82.

Rajaram, Suparna. In press. "Collaborative Remembering and Collective Memory." To appear in The Oxford Handbook of Human Memory, edited by M. J. Kahana and A. D. Wagner. Oxford: Oxford University Press.

Ranganath, Charan. 2010. "A Unified Framework for the Functional Organization of the Medial Temporal Lobes and the Phenomenology of Episodic Memory." Hippocampus 20 (11): 1263-90.

Ranganath, Charan, and Robert S. Blumenfeld. 2005. "Doubts About Double Dissociations Between Short- and Long-Term Memory." Trends in Cognitive Sciences 9 (8): 374-80.

Ranganath, Charan, Joe DeGutis, and Mark D'Esposito. 2004. "Category-Specific Modulation of Inferior Temporal Activity During Working Memory Encoding and Maintenance." Cognitive Brain Research 20 (1): 37-45.

Ranganath, Charan, and Mark D'Esposito. 2005. "Directing the Mind's Eye: Prefrontal, Inferior and Medial Temporal Mechanisms for Visual Working Memory." Current Opinion in Neurobiology 15 (2): 175-82.

Ranganath, Charan, and Liang-Tien Hsieh. 2016. "The Hippocampus: A Special Place for Time." Annals of the New York Academy of Sciences 1369 (1): 93-110.

Ranganath, Charan, Marcia K. Johnson, and Mark D'Esposito. 2000. "Left Anterior Prefrontal Activation Increases with Demands to Recall Specific Perceptual Information." Journal of Neuroscience 20 (22): RC108.

———. 2003. "Prefrontal Activity Associated with Working Memory and Episodic Long-Term Memory." Neuropsychologia 41 (3): 378-89.

Ranganath, Charan, and Ken A. Paller. 1999. "Frontal Brain Potentials During Recognition Are Modulated by Requirements to Retrieve Perceptual Detail." Neuron 22 (3): 605-13.

———. 2000. "Neural Correlates of Memory Retrieval and Evaluation." Cognitive Brain Research 9 (2): 209-22.

Ranganath, Charan, and Gregor Rainer. 2003. "Neural Mechanisms for Detecting and Remembering Novel Events." Nature Reviews Neuroscience 4 (3): 193-202.

Ranganath, Charan, and Maureen Ritchey. 2012. "Two Cortical Systems for Memory-Guided Behavior." Nature Reviews Neuroscience 13 (10): 713-26.

Ranganath, Charan, Andrew P. Yonelinas, Michael X. Cohen, Christine J. Dy, Sabrina M. Tom, and Mark D'Esposito. 2004. "Dissociable Correlates of Recollection and Familiarity Within the Medial Temporal Lobes." Neuropsychologia 42 (1): 2-13.

Ranganath, Charan. In press. "Episodic Memory." To appear in The Oxford Handbook of Human Memory, edited by M. J. Kahana and A. D. Wagner. Oxford: Oxford University Press.

Rasch, B., C. Büchel, S. Gais, and J. Born. 2007. "Odor Cues During Slow-Wave Sleep Prompt Declarative Memory Consolidation." Science 315 (5817): 1426-29.

기억한다는 착각

Rauers, A., M. Riediger, F. Schmiedek, and U. Lindenberger. 2011. "With a Little Help from My Spouse: Does Spousal Collaboration Compensate for the Effects of Cognitive Aging?" Gerontology 57 (2): 161-66.

Reagh, Zachariah M., Angelique I. Delarazan, Alexander Garber, and Charan Ranganath. 2020. "Aging Alters Neural Activity at Event Boundaries in the Hippocampus and Posterior Medial Network." Nature Communications 11 (1): 1-12.

Reagh, Zachariah M., and Charan Ranganath. 2023. "Flexible Reuse of Cortico-hippocampal Representations During Encoding and Recall of Naturalistic Events." Nature Communications 14 (1): 1279.

Rendell, L., and H. Whitehead. 2001. "Culture in Whales and Dolphins." Behavioral and Brain Sciences 24 (2): 309-24.

Rescorla, R. A., and R. I. Solomon. 1967. "Two-Process Learning Theory: Relationships Between Pavlovian Conditioning and Instrumental Learning." Psychological Review 74 (3): 151-82. https://doi .org /10 .1037 /h0024475.

Riccio, D. C., P. M. Millin, and A. R. Bogart. 2006. "Reconsolidation: A Brief History, a Retrieval View, and Some Recent Issues." Learning & Memory 13 (5): 536-44.

Richland, L. E., N. Kornell, and L. S. Kao. 2009. "The Pretesting Effect: Do Unsuccessful Retrieval Attempts Enhance Learning?" Journal of Experimental Psychology: Applied 15 (3): 243.

Ritchey, Maureen, Andrew M. McCullough, Charan Ranganath, and Andrew P. Yonelinas. 2017. "Stress as a Mnemonic Filter: Interactions Between Medial Temporal Lobe Encoding Processes and Post-Encoding Stress." Hippocampus 27 (1): 77-88.

Ritchey, Maureen, Maria E. Montchal, Andrew P. Yonelinas, and Charan Ranganath. 2015. "Delay-Dependent Contributions of Medial Temporal Lobe Regions to Episodic Memory Retrieval." eLife 4:e05025.

Ritchey, Maureen, Shao-Fang Wang, Andrew P. Yonelinas, and Charan Ranganath. 2019. "Dissociable Medial Temporal Pathways for Encoding Emotional Item and Context Information." Neuropsychologia 124:66-78.

Robbins, T. W., and B. J. Everitt. 2007. "A Role for Mesencephalic Dopamine in Activation: Commentary on Berridge (2006)." Psychopharmacology 191 (3): 433-37.

Roediger, Henry L., III. 1985. "Remembering Ebbinghaus." Review of H. Ebbinghaus, Memory: A Contribution to Experimental Psychology. Contemporary Psychology 30 (7): 519-23. https://doi .org /10 .1037 /023895.

———. 1990. "Implicit Memory: Retention Without Remembering." American Psychologist 45 (9): 1043.

———. 2003. "Bartlett, Frederic Charles." In Encyclopedia of Cognitive Science, edited by Lynn Nadel, 1:319-22. Hoboken, NJ: Wiley.

———. 2008. "Relativity of Remembering: Why the Laws of Memory Vanished."

Annual Review of Psychology 59:225-54.

Roediger, Henry L., III., and Andrew C. Butler. 2011. "The Critical Role of Retrieval Practice in Long-Term Retention." Trends in Cognitive Sciences 15 (1): 20-27.

Roediger, Henry L., III, and Jeffrey D. Karpicke. 2006. "Test-Enhanced Learning: Taking Memory Tests Improves Long-Term Retention." Psychological Science 17 (3): 249-55.

Roediger, Henry L., III, and Kathleen B. McDermott. 1995. "Creating False Memories: Remembering Words Not Presented in Lists." Journal of Experimental Psychology: Learning, Memory, and Cognition 21 (4): 803.

—. 1996. "False Perceptions of False Memories." Journal of Experimental Psychology: Learning, Memory, and Cognition 22 (3): 814-16. https://doi .org /10 .1037 /0278 -7393 .22 .3.814.

Roediger, Henry L., III, Michelle L. Meade, and Erik T. Bergman. 2001. "Social Contagion of Memory." Psychonomic Bulletin & Review 8 (2): 365-71.

Rowland, Christopher A. 2014. "The Effect of Testing Versus Restudy on Retention: A Meta-analytic Review of the Testing Effect." Psychological Bulletin 140 (6): 1432.

Rubin, R. D., S. Brown-Schmidt, M. C. Duff, D. Tranel, and N. J. Cohen. 2011. "How Do I Remember That I Know You Know That I Know?" Psychological Science 22 (12) (December): 1574-82. https://doi .org /10 .1177 /0956797611418245.

Rudoy, J. D., J. L. Voss, C. E. Westerberg, and K. A. Paller. 2009. "Strengthening Individual Memories by Reactivating Them During Sleep." Science 326 (5956): 1079.

Rugg, M. D., and K. L. Vilberg. 2013. "Brain Networks Underlying Episodic Memory Retrieval." Current Opinion in Neurobiology 23 (2): 255-60.

Rugg, M. D., and E. L. Wilding. 2000. "Retrieval Processing and Episodic Memory." Trends in Cognitive Sciences 4 (3): 108-15.

Rumelhart, David E., and Andrew Ortony. 1977. "The Representation of Knowledge in Memory." In Schooling and the Acquisition of Knowledge, edited by R. C. Anderson, R. J. Spiro, and W. E. Montague, 99-135. Hillsdale, NJ: Lawrence Erlbaum.

Ryan, Jennifer D., Robert R. Althoff, Stephen Whitlow, and Neal J. Cohen. 2000. "Amnesia Is a Deficit in Relational Memory." Psychological Science 11 (6): 454-61.

Ryan, Jennifer D., and Kelly Shen. 2020. "The Eyes Are a Window into Memory." Current Opinion in Behavioral Sciences 32:1-6.

Saletan, W. 2000. "Push Me, Poll You." Slate, February 15, 2000. https://slate .com / news -and -politics /2000 /02 /push -me -poll -you .html.

Sanders, K. E., S. Osburn, K. A. Paller, and M. Beeman. 2019. "Targeted Memory Reactivation During Sleep Improves Next-Day Problem Solving." Psychological Science 30 (11): 1616-24.

Sapolsky, Robert M. 1994. Why Zebras Don't Get Ulcers: A Guide to Stress, Stress-

Related Diseases, and Coping. New York: W. H. Freeman.

———. 2002. "Endocrinology of the Stress-Response." In Behavioral Endocrinology, edited by J. B. Becker, S. M. Breedlove, D. Crews, and M. M. McCarthy, 409-50. Cambridge, MA: MIT Press.

———. 2003. "Taming Stress." Scientific American 289 (3): 86-95.

Sazma, M. A., G. S. Shields, and A. P. Yonelinas. 2019. "The Effects of Post-Encoding Stress and Glucocorticoids on Episodic Memory in Humans and Rodents." Brain and Cognition 133:12-23.

Schacter, Daniel L. 2002. The Seven Sins of Memory: How the Mind Forgets and Remembers. Boston: Mariner Books.

———. 2022. "Media, Technology, and the Sins of Memory." Memory, Mind & Media 1:e1.

Schacter, Daniel L., and Donna Rose Addis. 2007. "The Cognitive Neuroscience of Constructive Memory: Remembering the Past and Imagining the Future." Philosophical Transactions of the Royal Society B: Biological Sciences 362 (1481): 773-86.

Schacter, Daniel L., Donna Rose Addis, and Randy L. Buckner. 2008. "Episodic Simulation of Future Events: Concepts, Data, and Applications." Annals of the New York Academy of Sciences 1124 (1): 39-60.

Schacter, Daniel L., R. L. Buckner, W. Koutstaal, A. M. Dale, and B. R. Rosen. 1997. "Late Onset of Anterior Prefrontal Activity During True and False Recognition: An Event-Related fMRI Study." Neuroimage 6 (4): 259-69.

Schacter, Daniel L., Mieke Verfaellie, and Dan Pradere. 1996. "The Neuropsychology of Memory Illusions: False Recall and Recognition in Amnesic Patients." Journal of Memory and Language 35 (2): 319-34.

Schank, R. C., and R. P. Abelson. 1977. Scripts, Plans, Goals and Understanding: An Inquiry into Human Knowledge Structures. Hillsdale, NJ: Lawrence Erlbaum.

Schiller, D., and E. A. Phelps. 2011. "Does Reconsolidation Occur in Humans?" Frontiers in Behavioral Neuroscience 5:24.

Schlag, A. K. 2020. "Percentages of Problem Drug Use and Their Implications for Policy Making: A Review of the Literature." Drug Science, Policy and Law 6. https://doi .org /10 .1177 /2050324520904540.

Schulkind, Matthew D., Laura Kate Hennis, and David C. Rubin. 1999. "Music, Emotion, and Autobiographical Memory: They're Playing Your Song." Memory & Cognition 27 (6): 948-55.

Schultz, Wolfram. 1997. "Dopamine Neurons and Their Role in Reward Mechanisms." Current Opinion in Neurobiology 7 (2): 191-97.

———. 2006. "Behavioral Theories and the Neurophysiology of Reward." Annual Review of Psychology 87:115.

Scoboria, Alan, Giuliana Mazzoni, Irving Kirsch, and Leonard S. Milling. 2002.

"Immediate and Persisting Effects of Misleading Questions and Hypnosis on Memory Reports." Journal of Experimental Psychology: Applied 8 (1): 26.

Scoboria, Alan, Kimberley A. Wade, D. Stephen Lindsay, Tanjeem Azad, Deryn Strange, James Ost, and Ira E. Hyman. 2017. "A Mega-analysis of Memory Reports from Eight Peer-Reviewed False Memory Implantation Studies." Memory 25 (2): 146-63.

Scoville, William Beecher, and Brenda Milner. 1957. "Loss of Recent Memory After Bilateral Hippocampal Lesions." Journal of Neurology, Neurosurgery, and Psychiatry 20 (1): 11.

Shaw, Julia, and Stephen Porter. 2015. "Constructing Rich False Memories of Committing Crime." Psychological Science 26 (3): 291-301.

Sheldon, Signy, Can Fenerci, and Lauri Gurguryan. 2019. "A Neurocognitive Perspective on the Forms and Functions of Autobiographical Memory Retrieval." Frontiers in Systems Neuroscience 13:4.

Shields, Grant S., Andrew M. McCullough, Maureen Ritchey, Charan Ranganath, and Andrew P. Yonelinas. 2019. "Stress and the Medial Temporal Lobe at Rest: Functional Connectivity Is Associated with Both Memory and Cortisol." Psychoneuroendocrinology 106:138-46.

Shields, Grant S., Matthew A. Sazma, Andrew M. McCullough, and Andrew P. Yonelinas. 2017. "The Effects of Acute Stress on Episodic Memory: A Meta-analysis and Integrative Review." Psychological Bulletin 143 (6): 636.

Shields, Grant S., Matthew A. Sazma, and Andrew P. Yonelinas. 2016. "The Effects of Acute Stress on Core Executive Functions: A Meta-analysis and Comparison with Cortisol." Neuroscience & Biobehavioral Reviews 68:651-68.

Silvia, Paul J. 2008. "Interest—the Curious Emotion." Current Directions in Psychological Science 17 (1): 57-60.

Silvia, Paul J., and Alexander P. Christensen. 2020. "Looking Up at the Curious Personality: Individual Differences in Curiosity and Openness to Experience." Current Opinion in Behavioral Sciences 35:1-6.

Simon, H. A. 1974. "How Big Is a Chunk? By Combining Data from Several Experiments, a Basic Human Memory Unit Can Be Identified and Measured." Science 183 (4124): 482-88.

Simons, Jon S., Jane R. Garrison, and Marcia K. Johnson. 2017. "Brain Mechanisms of Reality Monitoring." Trends in Cognitive Sciences 21 (6): 462-73.

Sinclair, A. H., and M. D. Barense. 2019. "Prediction Error and Memory Reactivation: How Incomplete Reminders Drive Reconsolidation." Trends in Neurosciences 42 (10): 727-39.

Singh, D., K. A. Norman, and A. C. Schapiro. 2022. "A Model of Autonomous Interactions Between Hippocampus and Neocortex Driving Sleep-Dependent Memory Consolidation." Proceedings of the National Academy of Sciences 119 (44):

e2123432119.

Smallwood, Jonathan, and Jonathan W. Schooler. 2015. "The Science of Mind Wandering: Empirically Navigating the Stream of Consciousness." Annual Review of Psychology 66:487-518.

Soares, Julia S., and Benjamin C. Storm. 2018. "Forget in a Flash: A Further Investigation of the Photo-Taking-Impairment Effect." Journal of Applied Research in Memory and Cognition 7 (1): 154-60.

Sokolov, E. N. 1963. "Higher Nervous Functions: The Orienting Reflex." Annual Review of Physiology 25 (1): 545-80.

———. 1990. "The Orienting Response, and Future Directions of Its Development." Pavlovian Journal of Biological Science 25 (3): 142-50.

Solomon, M., A.-M. Iosif, M. K. Krug, C. W. Nordahl, E. Adler, C. Mirandola, and S. Ghetti. 2019. "Emotional False Memory in Autism Spectrum Disorder: More Than Spared." Journal of Abnormal Psychology 128 (4): 352-63. https://doi .org /10 .1037 /abn0000418.

Soltani, M., and R. T. Knight. 2000. "Neural Origins of the P300." Critical Reviews in Neurobiology 14 (3-4).

Sporns, Olaf. 2010. Networks of the Brain. Cambridge, MA: MIT Press.

Squire, Larry R. 1986. "Mechanisms of Memory." Science 232 (4758): 1612-19.

Squire, Larry R., and S. M. Zola. 1998. "Episodic Memory, Semantic Memory, and Amnesia." Hippocampus 8 (3): 205-11.

Squires, Nancy K., Kenneth C. Squires, and Steven A. Hillyard. 1975. "Two Varieties of Long-Latency Positive Waves Evoked by Unpredictable Auditory Stimuli in Man." Electroencephalography and Clinical Neurophysiology 38 (4): 387-401.

Staniloiu, Angelica, and Hans J. Markowitsch. 2014. "Dissociative Amnesia." Lancet Psychiatry 1 (3): 226-41.

Stapleton, J. M., and E. Halgren. 1987. "Endogenous Potentials Evoked in Simple Cognitive Tasks: Depth Components and Task Correlates." Electroencephalography and Clinical Neurophysiology 67 (1): 44-52.

Stare, Christopher J., Matthias J. Gruber, Lynn Nadel, Charan Ranganath, and Rebecca L. Gómez. 2018. "Curiosity-Driven Memory Enhancement Persists over Time but Does Not Benefit from Post-learning Sleep." Cognitive Neuroscience 9 (3-4): 100-15.

Staresina, B. P., T. O. Bergman, M. Bonnefond, R. van der Meij, O. Jensen, L. Deuker, C. E. Elger, N. Axmacher, and J. Fell. 2015. "Hierarchical Nesting of Slow Oscillations, Spindles and Ripples in the Human Hippocampus During Sleep." Nature Neuroscience 18 (11): 1679-86.

Stawarczyk, David, Christopher N. Wahlheim, Joset A. Etzel, Abraham Z. Snyder, and Jeffrey M. Zacks. 2020. "Aging and the Encoding of Changes in Events: The Role of Neural Activity Pattern Reinstatement." Proceedings of the National Academy of

Sciences 117 (47): 29346-53.

Stemerding, L. E., D. Stibbe, V. A. van Ast, and M. Kindt. 2022. "Demarcating the Boundary Conditions of Memory Reconsolidation: An Unsuccessful Replication." Scientific Reports 12 (1): 2285.

Stern, Chantal E., Suzanne Corkin, R. Gilberto González, Alexander R. Guimaraes, John R. Baker, Peggy J. Jennings, Cindy A. Carr, Robert M. Sugiura, Vasanth Vedantham, and Bruce R. Rosen. 1996. "The Hippocampal Formation Participates in Novel Picture Encoding: Evidence from Functional Magnetic Resonance Imaging." Proceedings of the National Academy of Sciences 93, no. 16: 8660-65.

Stiffler, L. 2011. "Understanding Orca Culture." Smithsonian Magazine, August 2011. https://www .smithsonianmag .com /science -nature /understanding -orca -culture -12494696/.

St. Jacques, Peggy L. 2012. "Functional Neuroimaging of Autobiographical Memory." Chap. 7 in Understanding Autobiographical Memory, edited by Dorthe Berntsen and David C. Rubin, 114-38. Cambridge: Cambridge University Press.

Stuss, D. T., F. I. Craik, L. Sayer, D. Franchi, and M. P. Alexander. 1996. "Comparison of Older People and Patients with Frontal Lesions: Evidence from Word List Learning." Psychology and Aging 11 (3): 387.

Sutton, S., M. Braren, J. Zubin, and E. R. John. 1965. "Evoked Potential Correlates of Stimulus Uncertainty." Science 150:1187-88.

Swallow, Khena M., Deanna M. Barch, Denise Head, Corey J. Maley, Derek Holder, and Jeffrey M. Zacks. 2011. "Changes in Events Alter How People Remember Recent Information." Journal of Cognitive Neuroscience 23, no. 5: 1052-64.

Swallow, K. M., J. M. Zacks, and R. A. Abrams. 2009. "Event Boundaries in Perception Affect Memory Encoding and Updating." Journal of Experimental Psychology: General 138 (2): 236.

Szpunar, K. K., J. M. Watson, and K. B. McDermott. 2007. "Neural Substrates of Envisioning the Future." Proceedings of the National Academy of Sciences 104 (2): 642-47.

Takeuchi, Tomonori, Adrian J. Duszkiewicz, and Richard G. M. Morris. 2014. "The Synaptic Plasticity and Memory Hypothesis: Encoding, Storage and Persistence." Philosophical Transactions of the Royal Society B: Biological Sciences 369 (1633): 20130288.

Tambini, A., N. Ketz, and L. Davachi. 2010. "Enhanced Brain Correlations During Rest Are Related to Memory for Recent Experiences." Neuron 65 (2): 280-90.

Teuber, H. L. 1964. "The Riddle of Frontal Lobe Function in Man." In The Frontal Granular Cortex and Behavior, edited by J. M. Warren and K. Akert. New York: McGraw-Hill.

Teyler, T. J., and P. DiScenna. 1986. "The Hippocampal Memory Indexing Theory." Behavioral Neuroscience 100 (2): 147.

Teyler, T. J., and J. W. Rudy. 2007. "The Hippocampal Indexing Theory and Episodic Memory: Updating the Index." Hippocampus 17 (12): 1158-69.

Thakral, Preston P., Aleea L. Devitt, Nadia M. Brashier, and Daniel L. Schacter. 2021. "Linking Creativity and False Memory: Common Consequences of a Flexible Memory System." Cognition 217:104905.

Thakral, Preston P., Kevin P. Madore, Sarah E. Kalinowski, and Daniel L. Schacter. 2020. "Modulation of Hippocampal Brain Networks Produces Changes in Episodic Simulation and Divergent Thinking." Proceedings of the National Academy of Sciences 117 (23): 12729-40.

Thomas, Ayanna K., John B. Bulevich, and Elizabeth F. Loftus. 2003. "Exploring the Role of Repetition and Sensory Elaboration in the Imagination Inflation Effect." Memory & Cognition 31 (4): 630-40.

Thomas, Ayanna K., and Elizabeth F. Loftus. 2002. "Creating Bizarre False Memories Through Imagination." Memory & Cognition 30 (3): 423-31.

Tolman, Edward C. 1948. "Cognitive Maps in Rats and Men." Psychological Review 55 (4): 189.

Tulving, Endel. 1972. "Episodic and Semantic Memory." Chap. 12 in Organization of Memory, edited by E. Tulving and W. Donaldson, 381-403. New York: Academic Press.

———. 1985. "Memory and Consciousness." Canadian Psychology / Psychologie canadienne 26 (1): 1-12.

Tulving, Endel, Hans J. Markowitsch, Shitij Kapur, Reza Habib, and Sylvain Houle. 1994. "Novelty Encoding Networks in the Human Brain: Positron Emission Tomography Data." NeuroReport: International Journal for Rapid Communication of Research in Neuroscience 5, no. 18: 2525-28.

Tulving, Endel, and Daniel L. Schacter. 1990. "Priming and Human Memory Systems." Science 247 (4940): 301-6.

Tupes, E. C., and R. E. Christal. 1992. "Recurrent Personality Factors Based on Trait Ratings." Journal of Personality 60 (2): 225-51.

Umbach, G., P. Kantak, J. Jacobs, M. Kahana, B. E. Pfeiffer, M. Sperling, and B. Lega. 2020. "Time Cells in the Human Hippocampus and Entorhinal Cortex Support Episodic Memory." Proceedings of the National Academy of Sciences 117 (45): 28463-74.

Uncapher, Melina R., and Anthony D. Wagner. 2018. "Minds and Brains of Media Multitaskers: Current Findings and Future Directions." Proceedings of the National Academy of Sciences 115 (40): 9889-96.

Unkelbach, Christian, Alex Koch, Rita R. Silva, and Teresa Garcia-Marques. 2019. "Truth by Repetition: Explanations and Implications." Current Directions in Psychological Science 28 (3): 247-53.

Vargha-Khadem, F., and F. Cacucci. 2021. "A Brief History of Developmental Amnesia."

Neuropsychologia 150:107689.

Vargha-Khadem, F., D. G. Gadian, K. E. Watkins, A. Connelly, W. Van Paesschen, and M. Mishkin. 1997. "Differential Effects of Early Hippocampal Pathology on Episodic and Semantic Memory." Science 277 (5324): 376-80.

Vinogradova, Olga S. 2001. "Hippocampus as Comparator: Role of the Two Input and Two Output Systems of the Hippocampus in Selection and Registration of Information." Hippocampus 11 (5): 578-98.

Viscogliosi, C., H. Asselin, S. Basile, K. Borwick, Y. Couturier, M. J. Drolet, D. Gagnon, et al. 2020. "Importance of Indigenous Elders' Contributions to Individual and Community Wellness: Results from a Scoping Review on Social Participation and Intergenerational Solidarity." Canadian Journal of Public Health 111 (5): 667-81.

Volkow, Nora D., Joanna S. Fowler, Gene-Jack Wang, James M. Swanson, and Frank Telang. 2007. "Dopamine in Drug Abuse and Addiction: Results of Imaging Studies and Treatment Implications." Archives of Neurology 64 (11): 1575-79.

Voss, J. L., D. J. Bridge, N. J. Cohen, and J. A. Walker. 2017. "A Closer Look at the Hippocampus and Memory." Trends in Cognitive Sciences 21 (8): 577-88.

Voss, Michelle W., Carmen Vivar, Arthur F. Kramer, and Henriette van Praag. 2013. "Bridging Animal and Human Models of Exercise-Induced Brain Plasticity." Trends in Cognitive Sciences 17 (10): 525-44.

Wade, Kimberley A., Maryanne Garry, and Kathy Pezdek. 2018. "Deconstructing Rich False Memories of Committing Crime: Commentary on Shaw and Porter (2015)." Psychological Science 29 (3): 471-76.

Wagner, Anthony D. 1999. "Working Memory Contributions to Human Learning and Remembering." Neuron 22 (1): 19-22.

Walker, Matthew. 2017. Why We Sleep: Unlocking the Power of Sleep and Dreams. New York: Simon & Schuster.

Wamsley, E. J., and R. Stickgold. 2011. "Memory, Sleep, and Dreaming: Experiencing Consolidation." Sleep Medicine Clinics 6 (1): 97-108.

Wang, M. Z., and B. Y. Hayden. 2019. "Monkeys Are Curious About Counterfactual Outcomes." Cognition 189:1-10.

Wang, Shao-Fang, Maureen Ritchey, Laura A. Libby, and Charan Ranganath. 2016. "Functional Connectivity Based Parcellation of the Human Medial Temporal Lobe." Neurobiology of Learning and Memory 134:123-34.

Wang, Wei-Chun, Michele M. Lazzara, Charan Ranganath, Robert T. Knight, and Andrew P. Yonelinas. 2010. "The Medial Temporal Lobe Supports Conceptual Implicit Memory." Neuron 68 (5): 835-42.

Wang, Wei-Chun, Charan Ranganath, and Andrew P. Yonelinas. 2014. "Activity Reductions in Perirhinal Cortex Predict Conceptual Priming and Familiarity-Based Recognition." Neuropsychologia 52:19-26.

Watson, John B. 1913. "Psychology as the Behaviorist Views It." Psychological Review 20

(2): 158.

Weldon, M. S., and K. D. Bellinger. 1997. "Collective Memory: Collaborative and Individual Processes in Remembering." Journal of Experimental Psychology: Learning, Memory, and Cognition 23 (5): 1160.

West, Robert L. 1996. "An Application of Prefrontal Cortex Function Theory to Cognitive Aging." Psychological Bulletin 120 (2): 272.

Wheeler, Mark E., Steven E. Petersen, and Randy L. Buckner. 2000. "Memory's Echo: Vivid Remembering Reactivates Sensory-Specific Cortex." Proceedings of the National Academy of Sciences 97 (20): 11125-29.

Wilding, E. L., and M. D. Rugg. 1996. "An Event-Related Potential Study of Recognition Memory with and Without Retrieval of Source." Brain 119 (3): 889-905.

Wilson, Robert C., Amitai Shenhav, Mark Straccia, and Jonathan D. Cohen. 2019. "The Eighty-Five Percent Rule for Optimal Learning." Nature Communications 10 (1): 1-9.

Wise, Roy A. 2004. "Dopamine, Learning and Motivation." Nature Reviews Neuroscience 5 (6): 483-94.

Wise, Roy A., and Mykel A. Robble. 2020. "Dopamine and Addiction." Annual Review of Psychology 71:79-106.

Wittmann, Bianca C., Nico Bunzeck, Raymond J. Dolan, and Emrah Düzel. 2007. "Anticipation of Novelty Recruits Reward System and Hippocampus While Promoting Recollection." Neuroimage 38 (1): 194-202.

Wixted, J. T. 2007. "Dual-Process Theory and Signal-Detection Theory of Recognition Memory." Psychological Review 114 (1): 152.

Wolf, Oliver T. 2009. "Stress and Memory in Humans: Twelve Years of Progress?" Brain Research 1293:142-54.

Wright, L. A., L. Horstmann, E. A. Holmes, and J. I. Bisson. 2021. "Consolidation/Reconsolidation Therapies for the Prevention and Treatment of PTSD and Re-experiencing: A Systematic Review and Meta-Analysis." Translational Psychiatry 11 (1): 453.

Xia, Chenjie. 2006. "Understanding the Human Brain: A Lifetime of Dedicated Pursuit. Interview with Dr. Brenda Milner." McGill Journal of Medicine 9 (2): 165.

Xie, Lulu, Hongyi Kang, Qiwu Xu, Michael J. Chen, Yonghong Liao, Meenakshisundaram Thiyagarajan, John O'Donnell, et al. 2013. "Sleep Drives Metabolite Clearance from the Adult Brain." Science 342 (6156): 373-77.

Xue, Gui, Qi Dong, Chuansheng Chen, Zhonglin Lu, Jeanette A. Mumford, and Russell A. Poldrack. 2010. "Greater Neural Pattern Similarity Across Repetitions Is Associated with Better Memory." Science 330 (6000): 97-101.

Yonelinas, Andrew P. 1994. "Receiver-Operating Characteristics in Recognition Memory: Evidence for a Dual-Process Model." Journal of Experimental Psychology: Learning,

Memory, and Cognition 20 (6): 1341.

———. 2001. "Consciousness, Control, and Confidence: The 3 Cs of Recognition Memory." Journal of Experimental Psychology: General 130 (3): 361-79.

———. 2002. "The Nature of Recollection and Familiarity: A Review of 30 Years of Research." Journal of Memory and Language 46 (3): 441-517.

Yonelinas, A. P., M. Aly, W.-C. Wang, and J. D. Koen. 2010. "Recollection and Familiarity: Examining Controversial Assumptions and New Directions." Hippocampus 20 (11): 1178-94.

Yonelinas, A. P., N. E. Kroll, J. R. Quamme, M. M. Lazzara, M. J. Sauvé, K. F. Widaman, and R. T. Knight. 2002. "Effects of Extensive Temporal Lobe Damage or Mild Hypoxia on Recollection and Familiarity." Nature Neuroscience 5 (11): 1236-41.

Yonelinas, Andrew P., and Collen M. Parks. 2007. "Receiver Operating Characteristics (ROCs) in Recognition Memory: A Review." Psychological Bulletin 133 (5): 800.

Yonelinas, Andrew P., Colleen M. Parks, Joshua D. Koen, Julie Jorgenson, and Sally P. Mendoza. 2011. "The Effects of Post-encoding Stress on Recognition Memory: Examining the Impact of Skydiving in Young Men and Women." Stress 14 (2): 136-44.

Yonelinas, A. P., C. Ranganath, A. D. Ekstrom, and B. J. Wiltgen. 2019. "A Contextual Binding Theory of Episodic Memory: Systems Consolidation Reconsidered." Nature Reviews Neuroscience 20 (6): 364-75.

Yonelinas, Andrew P., and Maureen Ritchey. 2015. "The Slow Forgetting of Emotional Episodic Memories: An Emotional Binding Account." Trends in Cognitive Sciences 19 (5): 259-67.

Yoo, H. B., G. Umbach, and B. Lega. 2021. "Neurons in the Human Medial Temporal Lobe Track Multiple Temporal Contexts During Episodic Memory Processing." NeuroImage 245:118689.

Zacks, Jeffrey M. 2020. "Event Perception and Memory." Annual Review of Psychology 71:165-91.

Zacks, J. M., T. S. Braver, M. A. Sheridan, D. I. Donaldson, A. Z. Snyder, J. M. Ollinger, R. L. Buckner, and M. E. Raichle. 2001. "Human Brain Activity Time-Locked to Perceptual Event Boundaries." Nature Neuroscience 4 (6): 651-55.

Zacks, Jeffrey M., and Barbara J. Tversky. 2001. "Event Structure in Perception and Conception." Psychological Bulletin 127 (1): 3.

Zacks, Rose T., and Lynn Hasher. 2006. "Aging and Long-Term Memory: Deficits Are Not Inevitable." In Lifespan Cognition: Mechanisms of Change, edited by E. Bialystok and F. I. M. Craik, 162-77. Oxford: Oxford University Press.

Zadra, A., and R. Stickgold. 2021. When Brains Dream. New York: W. W. Norton.

Zajonc, R. B. 1968. "Attitudinal Effects of Mere Exposure." Journal of Personality and Social Psychology 9 (2, pt. 2): 1-27.

———. 2001. "Mere Exposure: A Gateway to the Subliminal." Current Directions in

Psychological Science 10 (6): 224-28.

Zheng, Yicong, Xiaonan L. Liu, Satoru Nishiyama, Charan Ranganath, and Randall C. O'Reilly. 2022. "Correcting the Hebbian Mistake: Toward a Fully Error-Driven Hippocampus." PLoS Computational Biology 18 (10): e1010589.

| 찾아보기 |

기억한다는 착각

기억한다는 착각